云南师范大学传媒学院学科建设丛书

南亚东南亚国家媒介传播研究综述

熊永翔　阮艳萍　肖　青　主编

科学出版社

北　京

内 容 简 介

南亚东南亚国家是我国推进"一带一路"建设的优先方向和战略伙伴，本书将研究目光聚焦于"一带一路"沿线南亚东南亚国家，以印度、缅甸、印度尼西亚、老挝、新加坡、越南、柬埔寨、东帝汶等国别为单位，从电影、报刊、广播、电视和新媒体等不同媒介形态出发，对国内外关于这些国家的媒介传播的研究成果进行全面梳理和评价总结。本书按照国别与专业领域，把研究对象分解为小的板块进行专题文献搜索、整理和评述；将综合信息与专题文献结合，全面而深入地搜集整理各领域研究文献，呈现各领域的研究成果；将国内与国外研究结合，既关注国内研究者的文献，也关注对象国及其历史殖民宗主国等其他外来研究者的文献，力求全面展现这些领域的研究历史与现状。

本书的主要读者包括对南亚和东南亚传播工作感兴趣的传媒行业研究者、从业者，以及希望了解该地区传播动态和发展趋势的人士。

图书在版编目（CIP）数据

南亚东南亚国家媒介传播研究综述 / 熊永翔，阮艳萍，肖青主编. —北京：科学出版社，2024.4
ISBN 978-7-03-073995-7

Ⅰ. ①南… Ⅱ. ①熊… ②阮… ③肖… Ⅲ. ①传播媒介-研究-南亚 ②传播媒介-研究-东南亚 Ⅳ. ①G219.35 ②G219.33

中国版本图书馆 CIP 数据核字（2022）第 223806 号

责任编辑：王 丹 赵 洁 / 责任校对：贾伟娟
责任印制：徐晓晨 / 封面设计：蓝正设计

科 学 出 版 社 出版
北京东黄城根北街 16 号
邮政编码：100717
http://www.sciencep.com
北京建宏印刷有限公司印刷
科学出版社发行 各地新华书店经销
*
2024 年 4 月第 一 版 开本：720×1000 1/16
2024 年 4 月第一次印刷 印张：21 1/4
字数：390 000
定价：138.00 元
（如有印装质量问题，我社负责调换）

本书为云南省哲学社会科学规划重大项目"南亚东南亚国家媒介传播史研究"（项目编号：ZDZB201913）、云南师范大学传媒学院学科建设规划项目的阶段性成果。

目 录

第一章 印度媒介传播研究综述 ……………………………………… 1

    第一节 印度电影研究综述 ………………………………………… 1

    第二节 印度电视研究综述 ……………………………………… 11

    第三节 印度广播史研究综述 …………………………………… 18

    第四节 印度新媒体艺术研究综述 ……………………………… 25

第二章 缅甸媒介传播研究综述 …………………………………… 33

    第一节 缅甸电影研究综述 ……………………………………… 33

    第二节 缅甸广播研究综述 ……………………………………… 40

    第三节 缅甸电视媒体研究综述 ………………………………… 50

    第四节 缅甸新媒体研究综述 …………………………………… 57

第三章 印度尼西亚媒介传播研究综述 …………………………… 61

    第一节 印度尼西亚电影研究综述 ……………………………… 61

    第二节 印度尼西亚肥皂剧研究综述 …………………………… 71

    第三节 印度尼西亚广播史研究综述 …………………………… 80

    第四节 印度尼西亚纪录片研究综述 …………………………… 86

第四章 柬埔寨媒介传播研究综述 ………………………………… 93

    第一节 柬埔寨电影研究综述 …………………………………… 93

    第二节 柬埔寨新闻媒体研究综述 …………………………… 107

第五章 老挝媒介传播研究综述 ………………………………… 119

    第一节 老挝影视艺术研究综述 ……………………………… 119

    第二节 老挝广播研究综述 …………………………………… 129

    第三节 老挝平面媒体研究综述 ……………………………… 136

    第四节 老挝新媒体研究综述 ………………………………… 141

    第五节 中国与老挝媒体合作研究综述 ……………………… 148

第六章 越南媒介传播研究综述 ………………………………… 156

    第一节 越南电影研究综述 …………………………………… 156

第二节 越南新闻传播史研究综述 ·········· 168

第七章 泰国媒介传播研究综述 ·········· 173
第一节 泰国电影研究综述 ·········· 173
第二节 泰国广播电视史研究综述 ·········· 192
第三节 泰国影视广告研究综述 ·········· 205
第四节 泰国传统媒体发展历程研究综述 ·········· 213
第五节 泰国新媒体与新闻学教育研究综述 ·········· 225

第八章 新加坡媒介传播研究综述 ·········· 233
第一节 新加坡广播电视电影研究综述 ·········· 233
第二节 新加坡华文报业整体历史研究综述 ·········· 246
第三节 新加坡华文报刊史个案研究综述 ·········· 258
第四节 新加坡媒体网站研究综述 ·········· 269
第五节 新加坡传媒管理制度研究综述 ·········· 274

第九章 东帝汶媒介传播研究综述 ·········· 282
东帝汶及其媒介研究综述 ·········· 282

第十章 尼泊尔媒介传播研究综述 ·········· 290
第一节 尼泊尔电影研究综述 ·········· 290
第二节 尼泊尔新闻媒体发展研究综述 ·········· 301

第十一章 菲律宾媒介传播研究综述 ·········· 309
菲律宾新闻传播的历史研究综述 ·········· 309

第十二章 不丹媒介传播研究综述 ·········· 318
不丹电影研究综述 ·········· 318

后记 ·········· 332

第一章　印度媒介传播研究综述

第一节　印度电影研究综述

20 世纪 50 年代，印度电影曾一度风靡中东地区、地中海地区和拉美地区，取代了其他国家电影作品的流行地位。在西非，先是美国电影取代了法国电影的流行地位，后来是印度电影取代了美国电影的流行地位。在中国，现在就有很多印度电影的粉丝。

作为世界上最早接触电影，电影产业发展极具特色，并且拥有庞大观影人群和电影产品的国家之一，印度一直是世界电影研究、关注的一个焦点。尤其在亚洲，学者们对电影的关注大部分给予了印度。印度电影的精彩与厚重，也给研究者们提供了丰富的素材。

伴随着印度电影艺术的不断发展和电影产业化、商业化的趋势，学术界对于印度电影的研究也不断丰富，研究对象也不断细化。

一、印度电影发展历程和类型演变过程的相关文献

关于印度电影的研究非常多，其中，印度电影的发展历程和类型演变过程的文献是一大类。由于印度长期被英国殖民，印度电影的诞生和发展也受到西方电影的影响，同时，印度电影作品也多次打入西方市场，并占据一席之地。因此，关于印度电影的研究也始于西方和印度本土学者。印度学者阿希什·拉贾德雅克萨（Ashish Rajadhyaksha）在《你不属于：印度电影的过去与未来》（*You Don't Belong: Pasts and Futures of Indian Cinema*）著作中，收录了印度本土学者的 15 篇论文，多维度地呈现了印度电影的发展演变过程。[1]菲罗兹·伦贡瓦拉（Feloz Rungonvala）的著作《印度电影史》（*The History of Indian Film*）[2]详细地梳理了 1896—1972 年印度电影的历史轨迹。中国最早关于印度电影史的译著

---

① [印]阿希什·拉贾德雅克萨. 你不属于：印度电影的过去与未来[M]. 陈韵，等译. 上海：上海人民出版社，2011.

② [印]菲罗兹·伦贡瓦拉. 印度电影史[M]. 孙琬译. 北京：中国电影出版社，1985.

就是伦贡瓦拉的《印度电影史》。另外还有拉贾德雅克萨的《胶片时代的印度电影：从宝来坞到紧急状态》（*Indian Cinema in the Time of Celluloid: From Bollywood to the Emergency*），这些特点鲜明、角度各异的著作为世界学术界对印度电影的研究奠定了基础。

伦贡瓦拉于 1985 年出版的《印度电影史》首次梳理了印度电影从兴起到拍摄短片、故事片，从拍摄无声片到拍摄有声片的发展历程，以及印度独立以后电影事业的发展情况和成就，还着重介绍了几位具有代表性的印度电影艺术家。从 1896 年印度电影诞生，梳理到 1972 年。按照时间顺序，该著作分为印度电影的起源（1896—1899），短片十年（1900—1909），故事片的诞生（1910—1919），无声影片的全盛时期（1920—1929），有声电影的诞生和发展（1930—1939），战争和印度独立以后（1940—1949），新的观众、新的趣味（1950—1959），回复到幼稚时期（1960—1972）等 8 个章节。[①]

米希尔·玻色（Mihir Bose）出版的《宝莱坞电影史》（*Bollywood: A History*）是第一本全面介绍印度宝莱坞电影史的著作。玻色于 1947 年出生于印度孟买，1969 年赴英国学习，曾在《每日电讯报》（*The Daily Telegraph*）、《星期日泰晤士报》（*The Sunday Times*）工作。宝莱坞（Bollywood）位于印度孟买，是广受欢迎的印度电影工业基地。印度民族语言有上千种，但北印度"印地语"使用最为广泛，使得宝莱坞成为印度北部唯一的电影中心。南印度是泰米尔语、泰卢固语并立，因此南印度的电影中心也有两个：一个是"托莱坞"，另一个是"考莱坞"。还有两个市场份额较小的，即用其他语言的"莫莱坞"和"桑达坞"。印度每年约产出 1500 部至 2000 部电影，电影产量居世界第一。虽然孟买的宝莱坞每年制作的印地语电影数量不到印度电影总量的 1/5，但在约 20 亿美元的印度全国电影票房中却占到了 43%。[②]既是一线记者又是学者的玻色以幽默诙谐的轻松笔触，将印度著名影人阿米特巴·巴强（Amitabh Bachchan）、萨蒂亚吉特·雷伊（Satyajit Ray）和阿米尔·汗（Aamir Khan）等与电影的人生故事穿插在著作中，鲜活地、逻辑清晰地展现了宝莱坞从追随好莱坞到最终形成色彩鲜明、载歌载舞的印地语电影风格的过程。《宝莱坞电影史》共有 19 章，史料翔实，脉络清晰，文风轻快，英国《观察家报》（*The Observer*）评价说：阅读它是一种纯粹的享受。

---

① [印]菲罗兹·伦贡瓦拉. 印度电影史[M]. 孙琬译. 北京：中国电影出版社，1985.
② [英]米希尔·玻色. 宝莱坞电影史[M]. 黎力译. 上海：复旦大学出版社，2018.

　　2019 年拉贾德雅克萨所著的《印度电影简史》（*Indian Cinema: A Very Short Introduction*）以时间为顺序，以通俗朴素、深入浅出的文字概述了印度电影自诞生之日到宝莱坞电影风靡全世界的过程。书中，拉贾德雅克萨选取了印度电影史上各个阶段的重要事件，介绍了印度电影发展历程中很多杰出的电影人和优秀的电影作品，同时辅以社会上各个时期相对应的经济、政治、文化等热点事件，夹叙夹议地将社会发展的方方面面与电影创作、发展紧密结合，向读者展现了精彩而又波折的印度电影史。①

　　国内学术界关于印度电影史的研究专著主要为焦玲玲于 2015 年出版的《殖民文化与印度电影研究》②和于 2016 年出版的《后殖民主义视域下的印度电影研究》③，虽然这两本著作主要侧重于从文化研究的视角对印度电影进行解读，但也对印度电影的发展历史进行了一定程度的梳理。王树英在发表的论文《印度电影业的发展历程》中，分析梳理了 20 世纪 80 年代中期印度电影的基本情况：拥有 25 万电影从业人员、66 家电影制片厂、12000 家电影院、26 个电影实验所、400 多种电影杂志，年耗资约 20 亿美元，每天观众多达 1250 万—2000 万人次等。④邹芬发表的硕士学位论文《英属印度电影业发展的历史考察（1896—1947）》，较为全面地论述了 1896—1947 年印度电影业的发展状况。该文主要从英国殖民时期印度电影兴起的历史条件、历史演变、主要特征以及社会影响四个方面解读了这一时期印度电影的发展历史。⑤宁婉发表的论文《亚洲：崛起印度电影新势力——关于二十一世纪初新概念印度电影兴起的分析》，主要叙述了 21 世纪印度电影发展历史中"新概念印度电影"和"印度新电影运动"两次电影新浪潮，并分析了宝莱坞和好莱坞的电影制作模式，对印度电影的发展做了全球性的展望。⑥崔菱逸在《好莱坞的本土化：印度宝莱坞电影》一文中，从印度宝莱坞电影出发，运用电影实例分析了宝莱坞电影的发展进程与特点，并分析解读了电影发展进程中蕴含的印度文化及文化对电影的影响等。⑦

① [印]阿希什·拉贾德雅克萨. 印度电影简史[M]. 瑞尔译. 海口：海南出版社，2019.
② 焦玲玲. 殖民文化与印度电影研究[M]. 北京：新华出版社，2015.
③ 焦玲玲. 后殖民主义视域下的印度电影研究[M]. 北京：北京大学出版社，2016.
④ 王树英. 印度电影业的发展历程[J]. 南亚研究，1994，（4）：56-60.
⑤ 邹芬. 英属印度电影业发展的历史考察（1896—1947）[D]. 湘潭大学，2017.
⑥ 宁婉. 亚洲：崛起印度电影新势力——关于二十一世纪初新概念印度电影兴起的分析[D]. 中国传媒大学，2008.
⑦ 崔菱逸. 好莱坞的本土化：印度宝莱坞电影[J]. 新闻研究导刊，2017，8（24）：112-113，115.

二、印度电影产业的发展策略、海外电影市场拓展分析的相关文献

关于印度电影产业的发展策略、海外市场的拓展，以及探析印度电影对外国电影的借鉴和启示意义，这方面的文献也较为丰富。特斯贾维妮·甘地（Tejaswini Ganti）在《生产宝莱坞：当代印度电影工业的内部》（*Producing Bollywood: Inside the Contemporary Hindi Film Industry*）中，主要对宝莱坞的产业发展和电影工业进行研究。①罗希特·戴维（Rohit David）的《宝莱坞在美国：电影业最高产的制片人满足最大的电影市场》（*Bollywood in the US: The Movie Business's Most Prolific Producer Meets Its Biggest Market*）、马克·洛伦森（Mark Lorenson）和弗洛里安·阿伦·塔库贝（Florian Arun Taeube）的《宝莱坞的突破：印度电影工业的国际化》（*Breakout from Bollywood: Internationalization of Indian Film Industry*），两者均以宝莱坞电影为切入点，深入剖析了宝莱坞电影的模式化生产和产业化发展的特点。拉杰夫·卡米奈尼（Rajeev Kamineni）和露丝·伦茨勒（Ruth Rentschler）在《印度电影创业：不仅仅是歌舞》（*Indian Movie Entrepreneurship: Not Just Song and Dance*）中分析了印度电影生态系统中的关键角色，突出了制片人在电影产业发展中的核心作用。该书展望了印度电影业创业的未来，分析了电影发行和展览参数的变化，让更多的受众了解了印度电影的商业前景。②阿伦·古普塔（Arun Gupta）、拉胡尔·贾殷（Rahul Jain）在《印度电影的视听管治》（"What the Eyes Shouldn't See and the Ears Shouldn't Hear: Censorship and Indian Cinema"）③中介绍了印度电影的产业制片及审查制度。

中国关于印度电影产业发展策略的研究主要集中于期刊论文。武丹在《新世纪印度电影创作战略及启示》中认为，21 世纪印度电影的发展离不开国家政策的扶持、独特的创作策略、电影运动的发展以及民族性和现实主义的影响。④庄廷江在《印度电影的海外市场开拓策略探析》中，从分布、规模、票房三个角度分析了印度电影海外市场的整体状况。⑤付筱茵、蒲夏青、秦潇在《印度电影的

① Tejaswini Ganti. *Producing Bollywood: Inside the Contemporary Hindi Film Industry*[M]. Durham: Duke University Press, 2012.

② Rajeev Kamineni, Ruth Rentschler. *Indian Movie Entrepreneurship: Not Just Song and Dance*[M]. London: Routledge, 2020.

③ [印]阿伦·古普塔，拉胡尔·贾殷. 印度电影的视听管治[J]. 武建勋译. 电影艺术，2018，（6）：125-130.

④ 武丹. 新世纪印度电影创作战略及启示[J]. 当代电影，2014，（7）：174-176.

⑤ 庄廷江. 印度电影的海外市场开拓策略探析[J]. 北京电影学院学报，2015，（1）：57-62.

产业现况与区域化发展格局》中阐述了印度作为"一带一路"沿线重要国家，研究其电影产业现况与模式对于促进中印两国电影产业及经济、文化上的互鉴共荣等都有重要意义。①周方元、孟云、朱琳在《标准化生产与国族意识形态：印度电影海外传播路径与内核》中，从印度电影的国际化合作方式以及民族文化的特征方面，诠释了印度电影标准化的生产模式，还从文化呈现、叙事主题等角度分析了印度电影民族意识形态的传播途径。②甘地在《不再是华丽的歌舞制造者：印度电影业及其国际化探求》中，主要从印度电影中歌舞片段的演变历程、叙事功能、艺术形式的角度，分析了印度电影融入世界的发展历程。③付筱茵、谢晓莉、杨奇清在《全球化下印度电影的海外传播经验与启示——以北美市场为例》中阐述了中印电影面临着许多相似的问题，印度电影在北美的传播经验对于中国电影的海外拓展具有重要的参考和借鉴意义。④县惜惜在《印度宝莱坞电影的商业模式研究》一文中分析了宝莱坞电影的发展以及成功的原因，对宝莱坞产业集群模式和商业营销模式进行了较为深入的探索，并将宝莱坞商业模式与好莱坞商业模式进行了横向对比研究，对中国电影产业化道路具有良好的启示作用。⑤谭政的《印度电影的多语种生态与管理体制》，分析了印度电影与世界上其他国家电影的最大差异是它的多语种生态，这种多语种生态为印度电影的良性发展提供了很多内生性的有利条件，保证了印度电影产业旺盛的内容生产力，印度也成为世界电影年产量最大的国家，印度电影进入了资源互补、良性提升的发展阶段。⑥秦洪在《近几年印度电影产业的变化对中国电影发展的启示——基于 2017—2021 年的印度电影产业数据分析》中指出受主客观因素影响，近年南印度地方电影迅速崛起，一跃成为印度电影票房最大的贡献者。作者同时指出，南印度电影的崛起经验给我们带来的启示是，在数字转型背景下，中国电影要平衡好文化的普遍性和民族性，敏锐地把握观众的消费需求变化，促进区域化电影生产以增强市场的竞争活力。⑦

---

① 付筱茵，蒲夏青，秦潇. 印度电影的产业现况与区域化发展格局[J]. 电影艺术，2019，（2）：115-125.

② 周方元，孟云，朱琳. 标准化生产与国族意识形态：印度电影海外传播路径与内核[J]. 当代电影，2015，（12）：120-124.

③ [美]特贾斯维妮·甘地. 不再是华丽的歌舞制造者：印度电影业及其国际化探求[J]. 付筱茵，李妮乡译. 世界电影，2016，（3）：147-172.

④ 付筱茵，谢晓莉，杨奇清. 全球化下印度电影的海外传播经验与启示——以北美市场为例[J]. 艺术百家，2018，34（6）：133-140.

⑤ 县惜惜. 印度宝莱坞电影的商业模式研究[D]. 西北师范大学，2016.

⑥ 谭政. 印度电影的多语种生态与管理体制[J]. 当代电影，2018，（9）：62-70.

⑦ 秦洪. 近几年印度电影产业的变化对中国电影发展的启示——基于 2017—2021 年的印度电影产业数据分析[J]. 中国电影市场，2023，（5）：38-53.

三、印度电影创作及文化研究的相关文献

对印度电影的创作特点及文化内涵进行研究的文献颇为丰富。维贾伊·米什拉（Vijay Mishra）在 2002 年出版的著作《宝莱坞电影：欲望的殿堂》（Bollywood Cinema: Temples of Desire）中，结合宝莱坞自身的叙事特征，并结合全球电影产业的整体态势，从美学角度出发，分析了宝莱坞电影的叙事策略及文化意涵。①姆鲁纳尔·查瓦达（Mrunal Chavda）于 2015 年在《宝莱坞的印度：印度电影作为当代印度的指南》（"Bollywood's India: Hindi Cinema as a Guide to Contemporary India"）中，详述了作为宝莱坞电影叙事策略的歌舞片段、戏剧文化、喜剧精神以及现实主题等方面的内容。②甘地的《宝莱坞：流行印度电影指南》（Bollywood: A Guidebook to Popular Hindi Cinema）详细论述了宝莱坞电影的风格特征。③梅特丽·饶的论文《展望宝莱坞：当代印度电影观察》④，达雅·琪珊·图苏、库诺·科理帕兰尼等的《奇迹与幻象 当代印度电影》⑤主要对印度现实主义电影中的纪实派、写实派和表现派在当今的发展进行研究。

中国国内学者对印度电影的创作特征及文化内涵的研究也日趋丰富。王志毅于 2016 年出版的《孟买之声：当代宝莱坞电影之旅》⑥，以及裴和平翻译的《勇敢的新宝莱坞——对话当代印度电影导演》⑦，都以印度宝莱坞电影为切入点，研究宝莱坞电影的叙事和风格特征，分析探讨了印度宝莱坞电影对社会现实的批判性。张慧瑜在《印度宝莱坞电影及其对"中国大片"的启示》中认为 21 世纪印度电影的叙事主题主要是爱国、返乡寻根等。⑧霍天天在《〈三傻大闹宝莱坞〉的电影叙事研究》一文中，运用叙事学的理论，从电影情节、主题、叙事技

① Vijay Mishra. Bollywood Cinema: Temples of Desire[M]. London: Routledge, 2002.

② Mrunal Chavda. Bollywood's India: Hindi cinema as a guide to contemporary India[J]. South Asian Popular Culture, 2015, 13(1): 103-105.

③ Tejaswini Ganti. Bollywood: A Guidebook to Popular Hindi Cinema[M]. London：Routledge, 2004.

④ [印]梅特丽·饶. 展望宝莱坞：当代印度电影观察[J]. 高全军，[印]郭安甸译. 世界电影，2005，（2）：171-174.

⑤ [印]达雅·琪珊·图苏，[印]库诺·科理帕兰尼，等. 奇迹与幻象 当代印度电影[J]. 鲍玉珩，鲍小弟编译. 电影艺术，2002，（5）：109-114.

⑥ 王志毅. 孟买之声：当代宝莱坞电影之旅[M]. 北京：海豚出版社，2016.

⑦ [印]尼马尔·库玛，[印]普丽缇·查图维迪. 勇敢的新宝莱坞——对话当代印度电影导演[M]. 裴和平译. 北京：中国传媒大学出版社，2017.

⑧ 张慧瑜. 印度宝莱坞电影及其对"中国大片"的启示[J]. 文艺理论与批评，2011，（3）：36-42.

巧、叙事时空等角度对《三傻大闹宝莱坞》这部经典影片进行了叙事学解读。[①]
付筱茵在《国际化谋求下的印度新电影现象》中以 21 世纪以来印度新电影为切
入点，从印度电影的现实题材与反"马沙拉"的电影范式、电影工业化与史实
大片的制作模式、歌舞片段的叙事功能嬗变三个角度分析了 21 世纪印度现实
主义电影的叙事模式。[②]闫斐斐、赵晓萌在《印度电影的艺术创作特色及对国
产电影的借鉴意义》中，分析和阐述了印度电影的艺术创作特色对国产电影的
影响和启迪。[③]洪霞在《浅析舞蹈在当代印度电影中的作用》中以当代印度歌
舞片中的舞蹈为研究对象，通过分析其特殊性以及对电影审美的作用及影响，
试图探寻舞蹈与电影之间的密切联系对于创作的重要性。[④]董校宇在《印度电
影音乐特征》中根据印度电影发展的独特背景，结合印度传统音乐和传统舞蹈
研究，分析了印度电影音乐的运用及特点。[⑤]牟芸芸、杨俊雄《近十年来印度
电影现实主义风格探微》一文，选取 2002—2012 年的印度电影为研究对象，界
定了印度现实主义电影的基本概念，梳理了印度现实主义电影流派的起源，同时分
析了这段时期内印度现实主义电影兴盛背后的原因，并用实际案例，深入分析了印
度现实主义电影中的纪实派、写实派和表现派在当今的发展。[⑥]冯晓华、熊永
翔在《溯源、范式与借鉴：印度百年银幕之旅回眸》中分析了区域封闭的格局
使得印度的文化自成一体，形成了多种文明样态，促使印度电影形成了自己的
特色和风格。[⑦]

　　近年来，印度宝莱坞女性主义题材的电影屡见不鲜，出现了多部有影响力、
制作精良、思想深刻的电影，这与印度国内的女性社会地位现状和女权主义运动
有直接关系。印度电影人希望通过女性主义题材电影，唤醒国民对女性的尊重。
孙启菲在《印度电影女性主义的觉醒与流变——以电影〈摔跤吧！爸爸〉和〈神
秘巨星〉为例》中，阐述印度女性主义题材电影传递平权思想的着眼点及流变，
分析女性主义题材电影的未来趋势。[⑧]侯春旸在《印度电影中女性形象的塑造——

① 霍天天.《三傻大闹宝莱坞》的电影叙事研究[D]. 兰州大学，2017.
② 付筱茵. 国际化谋求下的印度新电影现象[J]. 当代电影，2018，（9）：70-74.
③ 闫斐斐，赵晓萌. 印度电影的艺术创作特色及对国产电影的借鉴意义[J]. 新闻研究导刊，2019，10（5）：101-102.
④ 洪霞. 浅析舞蹈在当代印度电影中的作用[J]. 艺术评鉴，2019，（10）：60-62，156.
⑤ 董校宇. 印度电影音乐特征[J]. 商，2013，（17）：388.
⑥ 牟芸芸，杨俊雄. 近十年来印度电影现实主义风格探微[J]. 电影文学，2012，（4）：15-16.
⑦ 冯晓华，熊永翔. 溯源、范式与借鉴：印度百年银幕之旅回眸[J]. 电影评介，2022，（12）：22-27.
⑧ 孙启菲. 印度电影女性主义的觉醒与流变——以电影《摔跤吧！爸爸》和《神秘巨星》为例[J]. 大众文艺，2019，（7）：167-168.

以 2011—2018 年阿米尔汗①主演的电影为例》中，从 2011—2018 年印度著名影星阿米尔·汗主演的四部电影入手，以女性与传播的视角，解读女性形象塑造的社会语境以及文化意义，剖析作者的创作意图和创作手法，对影片中女性形象的特征与嬗变进行深入分析。②

四、印度电影个案研究、导演研究的相关文献

印度电影个案研究、导演研究的相关文献，是印度电影研究中较为丰富的部分。拉利萨·高普兰（Larissa Goplan）在《世纪之交的印度电影》中，选取了印度电影史上最具代表性的 10 部影片进行个案解读，深入分析印度电影的叙事策略及意识形态。③近年来中国有关印度电影的文章多为个案主体研究，例如，对电影《三傻大闹宝莱坞》的研究就十分丰富。王莉的论文分析了该片中回忆性非线性叙事结构及音乐歌舞在电影创作中的作用。④徐辉的论文《印度电影叙事艺术浅析——以〈三傻大闹宝莱坞〉为例》对《三傻大闹宝莱坞》中的主题、剧情、音乐三个方面进行了分析，表明片子中的传统唱跳歌舞已经不具有代表性，叙事歌舞成为近年印度电影呈现出的风格，印度电影中的歌舞已是一种特殊的电影语言。⑤张雷刚在《从互文性视角解析影片〈我的个神啊〉与〈三傻大闹宝莱坞〉》中同时选取了两部 21 世纪印度电影——《我的个神啊》与《三傻大闹宝莱坞》，从爱情、父权、歌舞、人物形象等角度探析了影片内容创作特色。⑥马瑞华的论文《〈摔跤吧！爸爸〉：体育电影主题叙事的新探索》对电影中的人物、主题和时空建构部分进行分析。⑦田龙过、王任勃的论文《父权与父爱：〈摔跤吧！爸爸〉叙事策略解析》立足对男权的反思，认为电影中父爱为先、父权为后，重点探讨父爱在电影中如何展现。⑧近年来的印度电影个案研究中，除了《三傻大闹宝莱坞》《我的个神啊》《摔跤吧！爸爸》以外，以《小萝莉的猴神大叔》《我的名字叫可汗》《神秘巨星》《起跑线》等热门电影为个案进行研

---

① 此处写法依原文。
② 侯春旸. 印度电影中女性形象的塑造——以 2011—2018 年阿米尔汗主演的电影为例[J]. 大众文艺, 2018, （15）：139-140.
③ [印]拉利萨·高普兰. 世纪之交的印度电影[J]. 五七译. 世界电影, 2010, （3）：112-131.
④ 王莉. 论印度电影《三傻大闹宝莱坞》的叙事艺术[J]. 名作欣赏, 2014, （29）：99-100.
⑤ 徐辉. 印度电影叙事艺术浅析——以《三傻大闹宝莱坞》为例[J]. 戏剧之家, 2014, （3）：149-150.
⑥ 张雷刚. 从互文性视角解析影片《我的个神啊》与《三傻大闹宝莱坞》[J]. 四川戏剧, 2017, （2）：154-157.
⑦ 马瑞华. 《摔跤吧！爸爸》：体育电影主题叙事的新探索[J]. 当代电视, 2017, （8）：108-109.
⑧ 田龙过, 王任勃. 父权与父爱：《摔跤吧！爸爸》叙事策略解析[J]. 视听, 2018, （2）：70-71.

究的文献也较为丰富。

对印度电影导演及导演创作进行研究的文献也较多。蒿楠在《"电影作者"萨蒂亚吉特·雷伊研究》一文中，将"电影作者"——印度著名电影导演萨蒂亚吉特·雷伊作为研究对象，对雷伊电影进行本体研究，分析、探究了雷伊电影的叙事手法及表现的内在意义，解读了雷伊诗意现实主义风格，总结了"电影作者"雷伊不同流俗的电影实践在印度电影史及世界电影史上留下的印记。雷伊（1921 年 5 月 2 日—1992 年 4 月 23 日）作为享誉世界的电影大师、印度电影界的泰斗，一生斩获了 140 多个国内外大奖，在众多的荣誉称号中，雷伊自己最乐意接受的一个是"电影作者"。"电影作者"强调导演的个性与主观能动性，倡导导演用摄影机之笔进行电影写作，展现独特风格，体现深刻的内涵。[①]学术界对雷伊、阿米特巴·巴强、D. G. 巴尔吉（D. G. Phalké）等印度导演及其作品进行研究的文献较多。陈艳君在《拉库马·希拉尼电影作品喜剧元素探析——基于"新概念印度电影"的视角》中分析，进入 21 世纪后，"新概念印度电影"让更多的印度电影和电影人走向了世界，拉库马·希拉尼（Rajkumar Hirani）便是其中富有国际知名度的印度导演之一。文章通过对希拉尼执导的 4 部风靡一时的作品的分析，探索了"新概念印度电影"的喜剧艺术特色。[②]李庆在《悬念·人物·认知：卡比尔·汗电影美学》中阐释了印度导演卡比尔·汗善于将印度的多种现实问题置于全球语境之下，叙事手法既具印度民族特色，又能汲取好莱坞模式，尤其是悬念设计、人物设置和认知转换方面，颇有特色。[③]

总体上看，近年来国内外学者对印度电影的研究，从多个视角、多个维度展开，取得了很多学术成果，印度是世界电影研究中受到关注最多、相关研究成果较多的国家之一。但对印度电影史的研究，相较于其他方面的电影研究而言，也有一些缺憾。

第一，尽管有关印度电影史的研究有 3 部，但都局限于印度学者自身的研究，3 部电影史每一部都有自己的时间节点和研究领域，对印度电影从诞生到今天的发展过程，还没有一次完整的梳理。伦贡瓦拉的《印度电影史》，梳理了自 1896 年印度电影诞生以来，到 1972 年的印度电影状况；玻色的《宝莱坞电影史》仅从宝莱坞的角度讲述了印度电影史，注重印度北部电影史的研究，少了对

① 蒿楠. "电影作者"萨蒂亚吉特·雷伊研究[D]. 山西师范大学，2018.

② 陈艳君. 拉库马·希拉尼电影作品喜剧元素探析——基于"新概念印度电影"的视角[J]. 当代电影，2015，（12）：125-128.

③ 李庆. 悬念·人物·认知：卡比尔·汗电影美学[J]. 电影文学，2022，（3）：109-111.

印度南部电影史的梳理；拉贾德雅克萨的《印度电影简史》从事件、人物入手，对印度电影做了述评，读者要看明白这本有趣的书，必须查阅大量的关于印度历史、事件的资料，因为《印度电影简史》缺乏对印度电影史社会文化背景的梳理。

第二，印度电影非常有特色，尤其是当代印度电影，既融合了好莱坞的商业特色，又坚持保留了印度电影自身的创作特色和民族性，对于这一点我国学者研究较少。如果分析邻国的电影历史时缺乏第三者的视角，那么就难以找到印度电影活力不断增强，又没有丢掉本国特色的深层次原因。

参 考 文 献

[印]B. D. 加迦，B. 加吉. 印度电影[M]. 黄鸣野，李庄藩译. 北京：中国电影出版社，1956.

[印]阿希什·拉贾德雅克萨. 你不属于：印度电影的过去与未来[M]. 陈韵，等译. 上海：上海人民出版社，2011.

[印]菲罗兹·伦贡瓦拉. 印度电影史[M]. 孙琬译. 北京：中国电影出版社，1985.

洪霞. 浅析舞蹈在当代印度电影中的作用[J]. 艺术评鉴，2019，（10）：60-62，156.

焦玲玲. 殖民文化与印度电影研究[M]. 北京：新华出版社，2015.

焦玲玲. 后殖民主义视域下的印度电影研究[M]. 北京：北京大学出版社，2016.

马瑞华. 《摔跤吧！爸爸》：体育电影主题叙事的新探索[J]. 当代电视，2017，（8）：108-109.

宁婉. 亚洲：崛起印度电影新势力——关于二十一世纪初新概念印度电影兴起的分析[D]. 中国传媒大学，2008.

王志毅. 孟买之声：当代宝莱坞电影之旅[M]. 北京：海豚出版社，2016.

徐辉. 印度电影叙事艺术浅析—以《三傻大闹宝莱坞》为例[J]. 戏剧之家，2014，（3）：149-150.

闫斐斐，赵晓萌. 印度电影的艺术创作特色及对国产电影的借鉴意义[J]. 新闻研究导刊，2019，10（5）：101-102.

周方元，孟云，朱琳. 标准化生产与国族意识形态：印度电影海外传播路径与内核[J]. 当代电影，2015，（12）：120-124.

（冯晓华、许琳苒、刘小芳）

作者简介：

冯晓华：云南师范大学传媒学院高级记者，硕士生导师；

许琳苒：云南师范大学传媒学院广播电视编导专业学生；

刘小芳：云南师范大学传媒学院广播电视编导专业学生。

第二节　印度电视研究综述

相对于英美等西方发达国家而言，亚洲发展中国家的电视业起步较晚，作为亚洲大国的中国和印度都是在 20 世纪 50 年代后期才有了电视传媒。印度是一个人口众多的大国，有殖民地的历史，多语种制和宗教多样性是这个国家的特征。曾经的印度是世界经济基础较为薄弱的人口大国，经济不发达，且农村人口比例大。一个经济发展滞后的国家，传媒业的发展一般也是有限的。因此，印度的传媒业在很长一段时间之内都处于落后的境地。但 20 世纪 90 年代后，印度传媒事业迅速崛起，特别是影视艺术的发展令世界瞩目。印度电视业是亚洲电视业发展的成功典范，特别是面对全球化的影响，印度所作出的应对策略更使其电视业进入快速发展的飞跃阶段，电视频道数量不断增加，付费电视市场潜力巨大，订户增加迅速，国营的杜达山电视台和私营的 Zee 电视台都颇具国际影响力。印度电视短时间所创造的令人瞩目的成绩引起了国内外研究者的多方关注，产生了相应的研究成果。

一、研究现状

虽然印度电视的发展引发了国内外学者和传媒从业人员的关注，但相比印度电影的研究而言，电视的研究还处于不够成熟的阶段，能够查阅到的研究成果和资料比较有限。从现有的研究成果看，目前，国内外学者对印度电视的研究更多的是现象的呈现性和描述性研究，主要集中在印度电视技术、印度电视产业发展、印度电视节目、印度电视改革发展、印度电视与社会的关系等几个方面。

（一）印度电视技术及产业发展研究

电视技术的进步是电视产业发展的基础。当我们审视印度电视的发展方式时，明显地发现，印度电视的发展是从以技术为支持的硬件设施开始的。经过多年经济体制改革的印度，国民经济实力得到了大幅度的提升，电视传媒作为受益者，其硬件设施快速增加，资金投入绝大部分被用于新技术的引入和电视产业的发展。研究者们大多从印度电视发展策略的角度出发，关注印度电视技术及产业的发展。例如：陈积银与郑宇的《印度数字电视产业发展研究》[①]、马克·霍姆斯（Mark Holmes）与沈永言的《印度卫星付费电视市场的崛起》[②]、李宇的《印度电视业现状纵览》[③]、李黎丹的《印度 Zee 的发展带来的启示》[④]、润雨的《印度将成为亚洲最大的付费电视市场》[⑤]、谢丰奕的《2007 印度卫星直播电视的新发展》[⑥]、张放的《印度的广播电视》[⑦]、曹月娟的《印度新媒体产业发展的实态、要因及趋势研究》[⑧]、江全康的《印度媒体的发展现状与特点分析》[⑨]等都是关于印度电视技术及产业发展的研究。

（二）印度电视节目建构及传播影响研究

电视节目是电视艺术的表现形态，电视剧、纪实类节目、文艺类节目、电视广告、电视动漫是目前印度电视节目的主要类型。电视节目的建构及传播是电视传媒研究的主要内容之一，因为电视节目的构建和传播是电视传媒的生存之本。

1. 印度电视节目的建构研究

印度电视节目建构研究立足于不同类型的节目本身展开，是一种微观的研究范式，主要针对新出现的节目类型进行分析，凸显这类节目的特点、形态和结构，对相同类型节目的建构和运作具有一定的专业实际指导意义和借鉴价值。例如，李姝的《印度电视脱口秀〈真相访谈〉启示》分析了《真相访谈》节目的独特之处，《真相访谈》所选择的话题都是印度社会的突出问题，也是长期困扰印度民众的问题。如"婚姻包办""家庭暴力""儿童遭受性侵""女性被迫堕胎""医疗失当""女性被强奸""女性地位低""滥杀女婴"等。文章还分析了该节目与其他真人秀节目的不同之处，它是在广泛访问的基础上设置节目内容，节目具有很强的真实性和纪实性。给真人秀节目注入纪录片的元素，是之前的真人秀节目所没有的。同时，节目还增加了新闻调查和访谈的元素，更加具有

---

① 陈积银，郑宇. 印度数字电视产业发展研究[J]. 中国广播电视学刊，2013，（5）：78-80.
② Mark Holmes，沈永言. 印度卫星付费电视市场的崛起[J]. 卫星与网络，2018，（10）：28-31.
③ 李宇. 印度电视业现状纵览[J]. 传媒，2012，（6）：57-59.
④ 李黎丹. 印度 Zee 的发展带来的启示[J]. 中国电视，2006，（11）：73-77.
⑤ 润雨. 印度将成为亚洲最大的付费电视市场[J]. 卫星电视与宽带多媒体，2006，（17）：16.
⑥ 谢丰奕. 2007 印度卫星直播电视的新发展[J]. 卫星电视与宽带多媒体，2007，（9）：16-17.
⑦ 张放. 印度的广播电视[J]. 中国广播电视学刊，2002，（5）：50-52.
⑧ 曹月娟. 印度新媒体产业发展的实态、要因及趋势研究[D]. 上海大学，2012.
⑨ 江全康. 印度媒体的发展现状与特点分析[J]. 传媒，2021，（23）：64-66.

说服力和可看性。[①]又如，昭玛·文史（Shoma Munshi）的《印度电视黄金时段肥皂剧》（*Prime Time Soap Operas on Indian Television*）对印度电视黄金时段播出的肥皂剧进行了分析。该书详细介绍了肥皂剧在印度兴起的原因、所产生的背景、发展历史以及构成元素，同时也分析了印度受众对于肥皂剧的接受情况。[②]毛小雨的《南亚次大陆的生活镜像——从历史、制作、受众看印度电视剧的三重维度》从多个角度对印度具有代表性的电视剧进行了分析，展现印度电视剧衍生的根源和制作理念，总结印度电视剧制作的特点及可借鉴的经验。[③]徐辉等在《2015—2020 年印度视听产业暨创作概况》中分析了印度的电视剧、网剧和综艺的变化及特点。[④]

2. 印度电视节目的传播影响研究

印度电视节目的传播影响研究立足于传播学的理论，进行的是一种接缘性的研究。表现为应用其他学科的理论来分析和研究电视节目，如利用社会学、符号学、接受美学、叙事学等学科知识来分析和研究电视节目。李姝的《印度电视脱口秀〈真相访谈〉启示》就针对该类节目的社会影响进行了分析，认为《真相访谈》通过深入的社会调研获得了大量真实有效的第一手资料和数据，在此基础上进行有理有据的讨论，提出了相应的解决方案和建议，既能帮助和引导普通民众正确认知问题的实质，又可为政府加强社会管理、制定措施提供有力的事实支持。由于节目涉及的问题极具社会危害性，加上全球数十亿观众的参与，其直接或间接地影响了政府对于存在问题的重视和对解决措施的制定。例如，为受害的妇女儿童提供救助和护理、严厉打击医疗犯罪、限制非法堕胎、解决贫穷地区的缺水问题、建立公益组织和基金会等等。这类研究既针对节目本身的建构展开，更能够关注到节目对社会所产生的影响。注重研究电视节目在揭示社会问题、提供解决方案，以及给予民众启发、力量和希望并最终建构起新的意识形态方面的作用和功能[⑤]。此类研究比较有代表性的，除了李姝的《印度电视脱口秀〈真相访谈〉启示》之外，还有苏加斯的《印度电视节目对斯里兰卡观众的影响——跨文化视域之研究》，该研究从跨文化的角度分析了印度电视

---

① 李姝. 印度电视脱口秀《真相访谈》启示[J]. 当代电视，2016，（10）：48-49.

② Shoma Munshi. *Prime Time Soap Operas on Indian Television*[M]. London: Routledge, 2010.

③ 毛小雨. 南亚次大陆的生活镜像——从历史、制作、受众看印度电视剧的三重维度[J]. 河南大学学报（社会科学版），2015，55（6）：115-123.

④ 徐辉，吴箫箫，林铄冰. 2015—2020 年印度视听产业暨创作概况[J]. 视听理论与实践，2021，（2）：40-46.

⑤ 李姝. 印度电视脱口秀《真相访谈》启示[J]. 当代电视，2016，（10）：48-49.

的传播影响力。[①]

（三）印度电视改革发展研究

梳理印度电视的发展历程，了解其创造的"电视发展神话"，我们可以从中看到以印度为代表的亚洲发展中国家在面临世界性的电子传媒演进发展的大形势下所作出的变革，以及转型之后发生的巨变。研究者们在呈现印度电视在较短时间内所取得的辉煌成就的同时，更多地关注到了其不同发展时期所进行的电视改革。研究成果集中于呈现印度结合本国实际所进行的电视体制改革，总结印度电视传媒发展中许多值得借鉴和学习的经验，也分析了变革之后的印度电视将面临的新问题。例如，王辰瑶的《论印度电视体制的转型》[②]、刘琛的《从对外封闭到互惠传播——解读独立以来印度电视传媒政策的变迁》[③]、韩鸿的《古巴、印度的乡村电视模式对破解中国电视"盲村"问题的启示》[④]、李宇的《浅析美国在印度电视领域发展策略及启示》[⑤]都涉及印度电视改革发展的内容。

（四）印度电视与社会的关系研究

印度电视与社会的关系研究来源于媒介传播和社会的本源关系研究，是一种整体宏观的研究范式。这类研究一般从媒介传播与社会文化的关系入手，探讨电视媒介可能对受众和社会所产生的影响。也会以一个社会文化现象为研究对象，探讨这种现象产生的原因、变化等。近几年也出现了将其他学科的理论与媒介传播理论结合在一起探讨电视传媒的社会影响的研究成果。无论是共性研究还是个案研究都指向一个共同的研究对象及目标，即研究印度电视这一传播媒介对于印度社会的发展和民众生活样态的影响。例如，普尔尼马·曼克卡尔（Purnima Mankekar）的《观文化，看政治——印度后殖民时代的电视、女性和国家》，就是一本对媒体人类学视域下的电视与社会文化关系进行研究的著作。作者采用了人类学的一些研究方法，在调查访谈的基础上阐述了印度后殖民时代的电视在重铸和推行印度文化方面所扮演的角色和做出的贡献；通过个案调查分析

① 苏加斯. 印度电视节目对斯里兰卡观众的影响——跨文化视域之研究[D]. 武汉大学，2009.

② 王辰瑶. 论印度电视体制的转型[J]. 国际新闻界，2005，（5）：36-41.

③ 刘琛. 从对外封闭到互惠传播——解读独立以来印度电视传媒政策的变迁[J]. 国际新闻界，2006，（2）：44-48.

④ 韩鸿. 古巴、印度的乡村电视模式对破解中国电视"盲村"问题的启示[J]. 电视研究，2008，（5）：70-74.

⑤ 李宇. 浅析美国在印度电视领域发展策略及启示[J]. 传媒，2018，（3）：55-57.

呈现了印度电视对于新时期印度女性的观念、思想、生活的影响和改变，分析了电视在印度女性家庭社会角色、性别意识、政治议题等方面的重新建立中所起到的重要作用。[①]柯克·约翰逊（Kirk Johnson）的《电视与乡村社会变迁——对印度两村庄的民族志调查》一书也对电视对于印度农村的影响作了充分阐述。[②]还有刘琛的《解读谋求互惠传播的印度电视文化身份建构——基于互惠传播的视角》[③]、田楮梦的《电视对中国和印度农村社会的影响程度的比较》[④]、苏加斯的《印度电视节目对斯里兰卡观众的影响——跨文化视域之研究》[⑤]、赵瑞琦的《印度大众传媒研究》[⑥]等都从电视与社会关系的视角对印度电视进行了研究。这类研究侧重于体现印度电视与民族文化传承的密切关系，凸显电视节目在文化传播方面和对社会和人产生影响方面的价值及意义。

二、存在的问题与反思

印度的电视事业出现得较晚，印度电视传媒也是近几年国内国际才关注的研究领域。相关的研究成果拓宽了电视传媒的研究视野，丰富了印度电视节目的创新实践，推动了相关研究领域快速、健康地发展。印度电视的研究虽然取得了一定的学术成就，但同时也呈现出了一些问题，这些问题既是印度电视研究存在的问题，也是许多发展中国家电视研究共同存在的问题。这也是电视研究需要进一步关注和思考的方向。主要表现在以下几个方面。

（一）电视学科理论体系的建构和完善

完善的电视学科理论是电视研究的基础，丰富扎实的学理建构和理论依据是一个学科得以全面持久发展的关键，也是有效实践的重要保证。电视艺术是一门理论与实践相结合的学科，基础理论和应用实践是其两大基本的学科内容。除此之外，不同国家的电视传媒与国家的历史、文化、政治、经济有着极其密切的关

---

① [美]普尔尼马·曼克卡尔. 观文化，看政治——印度后殖民时代的电视、女性和国家[M]. 晋群译. 北京：商务印书馆，2015.

② [美]柯克·约翰逊. 电视与乡村社会变迁——对印度两村庄的民族志调查[M]. 展明辉，张金玺译. 北京：中国人民大学出版社，2005.

③ 刘琛. 解读谋求互惠传播的印度电视文化身份建构——基于互惠传播的视角[J]. 现代传播，2005，（1）：30-33.

④ 田楮梦. 电视对中国和印度农村社会的影响程度的比较[J]. 科教文汇（中旬刊），2008，（2）：178.

⑤ 苏加斯. 印度电视节目对斯里兰卡观众的影响——跨文化视域之研究[D]. 武汉大学，2009.

⑥ 赵瑞琦. 印度大众传媒研究[M]. 北京：中国传媒大学出版社，2015.

系，由此产生了不同的电视政策理论和史学理论。这也是电视学科理论的基本构成元素。基于以上几个学科体系主要内容的考量，就目前印度电视的研究成果看，对于电视的理论体系建设还较为粗疏，研究多为碎片式的、零散的、部分的，缺乏对基础和核心问题的完整、深入、系统地阐释。

（二）研究内容的全面性、延伸性和时代性

印度电视的研究侧重于前面研究现状中我们总结的四个方面，更多的是对现象的一种静态描述和呈现，对于电视传播活动本身和电视艺术的全面的动态研究相对缺乏，结合和运用其他相关理论对电视进行延伸性研究的成果也较为少见。

研究范围狭窄、学科理论基础较为薄弱，是目前印度电视系统研究进展缓慢的症结所在。印度电视的研究应该吸纳传播学、语言学、社会学等学科的合理内核，形成自己独特的研究理论、研究方法和研究内容，既要注意节目的静态研究，又要注意电视传播活动的动态研究，充分体现研究的全面性、系统性和延伸性。另外，电视是一种技术更新较快、内容和表现形式都需要不断创新和与时俱进的传播媒介，那么对于电视的研究也需要从新的角度、新的理论、新的观点入手，不断关注和研究新的现象、新的形态、新的思潮，产生新的研究成果以保持研究的时代活力。就目前的研究成果而言，无论是观点还是理论的内容都缺乏新意，其实研究成果本身就较为缺乏，时间还较为久远，需要产生更为符合时代要求的研究成果。

（三）研究对象的完整性和全面性

电视的研究范围比较广泛，不同的范围所涉及的研究对象又有所不同。仅就电视艺术而言，其研究对象就涉及电视艺术作品、电视艺术创作、电视艺术的外部世界以及电视艺术的受众几个方面，四者相辅相成，缺一不可，共同拼合成了电视艺术学的研究范畴。[1]就目前的研究成果看，印度电视艺术的研究对象还不够完整，整体性的深入研究还不够。研究对象整体性和全面性的缺失说明研究体系和研究框架建构还不够完善，这势必会影响我们对于电视艺术发展内部规律和外部规律的探寻，进而影响电视理论对于实践的指导价值和意义。

---

① 欧阳宏生. 电视艺术学[M]. 北京：北京大学出版社，2011：5.

（四）研究方法的借鉴和丰富

从研究方法上看，目前关于印度电视的研究主要采用比较研究和系统研究两种方法。比较研究或将印度与其他国家的电视发展状况及发展政策策略进行比较，或将印度不同时期的电视发展变化状况进行比较，旨在梳理印度电视的发展轨迹和发展规律及成就，同时研究不同的社会环境、政治经济、政策法规、民族文化等对印度电视发展的影响，以及印度电视对于其他国家电视发展的可借鉴性。例如，巴拉德瓦·拉玛什（Bharadwaj Ramesh）的《中国和印度：电视环境之间的差异》[①]、田楮梦的《电视对中国和印度农村社会的影响程度的比较》[②]就属于此类研究。系统研究方法则将整个人类的传播看作是一个完善的系统，每一种媒介都有其独特的作用和价值。人们需要不断维系这个传播体系，使之平衡、协调地发展。从整体的角度出发，系统地研究媒介传播中存在的问题是一种非常有效的手段。赵楠的《约翰逊〈电视与乡村社会变化——对印度两村庄的民族志调查〉之方法论研究》[③]可以看作是对一种媒介传播方法的整体分析和研究。由于电视出现的时间不算长，研究方法还不够丰富和成熟是正常现象。就长远的发展以及电视本身的特性来看，借鉴和学习其他学科的研究方法以形成和丰富自身研究的特点是今后电视研究需要不断改善的地方。比如实证性研究就是电视研究需要加强的研究方法。前面我们说过，印度电视的研究成果表现出停留于现象的呈现和描述，而缺乏深入的论证和对本质规律的揭示。这就需要将自然科学的实证研究方法用于社会现象的研究之中，有实证作为基础，研究的结论才更具有说服力和可信度。

纵观印度电视的发展历程，我们看到一种年轻的传播媒体在经历了风雨之后，从单一走向多元，从沉寂走向繁荣，从幼稚走向成熟。其间，印度电视经历了政治及社会体制完全管控和束缚之下的漫漫长路，感受了电视技术进步、机制改革转轨所带来的震撼，享受了抓住机遇迎接挑战的成功，收获了电视发扬本土文化走向世界的辉煌和繁荣。印度电视传媒的发展无疑是成功的，但印度电视的研究之路还很漫长。梳理和总结印度电视的研究现状，可以为电视研究提供一定的参考。世界还在发展，人类还在进步，印度电视还将面临更新和更广阔的发展

① [印]Bharadwaj Ramesh. 中国和印度：电视环境之间的差异[J]. 中国广告, 2005,（6）：106-107.
② 田楮梦. 电视对中国和印度农村社会的影响程度的比较[J]. 科教文汇（中旬刊）, 2008,（2）：178.
③ 赵楠. 约翰逊《电视与乡村社会变迁——对印度两村庄的民族志调查》之方法论研究[J]. 新闻研究导刊, 2016, 7（10）：50-51, 49.

天地，印度电视研究也将面临更多的挑战。

参 考 文 献

李宇. 印度电视业发展现状研究（上）[J]. 现代视听，2019，（7）：79-83.

刘琛. 全球化背景下的跨文化传播：印度电视传媒变迁研究[M]. 北京：外语教学与研究出版社，2007.

[英]尼古拉斯·阿伯克龙比. 电视与社会[M]. 张永喜，鲍贵，陈光明译. 南京：南京大学出版社，2001.

[美]普尔尼马·曼克卡尔. 观文化，看政治——印度后殖民时代的电视、女性和国家[M]. 晋群译. 北京：商务印书馆，2015.

王辰瑶. 论印度电视体制的转型[J]. 国际新闻界，2005，（5）：36-41.

王云. 印度传统媒体的发展态势[J]. 传媒，2011，（3）：59-61.

杨正，赵丽媛，肖天华. 具有科普性质的严肃时政节目研究——以《真理访谈》为例[J]. 今传媒，2015，23（6）：90-92.

张丽，等. 世界广播电视发展趋势研究[M]. 北京：中国传媒大学出版社，2012.

（朱腾）

作者简介：

朱腾：云南师范大学传媒学院讲师，硕士。

第三节　印度广播史研究综述

一、研究的缘起

自广播诞生以来，对其研究探讨一直在发展和变化，以美国为代表的西方传播学学者作为大众传播媒介最早的研究者曾多次论述以下两个重要问题：广播传递的信息到底具有怎样的真实性和说服力；广播节目要怎样安排能更容易地让听众接收和接受信息。[①]当时西方广播研究更多地将广播媒介看作一种中立的传输手段或者技术，独立于它所传递的信息，研究的关注点也大多集中在广播所传递的信息对听众产生的影响上。此后，由于广播和唱片这类文化产品实现了工业化生产，法兰克福学派的学者们开始对媒介与人们的生产、生活和思维方式之间的

---

① Hadley Cantril. *The Invasion from Mars：A Study in the Psychology of Panic*[M]. Princeton：Princeton University Press, 2017: 18-20.

关系展开分析讨论，这种带有欧洲批判传统的研究视角开始试着超越具体的信息内容，把关注点引向媒介本身与社会的关系上。之后，以马歇尔·麦克卢汉（Marshall McLuhan）为代表的多伦多学派开始关注媒介属性本身对社会产生的影响。20 世纪 80 年代以来，传播学研究又更多地转向对文化的关注，特别是把媒介本身看作当代文化和人们生活方式的一部分。媒介学者詹姆斯·W. 凯瑞（James W. Carey）、尼克·库尔德利（Nick Couldry）等都在论述中强调把媒介本身看作文化，而非中立地传递信息的技术手段。[①]

现代的广播在节目形态或播出技术方面已经脱离了美国无线电公司（Radio Corporation of America，RCA）为了销售其生产的收音机而播出日间广播节目的传播方式。人们使用广播的方式和广播服务于听众的方式都已经发生了翻天覆地的变化，这些变化与媒介新技术的发展、人们生活方式的改变和整个社会结构的变迁都有着相辅相成的关系。因此，如果想了解今天的广播，我们的研究就不能脱离社会组织方式和思维、文化习惯、媒介产业结构、媒介技术环境等宏观因素。按照这样的思路来认识和分析今天广播媒介的社会文化属性，也许能为广播节目创新打开新的思路。[②]

全印广播电台是世界上最大的广播网之一，现在，印度正以创新和国际化为动力，在信息技术和电信等领域整合全球资源。自 1991 年经济改革以来，印度的经济增长迅速，尤其是它的信息产业、医药卫生产业，增长速度更是惊人，印度的 FM 广播从 1990 年开始有了飞速发展，2000 年新媒体和广播的融合发展也较显著。[③]与欧美国家相比，我国的南亚近邻印度与我国在经济、文化方面有更多的相似处，我们应该对印度的广播等媒体进行系统的研究，这样会更有利于我国广播理论和产业的发展。

二、我国对印度广播和印度广播史的研究概况

到目前为止，我国对印度历史、人文及经济方面研究的书籍相对比较多，对印度广播和广播史进行综合性和系统性的专门研究的书籍和论文很少，对印度广播的最新发展信息予以报道的，多是一些电子报纸。还有一种情况就是一些研究学者从社会学、经济学、心理学等角度对印度经济的发展进行概述时，偶尔提到

---

① Robert K. Merton. *Mass Persuasion: The Social Psychology of a War Bond Drive*[M]. New York: Howard Fertig, 1946: 40-62.

② 崔玺. 重视当代广播的社会属性——广播节目样态创新的另一思路[J]. 中国广播，2012，（3）：16-19.

③ [美]斯坦博克. 移动革命[M]. 岳蕾，周兆鑫译. 北京：电子工业出版社，2006：9-12.

与印度新媒体相关的一些信息，这些研究可能并不能称为真正的对印度广播史的研究。这些研究分别呈现出以下特点。

（1）在其他学科的研究中会用少量的篇幅提到与印度媒体发展相关的一些信息，在许剑波编著的《印度这大象》这本书里，第三章有一节的内容概述了印度在纸媒和广播电视媒介方面取得的一些成就。[①]此外还有海帆的《印度诱惑》[②]、常青的《印度科学技术概况》[③]、林语堂的《印度的智慧》[④]、张讴的《印度文化产业》[⑤]等。这些书籍大都是用少量的章节或者段落提到与印度媒体发展相关的一些信息，部分提到了印度广播在过去的某一个时间段内的发展情况；这些书籍大都是从经济政治的学科研究的角度谈印度，会提到一些印度广播媒体发展方面的内容。

（2）对印度广播发展的历史有简述没有详细数据或者是阶段性的发展历程和数据，缺乏专门全面的关于印度广播史的书籍和论文。其中书籍有马庆平的《中外广播电视法规比较》[⑥]；论文有张著和陈宗荣的《印度的广播电视事业》[⑦]、林伟伟的《印度新闻法治的历史变迁研究》[⑧]等。这些书籍及论文对印度广播历史发展方面的相关内容有所研究，但是基本没有对印度广播历史的全面论述。

（3）有文章分析印度广播发展过程中的经济发展动因，对社会文化的发展动因分析不多。我国凡是涉及印度经济发展的书籍会有讨论印度广播电视新媒体等在印度经济发展中的重要地位等内容，但是对经济因素对于广播发展影响的分析比较少，即使有相关内容，也是非常有限。这些书籍有马加力的《关注印度——崛起中的大国》[⑨]等；论文有赵伟红、杨兴礼的《印度崛起的影响因素及战略意义》[⑩]等。

---

① 许剑波. 印度这大象[M]. 深圳：海天出版社，2010：114-162.
② 海帆. 印度诱惑[M]. 北京：中国旅游出版社，2005：160-172.
③ 常青. 印度科学技术概况[M]. 北京：科学出版社，2006：220-266.
④ 林语堂. 印度的智慧[M]. 长沙：湖南文艺出版社，2016：2-12.
⑤ 张讴. 印度文化产业[M]. 北京：外语教学与研究出版社，2007：415-553.
⑥ 马庆平. 中外广播电视法规比较[M]. 北京：经济管理出版社，2005：267-269.
⑦ 张著，陈宗荣. 印度的广播电视事业[J]. 现代传播，1982，（4）：78-82.
⑧ 林伟伟. 印度新闻法治的历史变迁研究[D]. 中央民族大学，2009.
⑨ 马加力. 关注印度——崛起中的大国[M]. 天津：天津人民出版社，2002：1-13.
⑩ 赵伟红，杨兴礼. 印度崛起的影响因素及战略意义[J]. 重庆工商大学学报（西部论坛），2007，（4）：48-51.

三、印度本国及其他国家对印度广播媒介的研究

因为可以查阅到的中文资料很少，所以这个部分基本是英文资料。

（1）印度本国对其广播媒介的研究，中文的没有找到，英文的多是分阶段的讨论，广播的节目形态分类研究也有涉及，对 20 世纪 90 年代后的广播与新媒体融合的分析研究较多，其中有相对全面的数据和对社会、文化、经济等深层次影响广播发展因素的分析。

这些书籍有：沙克塔拉·桡（Shakuntala Rao）等的《全球化视野下的印度媒体道德和价值判断》（*Media Ethics and Justice in the Age of Globalization*）[①]、威奈·莱（Winnai Laiy）与威廉·L. 西蒙（William L. Simon）的《思考印度——全球下一个超级大国的兴起对每个美国人意味着什么》（*Think India: The Rise of the World's Next Superpower and What It Means for Every American*）[②]。论文有：阿什·兰迪（Usha Reddi）的《印度社会中的媒介和文化：矛盾与整合》（"Media and Culture in Indian Society: Conflict or Co-operation"）[③]、赛维·尼楠（Sevanti Ninan）的《印度广播变革的历史》（"History of Indian Broadcasting Reform"）[④]、达雅·基山·泰素（Daya Kishan Thessu）的《广播私有化：全球化对印度广播的影响》（"Privatizing the Airwaves: The Impact of Globalization on Broadcasting in India"）[⑤]、R. V. 维亚（R. V. Vyas）等的《印度教育广播》（"Educational Radio in India"）[⑥]、B. P. 斯瑞塔沃（B. P. Srivastava）的《印度的调频广播》（"FM Broadcasting in India"）[⑦]、阿斯·潘阿斯拜克（Aswin Punathambekar）的《阿米·萨亚尼和锡兰电台：记录广播和孟买电影的历史》（"Ameen Sayani and Radio Ceylon:

①　Shakuntala Rao, Herman Wasserman. *Media Ethics and Justice in the Age of Globalization*[M]. London: Palgrave Macmillan Press, 2015: 43-75.

②　[印]威奈·莱，[美]威廉·L. 西蒙. 思考印度——全球下一个超级大国的兴起对每个美国人意味着什么[M]. 宣晓风，汤风云译. 上海：上海大学出版社，2010.

③　Usha Reddi. Media and culture in Indian society: Conflict or co-operation[J]. *Media, Culture & Society*, 1989, 11(4): 395-413.

④　Sevanti Ninan. History of Indian broadcasting reform[J]. *Cardozo Journal of International and Comparative Law*, 1997, 5(2): 341-364.

⑤　Daya Kishan Thessu. Privatizing the airwaves: The impact of globalization on broadcasting in India[J]. *Media, Culture & Society*, 1999, 21(1): 125-131.

⑥　R. V. Vyas, Ramesh C. Sharma, Ashwini Kumar. Educational Radio in India [J]. *Turkish Online Journal of Distance Education*, 2002, 3(3): 11-14.

⑦　B. P. Srivastava. FM broadcasting in India[J]. *IETE Technical Review*, 2007, 24(6): 453-458.

Notes towards a History of Broadcasting and Bombay Cinema"）[①]。

（2）其他国家多是从文化、经济和社会等角度来介绍印度广播媒介的发展，一般来说书籍会提到全球化背景下广播和其他媒介的融合，论文会单独讨论广播与广播电台、广播节目形态的历史变革等。

这方面的书籍有：英国学者爱德华·卢斯（Edward Luce）的《不顾诸神：现代印度的奇怪崛起》（*In Spite of the Gods: The Strange Rise of Modern India*）[②]、德国学者卡尔·皮尔尼的《印度中国如何改变世界》[③]等。这些书籍中有一部分提到了印度传统媒体广播和新媒体的发展史，但是内容不多，没有深入和系统的研究。论文有：妮可·辛哈（Nikhil Sinha）的《印度公共服务广播的自由化和前景》（"Liberalisation and the Future of Pubic Serveice Broadcasting in India"）[④]、斯蒂夫·范厄（Stefan Fiol）的《全印广播电台和北阿坎德邦传统音乐的系谱》（"All India Radio and the Genealogies of Folk Music in Uttarakhand"）[⑤]。

（3）殖民地历史对印度广播媒介发展的影响。印度长期被殖民的历史对印度媒体、教育以及文化等方面的发展有着不可忽视的作用。印度和其他国家的学者在这方面的研究也比较多，对印度殖民地时期和后期的广播有一些史实的梳理和分析。

这方面的论文有：约翰林·辛维（Joselyn Zivin）的《弯曲：殖民颠覆和印度广播》（"'Bent': A Colonial Subversive and Indian Broadcasting"）[⑥]等。

四、研究的不足和未来研究的方向

（一）不足

国内外对印度广播媒体的研究取得了许多进展，但也有一些问题，主要表现

---

① Aswin Punathambekar. Ameen Sayani and Radio Ceylon: Notes towards a history of broadcasting and Bombay cinema[J]. *BioScope: South Asian Screen Studies*, 2010, 1(2): 189-197.

② [英]爱德华·卢斯. 不顾诸神：现代印度的奇怪崛起[M]. 张淑芳译. 北京：中信出版社，2007.

③ [德]卡尔·皮尔尼. 印度中国如何改变世界[M]. 陈黎译. 北京：国际文化出版公司，2008.

④ Nikhil Sinha. Liberalisation and the future of pubic serveice broadcasting in India[J]. *Javnost-The Pubilc*, 1996, 3(2): 81-95.

⑤ Stefan Fiol. All India radio and the genealogies of folk music in Uttarakhand[J]. *South Asian Popular Culture*, 2012, 10(3): 261-272.

⑥ Joselyn Zivin. "Bent": A colonial subversive and Indian broadcasting[J]. *Past and Present*, 2015, (162): 195-220.

在以下三个方面。

第一，对印度广播完整的发展历史进行研究的成果较少，同时在广度和深度上都不够。

第二，对印度广播发展的文化社会根源没有进行系统分析和论述。

第三，对印度广播节目形态的社会组织方式和思维、文化习惯等的研究还比较分散，缺乏系统的解释。

（二）未来研究的方向

在理论知识的准备上，可以借鉴本尼迪克特·安德森（Benedict Anderson）所建构的具有现代国家意识的"想象的共同体"的理论来分析讨论印度广播及其发展史，一般认为广播公司播放什么样的节目取决于用户的喜好。早期研究学者认为，在私人领域，人们选择什么样的广播节目来娱乐休闲，是一件小事。但这些学者忽视了一个事实，即到目前为止，广播的公共影响力，既不是由制作方的原本意图说了算，也不是靠迎合观众喜好达到的。在 20 世纪 30 年代的印度种族和民族背景下，印度广播在刚刚起步的阶段就能够有一套特定的表现形式，应该是基于特定的文化规范和价值观的认可的。这套文化规范和价值观的影响远超过节目播出这一行为本身。①

听众们在同一时间收听某一节目，创造了共享的共时性经验。这一共享的共时性经验概念，实际上就源于安德森在具有现代国家意识的"想象的共同体"理论里面对现代受印刷品影响的市民即报纸读者的论述，这也许能够启发我们用相同的思路来分析研究印度广播听众甚至是中国广播听众。

广播的听众清楚地知道，自己所奉行的这个收听"仪式"，同时有成千上万（或数百万）的其他人在重复，听众确信那些人存在，但是听众对那些人的身份一无所知。而且，这个仪式一直都以每天或半天的间隔不断重复。想象关于世俗的、依历史来计时的、想象的共同体的时候，我们还可以想到什么比这个更生动的形象呢？同时，报纸读者看到他看的这份报纸，广播听众听到这个节目，看到和听到的场景也许在地铁、理发店或邻里社区，再次认可了想象的世界显然扎根于日常生活。这就是有现代国家意识的"想象的共同体"。②

① Benedict Anderson. *Imagined Communities: Reflections on the Origin and Spread of Nationalism*[M]. London: Verso, 2016: 35.

② Benedict Anderson. *Imagined Communities: Reflections on the Origin and Spread of Nationalism*[M]. London: Verso, 2016: 204.

20 世纪 20 年代，广播电台系统首先在美国崛起，20 世纪 30 年代印度广播也在英国广播公司（British Broadcasting Corporation，BBC）的指导安排下建立起来，广播在美国、英国和印度都发挥着凝聚"共时性"体验力量的积极作用，同时又沟通、生成着这一经验的意义。广播不仅对其时代的主要社会张力做出回应，而且通过在音乐、喜剧和叙事剧中直接针对观众的情况发言，使得这些张力成为其所建构的话语世界的内容。

安德森认为印刷术的发展使大众的阅读打破了官方语言的限制性门槛，使欧洲和其他地域历史中的话语和民族语言能够在更广泛的受众中传播，最终推翻传统权威，建立起民众与国家、民众之间的新型关系；这种想象的关系，不是建立在具体的地理边界、共同的民族遗产等这种真实有形的东西之上，而是建立在设想、想象、感觉、意识之上；在这种关系中，不仅是传播的技术手段，还有核心叙事、表现形式、代代流传的记忆和选择性遗忘，把民族团结在一起。[①]

以此思路来看印度广播，从创始人莱昂内尔·菲尔登（Lionel Fielden）建立印度广播开始，其就一直试图把民主、公民的概念带给印度民众，竭尽所能在印度实践着用广播这种新媒体将公共空间带入隐秘的私人空间，把偏远地区与文化中心联系起来，用无形的电波把普通民众和国家连在一起。

所以在对印度广播史的研究中，应该在梳理总结印度广播媒体的历史的基础上，尝试运用广播理论中的媒介社会文化生态、广播节目形态、广播的受众、广播业者角色、广播反馈等方面变革的理论，从更深层次探讨印度广播发展的历程，研究印度广播与社会文化、政治经济制度之间的关联。通过对印度广播发展和战略措施及其合理性的研究，得出较为深刻的结论，期待能够与印度广播产业发展的实际状况相联系，提出一些更全面系统的广播文化理论。

参 考 文 献

崔玺. 重视当代广播的社会属性——广播节目样态创新的另一思路[J]. 中国广播，2012，（3）：16-19.

海帆. 印度诱惑[M]. 北京：中国旅游出版社，2005.

马庆平. 中外广播电视法规比较[M]. 北京：经济管理出版社，2005.

许剑波. 印度这大象[M]. 深圳：海天出版社，2010.

Aswin Punathambekar. Ameen Sayani and Radio Ceylon: Notes towards a history of broadcasting and Bombay cinema[J]. *BioScope: South Asian Screen Studies*, 2010, 1(2): 189-197.

---

① [美]米歇尔·希尔穆斯. 广播与想象的共同体[J]. 王敦，程禹嘉编译. 文化研究，2018，（1）：51-59.

B. P. Srivastava. FM broadcasting in India[J]. *IETE Technical Review*, 2007, 24(6): 453-458.

Sevanti Ninan. History of Indian broadcasting reform[J]. *Cardozo Journal of International and Comparative Law*, 1997, 5(2): 341-364.

Srinivasan Vasudevan. Radio and technology adoption during India's Green Revolution: Evidence from a natural experiment[J]. *World Development*, 2023, 161(106): 60-69.

（王雯）

作者简介：

王雯：云南师范大学传媒学院讲师，硕士。

第四节　印度新媒体艺术研究综述

印度是个多民族多语言的国家，有着独特的历史文化背景和丰厚的文化底蕴。印度人天生热爱音乐和舞蹈，他们歌颂世间万物。印度传统的艺术家们基本都是借助具体的、可触碰的物质来进行情感的表达和艺术创作，体验生命、感悟生活。随着新媒体的发展，结合新的材料和新的技术手段，印度的艺术呈现出多元化的形式，增添了新的美学特征，不仅影响着受众的艺术审美和艺术思想，而且对整个社会的内在改变产生了深远的影响，同时在传播中对整个印度的文化思想和教育都产生了巨大的推动作用。新媒体艺术对印度产生的作用和带来的社会影响正是笔者要研究的内容，但新媒体艺术正处于一个被打开却尚未完全发展的状态中。国内外对印度新媒体历史的研究和对印度新媒体艺术历时性演变过程的研究屈指可数，印度新媒体艺术是一块待开垦的宝地。正因如此，在积累理论和探索印度媒体、印度艺术以及印度新媒体艺术发展的整个过程中，前辈学者们少量的研究资料弥足珍贵，开启了笔者对印度新媒体艺术的全新认识，为笔者提供了研究的视角，使笔者有了明确的思路，从而在对印度新媒体艺术历时性阶段的探索中得出了具有深刻意义的结论，前辈学者主要从以下几个方面进行探讨和研究。

一、印度新媒体的研究

（一）世界各国对印度新媒体的研究

世界各国对印度新媒体的研究，多从经济学和社会学的角度出发，要么对印度传统媒体与新媒体产业进行对比研究，要么从文化产业和经济社会学理论的角度分析印度新媒体产业，对印度新媒体历史和具体的发展过程研究甚少。

从西方国家研究来看，一般是以产业报告的形式对印度新媒体进行数据研究。如波士顿咨询公司（Boston Consulting Group，BCG）发布的《2018 年印度娱乐媒体行业报告》，以精准数据说明印度互联网用户的类型和新媒体用户数，用数据展现了整个印度的娱乐媒体行业的发展状况。[①]2017 年，美通社（PR Newswire）发布的《印度媒体传播概况》白皮书，结合调查数据，全面介绍了印度传统媒体与新型媒体的现状与发展趋势[②]，提高了笔者对印度媒体环境的整体认知。正是这些国外研究者提供的有力数据内容，推动了笔者对新媒体艺术阶段进行划分和归纳的进程。

从我国的研究来看，一方面，大多数研究均从印度传统媒体入手，以此对比分析新媒体的发展。2014 年汪平发表的《印度媒体生存业态》[③]、赵瑞琦和刘慧瑾发表的《印度的新媒体发展现状及影响》[④]，着重阐明传统媒体中的报业对印度媒体的重要性，并没有深入探讨印度新媒体产业，仅用少部分的段落提到新媒体发展的相关信息。但这些研究成果帮助笔者更好地梳理了印度媒体的发展史和印度新媒体兴起的缘由。另一方面，一些研究对印度的传统媒体和新媒体产业进行深层次的探索，并且将中国与印度的新媒体发展现状和策略进行比较，如曹月娟的著作和论文。她的著作《印度新媒体产业》[⑤]《印度新媒体产业发展研究：实态、要因及趋势》[⑥]完整地阐述了印度传统媒体产业到新媒体产业的发展演变史，从文化产业角度出发，结合经济学和社会学等理论展示了新媒体产业发展的整个过程和趋势，以及印度各类新媒体的特点和发展情况，对整个印度的产业链作了详细的综合评述。同时她的论文《印度农村新媒体发展研究》分析了印度农村新媒体的发展状况，阐明印度政府多部门的重要性和关键作用，即有效地推动了新媒体在印度偏远地区的普及。[⑦]除曹月娟外，我国其他有关印度新媒体的文

---

① 199IT 中文互联网数据资讯网. BCG：2018 年印度娱乐媒体行业报告[EB/OL]. （2019-01-19）[2021-08-10]. https://www.199it.com/archives/805933.html.

② 美通社. 美通社推出《印度媒体传播概况》白皮书[EB/OL]. （2017-07-10）[2021-08-10]. https://www.prnasia.com/lightnews/lightnews-1-35-11916.shtml.

③ 汪平. 印度媒体生存业态[J]. 新闻战线, 2014, （7）：165-167.

④ 赵瑞琦, 刘慧瑾. 印度的新媒体发展现状及影响[J]. 对外传播, 2014, （1）：60-62.

⑤ 曹月娟. 印度新媒体产业[M]. 北京：中国国际广播出版社, 2012.

⑥ 曹月娟. 印度新媒体产业发展研究：实态、要因及趋势[M]. 北京：科学出版社, 2019.

⑦ 曹月娟. 印度农村新媒体发展研究[J]. 新闻爱好者, 2013, （2）：31-36.

献均从国际化经济的角度入手，如 2007 年赵伟红、杨兴礼的《印度崛起的影响因素及战略意义》①，2008 年刘林鹏、侯建森、黄鹭闽的《印度经济崛起制约因素分析》②，2009 年 B. K. 库西阿拉（B. K. Kuthiala）的《高速发展的印度新媒体产业全球化与本土化》③，这些文献主要研究印度经济和社会方面的内容，会提及一些印度新媒体的发展状况。

从文化产业角度出发，结合经济学和社会学理论分析印度新媒体产业的发展，曹月娟的研究成果给予笔者很大的启发，开启了用不同的视角来重新思考和研究印度新媒体及新媒体艺术的路径，同时西方大量的数据研究报告，为笔者在案例分析时提供了有力且翔实的论据。

（二）印度对本国新媒体的研究

印度对本国的经济发展的研究非常多，但对新媒体产业的研究较少，大多是在研究经济时提到相关新媒体产业内容或是电信产业发展内容。如《媒体多元主义的复兴：走向"超越西方"的比较媒介研究新框架》（"Media Pluralism Redux: Towards New Frameworks of Comparative Media Studies 'Beyond the West'"）通过梳理印度的历史和国家政策制度谈及传统媒体和新媒体的发展，内容涉及互联网、游戏、手机等的发展状况，但没有系统整体的详尽说明。④2014 年卡拉米卡·纳塔拉詹（Kalathmika Natarajan）的《数字公共外交与印度的战略叙事分析》（"Digital Public Diplomacy and a Strategic Narrative for India"）阐述了在新媒体时代，印度与国家政治相关的政策内容逐渐数字化，以及对印度产生的内在影响。通过研究印度人使用博客、网站和其他媒体的情况，分析得出新媒体在社会中占据越来越重要的位置。⑤基于此，学者们也慢慢地开始研究印度新媒体产生的社会影响和价值意义。这部分研究帮助笔者掌握了印度传统媒体和新媒体对经济发展的影响，在研究过程中明显看到印度政府和社

① 赵伟红，杨兴礼. 印度崛起的影响因素及战略意义[J]. 重庆工商大学学报（西部论坛），2007，（4）：48-51.

② 刘林鹏，侯建森，黄鹭闽. 印度经济崛起制约因素分析[J]. 商情（教育经济研究），2008，（4）：151，176.

③ B. K. Kuthiala. 高速发展的印度新媒体产业全球化与本土化[M]. 黄琳译//吴信训主编. 世界传媒产业评论（第 4 辑）. 北京：中国国际广播出版社，2009：3-9.

④ Paula Chakravartty, Srirupa Roy. Media pluralism redux: Towards new frameworks of comparative media studies "beyond the west"[J]. *Political Communication*, 2013, 30(3): 349-370.

⑤ Kalathmika Natarajan. Digital public diplomacy and a strategic narrative for India[J]. *Strategic Analysis*, 2014, 38(1): 91-106.

会逐渐重视新媒体的发展，对后续研究印度新媒体艺术有很大的帮助。

二、印度新媒体艺术的研究

（一）世界各国对印度新媒体艺术的研究

西方国家对印度新媒体艺术的研究成果较多。从早期西方新媒体技术和新媒体设备影响印度开始，西方国家一直关注印度新媒体和新媒体艺术的发展。如1998 年乌莎·曼茜达（Usha Manchanda）的《来自天空的入侵：外国电视对印度的影响》（"Invasion from the Skies: The Impact of Foreign Television on India"）以调查的形式探讨印度观众对电视和节目的接受度以及行业的发展状况。[1]此外，西方国家对印度早期新媒体艺术发展做了详细的研究，瑞贝卡·M.布朗（Rebecca M. Brown）的《1947—1980 年的现代印度艺术》（*Art for a Modern India, 1947—1980*）讲述的是印度独立后早期的印度新媒体艺术家们如何在试图保持传统习俗文化的同时又与现代主义联系在一起，既描绘了印度殖民地时代的过去，又拥抱了现代主义对新事物的追求，并学习和挑战西方的文化，详细记载了印度现代视觉文化在 1947—1980 年的发展轨迹。较为全面地呈现了印度早期新媒体艺术的发展样貌和艺术家的思想行为，有利于笔者从世界整体性的角度做宏观参照，从而深入了解印度新媒体艺术历时性发展的开端和轨迹。[2]

印度新媒体艺术发展到中期阶段，西方国家主要探讨以计算机和手机为主的新媒体设备给印度新媒体艺术带来的影响。如亚萨·多伦（Assa Doron）与罗宾·杰弗里（Robin Jeffrey）于 2013 年出版的《伟大的印度电话簿》（*The Great Indian Phone Book*）阐述了印度仅用十年就普及了移动电话，分析了通信设备引发的社会革命，并探索了印度廉价手机的整个生态系统。[3]詹姆斯·基蓬（James Kippen）和伯纳德·贝尔（Bernard Bel）的《计算机，作曲与现代印度"新音乐"的挑战》（"Computers, Composition, and the Challenge of 'New Music' in Modern India"）描述了印度音乐的转变，其利用计算机技术替代依赖西方的思想模式，是对原有作曲形式的挑战。[4]伯纳德·贝尔的《印度计算机

① Usha Manchanda. Invasion from the skies: The impact of foreign television on India[J]. *Australian Studies in Journalism*, 1998, (7): 136-161.

② Rebecca M. Brown. *Art for a Modern India, 1947—1980*[M]. Durham: Duke University Press, 2009.

③ Assa Doron, Robin Jeffrey. *The Great Indian Phone Book*[M]. Cambridge: Harvard University Press, 2013.

④ James Kippen, Bernard Bel. Computers, composition, and the challenge of "new music" in modern India[J]. *Leonardo Music Journal*, 1994, (4): 79-84.

音乐的开端》（"The Beginnings of Computer Music in India"）①研究总结了印度用计算机创作音乐的历程。

目前，西方学者更多探讨的是印度成熟的数字产业的发展情况，以及对传统艺术文化遗产的保护。如 2013 年阿德里安娜·肖（Adrienne Shaw）的《游戏玩家用印度语怎么说？：对印度数字游戏产业和文化的探索性研究》（"How Do You Say Gamer in Hindi?: Exploratory Research on the Indian Digital Game Industry and Culture"）从多个角度深入分析了印度数字游戏产业形成的产业链和对印度文化的影响。②2016 年萨塔莎·科勒（Saptarshi Kolay）的《通过虚拟新媒体保护印度传统艺术文化遗产》（"Cultural Heritage Preservation of Traditional Indian Art Through Virtual New-Media"）则是通过文献记录来分析探讨印度如何利用新媒体技术保护和传承各种手工艺品、展现印度文化遗产的价值。③西方学者在印度新媒体艺术的研究中，重视印度发展新媒体艺术的内因和外因，通过不同的角度和案例来分析这个发展中国家是如何一跃而起、艺术产业和经济是如何跻身世界前列的。这些研究成果为笔者提供了多种思考视角，具有研究参考价值。除西方国家外，我国对印度新媒体艺术的研究成果较少，除《印度新媒体艺术发展的历时性透视》④外，其他文献基本都是对印度传统媒体艺术的探讨，如 2015 年刘祺发表于《西北美术》的《浅谈印度艺术的传统性及其造型特色》通过传统的印度艺术作品探讨了印度艺术的发展⑤，2018 年宋磊的《论印度电影的艺术表现风格》分析了印度电影如何通过特定的艺术形式表现文化、经济、政治的发展⑥。我国关于印度新媒体艺术研究成果的缺乏增加了笔者研究的难度。

（二）印度对本国新媒体艺术的研究

印度对本国新媒体艺术的研究成果丰富多样，从印度新媒体艺术的开端，到印度录像艺术的诞生，再到借助电脑发展成熟的线上新媒体艺术，最后到利用新

① Bernard Bel. The beginnings of computer music in India[J]. *Computer Music Journal*, 1998, 22(4)：9-11.

② Adrienne Shaw. How do you say gamer in Hindi?: Exploratory research on the Indian digital game industry and culture[J]. *Gaming Globally*, 2013, (4): 183-201.

③ Saptarshi Kolay. Cultural heritage preservation of traditional Indian art through virtual new-media[J]. *Procedia-Social and Behavioral Sciences*, 2016, (225): 309-320.

④ 张婷. 印度新媒体艺术发展的历时性透视[D]. 云南师范大学，2020.

⑤ 刘祺. 浅谈印度艺术的传统性及其造型特色[J]. 西北美术，2015，（2）：101-103.

⑥ 宋磊. 论印度电影的艺术表现风格[J]. 东南亚南亚研究，2018，（2）：97-102, 110.

媒体技术发展的数字艺术和虚拟与现实艺术，覆盖面较广。以对孟买艺术家的研究为例，研究者们在全球媒介环境的外因和印度自身环境的内因的影响下，通过研究泰戈尔、侯赛因等多位重要的创作大家接受新技术和新思想的过程，从而渐进式地复兴了印度艺术，扩展了印度传统绘画技术以及促使早期印度新媒体艺术形成。启发和引导笔者确立了关于印度新媒体艺术发展初期阶段的研究方向和研究重心。

受西方新媒体艺术思潮的影响，以及随着印度器械设备的完善，逐渐发展成熟的录像艺术，影响着印度新媒体艺术的发展。格里塔·卡普尔（Geeta Kapur）于 2008 年发表的《印度的文化结合：将艺术变成纪录片》（"A Cultural Conjuncture in India: Art into Documentary"）用记录文化的形式展现艺术。①2018 年安迦·简（Anuja Jain）发表的《印度实验：在印度策划和展示实验电影、视频和运动影像》（"Experimenta India: Curating and Exhibiting Experimental Film, Video and Moving Image in India"）通过艺术实验和实践分析了印度录像艺术和现代电影的具体表现和异同，对印度早期新媒体艺术中录像艺术的深入研究，证明了在发展初期，印度逐渐肯定在新设备的参与下新型艺术形式的存在及其影响力，随着电脑的出现和互联网的飞速发展，印度很顺利地推动新媒体艺术发展到较为成熟的利用计算机创作的艺术阶段。②

印度新媒体艺术发展中期，艺术创作者们开始利用计算机创作诗歌艺术、绘画艺术、音乐艺术等，熟练运用新媒体设备后开始发展新型广泛的数字艺术，艺术创作者和研究者开始对新媒体艺术的意义加以深思，发展了线上数字艺术库来对印度文化遗产进行保护和宣传，扩大了艺术本身的价值和意义。如 2006 年 P. K. 贾思（P. K. Jain）和帕文·巴巴尔（Parveen Babbar）的《印度的数字图书馆计划》（"Digital Libraries Initiatives in India"）阐述了利用技术将图书馆转变为数字媒体的过程，印度数字图书馆的成立保护了该国的艺术、文化和遗产③。2017 年贾思·卡尔（Jasleen Kaur）和贾汀德库玛尔·R. 赛尼（Jatinderkumar R. Saini）发表的《旁遮普诗歌分类：10 种机器学习算法的测试》（"Punjabi

① Geeta Kapur. A cultural conjuncture in India: Art into documentary[M]//Terry Smith, Okwui Enwezor, Nancy Condee, eds. *Antinomies of Art and Culture: Modernity, Postmodernity, Contemporaneity*. Durham: Duke University Press, 2008: 30-59.

② Anuja Jain. Experimenta India: Curating and exhibiting experimental film, video and moving image in India[J]. *Marg: A Magazine of the Arts*, 2018, 70(1): 96-99.

③ P. K. Jain, Parveen Babbar. Digital libraries initiatives in India[J]. *International Information and Library Review*, 2006, 38(3): 161-169.

Poetry Classification: The Test of 10 Machine Learning Algorithms"）讲述了通过新媒体技术研发出的计算机新的算法，解决了印度多语言带来的诗歌表达和线上存储的困扰，保护了丰富的遗产和文学作品[①]。阿尼尔·辛格（Anil Singh）的《文化遗产资源和手稿的数字保存：印度政府的一项倡议》（"Digital Preservation of Cultural Heritage Resources and Manuscripts: An Indian Government Initiative"）[②]和安帕玛·玛丽克（Anupama Mallik）等人的《非物质遗产的保存：印度古典舞的个案研究》（"Preservation of the Intangible Heritage: A Case Study of Indian Classical Dance"）[③]都研究了印度用新媒体设备，以线上的方式对非物质文化遗产资源中的表演艺术进行存储。随着新媒体艺术的快速发展，印度的精英们能够精准地利用新技术让新媒体艺术和传统艺术一同发展，同时利用新媒体技术对即将消失的传统艺术进行修护和发扬。

　　印度利用新媒体设备在动画、音乐、游戏等艺术领域进行创作和研究。亚洲动画正处在快速发展中，动画不再是亚洲的弱势领域，不再依赖传统的制作材料，主要原因是印度动画的崛起带动了亚洲动画的发展。印度动画产业的发展也带动着广告业、游戏业等数字产业相关价值链的迅速增长。新媒体艺术环境下的印度动画产业，其技术、政策、教育等方面都有值得学习的地方，这不仅给笔者提供了更多的关于印度新媒体艺术的思考方向，同时能让笔者更好地找出我国新媒体艺术领域方面的欠缺和需要改进的地方。

　　除动画外，印度在音乐和游戏方面也有相关研究成果。2011 年内哈·库玛尔（Neha Kumar）、戈帕尔·辛格（Gopal Singh）、塔潘·帕里克（Tapan Parikh）的《印度民间音乐走向数字化》（"Folk Music in India Goes Digital"）"阐明新媒体技术的爆炸式增长，正改变着印度城市和农村艺术的表演和传播形式，文章选取了印度的四个民间音乐传统活动，深入实地进行多层次考察和研究，对民间音乐人、听众、商贩和广播节目制作人等各种利益相关者进行访谈，观察参与者，进行焦点小组讨论和内容分析，总结出新媒体技术在很大

---

① Jasleen Kaur, Jatinderkumar R. Saini. Punjabi poetry classification: The test of 10 machine learning algorithms[R]. ICMLC 2017: Proceedings of the 9th International Conference on Machine Learning and Computing, 2017.

② Anil Singh. Digital preservation of cultural heritage resources and manuscripts: An Indian government initiative[J]. *IFLA Journal*, 2012, 38(4): 289-296.

③ Anupama Mallik, Santanu Chaudhury, Hiranmay Ghosh. Preservation of the intangible heritage: A case study of Indian classical dance[R]. Proceedings of the Second Workshop on EHeritage and Digital Art Preservation, 2010.

程度上使印度民间音乐家变得更受欢迎，且降低了艺术成本投入等"[1]。索娜·库瑞思（Sonal Kureshi）和万达纳·索德（Vandana Sood）的《印度玩家对游戏植入的回忆、识别和感知》（"Indian Gamers' Recall, Recognition and Perceptions of In-Game Placements"）探讨了印度玩家对在新媒体技术环境下开发的游戏的使用和态度，以及快速发展的印度视频游戏行业的内容和形式对玩家的影响[2]。越来越多的学者开始深入探讨新媒体艺术给印度带来的影响和改变，一个跨种族跨文化走向趋同性社会的形象逐渐形成。

还有一些研究者从国际趋势出发，分析印度当代艺术是如何与全球相互联系、共同发展的。他们从印度艺术市场和社会环境切入，通过和西方国家做比较，探讨印度现代艺术的发展。在全球化的影响下，印度的新媒体艺术彰显出更大的格局，它的美学价值和文化内涵都值得笔者深入研究。

印度学者对本国新媒体艺术的研究，给笔者的研究提供了大量翔实的资料和案例。这些学者将本国新媒体艺术初期、中期和现在的艺术实践及艺术价值与实际案例结合在一起进行了详细的分析和归纳，为笔者研究印度新媒体艺术的发展历程提供了丰富的"土壤"和"养分"，有力地推进了新媒体艺术的发展。

参 考 文 献

199IT 中文互联网数据资讯网. BCG：2018 年印度娱乐媒体行业报告[EB/OL]. （2019-01-19）
　　[2021-08-10]. https://www.199it.com/archives/805933.html.
曹月娟. 印度农村新媒体发展研究[J]. 新闻爱好者，2013，（2）：31-36.
曹月娟. 印度新媒体产业发展研究：实态、要因及趋势[M]. 北京：科学出版社，2019.
汪平. 印度媒体生存业态[J]. 新闻战线，2014，（7）：165-167.
Lev Manovich. *The Language of New Media*[M]. Cambridge: The MIT Press, 2002.

（张婷）

作者简介：

张婷：云南师范大学传媒学院戏剧与影视学专业硕士研究生。

---

① Neha Kumar, Gopal Singh, Tapan Parikh. Folk music in India goes digital[R]. CHI 2011, 2011.

② Sonal Kureshi, Vandana Sood. Indian gamers' recall, recognition and perceptions of in-game placements[J]. *Journal of Indian Business Research*, 2009, 1(4): 252-268.

第二章　缅甸媒介传播研究综述

第一节　缅甸电影研究综述

电影自诞生以来，就具有艺术文本、传播媒介与文化商品等多重属性和身份，其本身蕴含着鲜明的意识形态属性，对于构建国家形象以及进行跨文化传播有着独特的优势。随着全球化进程的加速，东南亚国家在国际上的影响力不断提升。近年来，尤其在"一带一路"倡议的影响下，中国和东南亚各国的文化交流越来越深入。缅甸作为中国西南边境的邻国，和中国有漫长的共同边境线，对中国西南边疆稳定意义重大。缅甸的电影具有悠久的历史，但由于受到战争和国内政治的影响，缅甸电影在发展过程中大起大落，又因其毗邻电影大国印度和电影新秀国泰国，当下缅甸电影十分不引人注目。近半个世纪，缅甸与其他东南亚国家如泰国、菲律宾等国相比，电影事业发展差距较大。在文化竞争异常激烈的全球化时代，缅甸电影更加容易受到忽略。随着"一带一路"建设的深入开展，中国和"一带一路"沿线各国实现"民心相通"是当下的迫切问题。能迅速跨越语言障碍的影视剧成为沟通民心的首选，相关机构已在行动，如中国国际广播电台中缅影视译制基地在仰光的成立及运作、广西人民广播电台与缅甸国家广播电视台的合作。从以缅语译制的《金太狼的幸福生活》在缅开播的 2013[①]年算起，国家层面中国影视剧的对缅传播已走过 10 年。相关研究也有少量，如李法宝梳理了 2013—2016 年中国电视剧在缅甸大众媒体的传播情况[②]，王祖嫘从汉语学习与传播角度分析了中国影视剧在东南亚的传播情况[③]。

2019 年中缅首部合拍电影《蒲甘宝藏》开机。[④]随着中国和缅甸影视领域合作的加深，中国需要对缅甸电影进行更深入和系统的了解，以取得更好的合作效

---

① 中国日报网. 首部缅语配音中国电视剧《金太狼幸福生活》开播[EB/OL]. （2013-06-15）[2023-12-10]. https://www.chinadaily.com.cn/hqzx/2013-06/20/content_16639944.htm.

② 李法宝. 中国电视剧在缅甸的传播特色[J]. 西部学刊（新闻与传播），2016，（8）：51-54.

③ 王祖嫘. 东南亚五国汉语传播与中国国家形象认知的相关性研究[D]. 中央民族大学，2018.

④ 中缅合拍电影《蒲甘宝藏》即将开机 互联网电影的"新探索"[EB/OL]. （2019-04-25）[2023-12-10]. https://www.sohu.com/a/310268088_100236984.

果。然而，关于缅甸电影的研究成果十分稀少，在网上也仅能找到十几篇关于缅甸电影状况的文章，其中大多数文章都是少量涉及缅甸电影，但是也有几篇文章是专门论述缅甸电影的。笔者将这些文献分为两类：一类是专门研究缅甸电影的文章与著作，这类文献对缅甸的电影发展有较为详细和系统的论述，对研究缅甸电影具有较大的参考价值；另一类则以东南亚地区的电影为主要研究对象，其中也有少量内容涉及缅甸电影的文献。

一、缅甸电影事业研究

王介南的《缅甸电影小史》对缅甸的电影历史做了详细的梳理与介绍，文章将缅甸电影历史大致分为三个时期：缅甸电影的兴起、20世纪30年代至独立前的缅甸电影，以及当代缅甸电影。文章还对每个时期的电影拍摄、电影产业及代表导演和演员各方面都做了较为详细的介绍。在缅甸电影兴起的阶段，最重要的代表人物就是被称为"缅甸电影之父"的吴翁貌，他不仅摄制了缅甸第一部国产纪录片《赴英谈判的缅甸代表吴吞新的葬礼》，还创办了缅甸第一家电影公司——"巴玛弗林"，为缅甸电影产业的发展奠定了良好的基础，并拍摄了缅甸第一部国产故事片《情意与勇气》，随后拍摄了多部影片，在1923年创立了"伦敦阿"电影公司，拍摄了许多受人欢迎的影片。被称为"缅甸的卓别林"的电影大师吴巴格礼是这一时期的另一位重要代表人物，1921年因在《山野之恋》中的出色表演而一举成名，他在剧本创作、制片、导演等多方面都展露才华，受到人们的欢迎。1922年，缅甸成立了电影审查委员会，对影片质量进行严格的审查，很多基础薄弱的电影公司纷纷倒闭，只剩下三家电影公司。王介南认为，"这一时期各私营电影公司所摄影片的内容，大多是打斗格杀、神魔幻术，以及日常生活琐事之类；平庸乏味，素材缺乏提炼，有的过分冗长。影片的质量不高"[①]。在缅甸电影发展的第二个时期，许多私营电影公司又开始兴起，缅甸电影进入新的发展阶段，甚至有了质的飞跃。1931年，吴尼布导演拍摄的《特别的奖赏》首次输往英国；1932年，缅甸成功摄制第一部有声片《金钱买不到》；1934年，英缅公司拍摄了有完整故事情节的有声片《人间天堂》，缅甸从此进入有声电影时期；20世纪30年代，缅甸还拍摄了第一部动画片《鸡翅膀》。20世纪30年代时期的电影内容较为丰富，有反映人民生活的，也有打斗格杀题材的，还有一小部分是反映缅甸争取民族独立斗争的。第二次世界大战

---

① 王介南. 缅甸电影小史[J]. 东南亚，1983，（1）：53-57.

前，为了适应观众逐渐提高的审美水平，缅甸拍摄了许多高质量影片，也涌现出许多有才华的导演与演员，但是在 1942—1945 年，由于缅甸受到日本的侵略，其电影创作完全陷入停顿状态，之后也只是陆陆续续拍摄了几部无声电影。战后的缅甸电影远没有恢复到战前水平。1948 年缅甸获得独立之后，其电影事业进入一个新的发展阶段。1950 年，英缅公司成功摄制彩色影片《玛麦新》，为独立后的缅甸电影事业创造了良好的开端。在缅甸政府的支持下，缅甸设立了"电影评审委员会"，还设立了电影金像奖，鼓励优质电影的创作。随后，缅甸成功摄制了宽银幕片和彩色宽银幕片，并与中国进行友好密切的电影交流。至 20 世纪 60 年代，缅甸影院有了长足的发展，1970 年，还成立了国营电影制片公司。在 20 世纪 60—80 年代的 20 年之间，缅甸平均每年拍摄 60 部影片，并培养了一大批优秀的电影拍摄和制作人才。写于 1983 年的《缅甸电影小史》文末引用缅甸著名影评人吞莱的话，指出了缅甸电影发展的问题，并发表了自己的意见。《缅甸电影小史》是目前我国对缅甸电影历史介绍最为详细的论文。除此之外，王介南还在《世界电影》杂志上发表了《缅甸的电影事业》一文[①]，对缅甸电影事业的发展做了更简要的概述，是《缅甸电影小史》的浓缩版，只是文章更侧重于对缅甸电影产业的描述，对于总体研究缅甸电影而言，该文也有很大的借鉴价值。

张慧在《如梦方醒的缅甸电影业》中对缅甸电影史也做了简单的介绍，文章描述了缅甸电影自诞生以来的辉煌成就，以及走向衰落的历史。对缅甸电影事业发展所存在的问题分别从内与外两方面提出自己的看法。缅甸电影事业发展前景不容乐观，但是缅甸仍有像昂高赖这样的导演正在努力为缅甸事业做出自己的一份贡献，向世界发声。[②]尽管这篇论文内容较少，但是对于研究缅甸电影事业从兴盛走向衰败的缘由仍有一定的借鉴意义。

除此之外，沈健在《缅甸，"隐士之国"的电影变迁》中，简单地描述了缅甸电影的发展状况。缅甸至今仍约有一半民众有看电影的习惯。2013 年，缅甸电影《克耶邦美人》还在东盟国际电影节上获奖。中缅之间从汉唐时期就开始交往，直至今日，两国的合作与交往也在不断加深，文末，作者对中缅之间的发展做了美好憧憬。这篇论文虽然篇幅较小，且内容不够充盈，但是可以看出我国文化企业对缅甸电影事业的关注，及其对中缅之间文化交流的浓厚兴趣与乐

① 王介南. 缅甸的电影事业[J]. 世界电影，1983，（2）：249-252.
② 张慧. 如梦方醒的缅甸电影业[J]. 科学大观园，2013，（12）：21-22.

观态度。①

我国关于缅甸电影的研究著作较少，目前只有余定邦等编著的《缅甸》②和贺圣达、李晨阳编著的《列国志·缅甸》③中有极少的篇幅涉及缅甸电影。这两本书都对缅甸的历史以及现代经济、政治、文化等做了全面的介绍与梳理，其中也包括作为文化艺术的电影。余定邦等在《缅甸》一书中，对缅甸电影的发展做了简单的梳理，对 1920—1981 年各时期缅甸电影的拍摄数量或电影院数量做了大致统计，并对各个时期的电影内容作出评价，但是篇幅较小，关于电影事业的全部内容只有一页左右。贺圣达和李晨阳编著的《列国志·缅甸》一书中，对于电影的介绍也较少，作者仅对 1920—2001 年这段时间内缅甸电影事业的发展做了十分概略的描述，但是作者认为电影是西方传入缅甸的各种形式的艺术中最具影响力的。

缅甸国内对其电影历史进行梳理的著作较有代表性的为缅甸电影史研究会编写的《缅甸电影史（1920—1945）白银时期》④、缅甸电影史编委会编写的《缅甸电影 50 周年》，以及 75 周年庆典研究工作委员会撰写的《缅甸电影史（1920—1995）钻石时期》。《缅甸电影史（1920—1945）白银时期》《缅甸电影 50 周年》两书以史实罗列为主，涵盖了缅甸电影技术、产业、艺术的发展及管理机制的沿革。《缅甸电影史（1920—1995）钻石时期》以论文集的方式对缅甸电影分门别类进行了专题研究，涵盖了影视技术、情感电影、电影配乐、喜剧电影、冒险电影、历史纪录片、传统文化题材、儿童主演的电影、爱国主义题材电影、跟随缅甸电影的着装等 10 个专题，虽然各专题均历时性探究了过去 75 年缅甸电影的某一方面，但均不太深刻，以印象式分析为主，缺乏理论工具系统的介入。2020 年是缅甸电影诞辰 100 周年，缅甸国内也有学者力争在此特殊时期加强对电影的研究，特别是历史学、艺术学、影视学等专业的硕士研究生将某一个时段的电影作为研究对象，由于缅甸的文献尚未电子化，查询困难，加上笔者对缅文的生疏，以及这些文章多数刚刚完成或者尚在写作中，本节没有将它们纳入。

以上这几本著作均是官方指导学术机构或者官方临时性成立的学术机构完成的研究，由于是缅甸本土学者执笔，具有地域亲缘优势，关于电影等各方面的介绍可能更符合历史事实，语言表达更贴切合理。另外，这些著作极少涉及会对电影产生较大影响的政治、文化等因素，审慎地保持电影研究的边界，尽量把电影

① 沈健. 缅甸，"隐士之国"的电影变迁[J]. 世界知识，2019，（14）：75.
② 余定邦，喻常森，张祖欣. 缅甸[M]. 南宁：广西人民出版社，1994.
③ 贺圣达，李晨阳. 列国志·缅甸[M]. 北京：社会科学文献出版社，2009.
④ 为方便读者阅读，这类缅甸语著作均用中文表示。

圈定在电影、艺术范围内来研究，有尽量避免对缅甸政治、外交等发表意见的考虑，但这种规避会使关于缅甸电影的研究缺乏必要的广度和深度。

缅甸电影和缅甸文学的关系时紧时松，但一直保持联系。研究缅甸文学的论著中有极少量会涉及缅甸电影，王介南的两篇文章《缅甸著名作家——比莫宁》《比莫宁其人及对缅甸现代文学的贡献》研究了缅甸第一位和电影创作有密切关系的作家比莫宁，"36 岁时，创作缅甸第一部电影剧本《情意与酒》；据此拍摄的影片，为缅甸电影史上的第一部国产故事片"[1]，而他的爱子、演员觉梭英年早逝于拍摄现场。[2]

发表在《21 世纪经济报道》上的文章《缅甸的电影与电影中的缅甸》对现代缅甸电影做了一番不一样的评价。作者对现代缅甸电影之所以落后于同时代其他东南亚国家如泰国、越南等的电影，做出了合理的解释。缅甸电影也有过辉煌的历史，但是自从经历战争后，缅甸电影走向衰落。缅甸仅仅成为好莱坞电影的取景之地，西方电影中缅甸人的面孔也十分刻板。缅甸自身的产业发展遭遇瓶颈，技术上的落后也让缅甸电影看上去乏善可陈。虽然有赵德胤这样的导演为缅甸电影的振兴带来一线希望，但是缅甸电影事业的发展仍前路漫漫。[3]

二、缅甸电影导演及作品研究

除了对缅甸电影的概况进行介绍外，近年研究缅甸华人导演赵德胤的论文较为突出。这些论文从不同角度分析赵德胤导演作品的特点。其中比较有代表性的是南京大学戏剧与影视学专业博士研究生陈晓的《流徙缅甸：跨文化视域中的赵德胤电影》，作者通过解读赵德胤在不同时期拍摄的电影作品，总结出赵德胤导演电影大部分都以"原乡与离散"为主题，指出他在表现原乡差异化想象的同时，也表达了对底层人民个体生命的关注。正如作者所说，"赵德胤虽然不是真正意义上的缅甸人导演，他的电影也并非纯粹的缅甸电影，但是他的大多数电影都让观众看到了一个相对真实的缅甸平民社会"[4]。

此外，浙江师范大学的黄钟军教授在《离散与聚合——缅甸华人导演赵德胤电影研究》一文中，分析了赵德胤电影中"离散与聚合"主题的缘起。作者从赵德胤自身的求学和生活经历中发现赵德胤电影中对流浪离散人群的关注部分源自

---

① 王介南，王全珍. 缅甸著名作家——比莫宁[J]. 东南亚，1985，（1）：54-55.
② 王介南. 比莫宁其人及对缅甸现代文学的贡献[J]. 外语研究，1987，（3）：78-82，66.
③ 李二民. 缅甸的电影与电影中的缅甸[N]. 21 世纪经济报道，2015-01-26.
④ 陈晓. 流徙缅甸：跨文化视域中的赵德胤电影[J]. 艺术探索，2018，32（2）：54-60.

其自身的漂泊状态，他的电影是自身生活的一种映射。赵德胤对缅甸底层人民的关注与展示，填补了东西方对于缅甸想象的空白，因而受到了人们的关注。[①]张喜田、苏梦瑶对赵德胤电影中的悲剧主题做了详细分析，在《赵德胤电影中的悲剧主题研究》一文中提出赵德胤电影从隐于平静的焦虑、趋于疯狂的抗争、归于绝望的宿命这三种角度描写了底层人民的生活困境与辛酸无奈，通过影视理论的介入和分析电影文本，说明赵德胤导演如何在电影中呈现与深化悲剧主题。[②]

黄钟军、费园的《消费视域下的多重身份焦虑——论电影〈再见瓦城〉的身份求证与告别》以赵德胤导演迄今的代表作《再见瓦城》为研究对象，运用消费社会学的理论，分别从消费社会、消费行为以及消费身份三个方面展开论述"消费"背后的权力话语与文化隐喻，对华人在异乡打工时的身份认同进行阐释。随着全球化进程的加快，世界上的移民人口数量也在不断增长，影片导演对这一特殊群体的细致观察与描绘，也让我们看到缅甸另一个特殊群体的生活图景。[③]

赵德胤是华人，且在中国台湾地区接受过电影课程的训练，其电影拍摄手法和电影语言表达方式都深受台湾地区导演的影响，这对于推动中国文化的跨文化传播具有很大的优势，也为缅甸的电影拍摄带去新的视角，但另一方面，已经颇具名气的赵德胤在很多缅甸观众的眼里是"华人"导演甚于是"缅甸"导演，有的缅甸观众将其认定为中国台湾地区影坛的青年才俊。他已经出品的作品均是讲华人而且是缅北华人的故事。2019年，笔者在仰光观看了缅甸首部3D电影《伟大的缅甸》以及当红明星主演的《负责任的公民》，两部影片受到缅甸媒体热捧，同时也非常受观众欢迎。赵德胤电影和这些电影相比，除了技术、艺术上更为成熟和具有世界水平外，更重要的是赵德胤选择了一个相对于缅甸文化政治中心的十分偏远的区域，选择了讲述相对于缅甸主体民族占比十分有限的华人的故事。赵德胤电影被华人学者研究颇多，由于其作品主要关注缅甸华人，因此对缅甸电影而言不具有代表性。

三、区域国际视野下缅甸电影研究相关文献

泰国学者安察丽·柴沃拉邦（Anchalee Chaiworaporn）在《东南亚新电影的文化观察》一文中，对东南亚电影的定义做出了详细的解释，但是她认为实际

---

① 黄钟军. 离散与聚合——缅甸华人导演赵德胤电影研究[J]. 当代电影, 2017, （11）: 78-83.
② 张喜田, 苏梦瑶. 赵德胤电影中的悲剧主题研究[J]. 电影评介, 2018, （9）: 51-53.
③ 黄钟军, 费园. 消费视域下的多重身份焦虑——论电影《再见瓦城》的身份求证与告别[J]. 电影评介, 2018, （2）: 28-31.

上东南亚电影尤指印度尼西亚、马来西亚、菲律宾、新加坡和泰国电影，而缅甸、老挝、越南和柬埔寨电影有时被称为"印度支那电影"①。

贺圣达在《电影在东南亚：发展、问题和前景》一文中对电影传入与早期发展、东南亚各国独立以来电影的发展，以及东南亚电影发展的特点和前景做了较为详细的描述。其中涉及缅甸电影的发展状况。在电影传入早期，缅甸电影发展较快，但是 20 世纪 40 年代日本入侵，缅甸电影事业就陷入停顿状态。在后面一个阶段中，作者又将各国独立以来的电影时期分为三个时间段：战后初期恢复时期，在这个时期，缅甸是众多国家中电影事业恢复较快的国家之一；兴盛发展时期，各个国家的电影事业都在发展，只有缅甸呈现滑坡状态；新的困境和调整发展时期，缅甸情况最为糟糕。在对各个国家电影的描述与对比中，我们可以发现缅甸电影事业在前期有良好的基础和发展动力，但是战争等外部条件导致缅甸电影走向衰落，并且与东南亚其他国家相比，具有较大的差距。②

四、总结

通过文献梳理，我们可以发现，缅甸电影在发展过程中，在按照从西方舶来电影的自有规律发展的同时，很大程度上受到国家内政外交的影响。缅甸电影如今很少引起人们的关注，对于缅甸电影的研究也是寥寥无几，但这并不代表缅甸电影没有研究价值或毫无成就，近几年来，缅甸电影逐渐突破桎梏，参与国际性的电影节，尝试与世界接轨。

随着"一带一路"建设的不断推进，中国与东南亚国家的关系更加密切，电影是一种能迅速实现跨文化、跨语言传播的媒介，中国正积极推进电影以直接对外传播或合作的方式"走出去"，深入了解对象国观众的喜好和电影的情况是"走出去"的前提。缅甸是东南亚国家中电影事业起步较早的国家之一，但迄今为止，汉语界关于缅甸电影的介绍与研究内容非常有限，这也使得本节的写作捉襟见肘，从另一方面看，前辈学人留下的空白恰恰也是新一代研究者的幸运，这样我们所坚持的缅甸电影研究更具有开创性意义。

参 考 文 献

贺圣达，李晨阳. 列国志·缅甸[M]. 北京：社会科学文献出版社，2009.
黄钟军. 离散与聚合——缅甸华人导演赵德胤电影研究[J]. 当代电影，2017，（11）：78-83.

---

① [泰]安察丽·柴沃拉邦. 东南亚新电影的文化观察[J]. 何谦译. 北京电影学院学报，2016，（6）：134-143.
② 贺圣达. 电影在东南亚：发展、问题和前景[J]. 东南亚，2005，（3）：54-61.

李法宝. 中国电视剧在缅甸的传播特色[J]. 西部学刊（新闻与传播），2016，（8）：51-54.

王介南. 缅甸的电影事业[J]. 世界电影，1983，（2）：249-252.

王介南. 缅甸电影小史[J]. 东南亚，1983，（1）：53-57.

王介南. 比莫宁其人及对缅甸现代文学的贡献[J]. 外语研究，1987，（3）：78-82，66.

王介南，王全珍. 缅甸著名作家——比莫宁[J]. 东南亚，1985，（1）：54-55.

（谢晓霞、季芬芬、杨颖、王振兴）

作者简介：

谢晓霞：云南师范大学传媒学院教授，博士，硕士生导师；

季芬芬：云南师范大学传媒学院戏剧与影视学专业硕士研究生；

杨颖：云南师范大学传媒学院讲师，硕士；

王振兴：云南师范大学传媒学院讲师，硕士。

第二节　缅甸广播研究综述

政策的变化、国际文化传播意识的增强和科技进步创新是影响缅甸广播发展变化的三个重要因素。广播在 20 世纪 90 年代和 21 世纪早期一度成为缅甸民众接触率和信任度最高的媒体，尤其是在缅甸遭受 2008 年 5 月纳尔吉斯强热带风暴袭击后，广播受到空前重视，缅甸政府甚至扩展了广播调频线路。可广播繁荣的年代是全球传播研究力量尚且薄弱之时。如今，广播仍然是缅甸全境到达率最高的大众传播方式，但随着全球传播技术的迭代，传统媒体未经充分发展的缅甸就已跨入移动互联网传播时代。在缅甸的大学中，至今没有系统的传媒专业，政府对于传媒业的严格管控不仅导致了缅甸新闻传播人才的匮乏、本国媒体发展的乏力，也预告了缅甸广播研究相关文献的单薄和断代。

2010 年吴登盛上台后缅甸新闻审查制度有了变化，缅甸本土的广播电视媒体的发展也逐渐步入正轨。近十多年是各国对于缅甸传媒业研究的增长期。缅甸本国唯一一篇直接研究缅甸广播电视史的文献是成稿于 2014 年的仰光大学历史系哈尔·瑞（Khar Reh）的硕士学位论文《缅甸广播电视发展史（1980—2010）》["History of Myanmar Radio and Television Department（1980-2010）"][①]。美国学者出版了《亚洲广播电台简介：深圳传媒集团、东京 Fm、缅

---

① Khar Reh. History of Myanmar radio and television department(1980-2010)[D]. University of Yangon, 2014: 15.

甸国家广播电台、孟加拉 Abc 电台、马来西亚之声》（*Asian Radio Station Introduction: Shenzhen Media Group, Tokyo Fm, Myanmar Radio National Service, Abc Radio Bangladesh, Voice of Malaysia*）[①]，这是一本研究缅甸国家广播电台的比较系统的著作。

我国涉及缅甸广播的研究比较重要的是云南大学出版社 2018 年出版的《南亚东南亚国家大众传媒发展与现状》[②]和中国社会科学出版社 2016 年出版的《缅甸综合社会调查报告（2015）》[③]，以及"十二五"国家重点图书出版规划项目《东南亚研究》第一辑——钟智翔等编著的《缅甸概论》[④]。

广西大学邓立扬的硕士学位论文《缅甸媒体发展史研究》[⑤]，展江、黄晶晶 2013 年发表的论文《开明、威权与自由之光——160 年缅甸新闻法制史管窥》[⑥]和美国和平学院 2014 年发布的报告《缅甸的媒体与冲突：媒体促进和平的机会》（"Media and Conflict in Myanmar: Opportunities for Media to Advance Peace"）[⑦]在一定程度上为我们理解缅甸广播和新媒体的发展提供了有力支持。中国国际广播电台[⑧]发表的各项研究报告以及其缅甸语广播的编辑记者们的研究、回忆和总结也是重要的参考。

本节将从缅甸广播的技术、广播媒体、受众以及中国对缅广播研究四个方面入手呈现关于缅甸广播研究的不同维度。

一、缅甸广播技术的研究

关于缅甸广播技术的研究在每个技术迭代的时期都会出现。例如《缅甸国际会议中心声学、多媒体视频、局域性电视转播和广播电视录播系统设计概况》，研究了 21 世纪中国政府无偿援建缅甸的第一个大型会议中心项目——缅甸国际

① LLC Books Group. *Asian Radio Station Introduction: Shenzhen Media Group, Tokyo Fm, Myanmar Radio National Service, Abc Radio Bangladesh, Voice of Malaysia*[M]. New York: General Books LLC, 2010.

② 单晓红. 南亚东南亚国家大众传媒发展与现状[M]. 昆明：云南大学出版社，2018.

③ 孔建勋，等. 缅甸综合社会调查报告（2015）[M]. 北京：中国社会科学出版社，2016.

④ 钟智翔，等. 缅甸概论[M]. 广州：世界图书出版广东有限公司，2012.

⑤ 邓立扬. 缅甸媒体发展史研究[D]. 广西大学，2016.

⑥ 展江，黄晶晶. 开明、威权与自由之光——160 年缅甸新闻法制史管窥[J]. 杭州师范大学学报（社会科学版），2013，35（5）：92-99.

⑦ Theo Dolan, Stephen Gray. Media and conflict in Myanmar: Opportunities for media to advance peace[EB/OL]. (2014-01-08)[2020-04-20]. https://www.usip.org/publications/2014/01/media-and-conflict-myanmar.

⑧ 2018 年 3 月，中共中央印发了《深化党和国家机构改革方案》，并发出通知，组建中央广播电视总台，撤销中央电视台（中国国际电视台）、中央人民广播电台、中国国际广播电台建制。

会议中心的媒体功能实现的技术框架[①];《缅甸信息媒体部门取得新进展》从缅甸信息传播基础设施增量的角度研究了 1988—2010 年缅甸信息部门的发展,据缅甸电视台 3 频道网站的统计,在这期间,缅甸的调频广播电台和调频广播电台转播站不仅实现了从无到有的突破,而且进展显著——调频广播电台增加了 6 座,调频广播电台转播站增加了 27 座。[②]

研究缅甸广播技术的英文文献如《缅甸在广播中处理信息和通信技术的人力能力建设》("Myanmar Human Capacity Building to Handle ICT in Broadcasting")研究了缅甸永久集团的广播传播能力提升项目;[③]《诺基亚和 Ooredoo 在缅甸发起 4G 服务》("Nokia and Ooredoo Launch 4G Service in Myanmar")研究了诺基亚接入网络(RAN)平台对 Ooredoo 第三代(3G)网络进行升级的技术过程;[④]《缅甸广播电视台 ABU 技术咨询服务》["ABU Technical Advisory Service to Myanmar Radio and Television (MRTV)"]研究了缅甸广播电视台 ABU 技术咨询服务。[⑤]

因为本节旨在对缅甸广播发展历史进行研究,技术的发展是传媒业发展的背景,因此不对技术发展本身做详细的陈述和评论。

二、缅甸广播媒体研究

要了解缅甸广播的演变过程,缅甸人哈尔·瑞的硕士学位论文《缅甸广播电视发展史(1980—2010)》可以提供简洁明了的导读。哈尔·瑞粗线条地介绍了缅甸广播电视的起源、组织架构变化,这篇文章是所见相关文献中少数讨论缅甸广播电视节目发展变化的论述之一,虽然研究的视野和深度都有待提升,但作为一篇以缅甸本土视角切入的论文,其为众多国外研究者提供了难得的角度。比邻的中国学者和大洋彼岸的美国学者以更加科学的研究方法透析了缅甸广播业发展的历史必然。

《缅甸的通信系统》("Communications in Burma")从通信的角度较为

① 姜少华. 缅甸国际会议中心声学、多媒体视频、局域性电视转播和广播电视录播系统设计概况[J]. 世界专业音响与灯光, 2007, 5(6): 24.

② 王以俊. 缅甸信息媒体部门取得新进展[J]. 印刷世界, 2011, (4): 61-62.

③ Myanmar human capacity building to handle ICT in broadcasting[J]. *ABU Technical Review*, 2015, (262): 31.

④ James Pearce. Nokia and Ooredoo launch 4G service in Myanmar[J]. *Capacity Magazine*, 2016: 18.

⑤ M Pavlovic. ABU technical advisory service to Myanmar Radio and Television (MRTV)[J]. *ABU Technical Review*, 2017, (272): 39.

全面地介绍了缅甸的电信、审查制度以及广播电视架构。[①]《亚洲广播电台简介：深圳传媒集团、东京 Fm、缅甸国家广播电台、孟加拉 Abc 电台、马来西亚之声》简要介绍了包括缅甸国家广播电台在内的 5 个亚洲重要的传媒集团。随着缅甸新闻审查制度的松动和取消，缅甸国家广播电台 10 年来已有较大发展，所以以上两篇文献的相关数据只可作为研究参考。

《缅甸概论》梳理了 4 家缅甸本土广播电台的发展情况：缅甸之声、军队广播电台、仰光调频立体声广播电台和曼德勒调频立体声广播电台，对每家广播电台的节目播出语种、节目类型、节目时长给予了相对详细的介绍，并对这 4 家广播电台的性质进行了明确的界定，是对缅甸广播媒体情况介绍相对详细的一份文献。[②]

2018 年云南大学出版社出版的《南亚东南亚国家大众传媒发展与现状》和2016 年广西大学邓立扬的硕士学位论文《缅甸媒体发展史研究》在研究深度上有了突破。在《南亚东南亚国家大众传媒发展与现状》中，单晓红梳理了缅甸广播事业从萌芽到开启现代广播之路的简要脉络，清晰展示了从最初的广播局到"全缅广播局""仰光广播电台"，再到缅甸唯一的国有广播电台"缅甸之声"，一路 8 次更名的时间点和简要历史背景，将缅甸广播的发展和时代背景相结合，避免了名称和时间的混淆。另外，还简要介绍了在缅甸合法落地的私营广播电台和国外广播电台，让读者对缅甸的广播环境有了概貌性的认识。[③]

广西大学邓立扬的硕士学位论文《缅甸媒体发展史研究》通过内容分析、案例研究、比较研究等方法，集中呈现了缅甸印刷、广播、电视和网络等媒体的发展历史及其在缅甸实行政治革新以来所遭遇到的发展瓶颈，比较有创见的是这篇论文针对缅甸媒体的未来发展提出了有效的策略。该论文以 1962 年为界限，分期式地介绍了缅甸媒体的历史发展情况，剖析了缅甸经济、政治、文化等因素与媒体发展的关系，也分析了缅甸媒体发展的困境。针对广播，邓立扬客观评价了缅甸各广播媒体的覆盖面、节目质量和当地受众喜好，他指出，缅甸国有广播电台拥有全国最高的收听率，可能是由于调频业务的广泛覆盖；美国之音和英国广播公司的新闻在仰光很受欢迎。[④]

《缅甸媒体发展及中国在当地面对的舆论现状》以中国在缅甸面对的舆论现

① Virginia Thompson. Communications in Burma[J]. *Far Eastern Survey*, 1942, 11(2): 29-31.
② 钟智翔，等. 缅甸概论[M]. 北京：世界图书出版公司，2012.
③ 单晓红. 南亚东南亚国家大众传媒发展与现状[M]. 昆明：云南大学出版社，2018：218-245.
④ 邓立扬. 缅甸媒体发展史研究[D]. 广西大学，2016.

状为切入点研究了缅甸报刊、广播、电视、新媒体近年发展的简况，指出因为经济贫困，缅甸民众获取新闻信息的主要渠道是广播，35.5%的家庭拥有收音机。2017 年左右，除去缅甸之声，缅甸全国可收到调频广播 15 个，包括国有广播电台、私营广播电台和国际广播电台。私营广播电台以播放娱乐节目为主。除克钦邦外，少数民族地区基本无合法的本民族语广播，但部分地区有政府不知情的民族语广播电台。[①]

李美霖的硕士学位论文《缅甸传媒业发展现状研究》从传媒业的形式和所有制两个维度介绍了缅甸的传媒业现状，总结了缅甸传媒业发展的特点。其中，较为翔实地介绍了缅甸的本土广播电台：缅甸之声（Myanmar Radio）、城市之音（City FM）、曼德勒 FM（Mandalay FM）、彬萨瓦底 FM（Pyinsawaddy FM）、瑞 FM（Cherry FM）、蒲甘 FM89.9 等，这些广播电台中，只有缅甸之声为国有，其他都是私营广播电台，并且其中绝大多数都位于仰光。此外，中国国际广播电台、美国之音、英国广播公司也开设缅语广播，并且落地缅甸。[②]

三、缅甸广播受众研究

由于英国在缅甸殖民长达一百多年，缅甸民众对欧美文化具有很高的认同度，精英阶层多数熟稔英文。2012 年前呆板僵化的国有广播电台不能吸引本国受众已经成为一个让政府头疼的问题。据《光明日报》报道，缅甸政府于 2008 年 6 月 28 日推出东盟知识有奖收听比赛，每月举办一次，"参赛者需要认真收听国家电台每周六的东盟特别节目"[③]。这种比赛在当时的缅甸还属于新生事物，引起了民众很大的兴趣。缅甸政府一直对西方个别国家对缅广播歪曲事实的报道不满，所以举办了这一活动，从而设法引导人民收听本国广播。

对于缅甸广播受众进行科学系统研究的是《缅甸综合社会调查报告（2015）》。在第五章"社会与宗教"中，作者用问卷调查的方法具体展示了缅甸 2015 年的社会信息交流情况。作者从收听收看国外节目频率、性别差异、城乡差异、年龄差异、受教育程度差异、族群差异等方面入手统计，发现缅甸民众的生活还是相对封闭的。有四成左右的受访者表示很少或者从来没有收看或收听国外节目；女性收看或收听国外节目的频率略低于男性；城市居民收看或收听国

① 张若谷，祖红兵. 缅甸媒体发展及中国在当地面对的舆论现状[J]//中国新闻年鉴社. 中国新闻年鉴（2018）. 北京：中国新闻年鉴社，2018：611-613.

② 李美霖. 缅甸传媒业发展现状研究[D]. 北京印刷学院，2019.

③ 李志强. 缅甸鼓励民众收听政府广播[N]. 光明日报，2008-06-14.

外节目的频率高于农村居民；缅甸的年轻人较容易接触和接受国外节目；受教育程度较高的缅甸人英语水平或其他国家语言的水平较高，理解能力较强且接受新事物的能力较强，所以这一群体接触国外节目的频率较高；族群差异表现为印度斯坦族接触国外节目的频率较低，而孟族和若开族均较高；缅甸各地，内比都、曼德勒省、勃固省、马圭省以及伊洛瓦底省的民众收看国外节目的频率较低，特别是内比都，而克钦邦、克伦邦、实皆省、德林达依省、孟邦、仰光省以及掸邦民众收看国外节目的频率较高。[①]

《中国国际广播电台 2016 年受众反馈及国际传播实效调查》虽然没有直接反映缅甸广播听众的数据，但从中国国际广播电台整体数据来看，媒体日均阅听量增幅明显。主要原因是中国国际广播电台深化了与周边国家的合作报道，突出特色并且大力推进媒体融合发展。[②]这从侧面反映了缅甸广播受众的阅听注意力正在向新媒体转移，而报道内容与缅甸民众生活环境、人物相贴近更有利于提高当地民众对广播节目的接受程度。

莎莉·高兰（Sally Gowland）等人用混合研究的方法调查了缅甸的成年受众，发现《茶杯日记》有 78% 的受众是来自缅族。当被问到该节目最吸引他们的是什么时，52% 的听众说该节目教育了他们，43% 的人说他们喜欢节目中的角色，24% 的人说它很有趣。同一项调查还发现，听《茶杯日记》的人比不听的人对其他宗教的了解程度高 1.6 倍。听众从这一节目中了解到了不同民族和宗教团体的习俗。[③]

四、中国对缅广播研究

英国在缅甸有着一百多年的殖民史，这使得缅甸的中上层精英对英语的掌握程度很高，对英国文化也更加认同。并且由于英国媒体在缅甸长期根植，其报道的选材、措辞等都更加注意保持文化的敏感度，其广播、报纸、新媒体的内容都深刻地影响着缅甸人的文化认知和舆论导向。脸书（Facebook）甚至已经成为他们的装机必备。

中国对缅传播的历史也见证了中缅外交发展史，中国国际广播电台缅甸语广

---

① 孔建勋, 等. 缅甸综合社会调查报告（2015）[M]. 北京：中国社会科学出版社，2016.
② 中国国际广播电台总编室传播力评估处. 中国国际广播电台 2016 年受众反馈及国际传播实效调查[J]//中国新闻年鉴. 中国新闻年鉴（2017）. 北京：中国新闻年鉴社，2017：583-584.
③ Sally Gowland, Anna Colquhoun, Muk Yin Haung Nyoi, Van Sui Thawng. Using audience research to understand and refine a radio drama in Myanmar tackling social cohesion[M]//Lauren B.Frank, Paul Falzone. *Entertainment-Education Behind the Scenes*. London: Palgrave Macmillan, 2021: 157-174.

播于 1950 年 4 月 10 日正式开播，缅语广播虽然在"文化大革命"中受挫，但节目从未停止，之后我国重新修订了对缅宣传方针，缅语广播节目重新走上正轨。同时，云南、广西等也在不断加强与缅甸等周边国家的合作。在"一带一路"倡议提出后，对相关国家的宣传报道只增不减。腾讯、阿里等国内互联网巨头也积极尝试拓展缅甸市场。但多年以来中国的报纸、广播报道集中于中缅政治经济交往方面，大部分西方媒体是在缅甸当地雇用员工进行报道，而中国国际广播电台有关缅甸的报道大多数转引自新华社[①]，虽然报道中使用的缅语还被缅甸著名作家、缅甸《人民报》前主编杜珂玛称赞标准，但在议题的选择、报道的对象和话语表达方式等方面需要更加本土化，报道应充分考虑缅甸民众的切实需要和民族心理特征。

在缅国际传播早已不缺乏竞争，2000 年，在全世界 160 多个国际广播电台中，就有 23 个国家的 28 座广播电台使用东南亚各国语言每天对东南亚播音。[②]为了让缅甸更加真实全面地了解中国，我国的广播事业也在不断努力。据《中国国际广播电台 2016 年受众反馈及国际传播实效调查》数据，2016 年中国国际广播电台受众反馈总量达 5530 万，增幅 280%；累计用户量达 2.6 亿，增幅 165%。媒体日均阅听量约 2600 万。[③]东盟各国经济社会发展状况、社会制度及国民受教育水平等方面都存在差异，各国在某些政治经济问题上存有不同看法。中国国际广播电台针对东南亚的传播方式和策略不可一概而论，随着传播理念的更新，中国国际广播电台逐渐重视传播内容和语言的本土化。来自缅甸的缅语专家吴苏伦于 1991 年应聘到中国国际广播电台工作，他根据缅甸各阶层特点和我国对缅广播的实际情况对节目进行了调整和改进，使中国国际广播电台缅语听众人数大幅增加，打破了多年以来听众人数徘徊不前的局面。他也为加强中缅两国人民之间的友谊做了大量有益的工作，于 1993 年荣膺国家外国专家局颁发的友谊奖章。[④]中国国际广播电台的王雪峰在 2000 年也提出"我们不能认定现有的工作形态和节目运作方式就是最方便、最合理、最经济、最好的，而应以新的观念和新的思路，不断寻找更合理、更好的工作形态和节目运作方式"[⑤]。要在准确定位的基础上多依靠智力转化和高科技成果形成规模竞争。梅皓在 2008 年发表

① 梅皓. 浅议如何进一步加强对缅甸的报道工作[J]. 国际广播影视，2008，（2）：37-40.
② 王雪峰. 国际台对东南亚广播面临的挑战与对策[J]. 中国广播电视学刊，2000，（10）：8-10.
③ 中国国际广播电台总编室传播力评估处. 中国国际广播电台 2016 年受众反馈及国际传播实效调查[J]//中国新闻年鉴社. 中国新闻年鉴（2017）. 北京：中国新闻年鉴社，2017：583-584.
④ 雪峰. 缅甸语专家吴苏伦[J]. 国际人才交流，1994，（2）：1.
⑤ 王雪峰. 国际台对东南亚广播面临的挑战与对策[J]. 中国广播电视学刊，2000，（10）：8-10.

的论文中提出，对缅甸的报道在服从中国对缅外交大局的基础上要拓宽报道领域、多做原创性节目、加强对缅甸问题报道的针对性等。2007 年，中国国际广播电台与广西人民广播电台、凤凰卫视等共同发起制作的"中国—东盟合作之旅"就是成功案例。同时，梅皓提议增加关于在缅华人和在华缅甸人的节目版块，以增加互动。①

随着媒体技术的不断发展、人员力量的不断充实，当年文献中提出的建议已经逐步变为现实。2010 年，中国国际广播电台实现了缅语等 8 个语种节目在边境的落地播出。②中国国际广播电台与德宏人民广播电台合作播出的缅语广播节目于 2009 年 10 月 16 日通过德宏人民广播电台民族语广播频率落地德宏，节目覆盖德宏边境一线，每天播出 3 小时。③云南人民广播电台民族广播的傣语等 5 种少数民族语节目和汉语普通话节目也于 2015 年通过短波覆盖云南省内少数民族地区以及缅甸等周边国家。④中国国际广播电台缅语部还在云南德宏举办了中国国际广播电台缅语广播节目推介会，缅甸华侨华人、缅甸友人等共 100 多人参加。由中国国家新闻出版广电总局牵头制作的大型多媒体系列文化项目"你好，中国"以广播、电视、图书、网站四种形态普及中国传统文化和汉语精髓，取得了很好的传播效果。⑤

五、总结

缅甸与中国的西藏、云南接壤，中国和缅甸在广播电视方面的交流由来已久。缅甸广播媒体高层在 20 世纪 50 年代就已经开始到中国参加交流活动，1955 年，缅甸联邦文化代表团到中央人民广播电台参加录音工作。1981 年，我国派出广播电视代表团访问缅甸。2007 年 4 月 24 日至 6 月 10 日，中国国际广播电台、凤凰卫视、广西人民广播电台等联合举办"中国—东盟合作之旅"大型广播电视采访活动，先后采访了缅甸等 10 个东盟成员国的 30 多个城市，并对东盟各国的风土人情进行了大量详细报道。⑥2009 年缅甸广播电视局国际台台长吴温基来华参加大型电视纪录片《同饮一江水》开播仪式。同年，广西广播电影电视局党组书记兼广西电视台台长彭钢一行 4 人访问缅甸、柬埔寨，并参加在缅甸举办

① 梅皓. 浅议如何进一步加强对缅甸的报道工作[J]. 国际广播影视，2008，（2）：37-40.
② 国家广播电影电视总局，中国广播电视年鉴编辑委员会. 中国广播电视年鉴（2011）[J]. 北京：中国广播电视年鉴社，2011：49.
③ 德宏州史志办公室. 德宏年鉴（2010）[J]. 德宏：德宏民族出版社，2010：223.
④ 云南省人民政府. 云南年鉴（2016）[J]. 昆明：云南年鉴社，2016：351.
⑤ 中国国际广播电台. 你好，中国（缅甸语版）[M]. 北京：高等教育出版社，2018：108.
⑥ 许家康，古小松. 中国—东盟年鉴·2008[J]. 北京：线装书局，2008：148.

的广西电视节目展播周开播仪式①……2011 年，中国国际广播电台组织缅甸等 20 多个国家和地区的广播电视记者团参观访问中国数字电视及三网融合的龙头企业②。2013 年 9 月和 10 月，中国国家主席习近平分别提出建设"丝绸之路经济带"③和"21 世纪海上丝绸之路"④的合作倡议，之后中缅两国在广播电视方面的交流合作日趋频繁，也卓有成效。2013 年 9 月 2 日，广西人民广播电台与缅甸国家广播电视台签约合作，重点加强新闻信息、广播剧、纪录片、儿童节目的交换，以及加强在新媒体方面的合作⑤。2016 年，缅甸国家广播电视台等多国媒体参加了在广西南宁举办的中国—东盟广播影视合作圆桌会议⑥。同年，缅甸国家广播电视台参加了 4 月 26 日在中央人民广播电台音乐厅举行的 2016 亚洲—太平洋广播联盟广播歌唱节，并献上精彩节目。⑦

中缅越来越频繁的交流是中国国际影响力不断增强的证明，也预示着中缅双方的文化互信和交融加强。纵观针对东南亚媒体的研究现状，结合政治、社会和历史进行分析的较多，从节目本体、传播渠道、传播效果等角度切入的很少；从东南亚整体区域入手的多，有针对性的国别研究少。今天业已式微的缅甸广播研究的深度、广度和连续性都有待加强。

近年来中缅双边交流虽多，但关于双边媒体交流活动的文字资料都止步于对活动的报道和记录，缺乏理性思考和系统研究。从中缅相关媒体活动的时间和主题上看，中缅媒体交流合作更多的还是以中方对缅外交政策和宣传政策为导向，交流活动缺乏系统性和长期性。这也从根本上导致了中国对于缅甸媒体的影响力较弱，不能长期稳定有效地发力。对于缅甸广播的应用、效果、内容、传播规律和国际影响等方面的研究更是处于长期稀缺的状态。在广大的缅甸农村地区，广播对于当地社会的建构起着重要作用，如泰国和缅甸学者就发现大众媒体通知（主要通过大喇叭）对于缅北疟疾流行地区的疾病预防和卫生教育实践起着积极

---

① 广西壮族自治区人民政府. 广西年鉴·2010[J]. 南宁：广西年鉴社，2010：365.

② 国际广播电视记者团参观访问数码视讯[J]. 广播电视信息，2011，18（6）：107.

③ 弘扬人民友谊 共创美好未来[EB/OL].（2013-09-07）[2024-02-10]. http://www.scio.gov.cn/gjgz_0/202209/t20220920_381758.htm.

④ 习近平：共同建设二十一世纪"海上丝绸之路"[EB/OL].（2013-10-03）[2024-02-10]. http://www.scio.gov.cn/ztk/wh/slxy/gcyl1/Document/1442461/1442461.htm.

⑤ 陆小薇. 广西人民广播电台与缅甸国家广播电视台签约合作[N]. 南国早报，2013-09-03.

⑥《中国出版年鉴》杂志社有限公司. 中国出版年鉴（2017）[J]. 北京：《中国出版年鉴》杂志社有限公司，2017：203.

⑦ 张涛，王德成. 2016 亚洲—太平洋广播联盟广播歌唱节[J]. 中国广播，2016，（5）：105.

作用①，显著降低了该地区的疟疾发病率。

因为公共交通不便，私家车在缅甸的大量存在赋予了车载广播新的生机，纵然新媒体技术冲击传统广播电视，却也为广播的融合发展插上了翅膀。我们对缅甸的广播研究还有待深入挖掘。

参 考 文 献

陈力丹. 缅甸新闻业的历史与面临的制度变化[J]. 新闻界，2012，（12）：70-73.

国家广播电影电视总局，邓立扬. 缅甸媒体发展史研究[D]. 广西大学，2016.

孔建勋，等. 缅甸综合社会调查报告（2015）[M]. 北京：中国社会科学出版社，2016.

李美霖. 缅甸传媒业发展现状研究[D]. 北京印刷学院，2019.

单晓红. 南亚东南亚国家大众传媒发展与现状[M]. 昆明：云南大学出版社，2018.

王保石. 步入不惑之年的缅甸语广播[J]. 国际广播，1990，（4）：23-24.

王雪峰. 国际台对东南亚广播面临的挑战与对策[J]. 中国广播电视学刊，2000，（10）：8-10.

王以俊. 缅甸信息媒体部门取得新进展[J]. 印刷世界，2011，（4）：61-62.

王勇，张建国，王磊. 缅甸民主转型期新闻政策的变化及对新闻事业的影响[J]. 学术探索，2019，（3）：43-51.

云南省人民政府. 云南年鉴（2016）[J]. 昆明：云南年鉴社，2016.

展江，黄晶晶. 开明、威权与自由之光——160 年缅甸新闻法制史管窥[J]. 杭州师范大学学报（社会科学版），2013，35（5）：92-99.

国家广播电影电视总局，中国广播电视年鉴编辑委员会. 中国广播电视年鉴（2011）[J]. 北京：中国广播电视年鉴社，2011.

中国新闻年鉴社. 中国新闻年鉴（2018）[J]. 北京：中国新闻年鉴社，2018.

钟智翔，等. 缅甸概论[M]. 北京：世界图书出版公司，2012.

James Pearce. Nokia and Ooredoo launch 4G service in Myanmar[J]. *Capacity Magazine*, 2016: 18.

M Pavlovic. ABU technical advisory service to Myanmar Radio and Television (MRTV)[J]. *ABU Technical Review*, 2017, (272): 39.

（杨颖、王振兴、谢晓霞）

作者简介：

杨颖：云南师范大学传媒学院讲师，硕士；

王振兴：云南师范大学传媒学院讲师，硕士；

① Pyae Linn Aung, Tepanata Pumpaibool, Than Naing Soe, et al. Health education through mass media announcements by loudspeakers about malaria care: Prevention and practice among people living in a malaria endemic area of northern Myanmar[J]. *Malaria Journal*, 2019, 18(1): 1-11.

谢晓霞：云南师范大学传媒学院教授，博士。

第三节 缅甸电视媒体研究综述

创新是多数国家当前秉持的共同发展理念，那么作为科技创新体现之一的电视媒体，其发展也是一个国家不断发展与进步的标志，从一定意义上来说，它伴随甚至印证着一个国家的科技变化和社会形态的变迁。当世界电视发展到彩色电视技术阶段的时候，缅甸电视就在这一阶段起步，它跨过了黑白电视技术发展阶段，直接与当时世界电视发展同步，开播彩色信号。因此，基于缅甸电视发展史的研究可以探索缅甸社会意识形态及发展历程，有助于推动中缅关系不断升温升级。

一、世界新形态下缅甸电视媒体研究的起因

随着"构建人类命运共同体"理念的诞生及发展，整个世界的社会经济发展、文化理念共通、社会治理、智能创新等诸多方面都在推进一体化发展。"近年来，习近平总书记多次强调'国际形势正发生前所未有之大变局'，这是对全球形势发展的权威战略判断。"[1]习近平总书记致电祝贺第37届非洲联盟峰会召开时指出，"当今世界正值百年未有之大变局"[2]。在这样的世界新形态下要形成中国参与塑造的世界新秩序就需要有媒体加以宣传与引导，使世界各国形成巨大的发展共同体。缅甸处于东南亚关键地理区位，又与中国相邻，同时，缅甸又受西方殖民和亚洲传统的双重影响，因此，在世界新形态的发展探索中，研究缅甸社会形态以及缅甸社会发展动能尤显重要。研究缅甸电视媒体的发展是研究缅甸社会及意识形态变化发展的一个重要引擎，可进一步使中缅引擎相接，形成发展共识，这对双方都是有益的。

基于缅甸电视媒体的发展变化及中缅两国在电视媒体发展中的关系，探索缅甸发展需求与中缅合作发展情况，是一种新的思路，也是一种较为理想的探索路径。但缅甸的媒体形态、媒体阶层、媒体与社会融合程度等方面存在的相关现实问题都影响和制约着中缅合作与发展，同时，缅甸的媒体制度及法律的不同要求，使得缅甸本土电视媒体与西方发达国家电视媒体的布局不同，在缅甸国内呈

---

① 王文. 多维解析"百年未有之大变局"[EB/OL]. （2020-02-29）[2021-08-10]. http://www.china.com.cn/opinion/think/2020-02/29/content_75758919. htm.

② 习近平向第37届非洲联盟峰会致贺电[N]. 人民日报，2024-02-18.

现出了本土电视媒体、外资电视媒体及合资电视媒体共存的格局。正是基于这种现状，在缅甸实现媒体信息传播及文化宣传就有较大的障碍。有效实现中缅之间的媒体交流、合作，打破彼此间的媒体传播障碍，实现中缅媒体间的信息融合对推动中缅关系发展及文化交流具有重要的意义，也是开辟中缅人文交流之路的实践基础。在研究中缅人文交流的过程中，势必需要全方位研究缅甸电视媒体的发展情况，缅甸电视媒体是随着缅甸社会发展、舆论环境的变迁以及中西方对缅甸媒体的影响而发展的，因此，在对缅甸电视媒体发展及传播进行研究时，需要对多方面、多维度的成果进行梳理与述评，这样才能总结出当前缅甸电视媒体发展的不足之处和新路向，以此提供新的思路和启示。

二、缅甸电视媒体的研究现状

（一）缅甸电视媒体发展研究现状

1. 缅甸电视媒体发展史研究

缅甸的发展与媒体的发展具有紧密的关系，但从缅甸媒体诞生以来，缅甸并没有建立起媒体研究机制和相关机构，近几年才有对缅甸媒体发展的系统整理研究。目前缅甸国内对缅甸广播电视史研究相对较为全面的是仰光大学历史系研究生哈尔·瑞（Khar Reh）撰写的《缅甸广播电视发展史（1980—2010）》[History of Myanmar radio and television department（1980-2010）] 一文，该文对从缅甸电视诞生到 2010 年缅甸数字电视的发展及数字信号的普及的历史进行了详细论述，同时谈到了社会的发展现状及缅甸对外合作与政府的诸多信息，这些都与媒体的发展息息相关。[①]2001 年受中国广播电影电视总局委托，北京广播学院（2004 年更名为中国传媒大学）承担了培训缅甸联邦信息部派出的十名电视工作人员的任务，曾祥敏教授在调研访谈后撰写的《发展中的缅甸广播电视》较为详细地介绍了缅甸两大国营电视台（MRTV[②]和 MWDTV[③]）内部发展及建设情况，完整梳理了缅甸电视台节目开办情况及电视台建设、发展情况。[④]有了缅甸电视媒体发展简史的研究，势必强调的是关于电视媒体外在的发展与关

---

① Khar Reh. History of Myanmar radio and television department(1980-2010)[D]. Yangon University, 2014.

② 缅甸广播电视台（Myanmar Radio and Television，MRTV）。

③ Myawady 电视台（Myawady Television，MWDTV）。

④ 曾祥敏. 发展中的缅甸广播电视[J]. 现代传播，2001，（5）：19-20.

系的研究，邓立扬在《缅甸媒体发展史研究》中就对缅甸电视媒体发展的环境进行了分析，同时在环境背景的综合空间中，探索了受众及接受心理等，使缅甸电视媒体研究进一步融合到缅甸社会发展研究之中。[①]

2. 媒体与社会研究

媒体是社会发展的产物，在不同的历史时期，媒体所担负的责任和发展的规律不同，因此，探索缅甸电视媒体的发展应从社会大的背景入手，这样有助于最大程度地挖掘媒体的价值。邓立扬在《缅甸媒体发展史研究》一文中从缅甸媒体所在环境，社会、政治及经济形态入手，探索了缅甸媒体发展的社会成因和相关媒体发展现象。

缅甸电视媒体的发展历史相对较短，是在广播机构的基础上诞生的，因此，缅甸电视的发展离不开广播的社会需求。而且，缅甸电视媒体的发展受到复杂的社会关系及社会结构等的影响，这就注定了缅甸电视媒体发展中的社会倒影。

3. 数字化电视媒体的发展研究

如今，在全球数字化媒体发展的影响下，缅甸电视媒体也步入数字化时代，缅甸国际广播电台记者多达·温毕松（Thawtar Win Pyae Sone）在《缅甸数字媒体逐渐发展》中谈及面对现实，缅甸的媒体也在悄然发生变化，90%的手机用户都会访问社交媒体网络，其中脸书、推特（Twitter）、照片墙（Instagram）等在缅甸都非常流行，而且它们使用起来也很方便，已经成为发布和传播新闻最快捷的方式。在社交媒体网络的冲击下，缅甸电视媒体也已融入这些社交网络平台，创建了社交媒体网络频道，较早地形成了网络融合媒体。[②]

（二）西方及日本对缅甸媒体发展的影响

1. 在缅甸的英美国家媒体

英国广播公司在缅甸长期派驻记者，对缅甸的关注度很高，还经常与当地的媒体合作，举办人员培训等一系列资助活动。同时，美国有线电视新闻网（Cable News Network，CNN）也积极通过广播、电视、网站、社交平台为缅甸提供新闻，内容丰富，涵盖了美国政治、科学、技术和体育运动等各种主题。此外美国之音曾关注缅甸少数民族的权利、人民的生活环境及媒体自由等问题，

---

① 邓立扬. 缅甸媒体发展史研究[D]. 广西大学，2016.

② 多达·温毕松. 缅甸数字媒体逐渐发展[J]. 王晓波译. 中国投资（中英文），2019，（11）：42-43.

将问答环节、对话作为常规栏目。[①]

2. 日本媒体与缅甸媒体的合作

2018 年，酷日本基金公司（Cool Japan Fund Inc.）宣布，投资约 1600 万美元与日本国际广播公司（Japan International Broadcasting Inc., JIB）[②]、日本信息通信技术和邮政服务海外发展基金（The Fund Corporation for the Overseas Development of Japan's ICT and Postal Services）合作，在缅甸引进最新的广播设备，通过缅甸的瑞丹伦媒体有限公司（Shwe Than Lwin Media Co., Ltd.）及缅甸国家电视台（Myanmar National Television，MNTV）发布关于日本的信息。酷日本基金公司不仅向已经在播放日本放送协会的历史剧（如《笃姬》）以及日本商业电视台节目的缅甸国家电视台和缅甸的瑞丹伦媒体有限公司推送关于日本的内容，还采用日本电视节目格式制作合作节目。[③]

日本媒体公司通过与缅甸媒体集团的合作，一方面可以发行包含日本意识形态的节目，有益于推广日本产品和服务，另一方面还可以推动两国关系的发展，在一定意义上培养了潜在的受众群体。同时还有一个潜在的连锁反应，即最终带动未来从缅甸到日本的游客的增加，促进日本的经济发展，也为日本劳动力输入做了潜在营销。

（三）中缅关系发展对电视媒体合作发展的影响

随着中缅关系的发展，中国也较早地注重在广播电视领域同缅甸的合作。在缅甸新闻出版政策改革以前，中国就已经尝试和缅甸的电视台进行合作，经过调研发现，当前，缅甸民众对中国电视剧的认知大多数仍停留在《红楼梦》《西游记》《包青天》等 20 世纪八九十年代的老电视剧上[④]，但是近几年，在中缅双方广播电视领域的合作中，中国积极推动着更多的优秀影视作品"走出去"，同时，中缅合作发展也在不断推动中国影视译制能力的提升和优化。

缅甸语版《金太狼的幸福生活》成为首部缅甸语配音的外国电视剧，打破了之前在缅甸播出的外国电视剧只配以字幕的传统。中国在不断推动影视作品译制输入缅甸的同时，也在不断打造国际影视文化发布平台，2013 年 8 月云南广播

---

① 李美霖. 缅甸传媒业发展现状研究[D]. 北京印刷学院，2019.

② 日本国际广播公司是日本放送协会（Nippon Hōsō Kyōkai，NHK）的子公司。

③ Cool Japan Fund Inc. Investing in the content production and Japanese content distribution business for television broadcast in the Republic of the Union of Myanmar[R]. 2018.

④ 李美霖. 缅甸传媒业发展现状研究[D]. 北京印刷学院，2019.

电视台国际频道开播，节目面向缅甸普通民众，也面向缅甸的中华文化爱好者和与中国有经贸往来的商务人士等。随着中缅关系的不断深化，2014 年中国国务院新闻办影视片库免费向缅甸提供电视专题片和纪录片，以促进中缅文化交流与合作。①

在中缅不断加强经济、文化合作的同时，中缅媒体也在不断融合与创新发展。2017 年中缅合办的《中国电视剧》栏目开播，这是中缅两国媒体首次合作开办固定电视栏目，每年固定播出中缅联合译制的中国电视剧。2018 年 7 月，中缅双方又合作开办了《中国动漫》栏目，该栏目是广西人民广播电台与缅甸国家广播电视台合作开办的第二个固定电视栏目，其首播剧是以中国一级重点保护野生动物白头叶猴为主角原型、以童话故事为表现形式的大型系列动画片《白头叶猴之嘉猴壮壮》。②这又进一步加强了中缅媒体间合作发展的深度。

三、缅甸电视媒体研究不足与发展路径

（一）缅甸电视媒体研究不足

1. 电视媒体发展理论不足

国内外对缅甸电视媒体发展的研究有些可供参考的文献，但这些文献更多是对缅甸电视自身建设的微观考量，系统性及完整性不强。同时，关于电视媒体发展脉络的研究不详尽，尤其是对于伴随社会发展的媒体的功能、作用没有专门的学术考究。缅甸自身关于电视发展的理论建构也不足，缺乏学理性著作和其他学术成果。

2. 电视媒体自身发展不足

由于受到社会经济发展条件的限制，缅甸电视媒体的普及面远不及广播和报纸。虽然缅甸受世界网络数字化的影响，但其电视媒体的新闻传播力及影响力远远小于广播、报纸、网络化媒体，缅甸媒体集团具有特殊性，其中缅甸电视基本依赖于缅甸广播或新闻网络平台进行传播，在此可以形成缅甸广播、新闻、电视、电影的网络融合媒体，但就单一的电视媒体而言，其影响力有所弱化。

---

① 李美霖. 缅甸传媒业发展现状研究[D]. 北京印刷学院，2019.
② 车宏亮，庄北宁. 《中国动漫》栏目在缅甸启动[EB/OL]. （2018-07-09）[2021-08-20]. https://news.china.com/internationalgd/10000166/20180709/32657809.html.

3. 电视媒体工作人员创作能力不足

当前，缅甸电视媒体工作人员还较为缺乏媒介素养、电视基本理论、职业价值观和电视剧创作能力等，他们长期受西方意识形态影响，以及接受周边国家媒体人员的业务培训和创作指导，还较为缺乏自主的数字媒体创作能力。

4. 电视媒体过度依赖境外媒体集团

缅甸电视媒体的发展离不开境外媒体集团，如日本、美国、英国、韩国等国的电视媒体集团，过度依赖境外媒体集团及播出非本国节目，势必会使缅甸本国的民众形成多种理念的感性认知，不利于缅甸文化的发展与传承，推动社会发展将有一定阻力。

（二）缅甸电视媒体研究发展之路

1. 构建缅甸电视媒体研究机构

缅甸应该构建针对自身电视媒体发展的专业研究机构，并形成推动缅甸电视媒体发展的基础理论，打造缅甸电视媒体国内影响力和传播力，有效提高国民的社会认同度。

2. 创建缅甸电视媒体专门院校

在缅甸电视媒体发展的过程中，应该创建专门院校，构建符合电视媒体自身发展需求的专业教育及培训体系，形成缅甸国内媒体人才的培养与传承机制。

3. 支持电视媒体及传媒集团面向本国内容创造发展

缅甸政府应积极支持缅甸电视媒体及传媒集团面向本国文化内容创作精品，扶持一批国内传媒公司积极探索国内内容的打造与传播。

四、中缅电视媒体融合发展探索

（一）中缅电视媒体融合发展

在中缅战略合作的背景下，中缅电视媒体可进一步融合发展，需要考虑以下几个方面的内容。

1. 中缅电视团队合作探索

中缅电视媒体机构或传媒公司可形成协作内容创作机制，积极探索中缅两国电视节目的内容生产，以此融合双方价值理念，积极探索两国文化交融的发展路径。

2. 中缅融合媒体平台的打造

中国可以借助在建的融媒体平台跨境融合缅甸媒体，即打造中国境外融媒体平台以供缅甸电视媒体融入，一方面可以传播中国科技理念，另一方面也可以帮助缅甸搭建自身的融媒体平台。

3. 中缅电视媒体专业协同办学

缅甸可借助中国成熟的新闻传播等专业的教育经验和理念开办或与中国合办电视媒体专业，形成长期的固定办学模式，推动人才教育的融合。

（二）中缅信息丝绸之路建设

在"构建人类命运共同体"的理念下，信息丝绸之路的建设在当今社会尤为重要，所以，打造中缅信息丝绸之路有助于中缅媒体融合发展，同时，也有助于中国信息理念的对外传播。借助媒体融合发展的趋势，以媒为介，重点打造具有信息基础、信息共享、技术合作的信息化发展平台，形成中缅信息合力，从而在世界发展中占有重要地位。

参 考 文 献

邓立扬. 缅甸媒体发展史研究[D]. 广西大学，2016.

多达温毕松. 缅甸数字媒体逐渐发展[J]. 王晓波译. 中国投资（中英文），2019，（11）：42-43.

共筑中国—东盟"信息丝绸之路".（2016-09-10）[2017-08-10]. https://www.gov.cn/xinwen/2016-09/10/content_5107090.htm.

李宇. 缅甸电视业发展现状研究[J]. 现代视听，2020，（4）：79-81.

马思妍. 21世纪以来中国缅甸研究的进展[J]. 云大地区研究，2021，（1）：184-222，260.

王以俊. 缅甸信息媒体部门取得新进展[J]. 印刷世界，2011，（4）61-62.

伍庆祥. 缅甸官方媒体眼里的中国形象——以《缅甸之光》报为例[J]. 对外传播，2012，（8）：19-21.

曾祥敏. 发展中的缅甸广播电视[J]. 现代传播，2001，（5）：19-20.

张建中. 抗争的动力：新媒体与缅甸的民主化[J]. 东南亚研究，2012，（3）：16-19.

张哲. 缅甸民间媒体的发展与社会转型——以"缅甸民主之声"为例[D]. 西安外国语大学，2016.

Lisa Brooten. Burmese media in transition[J]. *International Journal of Communication*, 2016, 10(1): 182-199.

（王振兴、谢晓霞、杨颖）

作者简介：

王振兴：云南师范大学传媒学院讲师，硕士；

谢晓霞：云南师范大学传媒学院教授，博士；

杨颖：云南师范大学传媒学院讲师，硕士。

第四节　缅甸新媒体研究综述

一、缅甸新媒体发展研究

目前，缅甸新媒体本体研究主要是对缅甸各个时期新媒体的数量统计和概括性描述。21 世纪初是缅甸新媒体开始普及化的时期。据《世界广播电视参考》2004 年 9 月报道，缅甸准备在全国 300 个乡镇建立公共网络中心，以方便国人上网。这批网络中心中，小型网络中心仅配有 2 台电脑和 1 台打印机，中等规模的网络中心配备 10 台电脑和 1 台打印机。[1]缅甸全国的互联网硬件架构还非常简单。

云南日报报业集团的张若谷等调研了缅甸的新媒体发展概况，指出在 2015—2016 年，使用手机上网的民众已经达到 65.35%，手机网民要远远多于电脑网民。到 2015 年底，缅甸约有 710 万脸书用户，排名前三的脸书专页为《七日新闻》、十一媒体集团和英国广播公司缅甸语频道，《七日新闻》的粉丝达 670 多万[2]。2018 年，全缅互联网用户已上升至 2700 万人，3G 网络覆盖率达到 95%[3]。2016 年 9 月，诺基亚宣布与卡塔尔电信缅甸公司完成了缅甸首个 4G 网络的部署，实现了网络速度与容量的提升[4]。2019 年 8 月笔者在缅甸调研时，发现 4G 电话卡已很畅销，虽然没有达到中国的 4G 网速，但智能手机在仰光已经成为人们的标配。

---

① 蒋生元. 缅甸将在全国 300 多个乡镇建立公共网络中心[J]. 国际新闻界，2004，26（5）：60.

② 张若谷，祖红兵. 缅甸媒体发展及中国在当地面对的舆论现状[J]//中国新闻年鉴社. 中国新闻年鉴（2018）. 北京：中国新闻年鉴社，2018：611-613.

③ 李美霖. 缅甸传媒业发展现状研究[D]. 北京印刷学院，2019：12.

④ 金泉. 诺基亚助建缅甸首个 4G 网络[N]. 人民邮电报，2016-09-05.

2024 年，缅甸的 4G 网络覆盖率预计达到 96.83%[①]。

缅甸人很多是从脸书开始接触新媒体的，甚至有部分缅甸民众至今还认为"上网就等同于上脸书"。缅甸本土真正意义上的新媒体在本地并不受欢迎，倒是传统媒体依然拥有很高的权威度和话语权。2015 年以来，部分报纸和杂志开始用多媒体制作节目，同时也积极开设脸书账号，配合博客、网站与公众交流。《七日新闻》注册了脸书账号、《呼声》也推出了自己的苹果手机（iPhone）和苹果平板电脑（iPad）应用软件。[②]到 2019 年，缅甸几乎所有的报纸、杂志都有自己的在线传播网络。[③]

在 20 世纪 50 年代，中国国际广播电台就开始了对缅传播。截至 2011 年 12 月 31 日，中国国际广播电台"国际在线"中文网全年独立用户数达到 1.7 亿，页面访问量达到 9 亿次。"国际在线"外文网全年的独立用户数达到 8000 万，缅甸语的页面访问量增长率高达 423.83%。[④]近年来，中国也尝试与缅甸在互联网领域展开合作。新华社缅文新媒体平台、云桥网、中华网缅文本土网站纷纷创立，并且为适应缅甸民众普遍使用手机端上网的情况，中国在缅开设的新媒体也纷纷通过脸书、推特或其他手机 APP 推送消息。据《中国国际广播电台 2016 年受众反馈及国际传播实效调查》数据，至 2016 年，中国国际广播电台开设社交媒体账号 228 个，粉丝总数 8117 万，增长 44%；境外账号粉丝总数 2080 万，增长 532%。英文、日文、西班牙文、缅甸文、泰文、越南文 6 个文种账号粉丝数超百万。国际在线多文种网站、中华网外文网独立用户数月均 3347 万。[⑤]近年来，依托地方广播电视台的对外传播新媒体账号也陆续兴起。依托云南广播电视台的吉祥网于 2016 年 9 月上线了缅语网站，进行面向缅甸普通民众的融合传播。吉祥网对缅传播账号矩阵包括吉祥网网页、脸书账号、推特账号，吉祥网脸书账号受到缅甸当地群众广泛关注，粉丝数多，更新内容也多。自吉祥网脸书账号发布第一条消息至 2021 年 12 月 31 日，其共发布了 4776 条报道，平均每天

① Digital Infrastructure-Myanmar. [EB/OL]. (2024-01-31)[2024-02-16]. https://www.statista.com/outlook/co/digital-connectivity-indicators/digital-infrastructure/myanmar.

② 李美霖. 缅甸传媒业发展现状研究[D]. 北京印刷学院，2019：15.

③ 多达温毕松. 缅甸数字媒体逐渐发展[J]. 王晓波译. 中国投资（中英文），2019，（11）：42-43.

④ 赵玉明. 中国国际广播电台新媒体发展情况[J]//国家广电总局信息中心，中国传媒大学. 中国广播电视年鉴（2012）. 北京：中国广播电视年鉴社，2012：225-228.

⑤ 中国国际广播电台总编室传播力评估处. 中国国际广播电台 2016 年受众反馈及国际传播实效调查[J]//中国新闻年鉴社. 中国新闻年鉴（2017）. 北京：中国新闻年鉴社，2017：583-584.

有 5 条报道。^①

二、缅甸新媒体对中国影响研究

缅甸的媒体发展让中国在当地的舆论环境发生了新的变化。由于英国在缅甸有长达百余年的殖民史，缅甸民众的英语水平普遍较高，在缅甸被使用最早、普及最广的网络社交平台主要是以脸书、推特为首的英语媒介，像 MySquar 这样的缅甸本土社交媒介使用量并不高。中国的腾讯、阿里、百度等国内行业巨头也在积极拓展缅甸市场，因为地缘上的接近和边境贸易需求，缅北地区对于微信、支付宝等中国新媒体的接受程度较高。媒介接触的变化在悄然改变着缅甸民众对中国的情感和态度，缅甸民众对中国和美国的认知呈现出"近陌远熟"的现状。从现代媒介的角度研究此问题的文献有《中国新闻年鉴（2018）》中的《缅甸媒体发展及中国在当地面对的舆论现状》一文。2020 年后，以云南高校为主要阵地，出现了有关缅甸媒体对中国的呈现的研究热潮。如罗琳花指出缅甸媒体对中国的报道以中性为主，并且缅甸媒体更加重视中国官方的声音，较少报道民间的交流互动。^②徐增展等认为缅甸与中国关系亲密、交往频繁。^③

在缅甸的 5417 万人口中，华人华侨就有约 250 万^④，缅甸的华人华侨是缅甸认知中国的重要桥梁。缅华网是缅甸境内创办最早、影响最大的合法华文综合网站，其报道对于缅甸华人华侨乃至整个缅甸的认知都有一定影响。王勇等学者研究了缅华网从 2011 年 4 月 1 日正式创办到 2017 年 12 月 2 日的涉华报道，发现缅华网比较重视并越来越重视对中国的报道，其涉华报道以经济、教育、文化等领域的报道为主；从报道倾向来看，缅华网的涉华报道以正面报道为主，但也有少量犯罪方面的报道。^⑤

三、缅甸新媒体应用研究

缅甸人视角的新媒体应用研究尚未见到，在中国对缅甸的研究中可见为数不

---

① 杨嫚. 中国国家形象建构的媒体策略——以云南广播电视台"吉祥网"对缅甸传播为例[D]. 云南师范大学, 2022：10-15.

② 罗琳花. 缅甸媒体对"一带一路"主题报道的框架分析——以《缅甸之光》《镜报》为例[D]. 西南政法大学, 2022：31.

③ 徐增展, 邹瑞祺. 交往、依赖与提防：缅甸媒体中的中国镜像[J]. 青年记者, 2021, （4）：121-122.

④ 缅甸国家概况[EB/OL]. （2023-07）[2024-02-16]. https://www.mfa.gov.cn/web/gjhdq_676201/gj_676203/yz_676205/1206_676788/1206x0_676790/.

⑤ 王勇, 孟光升, 王磊. 缅甸华文网站缅华网涉华报道研究[J]. 文化与传播, 2018, 7（2）：38-44.

多的研究新媒体在缅甸电子商务、教育方面的应用的论文。如汪维的硕士学位论文《中缅跨境电子商务合作前景分析》认为我国具备将电子商务扩展到缅甸市场的基础和优势；同时，我国国内的广阔市场也可以为缅甸企业提供更大的发展空间。[①]但缅甸中缅电子商务发展还存在着缅甸基础设施落后、在线支付体系不完善、物流系统不健全等问题。杨汉鹏论述了互联网资源对于缅语教学的重要性，提出应该应用网络培养一批应用型缅甸语高等人才，加强与缅甸的交流合作。[②]

总体来看，缅甸新媒体起步晚、发展快；缅甸民众习惯使用手机端访问互联网；缅甸本土新媒体应用普及度低、用户少，外国应用因其广泛的用户基础和强大的信息运维能力而在缅甸受到青睐；缅甸本土权威传统媒体都在寻求与网络的融合发展，竞争激烈；无论是缅甸还是世界研究者对于缅甸新媒体的研究都还止步于量效统计，深入研究缅甸新媒体对于社会运行的影响机制、社会传播效果、媒介伦理等方面的文献还极度缺乏。

参 考 文 献

多达温毕松. 缅甸数字媒体逐渐发展[J]. 王晓波译. 中国投资（中英文），2019，（11）：42-43.

孔建勋等. 缅甸综合社会调查报告（2015）[M]. 北京：中国社会科学出版社，2016.

李美霖. 缅甸传媒业发展现状研究[D]. 北京印刷学院，2019.

王勇，张建国，王磊. 缅甸民主转型期新闻政策的变化及对新闻事业的影响[J]. 学术探索，2019，（3）：43-51.

展江，黄晶晶. 开明、威权与自由之光——160 年缅甸新闻法制史管窥[J]. 杭州师范大学学报（社会科学版），2013，35（5）：92-99.

张建中. 抗争的动力：新媒体与缅甸的民主化[J]. 东南亚研究，2012，（3）：16-19.

赵玉明. 中国国际广播电台新媒体发展情况[J]//国家广电总局信息中心，中国传媒大学. 中国广播电视年鉴（2012）. 北京：中国广播电视年鉴社，2012：225-228.

（杨颖、谢晓霞、王振兴）

作者简介：

杨颖：云南师范大学传媒学院讲师，硕士；

谢晓霞：云南师范大学传媒学院教授，博士；

王振兴：云南师范大学传媒学院讲师，硕士。

---

① 汪维. 中缅跨境电子商务合作前景分析[D]. 云南财经大学，2017.
② 杨汉鹏. 论互联网资源对缅甸语教学的重要性[J]. 才智. 2015，（24）：243.

第三章　印度尼西亚媒介传播研究综述

第一节　印度尼西亚电影研究综述

一、印度尼西亚电影发展研究的缘起和价值

　　印度尼西亚电影事业起步于 20 世纪初，开始阶段电影几乎完全掌握在外国人手中（荷兰人和中国华侨），除外国人开设的电影公司垄断了电影制作行业之外，外国进口电影也占据着绝大部分的市场份额。20 世纪 50 年代印度尼西亚民族电影产业兴起，本土印度尼西亚电影人逐渐走上了电影制作的核心岗位，开始制作一些真正反映印度尼西亚本民族历史、文化与生活的影片，印度尼西亚民族电影事业自此成长起来。伴随着国家政治、文化、经济等发展历史的复杂格局，印度尼西亚电影事业一步步途经坎坷走来，延续至今。从印度尼西亚电影事业的成长时代开始，其电影的叙述元素就比较丰富而多样，不仅有土著民族元素，也有多元的外来文化，特别是种族、宗教的复杂因素在印度尼西亚电影中有着显著的表现。

　　西方文化从 16 世纪末期起就对亚洲文化产生了巨大的影响，随着殖民侵略的深入，西方外来文化对亚洲本土文化日益打压并不断同化，亚洲本土文化走向边缘地位，但坚忍的东南亚人民还是在几个世纪的斗争中竭力保留了自己民族的精神与文化。如今，从好莱坞向世界扩散开来的主流类型电影风潮仍然在影响着亚洲的电影产业，包括东南亚电影业的发展方向。近几年，印度尼西亚电影通过类型动作片在电影界获得了较多的关注，特别是在东南亚动作片中与泰国电影产生了抗衡之势。例如印度尼西亚和美国联合制作的系列动作片，向世界展示了印度尼西亚的传统武术"班卡苏拉"（Pencak Silat）[①]，通过画面与声音的渲染让观众体验具有震撼力的暴力对抗，属于标准的商业动作片套路，票房和名誉均获得了成功，印度尼西亚传统文化以流行模式通过银幕向世界传播。与国外合拍电

---

① 班卡苏拉也称印尼拳、马来拳，是印度尼西亚传统格斗术，起源于印马群岛。

影的制作模式为并不发达的印度尼西亚电影产业提供了资金支持，这也是印度尼西亚电影产业在全球化时代找到的一条可持续发展之路，其借助好莱坞强大的电影产业和影响力，在全球电影界掀起一场印度尼西亚风味的类型动作片浪潮，以此提升印度尼西亚传统文化的传播效力。在信息时代浪潮下，文化传播活动不仅可以成为产业发展的探路石，还可以成为提升国家形象、争取国际地位的有力手段，印度尼西亚通过电影的传播向世界展示出了它独特的民族文化。对于中国来说，观察与研究亚洲各国的文化活动是非常重要且有必要的。

2018 年、2019 年印度尼西亚创意经济产业局分别在北京和上海以不同的活动形式举办了印度尼西亚电影展，中国观众通过大银幕领略了这个热带岛屿国家的魅力。电影展不仅促进了两国在文化领域的交流，增进了两国人民之间的相互了解，也推动了两国的电影合作在"一带一路"背景下进一步深入发展。印度尼西亚日益频繁地与外界展开交流活动的意愿表明，亚洲各国越来越意识到文化交流共鉴的价值，我们也非常有必要对印度尼西亚电影发展这个议题展开研究。本节重点对印度尼西亚电影发展历史的研究成果进行系统的梳理和评价，并探索未来研究的方向，为相关研究者提供借鉴。

二、印度尼西亚电影发展历史研究现状

印度尼西亚电影文化事业和同地区其他国家一样，都是随着西方文化的传入而产生的。印度尼西亚电影在不同的发展阶段呈现出明显的特征和差异，这也是学者们研究印度尼西亚电影发展断代史的标识。国内外的学者在研究印度尼西亚媒介或文化传播的著作中，对印度尼西亚电影发展史有过简单的梳理，主要研究有现状描述和断代史研究，也有对某些特殊时期的印度尼西亚电影的研究。

（一）印度尼西亚电影发展历史概况的研究成果

截至 2023 年 8 月 17 日，在中国知网以"印度尼西亚电影"为主题关键词进行检索，共有 21 篇与印度尼西亚电影相关的中文文章，9 篇与印度尼西亚电影相关的外文文章。这些研究中，既有对印度尼西亚电影简况或现状的研究，也有对印度尼西亚电影的其他分散视角的研究；既有对单部印度尼西亚电影的分析，也有以印度尼西亚电影折射印度尼西亚社会、文化等方面的研究。总体上看，可以分为两个大类，一是历史方向，二是文化方向。在下文中笔者主要聚焦于电影

历史方向进行梳理。

首先是关于印度尼西亚电影历史概括性的梳理研究。新加坡学者郑燿霆在其文章《印度尼西亚电影现状》中简述了 1926—2004 年印度尼西亚电影发展的历史。郑燿霆按照印度尼西亚电影发展的时间顺序，列举了一些具有代表性和转折意义的作品，对于早期的电影发展情况，他看到当时印度尼西亚的电影工业发展得并不均衡，特别是在电影的观众群体和电影公司的制作倾向方面，他认为："当时印度尼西亚的电影工业，出现了一种不正常的发展趋势：由华族创建的影业公司倾向于拍摄侦探惊险片、特技摄影的神话片、恐怖片等，而由欧亚裔设立的电影公司则趋向于拍摄以当地的奇情风俗为主的寻幽探秘式的影片，以及描写当地落后状况的电影。这些商业性质极为浓厚的影片不能吸引到当时那些具有国家意识、民族意识的上层阶级的观众；这个阶段的电影工业无论是就观众群，还是制作单位的类型来说，基本呈规模不同的两极化。"[1]郑燿霆对印度尼西亚电影发展中的重要转折事件，也有特别指出和进行情况分析，例如，他认为 1958年是印度尼西亚电影发展的重要一年，印度尼西亚民族电影曾一度崛起，并列举电影作品加以说明。

在进行东南亚研究的中国学者中，北京大学的梁敏和教授在《印度尼西亚文化概论》中对印度尼西亚电影发展历史中具有代表性的作品作出了简要的列举和分析，包括影片所对应的具体年份、故事梗概、发行情况等，同时还介绍了印度尼西亚 3 个主要的电影节，并对印度尼西亚电影进行了类型划分及相应代表作的列举，共划分了 12 种类型，几乎涵盖了所有的印度尼西亚电影类型，列举作品集中在 20—21 世纪。[2]梁敏和教授与孔远志教授在著作《印度尼西亚文化与社会》中，将印度尼西亚电影发展分为 3 个时代，分别是初创时期（1926—1942年）、艰难时期（1942—1945 年）、发展时期（1945 年印度尼西亚独立至今），还就印度尼西亚电影业面临的困难和其发展前景作出了分析。[3]在研究印度尼西亚电影并不多见的中文版文献中，这两本书对初期的研究有很好的引导作用，但它们的深入性并不强。

另外，李庄藩的《菲律宾、印度尼西亚及泰国电影简况》以东南亚背景视野对印度尼西亚电影的简况进行了研究叙述。作者指出了第二次世界大战后大部分东南亚国家在世界电影界的弱势局面，叙述了 20 世纪 70 年代以后在世界影坛逐

① 郑燿霆. 印度尼西亚电影现状[J]. 当代电影, 2005, （4）: 89-92.

② 梁敏和. 印度尼西亚文化概论[M]. 北京: 世界图书出版公司, 2014.

③ 梁敏和, 孔远志. 印度尼西亚文化与社会[M]. 北京: 北京大学出版社, 2002.

渐崭露头角的部分菲律宾、泰国、印度尼西亚影片，以及三个国家的电影产业发展情况。作者分析了印度尼西亚在 20 世纪 70 年代的电影产量，以及政府应对进口垄断的政策与关税限制，并以泰·卡亚（Teguh Karya）导演为例，指出印度尼西亚国产电影的现象与弊端。该研究通过分析 20 世纪 70—80 年代的菲律宾、泰国、印度尼西亚的电影简况，最终提出电影反映现实与获取商业利益之间的矛盾，让观者反思东南亚小国电影事业发展的方向。[①]

其次是对印度尼西亚电影的分散性视角研究。日本电影评论家佐藤忠男等的《印度尼西亚电影的现状》，对几部民族主义代表作进行了评价，指出这些影片进行了革命的反思和揭露了社会黑暗，文章分析了当时电影审查制度的严厉、电影制片人的商业化倾向、电影艺术家的创作困境等现实问题，也肯定了民族主义影片所取得的成就。[②]但文章篇幅较为短小，缺乏历史性的线索梳理。如今的《印度尼西亚是下一个电影市场大增长的地区吗？》一文对印度尼西亚电影产业发展的现状简况作出分析，文中记录了近年来印度尼西亚电影市场的现状，印度尼西亚本土的银幕数字和票房在逐年增长，更多的投资者进入印度尼西亚电影产业中，不仅数字媒体与电信行业通过增加对电影投资的方式争夺市场份额，印度尼西亚电影产业也开始积极进军海外市场。印度尼西亚电影产业不仅有较好的发展势头，也存在待解决的现实问题，例如，苏哈托家族的 Cinema 21 集团的电影进口垄断对产业扩张的限制问题、保护本土影片的制度执行问题等。[③]

对于印度尼西亚电影历史概况记载篇幅稍大的，可参见印度尼西亚国内研究学者关于电影的著作。埃基·伊曼贾亚（Ekky Imanjaya）在其著作《雅加达的后门：印度尼西亚电影改革后的雅加达及其社会问题》（*The Backdoors of Jakarta: Jakarta and Its Social Issues in Post-Reform Indonesian Cinema*）中设置了"印尼电影简史"这一章来介绍印度尼西亚电影发展的历史，阐述了印度尼西亚电影中对社会问题的表达和再现，并结合每个时代的社会政治背景，对代表性电影作品进行分析，但该著作研究的重心不在于电影史，其大量的篇幅是对国家改革后电影行业与社会各方面关联的分析、叙述。[④]

国外学者大卫·哈南（David Hanan）的著作《印度尼西亚电影中的文化特

① 李庄藩. 菲律宾、印度尼西亚及泰国电影简况[J]. 世界电影，1984，（3）：241-246.

② [日]佐藤忠男. 印度尼西亚电影的现状[J]. 周拓，柳荷译. 世界电影，1990，（5）：245-247.

③ 如今. 印度尼西亚是下一个电影市场大增长的地区吗？[N]. 中国电影报，2018-11-28.

④ Ekky Imanjaya. *The Backdoors of Jakarta:Jakarta and Its Social Issues in Post-Reform Indonesian Cinema*[M]. Saarbrücken: LAP LAMBERT Academic Publishing, 2010.

性》（*Cultural Specificity in Indonesian Film*），是一本以印度尼西亚电影文化为主题的研究著作，不过也对印度尼西亚电影 90 年的发展历史作出了梳理和阐述，其中的一个章节标题命名为“间歇性产业：90 年来印度尼西亚的电影制作”，顺着时间线索叙述了从 20 世纪初期荷印殖民电影制作到 20 世纪末苏哈托执政时期，包括日本侵略、印尼独立、新秩序等重大历史时期在内的电影产业发展的历史。哈南对印度尼西亚电影发展的各个时期作出了详细的划分和研究，并且加入了政治、经济因素和社会动态的视角。①借鉴与评述其他学者对印度尼西亚各个方面的研究成果，一定程度上将印度尼西亚电影所处的环境立体化，为读者提供了多维度的研究途径和思路。

（二）印度尼西亚电影发展历史详细梳理的研究成果

对印度尼西亚电影进行断代史的详细梳理，多见于印度尼西亚本土的研究者。印度尼西亚本土电影艺术家、作家、印度尼西亚电影文献先驱米斯巴赫·尤萨·比兰（Misbach Yusa Biran）在著作《电影史 1900—1950：在爪哇制作电影》（*Sejarah Film 1900-1950: Bikin Film di Jawa*）中，叙述了 1900—1950 年印度尼西亚电影发展的诸多内容。该著作对爪哇地区从开始尝试拍摄纪录片，到电影产业萌芽、电影院业务出现、电影风潮流行、明星电影公司发展、新闻界和艺术家的复兴，再至革命时代的新闻电影、电影学校、民营电影公司的发展等不同电影历史时期的核心内容进行了多方面的叙述，内容虽然略显分散，但也全面陈述了当时经济不发达环境下的种种电影业态。②由于比兰本身也是电影的创作者，因此他的视点与其他研究者相比略有差别，有一些独到的看法和见解。

由印度尼西亚教育和文化部出版的《印度尼西亚电影文化简史》（*A Brief Cultural History of Indonesian Cinema*），共分 5 个章节，将印度尼西亚电影分为 5 个发展阶段，分别是 1926—1945 年、1950—1960 年、1970—1980 年、20 世纪 90 年代至 21 世纪、21 世纪以来的国际浪潮。③这 5 章内容虽然比较简略，但作者提炼了 5 个阶段中对印度尼西亚电影发展最为重要的作品，以及电影界相关的大事件、制作背景和电影艺术家简况，为读者提供了时间跨度比较完整的印度尼

① David Hanan. *Cultural Specificity in Indonesian Film*[M]. Cham: Springer International Publishing AG, 2017.

② Misbach Yusa Biran. *Sejarah Film 1900-1950: Bikin Film di Jawa*[M]. Depok: Komunitas Bambu, 2009.

③ Sulistyo Tirtokusumo. *A Brief Cultural History of Indonesian Cinema*[M]. Jakarta: Ministry of Education and Culture Republic of Inedonesia, 2012.

西亚电影发展简史。另外书中的大量剧照、海报、电影制作图片也扩展了读者的视野，使其能够更直观地窥见印度尼西亚电影历史中的高光时刻。

塔内特·庞·马斯克（Tanete Pong Masak）在著作《苏加诺时代的电影》（*Sinema pada Masa Soekarno*）中对苏加诺执政时期的电影发展历史作出了多方面的叙述，首先对苏加诺时代这一特殊历史时期的背景加以分析，其次将电影历史分为殖民时期、战后国家电影诞生时期、电影发展时期、电影政治时期几个大的时期，最后对民族主义在印度尼西亚电影历史中的意义作出总结和思考。该著作的主体可以分为三个部分：第一部分聚焦于殖民时期，作者分别针对荷兰纪录片流派、华人影业、日本殖民革命三个要点作详细论述；第二部分是对战后国家电影诞生时期的论述，视点更为客观和全面，从外国电影发展的影响、亚洲电影环境、电影与政治的关系、印度尼西亚国内的教育、电影节等多个方面探究印度尼西亚电影事业的发展历史与形态；第三部分作者将视线放在了印度尼西亚国产电影的分化与冲突、领军电影制作公司的问题、电影工业的兴起与危机，以及愈演愈烈的电影政治运动等方面。[①]该著作的研究视野相较于印度尼西亚国内其他的电影历史研究格局更开阔，详细地还原了一些电影历史发展的细节，对研究苏加诺时代的印度尼西亚电影历史具有较大的文献价值。

S. M. 阿丹（S. M. Ardan）编写的《从哑剧到电影》（*Dari Gambar Idoep ke Sinepleks*）一书，详细记录了从荷兰殖民时期印度尼西亚电影事业诞生起，到20世纪 90 年代后印度尼西亚电影产业发展的详细历程，不仅对各个时期内电影产业的各项数据以图表形式罗列，包括电影院分布、电影观众数量、电影制作单位数量、本土电影名称和产量、进口电影国别和数量等等，还对每个阶段影响电影行业发展的多方因素进行了叙述和分析。[②]它是一部研究印度尼西亚电影发展历史的重要文献，提供了较为全面的数据和细节考据。

盖乌斯·塞亚安（Gayus Siagian）的《印度尼西亚电影史：生育期》（*Sejarah Film Indonesia: Masa Kelahiran-Pertumbuhan*）[③]偏重于对印度尼西亚电影诞生与成长时期的历史进行记录，共分 7 章叙述了 1926—1969 年印度尼西亚电影的发展历史，融合了政治、文化、经济等环境因素，也包含对印度尼西亚电

① Tanete Pong Masak. *Sinema pada Masa Soekarno*[M]. Jakarta: Fakultas Film dan Televisi Kesenian Jakarta, 2016.

② S. M. Ardan. *Dari Gambar Idoep ke Sinepleks*[M]. Jakarta: Fakultas Film dan Televisi Kesenian Jakarta, 1992.

③ Gayus Siagian. *Sejarah Film Indonesia: Masa Kelahiran-Pertumbuhan*[M]. Jakarta: Fakultas Film dan Televisi Kesenian Jakarta, 2010.

影人当时情况的说明和介绍，总体来看该著作的内容缺乏深入性，可作为历史对照性资料来参考。

（三）印度尼西亚电影发展历史中特殊时期的研究成果

国内研究者对印度尼西亚电影特殊历史时期或个案的分析，没有形成特别系统性的研究成果。中国知网上有 6 篇文章记录和论述了印度尼西亚电影行业在 20 世纪中期发生的抵制进口电影运动、反帝运动，包括冯白鲁的《向农村吸血鬼作坚强不屈的斗争——印度尼西亚电影〈沾满泥土的手〉及其他》[①]。

著作方面，聚焦于电影事业本身的特殊视角来研究的是吉·德维·萨尔蒂卡（Ji. Dewi Sartika）的《乌斯玛·伊斯迈尔述评电影》（*Usmar Ismail Mengupas Film*）[②]，这本著作收集了被称为印度尼西亚电影之父的乌斯玛·伊斯迈尔（Usmar Ismail）于 1949—1970 年在各种出版物、讲座中发表的关于电影领域的著作或演讲，内容涉及印度尼西亚的电影制作、印度尼西亚的电影与问题、电影或电影制片人的操守问题、电影观众和艺术家、印度尼西亚电影与革命、印度尼西亚电影发展的限制条件等方面，既有电影发展的核心问题，也有社会对电影事业的争议问题，这些资料对于研究早期的印度尼西亚电影事业发展将有帮助。

对于特殊历史时期印度尼西亚的电影，也有不同阶段的针对性研究。由中国电影出版社出版的《印度尼西亚民族电影的发展道路》[③]和《让印度尼西亚民族电影当家作主》[④]这两本著作提供了不同的研究视角，主要是左翼电影艺术家和政治人士的视角，这两本著作反映了印度尼西亚电影事业在国内政治斗争与国外政治、经济渗透活动最盛的 20 世纪五六十年代背景下水深火热的生存状况。著作不仅记录了国内左翼团体掀起的抵制美国电影运动的细节、行动纲领、决议等内容，还收录了会议发言等内容，指明了阻碍印度尼西亚电影发展的重要原因及历史背景等问题。

另外，苏哈托时期"新秩序的兴起与衰落"议题也是国外学者对印度尼西亚各领域进行研究的热点。新秩序是印度尼西亚社会发展的新起点，也是电影发展的一个重要分水岭，新秩序前后两个时代的电影发展都与社会政治氛围密切关联。中国

① 冯白鲁. 向农村吸血鬼作坚强不屈的斗争——印度尼西亚电影《沾满泥土的手》及其他[J]. 电影艺术，1965，（2）：32-34.

② Ji. Dewi Sartika. *Usmar Ismail Mengupas Film*[M]. Jakarta: Sinar Harapan, 1986.

③ [印尼]巴赫迪亚·夏基安. 印度尼西亚民族电影的发展道路[M]. 北京：中国电影出版社，1965.

④ [印尼]乌达米·苏里亚达马夫人. 让印度尼西亚民族电影当家作主[M]. 北京：中国电影出版社，1965.

研究者王昌松的《投射国族影像：后"新秩序"时期的印度尼西亚国族电影》一文聚焦印度尼西亚后"新秩序"时期，对这一时期的印度尼西亚本土电影产业的复兴之路展开了针对性研究，探讨了印度尼西亚电影在特殊历史时期建构"国族电影"的电影工业发展路径，以及多元自主运营的院线生态和跨越界域的创作轨迹。[①]

其他国家的学者对于"新秩序"这个议题的研究，可以克里希纳·森（Krishna Sen）为代表，她的著作《印度尼西亚电影：构筑新秩序》（Indonesian Cinema: Framing the New Order）中的内容被多名研究者参考引用。书中探究了苏哈托政权控制印度尼西亚电影事业的方式及其给印度尼西亚电影产业带来的变化，以及新秩序下的电影事业规范和政策。[②]卡丁卡·范·海伦（Katinka van Heeren）的著作《现代印度尼西亚电影：改革的精神和过去的幽灵》（Contemporary Indonesian Film: Spirits of Reform and Ghosts from the Past），也有关于新秩序下的印度尼西亚电影发展的部分研究。其以苏哈托时代的审查制度为背景，研究新秩序下电影的类型，分别对恐怖电影、喜剧电影、色情电影和宗教电影四个印度尼西亚特色型电影类型进行分析；通过讨论特定的案例，说明不同的实践情况和条件，并得出结论。[③]印度尼西亚电影特殊历史时期方面的研究成果较少，还有待研究者们进一步探索和补充。

（四）印度尼西亚电影发展历史档案型的研究成果

印度尼西亚电影发展历史档案型的研究成果有不同年份的版本，新旧版本的差异在于资料的更新年份不同，最近版本是由印度尼西亚电影企业家协会文化和旅游部电影局合作出版的《印度尼西亚电影目录 1926—2007 年》（Katalog Film Indonesia 1926-2007）[④]、《印度尼西亚电影目录 2008—2015 年》（Katalog Film Indonesia 2008-2015）[⑤]。这类研究成果相对来说更详细更有针对性地罗列了一段时期内发行的电影的相关信息，便于查找与核对印度尼西亚电影生产发行名录、产量、制作人员等资料。同时，笔者还注意到一些关于印度尼西亚电影节、电影数据的文献资料，例如印度尼西亚电影和录像发展局 1997 年出版的《印度尼西

---

① 王昌松. 投射国族影像：后"新秩序"时期的印度尼西亚国族电影[J]. 当代电影，2019，（2）：64-68.

② Krishna Sen. *Indonesian Cinema: Framing the New Order*[M]. London: Zed Books Ltd, 1994.

③ Katinka van Heeren. *Contemporary Indonesian Film: Spirits of Reform and Ghosts from the Past*[M]. Leiden: KITLV Press, 2012.

④ J. B. Kristanto. *Katalog Film Indonesia 1926-2007*[M]. Jakarta: Penerbit Nalar, 2007.

⑤ J. B. Kristanto, Agus Mediarta. *Katalog Film Indonesia 2008-2015*[M]. Jakarta: Kementerian Pendidikan dan Kebudayaan, 2016.

亚电影数据（1996—1997）》（*Aneka Data Perfilman Indonesia 1996-1997*）①，收录了 1996—1997 年印度尼西亚影视公司数据、胶片生产数据、制作合作影片的许可数据、胶片纪录片制作清单等。但现存的这些文献中印度尼西亚电影生产数据，以及印度尼西亚电影节的相关信息、种类和年份也并不十分完整，尚未形成系统化的研究成果。

三、研究的不足和未来研究方向

（一）研究不足

总体来说，印度尼西亚电影发展历史的研究取得了一些进展，但也存在许多问题，主要表现为以下三个方面。

1. 研究不全面，存在很大研究空白

从文献梳理中可以看出，目前对于印度尼西亚电影的研究还存在着很大空白。相较印度、泰国等东南亚国家来说，印度尼西亚的影视研究相对较少。现有的研究成果多是对印度尼西亚电影简况的概述，这些概述跨度大，时间线索分散不均，并且部分存在时间、翻译名称等出入。

2. 研究种类稀少，缺乏系统梳理

现有的印度尼西亚电影研究的种类较少，国外学者中虽有对印度尼西亚电影文化的研究成果，但对于印度尼西亚电影产业、电影民族特性、电影导演、电影类型、电影作品艺术等方面的专门性、系统性的分类研究尚缺。

3. 研究视野局限，普遍缺乏深度

现有的印度尼西亚电影史类研究缺少与宏观性时代大背景的结合，虽然印度尼西亚相关学者对印度尼西亚电影事业在社会发展进程中的情况进行了多视角的观察，但研究整体仍然显示出时代视野的缺乏，特别是"苏哈托时期""后殖民时代"等的相关电影研究较为少见。

（二）未来研究的重要方向

基于以上对印度尼西亚电影发展的研究现状的梳理，总结出未来对印度尼西

---

① Indonesia Direktorat Pembinaan Film dan Rekaman Video. *Aneka Data Perfilman Indonesia 1996-1997*[M]. Jakarta: Direktorat Pembinaan Film dan Rekaman Video, 1997.

亚电影进行重点研究的方向。

1. 印度尼西亚电影发展历史的系统性研究

在对印度尼西亚电影历史的研究成果进行梳理的同时，应结合印度尼西亚社会发展史、民族文化历史、经济发展史等方面，对印度尼西亚电影的发展历史进行系统化梳理和构建，进行精确的时代划分，对其成因、现象、结果、形态进行分析与阐述，尽可能地还原出完整的历史性发展轨迹，形成具有一定学术价值和参考价值的研究成果。

2. 印度尼西亚电影的分类研究

对印度尼西亚电影产业、民族电影、电影导演、电影类型、电影艺术等方面做分类挖掘研究，探索更多新的研究方向。

3. 印度尼西亚影视趋势研究

结合当下全球化的时代背景，打破印度尼西亚影视的研究界限，观察印度尼西亚影视产业在世界影视行业格局中的处境和发展方向，探讨印度尼西亚与中国在文化、经济领域合作的方向，分析印度尼西亚新媒体发展情况，进行综合性媒介研究。

总之，印度尼西亚在不同历史时期的电影发展路线与产业情况，不仅反映出印度尼西亚电影发展的本质问题，也在一定程度上反映出印度尼西亚社会的本质，为印度尼西亚电影发展历史研究和产业研究提供了一种非常好的视角。但由于印度尼西亚电影史、电影事业发展、电影产业本身的研究并不成熟，再加上印度尼西亚复杂的政权局势、宗教信仰、种族文化众多等因素，这一研究领域未来还有很大的研究空间。

参 考 文 献

Jean Gelman Taylor. *Indonesia: Peoples and Histories*[M]. New Haven: Yale University Press, 2003.

Krishna Sen, David T. Hill. *Media, Culture and Politics in Indonesia*[M]. Jakarta: Equinox Publishing, 2006.

（代湘云）

作者简介：

代湘云：云南师范大学传媒学院讲师，硕士。

第二节　印度尼西亚肥皂剧研究综述

一、印度尼西亚肥皂剧研究缘起

2013 年 9 月和 10 月，中国国家主席习近平分别提出建设"丝绸之路经济带"和"21 世纪海上丝绸之路"的合作倡议，印度尼西亚作为"一带一路"沿线的重要国家与中国在政治、经济、能源、文化互通等方面的交往愈加增强，但与泰国、新加坡、印度等邻国相比，我国学术界对印度尼西亚社会文化的相关研究却非常欠缺，书籍、电子资源稀少。电视是目前印度尼西亚普及范围最广的大众媒介之一，肥皂剧又是最受印度尼西亚人民欢迎的电视节目，具有反映不同历史时期印度尼西亚社会文化、民族特性、价值观等的优势。

肥皂剧（soap opera）是印度尼西亚收视率最高的电视节目类型，在印度尼西亚通常被称为 Sinetron，在与印度尼西亚电视研究相关的文献资料中，Sinetron 是高频词，1980 年印度尼西亚国家电视台（Televisi Republik Indonesia，TVRI）的首席导演伊沙迪·索托坡·卡托萨佩特罗（Ishadi Soetopo Kartosapoetro）在印度尼西亚语 electronic cinema（电子电影）的基础上创造了 Sinetron 的叫法，这时卡托萨佩特罗所说的 Sinetron 专门指印度尼西亚国家电视台制作的印度尼西亚民族电视剧，[1]可见早期的印度尼西亚肥皂剧是一种包含民族价值观和文化传统的信息媒介。

经过几十年的发展和变革，印度尼西亚国内电视业历经了从国家控制到高度私有化、商业化并由几大媒体集团垄断的状况，肥皂剧自 1980 年在印度尼西亚国家电视台首次播出，发展成为今天印度尼西亚收视率最高的电视节目类型，私有化进程中电视业的激烈竞争客观上促进了肥皂剧的蓬勃发展。通过对印度尼西亚不同历史阶段肥皂剧主题、内容的研究成果的梳理和评价，我们可以看到电视媒介对印度尼西亚社会、艺术、文化、生活等的影响，并为今后的研究提供借鉴和参考。

本节集中梳理了印度尼西亚国家图书馆部分纸质材料，以及其他网站的英文、印度尼西亚文等相关文献，来源多样化的资料及笔者赴印度尼西亚首都雅加达的实地考察研究所得，一定程度上能客观反映印度尼西亚国内对该课题研究的

---

[1] Inaya Rakhmani. *Mainstreaming Islam in Indonesia: Telecision, Identity and the Middle Class*[M]. London: Palgrave Macmillan, 2017.

关注点、研究趋势、研究内容等。

二、印度尼西亚肥皂剧研究现状

从收集到的文献材料来看，印度尼西亚肥皂剧的研究主要聚焦于肥皂剧的特征、内容、题材等方面，也有少量探讨肥皂剧视觉语言、教育性的内容。

（一）印度尼西亚肥皂剧特征的研究

从特征上来看，克里斯·巴克（Chris Barker）认为肥皂剧总是呈现"开放式叙事形式"的特征。这种"开放式叙事形式"意味着肥皂剧经常会出现意外的结局，"长时间没有正式结局的连续剧"，"没有在 13 集连续剧中找到结局感"，有的肥皂剧可能会播放数年才结束。[①]米夫塔胡尔·阿纳姆（Miftakhul Anam）也指出印度尼西亚观众在一开始观看肥皂剧时通常不知道确切的集数，不仅是观众，甚至演员、制作人自己也不知道集数和确定的结局，当肥皂剧开始在电视台播放并得到尼尔森提供的每日收视率结果后，通过了解观众对肥皂剧的反应，制作团队就知道应该对哪些内容进行修改，必须消除哪些不被观众接受的角色，收视率高的肥皂剧可能继续添加集数，如果不够吸引观众，制作团队会立刻更改策略，结束并开始新剧制作。[②]麦扎·坎德里亚（Mytha Candria）认为印度尼西亚肥皂剧另一个突出特征是，涉及现实主义和情节剧惯例之间的平衡问题。肥皂剧总是一边试图呈现印度尼西亚人真实的生活画面，一边又试图放大观众的情感，以至于常常出现很多夸张的画面，以及在现实中不合逻辑不可能发生的事情。[③]

总体来看，研究者们在指出印度尼西亚肥皂剧呈现的特征的消极面时，通常将批评指向商业资本的推动，肥皂剧一方面需要强大的资本支持，另一方面与印度尼西亚的肥皂剧评级息息相关。高收视肥皂剧带来高广告投放的收益，这就导致肥皂剧的制作人只关心评级而不在乎肥皂剧的现实价值、艺术价值，单纯根据收视率投观众所好，努力制造观众所期待的"现实"，资本在这方面显示出惊人的力量。

---

① Chris Barker. *Cultural Studies: Theory and Practice*[M]. London: Sage Publications, 2000.

② Miftakhul Anam. Perempuan di dalam sinetron: Pencitraan media massa terhadap perempuan[J]. *Jurnal Studi Gender & Anak*, 2009, (2): 198-212.

③ Mytha Candria. Sinetron religi and commodification of religion[J]. *Culture Across Perspectives II: Redefining Cultural Identity in Multicultural World*, 2014, (5): 139-145.

（二）印度尼西亚肥皂剧常见内容和题材的研究

在新秩序时代，教育和媒体对印度尼西亚民族文化的发展至关重要，印度尼西亚国家电视台作为当时唯一的国有电视台，在它的节目制作指南中也明确规定必须形成印度尼西亚的"社会人格"，其中包括"民族精神或精神健康"。这一时期最著名的节目就是 1981—1993 年每周日在印度尼西亚国家电视台固定播出的儿童木偶剧——《男孩尤尼》（*Si Unyil*），木偶剧采用民间传统的方式来讲述故事，旨在塑造印度尼西亚儿童行为。

当电视台私有化后，为了争夺有限的电视观众，肥皂剧内容越来越走向娱乐化趋势，家庭和宗教题材的肥皂剧是最受关注和欢迎的类型。

1. 家庭题材肥皂剧

亚妮·普拉托莫（Yani Pratomo）在其论文中说道，在印度尼西亚国家电视台成功制作肥皂剧后，至 2003 年有 8 个公共电视台都在参与肥皂剧节目的竞争，但奇怪的是这 8 个电视台的肥皂剧主题和类别几乎都是相似的，其中家庭题材肥皂剧数量最多且占主导地位。此类肥皂剧包括浪漫的感情主题（争夺情人的故事）、一波三折的家庭（充满阴谋的故事）、校园生活和皇家时代的爱情以及权力斗争。她认为印度尼西亚肥皂剧剧情仍然类似于拉丁电视剧、印度电影中的各种冲突剧情，围绕争夺财富、王位和女性的斗争而展开，而制片人在塑造肥皂剧中人物性格和推动故事发展方面的能力也一直没有取得进展。[①]坎德里亚同样认为，不同电视台制作的肥皂剧都是选择老套、单调的情节模式，以家庭为中心，对物质享受的贪婪被认为是家庭破裂的主要根源，它们呈现了真实的人类生活场景，但这一描绘在某种程度上被夸大了。[②]

另外，普拉托莫还发现家庭题材肥皂剧的剧情大多发生在大城市文化背景下，通常设置有中上层家庭、中下层家庭、校园、旅馆以及多种混合背景。中上层家庭在很大程度上成为肥皂剧的主要场景；其次是混合场景，尤其是中上阶层家庭和中下阶层家庭的混合，出现这种情况的原因是很多家庭肥皂剧的剧情以两个不同社会阶层的恋人之间的爱情故事为线索展开。[③]从文化背景角度来看，印

---

① Yani Pratomo. Karakteristik sinetron Indonesia: Suatu analisis isi dengan menggunakan konsep prososial dan antisosial[D]. Universitas Indonesia, 2003.

② Mytha Candria. Sinetron religi and commodification of religion[J]. *Culture Across Perspectives Ⅱ: Redefining Cultural Identity in Multicultural World*, 2014, (5): 139-145.

③ Yani Pratomo. Karakteristik sinetron Indonesia: Suatu analisis isi dengan menggunakan konsep prososial dan antisosial[D]. Universitas Indonesia, 2003.

度尼西亚少数民族众多，除了以大城市文化为背景拍摄的家庭肥皂剧外，带有贝塔维文化、爪哇文化、巽他文化等文化背景的家庭肥皂剧也占有一定比例，其中1990 年印度尼西亚鹰记电视台（Rajawali Citra Televisi Indonesian，RCTI）播放的展示印度尼西亚贝塔维文化的《西多尔·阿纳克·塞克拉汗》（*Si Doel Anak Sekolahan*）取得巨大成功，是印度尼西亚经典家庭肥皂剧的代表，引起国内外学术界的广泛讨论。

2. 宗教题材肥皂剧

宗教是印度尼西亚人民生活中的重要内容。苏加诺（Sukarno）于 1945 年宣布印度尼西亚独立时发表了"潘查希拉"（Pancasila），即印度尼西亚独立的五项基本原则"民族主义、国际主义、民主、社会繁荣、信奉真主"，其中"信奉真主"作为国家意识形态的基础其重要性不言而喻。宗教题材的肥皂剧通常被称为 Sinetron religi，最初的宗教题材肥皂剧是为了庆祝斋戒月而产生的，而今，电视台每天都在播放宗教肥皂剧，甚至"宗教肥皂剧已经成为斋戒月之外的主要节目"。①

1）宗教肥皂剧形成背景的研究

印度尼西亚宗教肥皂剧以伊斯兰教为主题被大规模制作播出，这与印度尼西亚 87% 的人口信奉伊斯兰教有关，作为全世界穆斯林人口最多的国家，其宗教肥皂剧有时会被直接称为伊斯兰肥皂剧（Sinetron Islam）。也有数量很少的伊斯兰教之外的宗教肥皂剧，本节讨论的仅是伊斯兰主题的肥皂剧。

印度尼西亚大学传播学系伊纳亚·拉赫玛尼（Inaya Rakhmani）认为，在早期，印度尼西亚国家电视台作为印度尼西亚唯一的国有电视台，其对宗教的刻画始终严格遵守新秩序制度下的宗教多元化框架，避免将明显的伊斯兰教主题纳入其受欢迎的电视节目中。但是随着卫星电视、录像带等在印度尼西亚的普及，文化全球化逐渐挑战着政府对信息的严控。1980—1990 年，电视上的伊斯兰教主题节目主要是出于象征主义的展示性目的而设置的，而在 2000—2005 年，印度尼西亚穆斯林中产阶级宗教表达方式兴起，利用广播、电视传播伊斯兰教教义的方式出现，为了开发潜在的市场，有伊斯兰教内容的电视节目涌现。②布罗门

---

① Andreas D. Arditya. Clinging to Islamic soap operas [EB/OL]. (2013-07-21)[2023-08-20]. http://www.thejakartapost.com.

② Inaya Rakhmani. The commercialization of da'wah: Understanding Indonesian Sinetron and their portrayal of Islam[J]. *International Communication Gazette*, 2014, 76(4-5): 340-359.

蒂·尤吉斯沃若（Brahmantyo Yogisworo）也说道，在 2004 年初受马来西亚杂志《哈迪亚》（*Hidayah*）启发，一家名为 KEP Media 的小型工作室引发了此类制作伊斯兰教肥皂剧的现象。[①]坎德里亚研究认为印度尼西亚第一部带有宗教内容的肥皂剧是 1998 年在印度尼西亚鹰记电视台播放的《我的祈祷，我的希望》（*Doaku Harapanku*）。[②]拉赫玛尼[③]、尤吉斯沃若、穆扎因·纳扎鲁丁（Muzayin Nazaruddin）[④]等都认同 2003 年《上帝的秘密》（*Rahasia Ilahi*）的成功播出标志着伊斯兰教主题肥皂剧在印度尼西亚的真正兴起，2008 年的伊斯兰教主题电影《爱的诗歌》（*Ayat-ayat Cinta*）不仅取得商业上的成功，而且还受到了政府官员和温和的穆斯林组织及学者的正面评价，在得到来自权威的肯定后，印度尼西亚国内出现了电视制片人改编伊斯兰教肥皂剧的趋势。

　　2）宗教肥皂剧内容与形式研究

　　第一，伊斯兰教符号的融入。拉赫玛尼[⑤]谈到早期伊斯兰教肥皂剧的形式是在模仿成功的电影或电视剧的基础上，将伊斯兰教的习俗、符号、仪式等加入到肥皂剧中，还会咨询伊斯兰教学者、传教士来检查内容是否符合《古兰经》和《圣训》。纳扎鲁丁研究认为从 2004 年到 2007 年，印度尼西亚电视屏幕上充满了以神秘宗教为主题的肥皂剧，各类宗教内容在肥皂剧中出现，如诵读《古兰经》、长袍、面纱、头巾、念珠等。[⑥]

　　纳扎鲁丁认为将伊斯兰教符号融入肥皂剧的方式通常有四种：一是直接将伊斯兰教习语作为肥皂剧剧名；二是将杂志中的神秘宗教故事进行改编；三是让受欢迎的"乌斯塔德"（宗教牧师）在肥皂剧开始或结束位置布道或者背诵经文内容；四是采用朗诵风格的叙事模式。从本质上看伊斯兰教肥皂剧与传统肥皂剧或流行的电视连续剧在内容和情节上非常相似，通常围绕友善、家庭、孝顺或爱情的主题展开，区别在于剧中无处不在的伊斯兰教符号，如人物的服装、清真寺、

　　① Brahmantyo Yogisworo. Resume penerimaan pemirsa mengenai tayangan sinetron religi illahi pencari tuhan[D]. Universitas Diponegoro, 2010.

　　② Mytha Candria. Sinetron religi and commodification of religion[J]. *Culture Across Perspectives Ⅱ: Redefining Cultural Identity in Multicultural World*, 2014, (5): 139-145.

　　③ Inaya Rakhmani. The commercialization of da'wah: Understanding Indonesian Sinetron and their portrayal of Islam[J]. *International Communication Gazette*, 2014, 76(4-5): 340-359.

　　④ Muzayin Nazaruddin. Sinetron religius: Sinetron Islami?[J]. *Jurnal Komunikasi*, 2008, 2(2): 315-330.

　　⑤ Inaya Rakhmani. The commercialization of da'wah: Understanding Indonesian Sinetron and their portrayal of Islam[J]. *International Communication Gazette*, 2014, 76(4-5): 340-359.

　　⑥ Muzayin Nazaruddin. Sinetron religius: Sinetron Islami?[J]. *Jurnal Komunikasi*, 2008, 2(2): 315-330.

书法道具等。①

　　第二，宗教肥皂剧中的超自然神秘内容。早期成功的宗教肥皂剧《上帝的秘密》实际上是一部与伊斯兰教相关的超自然风格肥皂剧，2003 年在印度尼西亚教育电视台（Televisi Pendidikan Indonesia，TPI）的黄金时段播出，它的成功引领了制作超自然宗教肥皂剧的潮流，并成功将宗教肥皂剧的播出延伸到斋戒月之外。莉安娜·苏比杨托（Rianne Subijanto）认为所谓的神秘作品体现为通过摄像机镜头拍摄的一系列悲剧事件，在宗教肥皂剧中集中描绘神的审判、奖励和惩罚。②伊斯旺迪·谢赫布特拉（Iswandi Syahputra）和艾尔旺·阿卜杜拉（Irwan Abdullah）等认为《上帝的秘密》以令人恐惧的形式包装了宗教信仰，剧中神对罪人的惩罚能够让观众感到恐惧。③

　　印度尼西亚伊斯兰大学传播学教师纳扎鲁丁说"宗教以神秘为基础，或者神秘以宗教为基础，这是很模糊的"，而对于这类肥皂剧的发展过程他说道，早在 20 世纪 90 年代印度尼西亚大部分的恐怖片也都是通过引用《古兰经》中的一首诗来祛除超自然"黑魔法"。④2004 年以来，印度尼西亚电视台播放的令人震惊的神秘事件"重演"的真人秀节目深受欢迎，类似的内容被引入到肥皂剧制作中，而其中的很多故事是来源于一本专门报道神秘事件，并宣称是真实的新闻故事的杂志《哈迪亚》。在 2004—2007 年，印度尼西亚的电视屏幕上经常出现带有神秘宗教色彩的肥皂剧，剧中有各种奇怪、非理性和迷信的场景。

　　尤吉斯沃若认为宗教肥皂剧有两个功能：即作为教育媒介的主要功能和作为娱乐手段的次要功能，电视应该是信息、娱乐、教育三个要素的结合，宗教肥皂剧的目的是提供宗教教育，同时又具有娱乐功能，而这些神秘宗教肥皂剧的出现显然是在破坏宗教形象。⑤塔米兹·塔赫尔（Tammizi Taher）认为宗教被困在肥皂剧肤浅的形式中，它使伊斯兰教成为充满魔幻光环和非理性特征的宗教，塔赫尔对神秘主义中包裹着宗教肥皂剧的存在感到遗憾，因为这与伊斯兰教教义不符。⑥

　　① Muzayin Nazaruddin. Sinetron religius: Sinetron Islami?[J]. *Jurnal Komunikasi*, 2008, 2(2): 315-330.

　　② Rianne Subijanto. The visibility of a pious public[J]. *Inter-Asia Cultural Studies*, 2011, 12(2):240-253.

　　③ Iswandi Syahputra, Irwan Abdullah, Heru Nugroho, et al. Simulasi mistik dan implosi makna religius dalam sinetron rahasia ilahi pada stasiun televisi TPI[J]. *Jurnal Ilmu Komunikasi*, 2009, 7(3):237-246.

　　④ Muzayin Nazaruddin. Sinetron religius: Sinetron Islami?[J]. *Jurnal Komunikasi*, 2008, 2(2): 315-330.

　　⑤ Brahmantyo Yogisworo. Resume penerimaan pemirsa mengenai tayangan sinetron religi illahi pencari tuhan[D]. Universitas Diponegoro, 2010.

　　⑥ Teguh Timur. Dakwah Harus Menebar Kedamaian[EB/OL]. (2006-03-17)[2023-08-20]. http://teguhtimur. com/2006/03/17/dakwah-harus-menebar-kedamaian.

3）宗教肥皂剧的评论综述

坎德里亚认为宗教的重要性使其在印度尼西亚国内成为高度可销售的产品，宗教的商品化或商业化采取多种形式，肥皂剧就是其中的一种。宗教肥皂剧被认为仅以宗教进行包装，被认为是与宗教教义不相融合的，印度尼西亚宗教肥皂剧的基于商业利益的同质化现象也普遍存在。[①]帕塔纳·基蒂亚萨（Pattana Kitiarsa）认为宗教商品化并不是一个自然而然导致宗教信仰严重衰落的消极过程，商品化推动了宗教消费者的出现，神圣宗教能够在消费文化之外有组织地维持自己的存在。同时，基蒂亚萨也提醒道：如果我们不考虑宗教和经济的融合程度，宗教商品化会"扰乱和破坏社会和文化"[②]。谢赫布特拉和阿卜杜拉等指出宗教作为一种奇观与表演挂钩，尽管它包含善良却带有卑鄙的经济动机，出于经济目的考虑，将宗教的美德包装在道德中，以便引起人们的注意。[③]

另一种声音主要是学界对宗教肥皂剧因内容不足导致的同质化、对宗教教义的简化以及对女性的歧视性描绘的强烈批评。戴迪·米兹瓦（Deddy Mizwar）认为这种肥皂剧的内容并不能反映多数穆斯林群体的社会现实，认为其"没有教育意义"[④]，他的担忧获得了印度尼西亚国内许多著名伊斯兰教学者的赞同。马曼·苏海娜（Maman Suheiinan）和伊利亚·苏娜温娜迪（Ilya Sunarwinadi）认为，宗教肥皂剧不过是一个空壳，因为商业利润是其基础。[⑤]媒体专家和电视节目创作者马曼·苏尔曼（Maman Suherman）认为，伊斯兰教肥皂剧制作公司制作的肥皂剧没有宗教信仰，仅仅使用宗教进行包装，其内容与流行的肥皂剧几乎相同，例如，有的演员扮演牧师或在伊斯兰寄宿学校表演，但核心故事仍然是对爱情、家庭冲突或者荒谬的黑与白对抗的刻画。[⑥]坎德里亚对此持不同观点，他认为宗教肥皂剧并非完全是愚蠢消极的、没有什么可学习的内容，宗教肥皂剧

---

① Mytha Candria. Sinetron religi and commodification of religion[J]. *Culture Across Perspectives Ⅱ: Redefining Cultural Identity in Multicultural World*, 2014, (5): 139-145.

② Pattana Kitiarsa. *Religious Commodification in Asia: Marketing Gods*[M]. London, New York: Routledge, 2008.

③ Iswandi Syahputra, Irwan Abdullah, Heru Nugroho, et al. Simulasi mistik dan implosi makna religius dalam sinetron rahasia ilahi pada stasiun televisi TPI[J]. *Jurnal Ilmu Komunikasi,* 2009, 7(3):237-246.

④ Islamic Sinetron' more down to earth, closer to viewers[EB/OL]. (2013-07-21)[2023-08-20]. https://www.thejakartapost.com/news/2013/07/21/islamic-sinetron-more-down-earth-closer-viewers.html.

⑤ Islamic Sinetron' more down to earth, closer to viewers[EB/OL]. (2013-07-21)[2023-08-20]. https://www.thejakartapost.com/news/2013/07/21/islamic-sinetron-more-down-earth-closer-viewers.html.

⑥ Islamic Sinetron' more down to earth, closer to viewers[EB/OL]. (2013-07-21)[2023-08-20]. https://www.thejakartapost.com/news/2013/07/21/islamic-sinetron-more-down-earth-closer-viewers.html.

中经常出现的宽容行为表明了宗教的解放力量，从这方面来看它又是非常积极的。①印度尼西亚大学的传播学者苏娜温娜迪说，肥皂剧的各种形式都陷入了利润旋涡，"我们在故事和包装中看到类似的、疲劳的模式在重复。肥皂剧越来越商业化，而每天播出的时间越来越长"②。

另外一些伊斯兰世界权威人物的回应也鼓励这种制作方式，在 2005 年宗教肥皂剧播放鼎盛时期，几位伊斯兰教领袖发表了评论和声明。印度尼西亚解放组织发言人伊斯梅尔·尤桑托（Ismail Yusanto）表示"它是积极的、有创意的，能够给观众带来新的视角"③；PKS 派系国会议员希尔曼·拉赛德（Hilman Rasyad）表示，宗教肥皂剧的兴起是电视媒体对关于伊斯兰神秘主义表演的批评的回应。④

三、印度尼西亚肥皂剧中的女性形象

印度尼西亚是传统的父权制社会，特别是伊斯兰教教义中允许一夫多妻制度，几十年来在印度尼西亚女权运动的呼声下妇女的解放确实得到了一些回应，印度尼西亚肥皂剧也反映了女性的真实地位。

（一）妇女在肥皂剧中的刻板印象

西塔·阿里普尔纳米（Sita Aripurnami）认为早期印度尼西亚肥皂剧的主要目的是传达政府关于民众如何在新秩序时代适当生活，以及妇女在爪哇文化环境下行为举止的信息，这些肥皂剧中的女性通常被刻画为"被男人赡养、情绪化、消极、软弱无能"的样子，在当时环境下的电视剧的内容都与家庭有关，这种情况下不可避免地会涉及女性的地位，她得出了"一个完全不在家的印度尼西亚女人很可能会被认定为坏女人"⑤的结论。那个时代对独立女性结局的描述充满了"诅咒"，即只有对生活做出"明智"选择的女性才有权获得幸福的结局，而这里的"明智"是辞职在家、忠诚、女性化、勤于尝试，并愿意根据父权制对妇女的陈规要求来改变自己，而不是坚持己见。印度尼西亚肥皂剧对女性的刻画

---

① Islamic Sinetron' more down to earth, closer to viewers[EB/OL]. (2013-07-21)[2023-08-20]. https://www.thejakartapost.com/news/2013/07/21/islamic-sinetron-more-down-earth-closer-viewers.html.

② Islamic Sinetron' more down to earth, closer to viewers[EB/OL]. (2013-07-21)[2023-08-20]. https://www.thejakartapost.com/news/2013/07/21/islamic-sinetron-more-down-earth-closer-viewers.html.

③ Muzayin Nazaruddin. Sinetron religius: Sinetron Islami?[J]. *Jurnal Komunikasi*, 2008, 2(2): 315-330.

④ Muzayin Nazaruddin. Sinetron religius: Sinetron Islami?[J]. *Jurnal Komunikasi*, 2008, 2(2): 315-330.

⑤ Sita Aripurnami. *Fantasizing the Feminine in Indonesia*[M]. Durham: Duke University Press , 1996.

主要有两种刻板印象：第一种是容易被操控和践踏的女性形象，她们只能哭诉或祈祷，从来不会反抗；第二种是能做任何伤害他人的事情的坏女人，她们不择手段，通常也没有好结局。

（二）妇女解放运动后的女性形象

桑蒂·英德拉·阿斯图提（Santi Indra Astuti）指出，在妇女解放运动后，印度尼西亚肥皂剧中的女性角色开始多样化，从坏女人、神奇女人、第三者和超越世俗的女人开始，肥皂剧故事越来越多地尝试扩大女性的性格和身份的范围，还记录了女性电影工作者、编剧等，一些肥皂剧内容也颠覆了女性在爱情中乞求的假设，换成男人哀求女性获得爱情。①

斯里·卡苏莫·哈布萨尔（Sri Kusumo Habsari）用定量描述性研究的方式，收集了三部在私人电视台热播的肥皂剧中对女性描绘的内容，通过观察肥皂剧对主要女性角色的个性描绘来反观印度尼西亚女性形象。作者认为肥皂剧中刻画的女性角色形象通常有这样三种：第一种是母性的、传统的印度尼西亚女性，她们是家庭的守护者和道德的守护者；第二种是职业女性的形象，时尚、漂亮，有韧性和成功的能力，但却缺乏母性；第三种是独立的女性，厌恶被家庭背叛。②显而易见地，这三部剧中至少有两位女性对妇女解放做出了回应，社会对女性人格的刻板印象一直在发生变化，但认为女性的主要角色还是母亲和道德卫士，这一点并没有改变。妇女解放运动确实影响了肥皂剧故事的观念，但在拍摄过程中，可以清楚地看到由男性控制的假设：漂亮的女主、时尚的服装、女性美丽的身体都在表明观看这部肥皂剧的乐趣所在，因为这完全是从男性的角度出发，换句话说，妇女的解放还没有触及肥皂剧的各个方面。

四、总结

在印度尼西亚无论是家庭题材还是宗教题材的肥皂剧都拥有大量观众，电视作为印度尼西亚人接受信息的重要媒介影响深远，而私有制下的印度尼西亚电视台出于商业利益制作了大量同质化的肥皂剧，正如印度尼西亚前总统梅加瓦蒂·苏加诺普特丽（Megawati Sukarnoputri）在 2002 年的一次国别演讲中说

---

① Santi Indra Astuti. Representasi perempuan Indonesia dalam komunikasi visual: Wacana yang (belum) berubah[J]. *Mediator*, 2004, 5(2): 311-319.

② Sri Kusumo Habsari. Citra wanita pada sinetron Indonesia[D]. Universitas Sebelas Maret, 1999.

道，印度尼西亚的肥皂剧是在"贩卖"梦想。电视及其他大众媒体应该同时具有娱乐和教育功能，这两个功能之间应该通过某种方式平衡起来，这在媒体高度私有化、商业利益为驱动的印度尼西亚社会确实是一项巨大的挑战。

参 考 文 献

Islamic Sinetron' more down to earth, closer to viewers[EB/OL]. (2013-07-21)[2023-08-20]. https://www.thejakartapost.com/news/2013/07/21/islamic-sinetron-more-down-earth-closer-viewers.html.

Mytha Candria. Sinetron religi and commodification of religion[J]. *Culture Across Perspectives II: Redefining Cultural Identity in Multicultural World*, 2014, (5): 139-145.

Yani Pratomo. Karakteristik sinetron Indonesia: Suatu analisis isi dengan menggunakan konsep prososial dan antisosial[D]. Universitas Indonesia, 2003.

（唐晓敏）

作者简介：
唐晓敏：云南师范大学传媒学院讲师，硕士。

第三节　印度尼西亚广播史研究综述

印度尼西亚是东南亚国家，也是全世界最大的群岛国家。目前印度尼西亚人口有 2.76 亿，是世界第四人口大国。[①]印度尼西亚的广播事业在亚洲属于起步较早的，但是发展较为曲折。笔者通过中国国家图书馆及印度尼西亚国家图书馆进行资料的查阅，也在中国知网上关注了各种论文及相关资料，希望能够将我国关于印度尼西亚广播的材料补充完整，并对未知的历史进行探索研究。

一、印度尼西亚广播史研究的缘起

一个国家的广播会随着国家的政治、经济、文化等各方面的发展而变化，这些变化又代表着本国广播技术的发展和本国人的喜好。面对新的形势，广播也会为当地的经济、文化发展创造价值，所以对广播史的研究非常必要。

印度尼西亚地理位置上的特殊性使得其广播起步较早，并具备一些独特性。

---

① 印度尼西亚国家概况[EB/OL].（2023-11）[2023-12-10]. https://www. mfa.gov.cn/ web/gjhdq_676201/ gj_676203/yz_676205/ 1206_677244/1206x0_677246/.

印度尼西亚是一个群岛国家，人口密集度很大，城市交通的不便、岛屿和岛屿之间的通行不便，使得印度尼西亚的广播出现了较大的发展空间。笔者在雅加达调研期间发现，交通广播成为印度尼西亚许多有车一族出行时必听的广播，而且当地的广播电台在与交警沟通及联合处理问题方面，有着独到的经验。笔者在研究过程中发现印度尼西亚对本国的广播发展史的研究并不重视，还存在一些问题。

　　基于这种大背景，就有必要对印度尼西亚的广播史进行研究，而且这一项研究也有着很大的现实意义和价值。本节主要对前人的研究进行一个系统的梳理及总结，试着找出之后的研究方向及内容，为其他学者提供一些资料。

二、印度尼西亚广播史的研究现状

（一）我国相关文献资料及特点

　　我国研究印度尼西亚广播史的学者及文献资料并不多。笔者通过中国国家图书馆、中国知网、云南师范大学图书馆、云南省图书馆这几个途径进行搜集，在篇名、关键词和主题中，以"印度尼西亚""印度尼西亚广播""印度尼西亚播音""印度尼西亚录音"为检索条件进行检索，将检索到的论文分为以下几类。

　　第一，印度尼西亚的广播发展史研究，例如：①《印度尼西亚近百年来的新闻传播业（1615 年至 21 世纪初）》[①]；②《浅论海外华文媒体变迁》[②]。

　　第二，印度尼西亚广播事业的发展事件纪要，例如：①《印度尼西亚 9 月 30 日以来的大事记》主要阐述了当时广播中讲述的在印度尼西亚发生的事件[③]；②《应邀来我国访问的印度尼西亚劳动代表团桑约诺团长向印度尼西亚人民的广播词》主要是呈现当时来访中国的印度尼西亚代表团团长向印度尼西亚人民的致辞[④]；③《中央广播电视总台与印尼国家电视台签署"中国剧场"播出协议》[⑤]；④《天津广播电视台滨海广播与广西人民广播电台北部湾之声联合推出面向东盟广播的专题节目〈天津之声〉》[⑥]；⑤《中国与印尼无线电主管部门举

① 赵永华. 印度尼西亚近百年来的新闻传播业（1615 年至 21 世纪初）[J]. 新闻界，2012，（18）：68-74.
② 赖连金. 浅论海外华文媒体变迁[R]. 第六届世界华文传媒论坛，2011.
③ 冰梅. 印度尼西亚 9 月 30 日以来的大事记[J]. 南洋问题资料译丛，1965，（2）：88-90.
④ 桑约诺. 应邀来我国访问的印度尼西亚劳动代表团桑约诺团长向印度尼西亚人民的广播词[J]. 劳动，1956，（8）：28-29.
⑤ 中央广播电视总台与印尼国家电视台签署"中国剧场"播出协议[J]. 中国有线电视，2018，（6）：687.
⑥ 天津广播电视台滨海广播与广西人民广播电台北部湾之声联合推出面向东盟广播的专题节目《天津之声》[J]. 中国广播，2016，（8）：96.

行第九次卫星网络协调会谈》①；⑥《印尼将建造电信广播中心》②。

第三，印度尼西亚的广播功能研究，例如：①《印尼万隆美声广播电台华文传媒与和谐世界》③；②《印尼华人家庭媒体使用现状分析——基于对雅加达500余名新生代华裔青少年的调查》④。

第四，个例描述和专访，例如：《追求无悔的人生——记印尼语广播专家黄阿玲》⑤。

第五，个别的专题研究，例如：《印度尼西亚通信卫星市场概况》⑥。

第六，其他主题的论文中偶尔涉及印度尼西亚广播，例如：《汉语印尼语电视食品广告词对比研究》⑦。

当然在图书馆和网络中也查询到一些相关书籍，总体来说，我国学者关于印度尼西亚广播史的研究主要有以下几个特点。

（1）目前检索到的文献中只有少部分是单纯地对广播史进行研究，大部分的文献资料都是把电视、广播等结合在一起研究。例如：《印度尼西亚近百年来的新闻传播业（1615年至21世纪初）》把印度尼西亚的新闻传播史分为五个时期进行研究。第一个时期为1615—1942年，作者称这一时期为西方新闻文化对印度尼西亚的浸染时期。印度尼西亚的广播事业开始于1925年，第一家私人广播电台于1925年6月6日建立，是用荷兰语广播的"荷兰印度电台"，之后改名为"巴达维亚电台"（Bataviase Radio Siaran Vereniging，BRV），地点设在巴达维亚，后来成为著名的"东印度公司电台"。第二个时期为1942—1945年，作者称这一时期为军国主义的践踏时期。1942年3月8日，荷兰向日本投降，日本军队占领了印度尼西亚，印度尼西亚的无线电广播被禁止播出。随后，日军强制接管了印度尼西亚的广播电台，日军还发布命令要求所有的收音机都要进行登记，不能接收外国短波电台的广播。此后，印度尼西亚人只能收听日本人的广播。第三个时期为1945—1965年，作者把这一时期称为从西式民主到有指

① 中国与印尼无线电主管部门举行第九次卫星网络协调会谈[J]. 中国无线电，2010，（5）：5.

② 马坡. 印尼将建造电信广播中心[J]. 广播电视信息，1997，（5）：20.

③ 印尼万隆美声广播电台编辑小组. 印尼万隆美声广播电台华文传媒与和谐世界[R]. 第四届世界华文传媒论坛，2007.

④ 沈玲. 印尼华人家庭媒体使用现状分析——基于对雅加达500余名新生代华裔青少年的调查[J]. 东南亚纵横，2013，（12）：69-74.

⑤ 高岩. 追求无悔的人生——记印尼语广播专家黄阿玲[J]. 国际人才交流，1997，（8）：46-50.

⑥ 周威. 印度尼西亚通信卫星市场概况[J]. 中国航天，2008，（9）：13-16，20.

⑦ 罗小薇. 汉语印尼语电视食品广告词对比研究[D]. 湖南师范大学，2014.

导的民主时期。作者又根据国家政治情况的不同分成三个小阶段：第一个阶段是独立战争时期（1945—1949 年）；第二个阶段是议会民主时期（1950—1957 年）；第三个阶段是"有指导的民主"时期（1957—1965 年）。第四个时期是1965—1998 年，作者称之为政府管理下的报业秩序时期。在此期间印度尼西亚的广播电台功能得到完善，除了传递信息和提供娱乐之外，还发挥着教育功能，重视对农村的广播。印度尼西亚因岛屿众多，所以对内广播和对外广播（印度尼西亚之声）一般都使用短波。随着经济、文化与科技的发展，新兴的私人广播电台开始发展起来。印度尼西亚的商业电台除了播出新闻和经济信息外，还播放音乐等节目，但是，政府禁止播出除国家电台的新闻稿之外的政治新闻。第五个时期是 1998 年以后，作者称之为改革与发展时期。作者没有全面分析这一时期广播的状态，只是列举了几家广播电台的情况。①

把电视、广播、报纸结合起来进行史学研究，对于我国学者来说可行性较强，但是也有一定的问题：①不能很好地照顾到某一个事物的特殊性，比如说划分阶段，电视、广播、报纸的发展阶段不可能一样，综合研究就要总体考虑；②对某一事物的历史研究不够细致，例如虽然也对广播进行了研究，但是只是简单说明，没有全面地记叙当时的广播情况。

（2）我国研究印度尼西亚广播史的文章，基本都是简史类型；相关的书籍都是只有一部分内容叙述了印度尼西亚广播史，没有进行深入的研究。

在《印度尼西亚大众传媒研究》②一书中，第四章"印度尼西亚的广播事业"中涉及了印度尼西亚广播史相关内容，在第一节中只是概括地叙述了印度尼西亚的广播发展历程，内容主要是罗列印度尼西亚各个时期广播发展的标志性事件或重要事件。第一节的第一部分介绍印度尼西亚建国前的广播发展状况，把荷兰殖民时期、日本占领时期放到一起论述；第二部分论述革命时期的广播事业；第三部分论述双轨制下的广播事业，从 1967 年苏加诺被最终撤销总统职权讲到1994 年印度尼西亚第五个五年计划完成；第四部分是走向农村的广播事业，从1969 年印度尼西亚信息部主持召开针对农村广播"脱贫"问题的全国研讨会讲到 20 世纪 90 年代印度尼西亚进一步与加拿大开展合作推动农村广播发展；第五部分是新媒体时期的广播事业，这部分内容偏少。

第二节"主要的商业电台及其节目"介绍了节目类型及使用语言。其中有两

---

① 赵永华. 印度尼西亚近百年来的新闻传播业（1615 年至 21 世纪初）[J]. 新闻界，2012，（18）：68-74.
② 刘新鑫，李婧，梁孙逸. 印度尼西亚大众传媒研究[M]. 北京：中国传媒大学出版社：57-70.

个观点：一是印度尼西亚广播中的方言使用较多，大部分的电台都使用多种语言播出新闻及其他节目，广播的语言多样性超越了其他媒体；二是 1987 年政府颁布指令"不建议非官方电台使用意义尚不明确的外国术语或词语"，但是此指令并没有遏制使用英语的广播电台的发展，广播使用英语成为印度尼西亚的普遍现象。针对外国节目，作者在一份针对印度尼西亚政府研究生以上学历的官员的调查中发现，该群体有 49% 的男性和 48% 的女性会定期收听广播，且约有一半收听外国节目。

第三节"社区广播发展概况"讲述了社区广播的基本情况。印度尼西亚对广播的限制和地理因素导致社区广播产生。社区广播刚刚诞生的时候出现了各种问题，但是 2002 年政府颁布了《广播法》，以法律的形式认可了社区广播，并支持社区广播的发展，2005 年颁布的《社区广播监管条例》进一步对社区广播的发展做出了规定。

美通社 2015 年编撰的《印度尼西亚媒体传播概况》中也有一个章节介绍了印度尼西亚的广播电台，提到了收听广播的人口从 2003 年的一半左右降到了 2009 年的不到 1/4，说明广播的影响力越来越小，也发布了印度尼西亚的广播电台的排名，如表 3-1 所示。

表 3-1　印度尼西亚广播电台排名[①]

排序	广播电台	收听人次
1	雅加达 Prambors FM	385485
2	雅加达 Radio Dangdut Indonesia	217884
3	Radio Minang Saiyo Online	188371
4	Radio Ranah Minang	155708
5	Radio Manele	89981
6	Rama Bandung	87479
7	Radio Online Minang Cimbuak	74545
8	Ardan Bandung	57332
9	Radio Baraya Sunda	51333
10	Radio Musilm Yogyarkarta	49508

（3）国内对于印度尼西亚广播史的研究成果更新慢。当然对一个国家的广播

---

① 美通社：印度尼西亚媒体传播概况 [EB/OL].（2017-01-28）[2023-12-10]. http://www.199it.com/archives/492677.html.

史进行研究，不是一个人或者一个团队能轻而易举完成的，需要很多研究人员的不断努力。

（二）印度尼西亚学者对印度尼西亚广播史研究的内容及特点

笔者在 2019 年赴印度尼西亚雅加达对印度尼西亚广播史的文献资料进行搜集，并对雅加达人民进行简单的问卷调查。在雅加达我们主要依靠印度尼西亚国家图书馆、印度尼西亚本地的其他图书馆、网络进行英文及印度尼西亚文的文献资料搜集，通过整理发现这些资料存在以下特点。

（1）印度尼西亚对于本国广播史的研究内容非常细致，但是基本上都是阐述 2006 年之前的情况，2006 年之后的内容较少，2010 年之后的广播情况的描述基本是空白的。如《印度尼西亚的无线电历史资料来源》（*Sumber Untuk Penulisan Sejarah Radio di Indonesia*）介绍了从 1925 年印度尼西亚第一座军事电台的建立至 1978 年无线电台建立的历史。作者把印度尼西亚广播电台的发展分为荷兰殖民时代、日本占领时代、印度尼西亚共和国时期。印度尼西亚共和国时期又分为独立战争时期、印度尼西亚独立之后。作者又把独立之后分成 1950—1965 年、1965 年到书稿完成（1978 年）两个阶段。可以看出印度尼西亚国内对广播史的研究确实比较细致，阶段分得也比较明确。在每一个阶段中又详细地介绍了广播电台的功能、名称、位置、内容、组织结构等情况。[①]这本著作为笔者及其他学者提供了 1978 年以前的印度尼西亚广播史的既珍贵又详细的研究资料。

（2）印度尼西亚的广播史研究不够系统和全面。每一个阶段出一本书，作者不同，写的方向和内容也各不相同，还没有一本能够系统地、完整地叙述印度尼西亚广播从建立到 20 世纪末或者 21 世纪的发展历史的书籍。

三、未来研究的方向

（1）可以系统地对印度尼西亚的广播发展历史进行梳理，并做补充研究，使我国对印度尼西亚的广播史研究更加完整。

（2）可以针对广播的某一个频率的发展史进行研究，例如笔者在印度尼西亚调研的过程中，发现印度尼西亚的交通广播做得很好，很有自己的特色，它的发

---

① Kementerian Penerangan. *Sumber Untuk Penulisan Sejarah Radio di Indonesia*[M]. Bandung: Diawatan Radio Republik Indonesia, 1978.

展过程应该很有意思，对我国的交通广播的发展也有一定的借鉴意义。

（3）可以针对印度尼西亚广播节目主持人的发展进行研究，主持人是广播节目的灵魂，随着时代的变迁主持人也随之发展变化，而观众对节目的喜爱离不开对主持人的认可，所以对主持人变化发展的研究非常必要。

参 考 文 献

冰梅. 印度尼西亚 9 月 30 日以来的大事记[J]. 南洋问题资料译丛, 1965, （2）: 88-90.

李政. 本世纪初东南亚华文教育的发展[J]. 八桂侨刊, 2004, （5）: 10-12.

罗小薇. 汉语印尼语电视食品广告词对比研究[D]. 湖南师范大学, 2014.

马坡. 印尼将建造电信广播中心[J]. 广播电视信息, 1997, （5）: 20.

戚小伦. "世广"开拓数字卫星广播[J]. 中国广播电视学刊, 1998, （5）: 78-79.

沈玲. 印尼华人家庭媒体使用现状分析——基于对雅加达 500 余名新生代华裔青少年的调查[J]. 东南亚纵横, 2013, （12）: 69-74.

[印尼]田·贝妮, [加]乔恩·巴格利. 亚洲远程教育政策与实践[M]. 冯立国, 白晓晶, 等译. 北京: 中央广播电视大学出版社, 2012.

王丽娜, 石磊, 于旻生. 印度尼西亚开放大学研究[M]. 北京: 中央广播电视大学出版社, 2015.

王受业, 梁敏和, 刘新生. 印度尼西亚[M]. 北京: 社会科学文献出版社, 2006.

印尼万隆美声广播电台编辑小组. 印尼万隆美声广播电台华文传媒与和谐世界[R]. 第四届世界华文传媒论坛, 2007.

郑超然, 程曼丽, 王泰玄. 外国新闻传播史[M]. 北京: 中国人民大学出版社, 2000.

Krishna Sen. Radio days: Media-Politics in Indonesia[J]. *The Pacific Review*, 2003, 16(4): 573-590.

（谭辉）

作者简介：

谭辉: 云南师范大学传媒学院副教授, 硕士。

第四节　印度尼西亚纪录片研究综述

多民族多文化的印度尼西亚成为一个独立的民族国家的历史并不算长，但是在这个国家，纪录片拍摄与制作有着悠久而光辉的历史。在影像技术出现之初，这里就留下了纪录片拍摄的痕迹，积累了数量惊人的荷兰殖民时代的影像资料；20 世纪 30 年代，人类学家玛格丽特·米德（Margaret Mead）亲临巴厘岛和新几内亚岛；民族国家独立之后纪录片也一直作为重要的政治经济工具受到重视，甚至在建国之初印度尼西亚就建立了影视学校，进行电影和纪录片创作培训。

在纪录片领域，印度尼西亚不是一个有抽象理论建树的国度。甚至，长期以来印度尼西亚影视学科本身的发展也非常有限，对纪录片的理论思考尚未呈现出显著的结果，笔者于 2019 年 8 月到印度尼西亚国家图书馆调研，发现印度尼西亚国内的大多数研究者也只是在创作的层面上对作品和创作过程进行描述和总结。但是，印度尼西亚是世界上民族成份最为复杂、民族文化最为多样的国家之一，经过不同群体反复迁徙、分化和融合的历程，印度尼西亚最终形成多民族交错杂居的基本架构，同时奠定了它成为多民族国家的基础。事实上，跟东南亚其他国家一样，甚至更为典型，印度尼西亚代表着一种从传统到现代过渡的社会进程模式，向世界展示着东南亚经验，成为人们观察和理解世界的重要工具，我们可以通过理解这里进一步理解自己，理解世界，为构建人类命运共同体做出贡献。同时，印度尼西亚又是东盟举足轻重的国家，是我国推进"一带一路"建设过程中的一个重要的合作伙伴。媒体合作是促进不同国家民心相通的重要保证，主流媒体有责任加强交流互鉴，纪录片创作与研究是促进沟通的重要途径和方式，作为影视学科和新闻传播学科的研究者，在深化国际合作、为构建人类命运共同体奠定坚实的民意基础和舆论基础方面，我们有责任做出贡献。

一、文献分析

（一）数据来源与研究方法

本节所分析的中文文献来自中国知网数据库（CNKI），英文文献来源于科学网络数据库（Web of Science，WOS）。由于在两种数据库中印度尼西亚纪录片研究的成果都较为分散和稀少，本节采用了较为宽泛的检索策略，即检索在不同学科中涉及该领域问题的研究，检索时间分别为 2020 年 3 月 5 日和 2020 年 3 月 9 日。具体检索策略分别为：①CKNI：[摘要=印度尼西亚或者 abstract_en=中英文扩展（印度尼西亚，中英文对照）并且[（摘要=纪录片或者 abstract_en=中英文扩展（纪录片，中英文对照）]或者[关键词=印度尼西亚或者 abstract_en=中英文扩展（印度尼西亚，中英文对照）并且[（关键词=纪录片或者 abstract_en=中英文扩展（纪录片，中英文对照）]或者[摘要=印度尼西亚或者 abstract_en=中英文扩展（印度尼西亚，中英文对照）并且[（摘要=纪录片或者 abstract_en=中英文扩展（纪录片，中英文对照）]或者[关键词=印度尼西亚或者

abstract_en=中英文扩展（印度尼西亚，中英文对照）]并且[（关键词=纪录片或者 abstract_en=中英文扩展（纪录片，中英文对照）]；②WOS："TS=documentary & TS=Indonesia"，受我校购买的数据库影响，实际检索区间为 1980—2019 年。分别得到 59 个和 35 个检索结果。剔除无关数据、重复数据之后，最后分别得到 50 篇和 11 篇相关研究文献。

本节数据分析采用的工具主要有两种。一是 CNKI 本身提供的数据统计和可视化分析工具，采用此工具对以上 CNKI 来源数据进行了初步分析，因为本研究属于较为冷门的研究，数据量较小，因而 CNKI 分析已经可以满足大部分需求；二是采用了美国华人学者陈超美基于 JAVA 语言研发的文献可视化软件 CiteSpace 5.6.R2，该软件融合了多种方法，包括共现分析、聚类分析、时间序列分析等，可以可视化地呈现出文献之间的交叉、互动、联系、衍生等多种关系，对特定研究领域的发展脉络、研究热点、核心作者与机构、知识拐点、主题迁移情况进行反映，本节通过 CiteSpace 5.6.R2 对中外印度尼西亚纪录片研究的聚焦点和主题迁移进行分析，呈现这些文献所揭示的信息。

（二）文献总体情况

CNKI 的检出文献分布于 1955—2019 年，WOS 的检出文献分布于 2014—2019 年。这些文献囊括了影视、新闻传播、历史、语言、体育等不同学科涉及印度尼西亚纪录片的研究内容，两库中检出文献总量较少，每年平均不到 1 篇，该领域研究投入、产出总体不足；CNKI 文献的篇均参考数仅为 12.54，正常偏低；文献虽然有一定下载量，但总被引数仅为 71，篇均被引数为 1.42。可见，这一领域研究成果数量不足，而且也未形成显著影响力。

按照论文发表的年份，从时间分布上可以分析出该研究领域的发展态势及研究热度。印度尼西亚纪录片的研究大致分为两个阶段。

在 1955—2010 年，呈现出一种平静的蛰伏状态，在 50 余年的时间里共发表 12 篇论文，散布在 12 年里；这与我国在这段时间内与印度尼西亚的外交关系有一定关联。

从 2011 年开始呈缓慢上升趋势，至 2018 年达到最高峰，当年度有 11 篇相关论文发表。2011—2019 年，累计有 38 篇论文发表。2011 年之后，随着我国国家发展战略的推进，中国与印度尼西亚的关系再次引起各学科关注，在新闻传播、历史等学科均出现了相关研究。

从 WOS 的检索结果来看，这种趋势没有那么显著。WOS 的检出文献分布在 2014—2019 年，呈现出较为平均的分布状态。但研究热度也呈现出较低的情况（平均 2 篇/年）。

（三）文献的资源类型与学科分布

CNKI 文献既有硕博士学位论文（18%），也有将近一半的发表于各类期刊的研究者的论文。从学科分布上来看，这类文献分属哲学与人文科学（38.8%）、社会科学（17.9%）、经济与管理科学（4.5%）、信息科技（11.9%）、其他（26.9%）。总体来看，外部研究较多，但从影视传媒角度进行的思考不足。WOS 文献为期刊和会议论文，在学科分布上也呈现出相同程度的离散性，文献遍布于文化、艺术、影视、环境、人类学、农业、工程和计算机科学等不同学科，大致归为人文艺术、社会科学、科学技术、物理科学和其他等领域。

（四）来源期刊和基金资助情况

CNKI 的 50 篇文献全部都没有得到基金资助，是研究者自发或自觉地对这个领域思考后进行的研究。这从另一个层面上证明了该领域的研究价值在 60 多年的时间里被各个学科的研究者反复掂量过。这些文献发表的期刊分布比较分散，《电影艺术》有 3 篇，《世界电影》有 2 篇，这两种期刊是电影学的核心期刊。《八桂侨刊》也登载过 2 篇，其余期刊均为零星登载。9 篇学位论文中有两篇出自广西大学，这与研究者的机构分布是一致的。

在 WOS 的检出文献中，不存在高频来源期刊，文献均是零星出现的。

（五）研究机构和研究者分析

CNKI 检出的印度尼西亚纪录片研究文献中几乎不存在核心作者，每位作者均只在本领域发表过 1 篇论文，但广西大学、中山大学、云南师范大学等研究机构的分布与作者面向南亚东南亚的研究定位是吻合的。WOS 检出的文献也类似，每位作者分布在不同的研究机构。相对集中的研究队伍和研究机构是一个学术领域的研究基础，但印度尼西亚纪录片领域未出现有影响力的学者和有引领作用的机构。

另外，WOS 文献分析还提示了以下信息：一是研究者以本国人为优势人群，印度尼西亚 4 人，其他国家各 1 人；二是成果以英文为主，11 篇文献中有 9 篇英文文献，2 篇韩文文献。WOS 是国际学术影响力较强的数据库，可以看出英语在学术研究上的国际话语优势。

二、研究聚焦点分析

关键词能够揭示文献主题的核心信息，对它进行分析可以呈现某一领域的关注点，从而确定该领域的发展脉络和前沿发展趋势等。CNKI 提供了检出文献的主题聚类，主要包括 29 个主题分类（其中包括被剔除无关内容）。可以初步看出，印度尼西亚纪录片研究的主题相对集中于两个方面：一是国家、政治，包括国际传播、国家建设与治理等问题；二是纪录片导演约书亚·奥本海默（Joshua Oppenheimer）的几部作品。

根据自然聚类结果，对文献数据进行进一步分析，可以将中文相关文献研究热点归纳为以下 4 个主题。

一是与"构建人类命运共同体"理念、"一带一路"倡议、中国东盟关系相关的纪录片研究。研究者对"一带一路"背景下的国际传播、国家形象传播、影视作品传播等问题进行研究。

二是关于"印度尼西亚大屠杀"的纪录片研究。奥本海默的两部纪录长片《杀戮演绎》（*The Act of Killing*，2012）和《沉默之像》（*The Look of Silence*，2014）是印度尼西亚纪录片研究中的热点话题，有 4 篇文献是围绕它们的访谈、评述和纪录手法进行的分析。虽然作者是美国人，但印度尼西亚题材的纪录片在国际上引起了广泛的重视。

三是对在印度尼西亚国家发展中作为各种领域的政治经济工具和手段的纪录片应用研究。这在 CNKI 的检出文献中其实是一个研究的重点，研究者从纪录片应用的领域展开了不同视角、不同学科和不同方式的分析。在 WOS 的检出文献中，这也是一个较为显著的特点。

四是印度尼西亚教育中纪录片的应用问题研究。包括华文教育、对外汉语教育以及教育中的课程等问题。这是作为第三个领域的一个自然而且显著的延伸。

三、目前存在的问题

印度尼西亚纪录片相关研究的文献数量较少，而且散布在不同学科。与纪录片密切相关的影视学和新闻传播学两个学科的文献只占总量的 30%。大部分的研究在工具或档案工作中提及纪录片。总体来说，印度尼西亚纪录片研究较为薄弱，主要表现在以下几个方面。

（1）该领域长期沉寂，近年学界的重视程度有所增加，但研究总量还是明显不足。国内外各学科涉及这一领域的主要研究者为 50 位、研究机构不足 50 个，应该说，这个领域存在着研究者缺位、研究机构不够重视的问题，特别是有影响力的研究者和成果更是不足。学科中颇有影响力的陈力丹教授曾在一项研究中提及印度尼西亚纪录片，但这并不是他的研究重点。

（2）研究中知识生产基础薄弱，引证和参考文献缺乏经典支撑，多为 21 世纪以来随着国家战略变化而展开研究的成果。

（3）总体研究质量不高，未出现有影响力的研究成果，文献被引率较低，除了总被引数不高之外，在相关的影视学和新闻传播学两个学科中，被引率尤低，大部分仅为 1—2 次引用。作者和文献的中心度偏低，甚至不存在核心作者。

（4）研究者和研究机构之间合作不够，没有形成合力，关系较为松散。每位作者在该领域只有一篇论文，作者和机构之间的关联较为分散；作者的中心性较差，作者之间的合作较少，大多数作者的关系以点状或两点一线的形式体现；核心机构大多数以点状分布，相关研究机构之间的合作较少。

鉴于以上数据分析，笔者认为，加强对印度尼西亚纪录片的内部研究，包括发展历史的研究，是改变目前研究弱势的一种有效途径，在这个过程中，可以以影视学、新闻传播学的方式，对印度尼西亚纪录片的创作理念、美学思考和应用研究进行集中的梳理，有助于实践的推进，也有助于研究的深入和研究领域的成熟。

参 考 文 献

陈力丹. 敏感选题上的适当切入口——评东方卫视的电视短片《中国文化重获生机》[J]. 声屏世界，2005，（10）：24-25.

陈思. 印度尼西亚华文报所建构的中国国家形象之研究——以《印尼星洲日报》为例[D]. 广西大学，2012.

舒远. 为什么要《上演谋杀》？[J]. 南风窗，2014，（4）：74-76.

徐嘉锋. "一带一路"背景下中国国家形象的互动建构[J]. 电视指南，2018，（10）：240.

杨弋枢. 纪录片如何抵达历史真实[J]. 读书，2018，（3）：169-175.

[美]约书亚·奥本海默，陈向阳. 为什么杀戮——约书亚·奥本海默访谈[J]. 电影艺术，2014，（4）：37-45.

郑伟. 从"杀戮的演绎"到"沉默的注视"——约书亚·奥本海默作品分析[J]. 当代电影，2016，（5）：62-65.

Purwaningrum Farah, Stephanie Doris Short. Epistemic layers in development planning: A case study of the health sector in the Gunungkidul District, Indonesia[J]. *International Journal of Health Planning & Management*, 2018, 33(4): 1200-1210 .

S. Dawson, D. E. Smith, A. Ruffman, et al. The diatom biostratigraphy of tsunami sediments: Examples from recent and middle holocene events[J]. *Physics and Chemistry of the Earth*, 1996, 21(1-2): 87-92 .

（阮艳萍）

作者简介：
阮艳萍：云南师范大学传媒学院教授，博士，硕士生导师。

第四章 柬埔寨媒介传播研究综述

第一节 柬埔寨电影研究综述

一、柬埔寨电影研究的背景

柬埔寨民族电影业始于 1953 年，在这一年，有着近百年殖民地历史的柬埔寨摆脱法国控制，重获新生。20 世纪 60—70 年代，柬埔寨在国王西哈努克的带领下，把电影作为国家建设的工具之一，依托佛教社会主义的治国理念及中立外交政策，步入和平与发展的黄金时期，同时也迎来了影视行业的一轮创新和升级。为了抵御西方话语霸权，构建民族文化内涵，稳固社会伦理秩序，据不完全统计，这一时期柬埔寨共上映 350 余部电影，大批观众涌入电影院，促使柬埔寨电影成为复兴高棉文化、复苏社会建设的象征，在商业性和艺术性上都取得了相当比重的成就，体现出柬埔寨独有的艺术价值和审美情趣。对此，许多专家认为 20 世纪 60—70 年代是柬埔寨电影的黄金时代。黄金时期柬埔寨的影视作品在制作过程中，试图展现出该国民族文化情感与审美愿望，一批具有艺术气息与商业性的影像作品是对其民族文化情怀的深刻反映，观看影像成为这一时期人们追求时尚、娱乐身心的日常活动，随处可见的新兴电影院与人们的生活紧密关联，成为这一时期的一大文化现象。

20 世纪 70 年代初，在美苏冷战所分化成的两极格局大背景之下，以及随着法国殖民统治的遗留问题逐渐暴露，整个东南亚地区的地缘政治局势日益动荡。越南是整个东南亚的政治核心地带，其邻国柬埔寨也难免受到牵连。1970 年 3 月，一场军事政变废黜了执政的西哈努克国王，在美国的扶持下，朗诺（Lon Nol）政府成立，并使柬埔寨陷入内战。1975 年 4 月 17 日，在红色高棉的领导下，首都金边被占领，朗诺政府随之倒台，之后民主柬埔寨（Democratic Kampuchea）政权成立。

1979 年民主柬埔寨时期结束之后，柬埔寨电影进入了新的发展阶段，很多学者将其定为"柬埔寨当代电影时期"。柬埔寨作为我国的友好邻邦，一直与我国保持着良好的外交关系，在"一带一路"倡议带动下，中国与柬埔寨的关系更是日益密切，两国于"2019 年签署《构建中柬命运共同体行动计划》；2023 年 9 月，两国签署《构建新时代中柬命运共同体行动计划（2024—2028）》"①。柬埔寨地处东盟十国核心区域，辐射整个东南亚，占据战略性极佳的地理位置。通过对柬埔寨的广播影视进行研究，可以促进我国与柬埔寨的文化交流，为"一带一路"建设的推进添砖加瓦，进一步加深中柬两国人民的友谊。

二、柬埔寨电影研究的现状

关于柬埔寨电影的学术文献与研究成果不可胜数，截至 2020 年 3 月 28 日，在谷歌学术上，以篇名为条件对"Cambodian movie"进行检索，共有 9120 条结果，虽然柬埔寨电影史研究文献近几年如雨后竹笋般出现，但是大量研究都是以西方为主导，且将目光对准红色高棉时期的影像；在谷歌学术上，以篇名为条件对"Cambodia Golden Age Movies"进行检索，共有 7520 条结果。数量虽多，但其中大量研究都并不深入，主要以介绍、发掘和抢救老电影为主，缺乏具体系统的理论分析。

（一）黄金时期柬埔寨电影文献的研究现状

1. 柬埔寨本土和国际研究成果

柬埔寨学者林奇姆维拉克（Rin Chhim Virak）的《一万个慰问》②是一部关于柬埔寨电影演员生平经历的通史性专著，作者对黄金时期杰出的电影演员进行搜集介绍，从演员的表演风格、电影作品、社会影响等方面较为详细地进行了梳理和总结。该书为笔者提供了一个较为清晰的写作脉络，但是由于时间长远，部分事实有待考证，且受制于篇幅，作者无法更加深入地对演员的影片进行全面分析，从而为本节留下了研究的空间。

美国学者奥斯汀（Austin）与杰西卡·林恩（Jessica Lynn）在《柬埔寨流行传统电影中的性别与国家》（"Gender and the Nation in Popular Cambodian Heritage Cinema"）中的研究结果表明黄金时期柬埔寨电影在统治阶级的推动下得到较快发展，创作民族电影抵御了西方的文化渗入，其中作者以流行文化作

---

① 柬埔寨国家概况 [EB/OL]. [2024-02-17]. https://www.yidaiyilu.gov.cn/country/Cambodia?page=-6&type=1&status=false/.

② 为方便读者阅读，这类柬埔寨语著作均用中文表示。

为思想框架，对柬埔寨传统电影进行背景回忆，把对性别问题的讨论作为创新的角度和方向，对柬埔寨女性的道德困境进行了深入挖掘，尤其是在文化视域下对柬埔寨电影类型进行了大致总结，以英雄人物为角度对电影叙事进行了细致研究，也给笔者写作提供了新的思路和角度，但是另一方面，作者并未对黄金时期电影进行逻辑性的梳理，这也是笔者力图将要补充的地方。①

《KON：柬埔寨电影》（KON：The Cinema of Cambodia）是金边皇家大学学生团队出版的杂志，他们从柬埔寨电影的商业运作及创作团队等方面对黄金时期电影做了具体的分析，较为客观地呈现出该时期柬埔寨文化消费群体的现状，以及该时期电影技术手段的发展与进步为民族电影的发行与放映提供的便捷条件②，使笔者对该时期电影的生产组织与发行放映有了进一步的认识。

达拉武斯·利（Daravuth Ly）和英格丽德·麦恩（Ingrid Muan）在《独立文化：19 世纪 50 年代和 60 年代柬埔寨艺术和文化简介》（Cultures of Independence: An Introduction to Cambodian Arts and Culture in the 1950's and 1960's）中对柬埔寨电影进行了时间的划分，同时进一步指出特定时期柬埔寨所处的历史语境，显示出柬埔寨电影独有的民族风格，这种跨区域、跨时间的视角帮助笔者打开了思路，从而能在更广的范围进行思考。③

琳达·萨潘（LinDa Saphan）的《西哈努克与柬埔寨音乐的政治议程，1955—1970》（"Norodom Sihanouk and the Political Agenda of Cambodian Music, 1955-1970"）另辟蹊径从电影的音乐上探究柬埔寨文化与西方文化的融合与抗争，从而丰富了研究柬埔寨黄金时期电影的角度，帮助笔者认识到西方摇滚乐与传统柬埔寨音乐在这一时期对电影创作的影响与意义。作者把电影中演奏的音乐与现实世界进行勾连，深入探讨该国音乐与电影之间的关系，通过这些变化融合的电影音乐歌词可以看出在西哈努克的领导下，这些电影流行音乐被统治者作为宣传娱乐的工具，从而巩固统治，这些也帮助笔者在对该时期电影进行分析时形成了多种思路和角度。④

---

① Austin, Jessica Lynn. Gender and the nation in popular Cambodian heritage cinema[D]. University of Hawaii at Manoa, 2014.

② Department of Media and Communication Royal University of Phnom Penh. KON: The Cinema of Cambodia[M]. Phnom Penh: VS Vann Sophea Printing House, 2010.

③ Daravuth Ly, Ingrid Muan. Cultures of Independence: An Introduction to Cambodian Arts and Culture in the 1950's and 1960's[M]. Phnom Penh: Reyum, 2001.

④ LinDa Saphan. Norodom Sihanouk and the political agenda of Cambodian music, 1955-1970[J]. International Institute for Asian Studies, 2013, 64: 1-15.

与此同时，在对黄金时期电影进行研究的过程中，一批电影史的研究学者把电影院及电影明星作为该时期电影的一个方面进行了阐述，同时提出了一些独特的见解。如达拉武斯·利的《柬埔寨电影院的诞生》是一部关于柬埔寨电影院建设、变迁的通史性专著，作者以柬埔寨电影院的历史发展为线索，从政治、文化等多个角度关注柬埔寨电影院成立的原因及意义，关注资本及政策运作下柬埔寨电影的形成，为笔者在宏观层面把握柬埔寨黄金时期电影发展历程和社会文化所体现出的"民族性"等方面提供了借鉴，所以电影院的扩张与声光技术等也将是本节关注的重点之一。

蒂尔曼·鲍姆盖特尔（Tilman Baumgaertel）在《惊险与惊奇：柬埔寨电影院概述》（"Thrills and Astonishment: Cambodian Cinema. An Overview"）中将早期电影院与当下的电影产业进行对比，发现 DVD 盗版泛滥、实体影院老化等是柬埔寨电影 2002—2012 年低速运转的原因之一，同时通过电影院的衰败，追问黄金时代电影独具魅力的原因，对本土电影的发展提出自己的建议，即保持丰富的想象力和专注于本国的民间传说与文化遗产可能是柬埔寨电影重振旗鼓的重要源泉[①]，作者的这些视角为笔者的研究开拓了新的思路。

2. 中国国内研究成果

笔者在中国知网，以主题为条件对"柬埔寨黄金时期电影"进行检索，共有 2 篇相关文章（截至 2020 年 3 月 28 日）。仲力在《〈蟒蛇之子〉席卷柬埔寨》中指出了柬埔寨民间故事对柬埔寨人民的吸引力巨大，观者可以通过这部影片进一步了解柬埔寨的民族心性[②]，这篇文章使笔者了解了《蟒蛇之子》的具体内容，拓展了研究空间。庞守贵、赵薇的《中国电影"走近"柬埔寨的策略探究》以跨文化传播为分析视角，积极探寻中柬两国文化"个性"与"共性"的均衡策略[③]，帮助笔者进一步了解了柬埔寨电影的文化内涵。

再者，以主题为条件对"柬埔寨文化"进行检索，共有 147 条相关结果，其中胡西元的《试论印度文化对柬埔寨历史的影响》的研究结论是，柬埔寨吸收借鉴来自印度的《摩诃婆罗多》史诗的历史神话或者古代传说，将其作为吴哥文化的一部分，作者考察了印度文化对柬埔寨文化在文化心态、地方风俗等方面的影

---

① Tilman Baumgaertel. Thrills and astonishment: Cambodian cinema. An overview[EB/OL]. (2012-03-09)[2023-08-17]. https://southeastasiancinema.wordpress.com/2012/03/09/thrills-and-astonishment-cambodian-cinema-an-overview/.

② 仲力. 《蟒蛇之子》席卷柬埔寨[J]. 东南亚纵横，2001，（6）：36-37.

③ 庞守贵，赵薇. 中国电影"走近"柬埔寨的策略探究[J]. 电影文学，2019，（6）：14-16.

响，在文化角度层面拓宽视野，侧面挖掘柬埔寨社会特有的文化特质，从而为该时期电影所表现出的文化内涵寻找源头。①

赵和曼、劳兆的《柬埔寨人的婚丧习俗》详细地介绍了柬埔寨的风俗习惯，尤其是在婚丧习俗方面的各种仪式，有利地解答了笔者在观看柬埔寨黄金时期部分影片的疑惑，该文章从传统习俗的角度为笔者在解释电影情节方面提供了较为专业化和规范化的指导，从而也为进一步研究叙事背后的深意提供了一个很好的视角及研究内容。②

戚长勇的《地缘政治视角下柬埔寨的中立外交政策》则从政治的角度，按照历史时间的顺序解释了 20 世纪六七十年代柬埔寨的国内外政策，中立外交与佛教社会主义政策影响了该国电影的发展轨迹，国王西哈努克尝试将电影作为国家建设的工具③，该文帮助笔者从上层建筑的角度思考电影与国家之间的关系，进一步了解柬埔寨的基本国情和历史特点。

林伟瑜的《来自亚洲传统剧场的启示——柬埔寨传统宫廷舞剧的消失与重现》不仅深入描述了传统宫廷舞剧在柬埔寨的发展变化，而且指出该项传统背后的政治文化与社会背景脉络④，帮助笔者了解了在柬埔寨电影中出现的神王崇拜以及电影中的舞蹈表演所表露出的宗教性与神圣性，如《仙女》（*Apsara*）中所呈现出的精神文化与神话象征，从而可以加深对这一时期统治者西哈努克强调在电影中展现柬埔寨宫廷舞蹈的重要性的了解，进而认识到该国所共有的意义体系，该文也为笔者研究电影人物的塑造、故事发展等方面提供了生动的细节。

从研究内容上来看，需要重点强调的还有一点，那就是该时期中国国内的报刊是深入了解这一时期柬埔寨电影审美趣味变化的又一重要途径。如 1975 年《人民日报》对中国和柬埔寨代表团互相访问进行了系列报道，同时对柬埔寨电影也进行了宣传介绍，还于副刊刊登了诸如《中柬人民情谊长——彩色纪录影片〈热烈欢迎柬埔寨战友〉观后》等观后影评，《南方日报》《广西日报》等报纸也进行了报道。这些报刊的报道进一步扩大了该时期柬埔寨电影在国外的影响力，也为笔者从中国国内的官方视角入手，较为全面地勾勒出该时期不同阶段的

---

① 胡西元. 试论印度文化对柬埔寨历史的影响[J]. 东南亚纵横，1998，（2）：37-41.

② 赵和曼，劳兆. 柬埔寨人的婚丧习俗[J]. 东南亚纵横，1982，（2）：62-63.

③ 戚长勇. 地缘政治视角下柬埔寨的中立外交政策[D]. 中共中央党校，2018.

④ 林伟瑜. 来自亚洲传统剧场的启示——柬埔寨传统宫廷舞剧的消失与重现[J]. 戏剧学刊，2010，（12）：95-123.

柬埔寨电影类型之变化，具有历史性的借鉴意义。

（二）民主柬埔寨时期柬埔寨电影的研究现状

红色高棉拍摄了在农村工作的干部、上层会议，以及其他为子孙后代准备的活动，来作为历史资料进行保存。出于宣传的目的，他们还拍摄了与朗诺军队的战斗和其他军事斗争。红色高棉领导层非常清楚影像在宣传教育与大众传播方面的便利性，在当时的柬埔寨，80%以上的人是农民，文盲占比非常高，对于红色高棉来说，影像是最好的革命宣传工具，因为"所见即所真"。

红色高棉一共拍摄了 100 余部纪录片，可以分为如下四类。其一，日常生活场景，主要记录了红色高棉政权期间柬埔寨人民的各式农业生产活动，如种植、收割、纺织、搬运泥土筑堤、挖运河，以及山地少数民族的生产活动，这些场景强烈突出了群众建设热火朝天、自力更生的情景，充分展现了新政权的生机勃勃；其二，军事记录，如海陆空三军的宣传影像、与朗诺政府军和越南军交战的场景、女兵的英姿等，这些场景尤其突出了柬埔寨士兵面对越南和美国飞机时英勇反击的身姿，但由于技术条件限制以及宣传需要，这些影片大多以摆拍为主；其三，外交记录，主要记录了与民主柬埔寨保有外交关系的第三世界国家，比如老挝、朝鲜等国领导人出访柬埔寨的影像，其中着力表现的是社会主义阵营之间的兄弟情谊；其四，政治记录，如周年庆典的阅兵活动、在金边奥林匹克体育馆举行的全国代表大会、领导接见慰问演员的场景等。其中前两类影片占绝大多数。

目前，国内外学界对于民主柬埔寨时期所拍摄的影像的探讨还处于起步阶段，并没有形成系统的研究。但这并不代表它们没有研究价值，恰好相反，影像的记录功能是其他技术或艺术所无法比拟或取代的，其在反映文化的多样性、特定人群的生存和生活状态方面拥有独特的优势。

（三）当代柬埔寨电影的研究现状

1. 东南亚地缘背景下的柬埔寨电影研究

贺圣达的《电影在东南亚：发展、问题和前景》将东南亚各国电影分为四个发展时期：发展早期（1897—1941 年）、战后恢复期（1945—1960 年）、兴盛发展期（1970—1980 年）以及困难调整期（1990—1999 年）。随后就各个国家电影产业发展并不均衡、东南亚电影国际影响力较低等问题进行了探讨。[①]

---

① 贺圣达. 电影在东南亚：发展、问题和前景[J]. 东南亚，2005，（3）：54-61.

邹贤尧的《东南亚电影的跨界征象》分析了东南亚独特的地理位置带来的优势，继而从跨族裔的导演构成、跨国族的影像呈现、跨语种的言语混杂三个方面分析东南亚各国独特的跨文化生态环境，认为东南亚电影呈现出自身地域的特殊性，即在影片中呈现出民族多元共生、文化多元共存、语言多种并行等特点。①安察丽·柴沃拉邦的《东南亚新电影的文化观察》一文分别探讨了泰国、菲律宾、新加坡、马来西亚和印度尼西亚这几个国家电影的特点，分析电影在这些国家所扮演的角色，指出东南亚电影在慢慢崛起。②

张慧瑜、李玥阳在《亚洲电影的复兴之路——以东亚、东南亚及南亚电影（2001—2010）为例》中以泰国电影为例进行分析，认为泰国电影的兴起可以作为东南亚电影复兴的参考范式。着重论述了泰国电影复兴的两个策略：一是通过类型片（恐怖片、动作片）打开电影市场；二是参与国际电影节，并通过获奖来提高本国电影的国际声誉，推动了国内电影产业的发展。③

梁明柳的《东南亚电影中的土生华人文化现象解读》探讨了东南亚土生华人族群与当地土著族群的文化融合、交织和冲突，以及作为少数族群的华人在身份认同上的转变等问题。作者认为华裔导演的作品或有成为华语电影的重要分支的可能性。④

谭慧、何媛的《中国与东南亚国家的电影交流——"一带一路"倡议背景下的观察与思考》在"一带一路"倡议的背景下，对中国与东南亚国家之间电影交流的历史与现状进行了系统的梳理，并将二者之间的交流进行了历史阶段的划分——初始阶段（20世纪前半叶）、增长阶段（20世纪50年代至60年代前期）、低谷阶段（20世纪60年代中期至70年代中期）、复苏阶段（20世纪70年代后期至80年代）、发展阶段（20世纪90年代至21世纪）以及繁荣阶段（21世纪以来），并认为中国与东南亚国家之间进行电影交流时，可以将中国传统文化传播到东南亚社会的各个层面，从而为推动中国与东南亚国家之间的国际关系的发展奠定坚实的基础。⑤

王昌松的《作为方法的东南亚电影》以东南亚电影作为中介进行知识图绘，

① 邹贤尧. 东南亚电影的跨界征象[J]. 文艺争鸣，2010，（24）：4-6.
② [泰]安察丽·柴沃拉邦. 东南亚新电影的文化观察[J]. 何谦译. 北京电影学院学报，2016，（6）：134-143.
③ 张慧瑜、李玥阳. 亚洲电影的复兴之路——以东亚、东南亚及南亚电影（2001—2010）为例[J]. 当代电影，2012，（2）：138-144.
④ 梁明柳. 东南亚电影中的土生华人文化现象解读[J]. 电影文学，2013，（11）：8-9.
⑤ 谭慧，何媛. 中国与东南亚国家的电影交流——"一带一路"倡议背景下的观察与思考[J]. 电影评介，2018，（7）：1-6.

探析东南亚电影渐渐形成的文化主体性，并认为在当今世界跨文化传播中，电影无疑具有广大的观众群和覆盖面，电影是一种影像语言艺术，文字语言并非占据本体性地位，创作者应更多依靠影像、符号的方式建构越发趋于全球化的想象共同体，换言之，各国观众通过视觉语言来感知东南亚文化。①

崔颖、朱丹华的文章《21 世纪泰国电影产业发展概况》从泰国电影市场入手，对泰国电影的票房总量进行客观的分析，并附上 2004—2017 年票房数据的柱状图，可以看出泰国电影票房是呈稳步上升趋势的，而泰国本土电影的创作也在融入泰国特有的民族文化并以类型化的方式呈现，泰国相关部门也实行了扶持政策，让泰国电影向更好的方向发展。②崔颖的文章《从皇室纪录片到"新浪潮"运动：泰国电影百年发展流变（1897—2015）》从泰国电影的萌芽展开叙述，泰国在早期拍摄的两部国产片标志着泰国电影迈向了新的台阶。第二次世界大战的爆发打破了泰国电影一片繁荣的景象，战后电影业复兴也让泰国电影的创新力大打折扣，而泰国电影"新浪潮"运动带领着泰国电影走向了新的时期。③王珺的文章《论泰国导演韦西·沙赞那庭的电影色彩思维》分"色彩造型与色彩对比"、"色彩空间：超现实主义空间"以及"色彩景观：后现代主义的色彩游戏"三个部分进行研究，进一步提出韦西·沙赞那庭（Wisit Sasanatieng）的色彩游戏在于挖掘与尝试电影色彩在银幕狂欢的可能。④赵晶《泰国导演阿彼察邦·韦拉斯哈古电影研究》一文对阿彼察邦·韦拉斯哈古导演的电影作品进行了系统全面的研究。⑤黄钟军《离散与聚合——缅甸华人导演赵德胤电影研究》一文从离散叙事切入，着重剖析赵德胤电影中的身份逻辑与粗粝的写实风格，从而反思缅甸华人在华语电影中的独特位置。⑥

西方文献方面，马文·鲍曼（Marvin Bowman）的《如何不在东南亚制作电影》（"How Not to Produce a Film in Southeast Asia"）介绍了作者 1970—1975 年在东南亚拍摄电影的痛苦经历，他表示电影制作的所有流程都需要其亲力亲为，导致自己劳累不堪。⑦通过这篇文章，我们可以从侧面对 20 世纪 70 年

① 王昌松. 作为方法的东南亚电影[J]. 电影艺术，2019，（4）：12-17.

② 崔颖，朱丹华. 21 世纪泰国电影产业发展概况[J]. 当代电影，2018，（5）：68-72.

③ 崔颖. 从皇室纪录片到"新浪潮"运动：泰国电影百年发展流变（1897—2015）[J]. 吉林艺术学院学报，2016，（1）：51-54.

④ 王珺. 论泰国导演韦西·沙赞那庭的电影色彩思维[J]. 创作与评论，2013，（22）：79-81.

⑤ 赵晶. 泰国导演阿彼察邦·韦拉斯哈古电影研究[D]. 河北大学，2018.

⑥ 黄钟军. 离散与聚合——缅甸华人导演赵德胤电影研究[J]. 当代电影，2017，（11）：78-83.

⑦ Marvin Bowman. How not to produce a film in Southeast Asia[J]. *Media Asia*, 1975, 2(1): 5-11.

代东南亚电影的制作水平有一个初步的认识。

彼得·阿奎利亚（Pieter Aquilia）的《西方化的东南亚电影：为"跨国"市场合作制作》（"Westernizing Southeast Asian Cinema：Co-productions for 'Transnational' Markets"），认为《女佣》（*The Maid*）是新加坡电影业在国际电影市场上取得的第一次成功，它将新加坡恐怖片推上了世界舞台，也从侧面反映出新加坡的电影制作日趋成熟，作者提出《女佣》是新加坡与好莱坞和新浪潮亚洲恐怖电影的一次完美的相遇，且在影片中充分保留了新加坡传统文化，让世界人民了解了新加坡的文化。[①]

盖成科（Gaik Cheng Khoo）的《什么是东南亚华侨电影？》（"What is Diasporic Chinese Cinema in Southeast Asia？"）认为对于海外华裔电影制作人的作品需要重新定位，这样才能更好地理解作品的世界性、民族性以及文化认同的方式。作者认为，虽然数字技术使电影制作平民化，并为扩大公共领域做出了很大贡献，但数字技术是电影制作方式的替代品之一，而不是一种具有自身审美品质且值得探索的新媒体形式。[②]

约翰·A. 冷特（John A. Lent）的《东南亚电影史概述》（"Historical Overview of Southeast Asian Film"）探讨了东南亚各国电影的特点，并根据访谈所获得的资料，以及传记、报纸、期刊等，梳理了马来西亚、新加坡、印度尼西亚、泰国和缅甸五国的电影发展历史。[③]

2. 当代柬埔寨电影研究

戴维·艾默（David Eimer）的《柬埔寨电影业辉煌时代重现》（"Cambodian Movie Industry's Glory Days Are Returning"）认为，在柬埔寨现当代电影制作人潘礼德（Rithy Panh）、索托·库利卡尔（Sotho Kulikar）以及尤克·尚博（Youk Chhang）的努力下，柬埔寨电影正重新走向繁荣。作者举例分析了潘礼德导演的《残缺影像》（*The Missing Picture*）等影片，并认为潘礼德的创作为柬埔寨电影的复兴奠定了基础。[④]

---

① Pieter Aquilia. Westernizing Southeast Asian cinema: Co-productions for "transnational" markets[J]. *Continuum*, 2006, 20(4): 433-445.

② Gaik Cheng Khoo. What is diasporic Chinese cinema in Southeast Asia?[J]. *Journal of Chinese Cinemas*, 2009, 3(1): 69-71.

③ John A. Lent. Historical overview of Southeast Asian film[J]. *Media Asia,* 1991, 18(3): 152-159.

④ David Eimer. Cambodian movie industry's glory days are returning[EB/OL]. (2014-12-06)[2023-08-18]. https://www.scmp.com/magazines/post-magazine/article/1655405/cambodian-movie-industrys-glory-days-are-returning/.

　　莎拉·里奇多（Sarah Richadot）的《电影的重生：柬埔寨电影的简介》（"Cinema Reborn: A Profile of Cambodian Films"）认为，柬埔寨电影产业尚未摆脱 20 世纪 70 年代的历史危机。1975—1979 年，柬埔寨红色高棉时期电影院遭到了破坏，整个电影行业陷入停滞，对于柬埔寨电影的重建是一个缓慢而艰难的过程。文章认为，对于电影版权的保护是柬埔寨电影产业重新走向繁荣的至关重要的一环，但在柬埔寨拍摄电影很难收回成本，原因在于柬埔寨对于知识产权的保护十分薄弱，大多数电影还没有在电影院上映，就已经被复制为光盘（VCD）进入了市场。①

　　奇万·佩欧（Chivoin Peou）的《当代柬埔寨电影：性别与世代》（"Contemporary Cambodian Cinema: Gender and Generations"）分析了三部柬埔寨电影《好丈夫》《不嫁老少》《父亲的心》中的性别关系和社会代际问题。作者从社会规范与期望、家庭关系和社会关系的角度探讨了性别关系；并从两个方面探讨了柬埔寨社会代际问题的建构：老年人和青年人之间的相互认知和冲突，以及青年人的现状。②

　　安德鲁·奈特（Andrew Nette）的《柬埔寨文化："我们没有电影产业"》（"Culture-Cambodia: 'We Don't Have a Film Industry'"）是作者对电影导演潘礼德和罗宾逊（Robinson）进行访谈后的观点的总结，"我们没有电影产业"是潘礼德在访谈中所表达的最主要的观点，他认为自民主柬埔寨时期结束到 20 世纪 90 年代，只有一小部分电影制片公司仍在运作，而且这些公司发行的电影基本都是制作拙劣、剧本粗糙的恐怖电影或者闹剧，影片制作成本低廉，发行数量很多，但质量得不到保证。罗宾逊希望高棉湄公河电影公司（Khmer Mekong Films）能在提高当地电影业的技术基础方面发挥关键作用，既能制作出更好的电影，又能吸引国际剧组到柬埔寨拍摄。③

　　美国学者奥斯汀与林恩的《柬埔寨流行传统电影中的性别与国家》（"Gender and the Nation in Popular Cambodian Heritage Cinema"），揭示和描绘了流行文化与社会之间的复杂关系，分析了诺罗敦·西哈努克（Norodom Sihanouk）的《仙女》和《生活的乐趣》（*La Joie de Vivre* /*The Joy of*

---

① Sarah Richadot. Cinema reborn: A profile of Cambodian films[EB/OL]. (2013-02-13)[2023-08-17]. https://culture360. asef. org/insights/cinema-reborn-profile-cambodian-films/.

② Chivoin Peou. Contemporary Cambodian cinema: Gender and generations[D]. Southern Illinois University at Carbondale, 2007.

③ Andrew Nette. Culture-Cambodia: "We don't have a film industry"[EB/OL]. (2008-10-06)[2023-08-17]. https://ifacca. org/news/2008/10/06/culture-cambodia-we-dont-have-film-industry/.

Living）、李邦彦（Ly Bun Yim）的《十二姐妹》（*Puthisen Neang Kongrey /The Twelve Sisters*）、伊冯·赫姆（Yvon Hem）的《洪淑娴》（*Sovanna Hong*）以及昂汗图克（Ung Khan Thuok）的《一万年的遗憾》（*Muoy Meun Alay/Ten-Thousand Regrets*）5 部故事片，对这一时期柬埔寨流行电影中探索性别、民族和现代性主题的方式进行了探讨，并认为这些电影对柬埔寨传统的性别观念和保守的性别角色提出了质疑和挑战。①

英格丽德·穆安（Ingrid Muan）的《权力博弈：新独立柬埔寨的艺术政治》（"Playing with Powers：The Politics of Art in Newly Independent Cambodia"）就冷战时期柬埔寨所获得的国际援助对柬埔寨视觉文化的影响进行了探讨。作者认为，西哈努克领导下的柬埔寨，在政治上的表达方式为中立。基于诸多地缘政治原因，柬埔寨成为冷战时期赢得"民心"的主要战场，柬埔寨电影和艺术也成为对当地文化进行阐释的载体，电影制作人和艺术家凭借柬埔寨自身特色在国际社会发出了自己的声音。②

乔纳森·C. 弗里德曼（Jonathan C. Friedman）等的《电影中的种族灭绝历史：银幕上的暴行》（*The History of Genocide in Cinema: Atrocities on Screen*）汇集了 18 篇研究种族屠杀题材电影的论文。作者认为，创伤的历史是强大的、痛苦的和辛酸的，这 18 篇文章处理了相关问题，对电影在过去一个世纪中如何表现种族灭绝和如何塑造观众记忆进行了详细的梳理。作者认为，当种族屠杀在电影中呈现时，观众们不仅会回忆起过去的暴力，而且会与今天所遭受的痛苦产生共鸣。③

邦伊雍（Bun Y Ung）的《柬埔寨电影业：辉煌复兴的悖论》（"Cambodian Film Industry: A Paradox to Glorious Revival"）论述了柬埔寨电影产业"复兴"的挑战与机会，从蹒跚步入"黄金时代"、振兴电影业、近期的努力促进了当地的电影产业、提高电影质量的挑战、未来的需要几个方面进行阐述，提出柬埔寨政府应在电影行业方面做出相应的努力，建设高质量的电影学校，培养柬埔寨电影人才，同时提到本地电影制作机构最好能与私营机构和政府合作，提高电

① Austin, Jessica Lynn. Gender and the nation in popular Cambodian heritage cinema[D]. University of Hawaii at Manoa, 2014.

② Ingrid Muan. Playing with powers: the politics of art in newly independent Cambodia[J]. *Udaya, Journal of Khmer Studies*, 2005(6): 41-56.

③ Jonathan C. Friedman, William L. Hewitt. *The History of Genocide in Cinema: Atrocities on Screen*[M]. London: Bloomsbury Publishing, 2016.

影质量。①

基斯·B. 瓦格纳（Keith B. Wagner）和迈克尔·A. 安格尔（Michael A. Unger）的《从摄影和电影中挪用来自柬埔寨的暴行图像：西方博物馆文化中的自我灭绝的屠杀和残缺影像》（"Photographic and Cinematic Appropriation of Atrocity Images from Cambodia: Auto-Genocide in Western Museum Culture and The Missing Picture"）首先在种族灭绝的研究视野下，探讨了民主柬埔寨时期的暴力影像，并认为，它们在摄影研究和电影研究中经常被忽视，处于研究的边缘地带。作者以纽约现代艺术博物馆（The Museum of Modern Art）中展览的照片和潘礼德的《残缺影像》为例，探讨了创伤影像的商业和艺术表达。②

三、柬埔寨电影研究的不足与未来的研究方向

（一）研究的不足

1. 研究不全面，存在大量领域空白

通过文献梳理可以看出，目前对于柬埔寨电影的研究还存在着很大空白。在东南亚背景下的电影研究中，学者的研究重心往往放在泰国、越南、马来西亚等传统东南亚电影大国上，柬埔寨则一直处于被忽视的状态，即使有少量学者关注到，往往也是将其放置在整个东南亚电影的语境之下进行总结，而柬埔寨影视的民族特性则被漠视，研究并不全面。在柬埔寨电影研究、媒介研究等方面，尽管学者的关注领域涉及了柬埔寨电影史、电影产业以及社交媒体在当代生活中的作用等多个方面，但在柬埔寨导演研究、电影理论等领域的研究成果几乎为零。

2. 现有研究散乱且不深入，缺乏系统梳理

现有的对柬埔寨电影的研究散乱且深度不够，缺乏系统性的梳理。大多数文章仍然停留在对单一电影文本进行简单分析上，既未与相同类型影片进行比较，也未总结其中的民族意蕴，更没有对影片的商业性、艺术性等电影特性进行研究。各研究之间也缺乏内在联系，既没有形成系统的研究网络，也没有详细的专

---

① Bun Y Ung. Cambodian film industry: A paradox to glorious revival[J]. *Cambodia Communication Review*, 2016: 35.

② Keith B. Wagner, Michael A. Unger. Photographic and cinematic appropriation of atrocity images from Cambodia: auto-genocide in western museum culture and The Missing Picture[J]. *Visual Communication*, 2019, 18(1): 83-106.

著产出，无法形成学术思潮。

3. 研究资源分配不均

在柬埔寨电影的研究之中，潘礼德作为当代柬埔寨享有最大国际声望的导演，自然受到了最大的关注。对柬埔寨的其他电影人，例如柬埔寨的第一位新时期女性导演庞冯博帕（Poan Phoung Bopha）等人的研究目前仍处于起步状态，仅有《金边邮报》等少量的媒体对其进行报道。研究资源的过度倾斜，致使众多新兴电影人无法得到更多关注，无法推动电影人才培养，电影研究和电影创作之间的良性循环被打破。

4. 忽视对柬埔寨本土电影的民族主体性建构

当前对黄金时期柬埔寨电影进行研究的学者多站在西方立场上进行文本建构，相对于柬埔寨国内或是亚洲学者，西方学者往往猎奇于该时期影像画面中出现的民间落后习俗甚至是封建的巫术祭祀等，缺少对该国悠久吴哥文化的阐释，未能分析柬埔寨电影的镜语体系和电影特征，忽视了柬埔寨本土的文化特质，刻有殖民印记，阻碍了柬埔寨强化本民族的意识形态。

（二）未来的研究方向

1. 多维度探讨，形成完善的理论框架

对柬埔寨电影的研究成果进行多维度的研究探讨，在对现有研究进行梳理的同时，最大限度地进行深入挖掘，发现柬埔寨电影与东南亚其他国家电影的共性之外的民族特性。对电影的历史进行系统化、理论化的分析，强调使用不同的理论方式，站在民族性、主体性等角度对该国电影的发展进行多层次、多标准的划分，总结出具有规律性、模式化的研究路径，并寻找新的研究方向。在此基础上，重点对柬埔寨电影所表现出的个性与共同特征进行详细阐释，尽量完整、完善地对柬埔寨电影进行历史性梳理和还原，最终形成具有一定的实际指导意义和学术理论价值的创新研究成果。

2. 摆脱"西方中心主义"，掌握自身的话语权

第二次世界大战后，柬埔寨处在多方政治角力的夹缝之中，面对西方以"他者"眼光进行文化渗透的行为，该时期柬埔寨的影视作品通过传奇性的叙事呈现，以多种渠道构建民众对本民族身份的自我认同。对此，要有意识进行民族化语言的书写与论证，一方面，可以通过对高棉文化的深入挖掘，发现自身的民族

特性，确立主体位置；另一方面，可以从国际合作的角度，扩大柬埔寨当代广播影视以及相关研究在国际上的影响力，将话语权掌握在自己手中。

3. 借助地缘优势，代入中国视角

中柬两国自古就有着深厚的传统友谊，相近的亚洲文化使得两国有着相似的文化认知与习俗。尤其值得一提的是，柬埔寨国王西哈努克在华访问期间留下了大量的影像资料与文本资料，这些资料具有极大的人类学价值和文化价值，是对西哈努克时期柬埔寨政治文化进行全面了解的重要途径。同时相关史料显示，其中很多影片实际是在中国新闻工作者的帮助下完成的，不仅如此，为了迎合柬埔寨本国电影市场的需求，该国电影制作者积极吸取同一时期中国电影的艺术风格，尤其对中国的神怪电影进行有力的借鉴，凭借着多种电影拍摄的特技手法，赋予了观众视觉惊奇感和新鲜感，因此，中国学者对这些影像进行研究具有得天独厚的优势。

参 考 文 献

程圩. 从艺术家到国王——西哈莫尼亲王[J]. 文史天地，2005，（6）：6-9.

[柬]诺罗敦·西哈努克. 西哈努克回忆录——甜蜜与辛酸的回忆[M]. 晨光，等译. 哈尔滨：黑龙江人民出版社，1987.

[法]让-马里·冈巴塞雷斯. 西哈努克——永不沉没的国王[M]. 钱培鑫译. 上海：上海远东出版社，2015.

沈建. 西哈努克国王也是位电影艺术家[J]. 世界知识，2018，（20）：75.

王忠田. 多才多艺的西哈努克国王[J]. 世界文化，2011，（4）：7-10.

BLUM-REID, Sylvie E. Khmer memories or filming with Cambodia[J]. *Inter-Asia Cultural Studies*, 2003, 4(1):126-138.

Deirdre Boyle. Shattering silence: Traumatic memory and reenactment in Rithy Panh's S-21: The Khmer Rouge Killing Machine[J]. *Framework: The Journal of Cinema and Media*, 2009, 50(1-2): 95-106.

Momoko Ikeuchi. "King Father" Norodom Sihanouk-His life as an artist[EB/OL]. (2017-06)[2023-08-17]. https://pharecircus.org/king-father-norodom-sihanouk-his-life-as-an-artist/.

Panivong Norindr. The sound of everyday life in Rithy Panh's documentaries[J]. *French Forum*, 2010, 35(2):181-190.

Rowena Aquino. Negotiating the spectre and spectatorship of trauma in Rithy Panh's S-21: The Khmer Rouge Killing Machine (2003)[J]. *Asian Cinema*, 2007, 18(2):62-78.

（国巍、司达）

作者简介：

国巍：蚌埠学院文学与教育学院助教，博士在读；

司达：云南师范大学传媒学院教授，博士。

第二节　柬埔寨新闻媒体研究综述

柬埔寨历史悠久、文化灿烂，在人类文明发展史上犹如一颗璀璨夺目的明珠。柬埔寨的历史夹杂着辉煌与屈辱，一个国家新闻业的发展通常受国家政治的巨大影响，因此柬埔寨新闻媒体的发展可谓历经劫难——几乎每次政权更迭都造成了新闻业的断代重生，柬埔寨的新闻媒体也在一次次政权更迭中起起伏伏。目前中国国内关于柬埔寨新闻媒体的研究文献中，柬埔寨媒介发展历程、柬埔寨媒体本体研究、媒体内容研究，以及中柬媒体交流研究是主要的研究方向；其中关于柬埔寨媒介发展历程的相关研究多是在国外已有研究成果的基础上展开；随着"一带一路"倡议的提出，中柬媒体交流研究成为近年来中国国内研究的热点。

一、柬埔寨媒介发展历程研究

（一）柬埔寨媒介发展史研究

我国目前较早的关于柬埔寨媒介发展情况的研究可以追溯到 20 世纪 60 年代，吴喜简单梳理了当时柬埔寨的新闻业概况，如组织机制、媒体机构、法律条款等。①

国外较早涉及柬埔寨媒介历史情况的文献可追溯到美国学者大卫·P. 钱勒德（David P. Chandler）的《柬埔寨史》（*A History of Cambodia*），该著作如今已经再版 4 次，被认为是关于柬埔寨历史研究中最为重要的文献之一，对国际社会产生了深远影响。②该书详细叙述了柬埔寨从起源至独立将近两千年的历史，填补了柬埔寨历史研究的空白；其中对柬埔寨各段历史期间存在的新闻出版物以及新闻业政策的梳理和介绍，为后续研究者提供了基础而珍贵的资料。

王以俊与朱慧芬分别将研究目光聚焦在柬埔寨新闻出版印刷业和广播事业两个方面。王以俊对柬埔寨新闻出版印刷业的历史与现状作出梳理。作者指出柬埔

---

① 吴喜. 柬埔寨王国的新闻事业[J]. 东南亚研究资料, 1965, （1）: 47.

② 周中坚. 大卫·P. 钱德勒《柬埔寨史·导言》[J]. 印度支那, 1987, （1）: 61, 62-66.

寨新闻出版印刷业在法国殖民地时期才开始发展。在西哈努克时代，随着社会、经济、文化、教育的发展，印刷业也取得了较大的进展，当时柬埔寨的印刷业已具有相当规模，有着大大小小的印刷厂，能印刷各种工具书、小说、各个国家的译著。但在 1970—1993 年战乱时期，社会经济、基础设施遭受到严重的破坏，新闻出版印刷业也遭到了严重打击，虽然之后逐渐恢复，但仍举步维艰。柬埔寨的新闻出版印刷业由国家新闻部管理，但印刷厂不局限于政府，佛教协会、柬外合资企业等机构也能开办；而印刷设备主要依靠国外投资，如重工业发展好的德国、日本。柬埔寨拥有丰富的林业资源，柬埔寨政府十分鼓励发展造纸业，国外的投资商也十分感兴趣，因此可以形成外商投资先进的技术设备、柬埔寨自身提供原材料的生产模式，同时培养技术人才，进而促进印刷业的发展。①2008 年，中国国际广播电台柬埔寨语部副译审朱慧芬从柬埔寨的历史角度入手，对柬埔寨广播事业的发展做出了梳理，列出了柬埔寨广播事业的各个时期的发展情况，中国在 1960 年和 1962 年先后为柬埔寨援建了两座广播发送台，对柬埔寨广播事业的发展起到了很大的促进作用；同时，作者对柬埔寨广播事业当时的发展情况进行梳理，解释了其广播事业发展缓慢的原因，总结了柬埔寨广播市场的主要特点。②此外，《东盟广播电视发展概况》是国家广播电影电视总局培训中心编著的一部著作，该书简要介绍了东盟各个国家广播电视的发展概况，其中对柬埔寨广播电视发展概况做了一定程度的梳理和介绍。③这些文献发表或出版时间较早，新发展新情况还需进一步补充。

我国对于柬埔寨媒介发展史研究较为全面的当属中国人民大学教授陈力丹及其研究生李熠祺的成果《历经劫难而重生的柬埔寨新闻传播业》。该论文整合国内外现有文献成果，对柬埔寨的新闻传播业的发展过程进行了研究，发现由于长期的政治动荡，柬埔寨新闻媒体大多都寿命短暂，直到 20 世纪 90 年代，柬埔寨政治局势趋于稳定，新闻媒体才获得发展机遇。作者将柬埔寨的新闻传播业的发展分为六个阶段。第一个阶段是法国殖民统治时期，这一阶段出版了第一份法文报纸、第一本高棉文期刊《柬埔寨太阳》（Kambuja Soriya），以及第一份高棉语报纸《吴哥寺》（Nagara Vatt），高棉语出版物为柬埔寨民族意识的形成和此后的独立斗争奠定了社会基础。第二个阶段是柬埔寨王国时期，西哈努克在 20 世纪 60 年代创办了一系列报刊，其中最重要的是月刊《柬埔寨》（Kambuja）

① 王以俊. 柬埔寨新闻出版印刷业概况[J]. 印刷世界，2005，（10）：62-64.
② 朱慧芬. 柬埔寨广播事业的发展历史和现状[J]. 东南亚纵横，2008，（3）：24-26.
③ 国家广播电影电视总局培训中心. 东盟广播电视发展概况[M]. 北京：中国广播电视出版社，2008.

和《社会杂志》（*Le Sangkum*），此外西哈努克还短时出版过《柬埔寨电影》（*Cinema Kambuja*）杂志和讽刺与流言杂志《与众不同》（*Pseng-Pseng*）。第三个阶段是高棉共和国时期。第四个阶段是民主柬埔寨时期，红色高棉将国家电台改为"民主柬埔寨之声"。第五个阶段是柬埔寨人民共和国时期，柬埔寨人民共和国新创办了 4 家报纸——1979 年创办的《柬埔寨》周报（*Kampuchea*）、1985 年创办的《人民报》（*Pracheachon*）、20 世纪 80 年代创办的《金边周报》（*Phnom Phenh Weekly*）和《军人报》（*Koong Toap Pracheachon*），1 个通讯社——国家通讯社柬新社（Sarpordamean Kampuchea），1 个广播电台——柬埔寨人民之声，1 家电视台——柬埔寨电视台。第六个阶段是新柬埔寨王国时期，"联合国驻柬过渡时期权力机构"（United Nations Transitional Authority in Cambodia）创办了 1 家广播电台和 2 家报纸——《柬埔寨日报》（*The Cambodia Daily*）和《金边邮报》（*The Phnom Pheh Post*），过渡政府发布媒介宪章，国会通过了新闻法，使柬埔寨的新闻自由有了法律上的保证。此时柬埔寨的新闻传播业是主要以市场经济为主导的产业，并且接受国外投资帮助，不同的报刊面对的受众阶级也有所不同；广播电台、电视台也逐渐成为政府发出声音的第二种媒介；互联网新媒体的发展也进一步推动了柬埔寨新闻传播业的发展。[①]该论文较为全面、系统地梳理了柬埔寨新闻传播业发展的历程，不过由于论文发表时柬埔寨上网人数较少，因此论文并未有条件对柬埔寨的新媒体作出相应研究。

（二）柬埔寨媒介发展与政治的关系研究

柬埔寨媒介的发展与政治环境息息相关，因此，中外研究文献中都有聚焦于柬埔寨媒体与政治的关系的成果。

朱迪思·克拉克（Judith Clarke）指出，柬埔寨经历了长期的战乱，作者特意审视和分析了 1994 年柬埔寨新旧媒体的本质，并评估不同背景、不同所有权类型和组织机构的记者带来的影响。[②]此外，作者在另一篇文章中还对柬埔寨媒体的发展情况做了调查分析[③]。

于丹娜指出柬埔寨的网民以青年为主，青年选民的意向很大程度上决定了选

① 陈力丹，李熠祺. 历经劫难而重生的柬埔寨新闻传播业[J]. 新闻界，2015，（21）：54-61.

② Judith Clarke. Phoenix from the ashes: The influence of the past on Cambodian's resurgent free media[J]. *International Communication Gazette*, 1996, 55(2): 93-111.

③ Judith Clarke. Press freedom and development: An examination of models of the press in Cambodia[J]. *Australian Journalism Review*, 2006, 28(2): 5-22.

票的流向。新媒体对于柬埔寨政党政治的发展是一把双刃剑，社交媒体成为政党角力的重要工具，脸书就是无形的战场。一方面，洪森政府意识到新媒体在社会舆论中占有重要地位。为了拉近与民众的关系、影响舆论，洪森充分利用脸书这一网络社交平台，介绍自己在政治、社会领域的观点甚至私人生活的点滴，与网民频繁互动，并且对一些不好的社会现象以及网民投诉进行反馈，塑造了良好的政治形象。洪森极力呼吁政府官员广泛使用脸书这一社交媒体。另一方面，在一个平等交流的平台上，如果政府不占据社会舆论的主导地位，则政府的话语权也将随之受到强烈冲击；在网民的监督下，执政的透明化使政府执政能力受到严格的考验；新媒体的出现还将使党员直接表达意见的渠道增多，党内意见分散的可能性在上升。这将加剧柬埔寨社会矛盾的表面化，并且对柬埔寨网络安全管理提出了很大的挑战。因此，作者提出在互联网时代，如何应对新媒体种种挑战、扬长避短用好管好新媒体，势将成为柬埔寨政府的重要课题。[1]

有学者以脸书为例，通过问卷调查和深度访谈的混合研究方法，调查了社交媒体在柬埔寨数字政治参与中的使用情况。作者重点抽取了来自金边的三个不同区域的 241 个样本，并对来自柬埔寨的政府部门以及非政府组织的 8 名工作人员进行深度访谈。研究发现，社交媒体对柬埔寨数字政治参与产生了重大影响，提高了民众特别是柬埔寨青年群体的政治参与度。[2]

二、柬埔寨媒体本体研究

中柬交流有着深厚的历史背景可寻，华人华侨对柬埔寨社会的各个方面有很大的影响，华人华侨也是当地人群的重要组成部分，资料也易于获取。因此，目前我国对柬埔寨媒体的本体研究中，最为常见的就是对华文媒体的研究，而对柬文媒体或柬埔寨外文媒体的本体研究较少。

（一）对柬埔寨华文媒体的本体研究

陈竽秀以《华商日报》为例，从独特的视角——新制度主义视角，剖析《华商日报》的制作流程、纸媒在新媒体环境中的求生，并对其运作模式进行思考。作者认为《华商日报》虽然有固定的新闻版块，但是没有明确的受众定位，只有少部分稿件是报社新闻记者真实采写的，很多版块的内容是直接由当地已经发布

---

① 于丹娜. 新媒体时代下的柬埔寨政坛博弈[J]. 世界知识，2016，（3）：28-29.

② SOREIRATH SROU. 社交媒体在柬埔寨数字政治参与中的使用——以 Facebook 为例[D]. 中国传媒大学，2023.

的新闻翻译过来，缺乏新闻的客观性。在新媒体的冲击之下，《华商日报》报社看似做出了回应，申请了微信公众号和微社区账号，但是报社并未成立新媒体部门，纸媒稿件完全依托于新媒体稿件，而且管理较为混乱，缺乏管理条例，组织结构僵化，员工缺乏新闻传播专业训练。在《华商日报》的改革方面，作者指出在内容层面上，其与中新社合作推出体育版和康乐版，与《南方日报》合作打造侨情版和养生版；通过兼职和实习等方式引进外来人手，给报纸注入活力；发展新媒体平台，通过举办各种活动来吸引读者关注。但是作者认为这些做法还远远不够，《华商日报》须从组织层面加强管理，给记者和编辑配备齐全的资源；也可以招募受过专业训练的华校毕业生，或者有经验的资深记者，或开设记者培训班，提高报纸的内容质量。[①]

黄慧玲结合自己在柬埔寨《华商日报》的实习经历，发表论文讨论柬埔寨华文媒体微信试验成效。作者指出，在微信日益广泛运用的今天，用报纸浏览新闻已经逐渐被用微信浏览新闻所取代，柬埔寨《华商日报》也开展微信办报试验，此举让《华裔日报》获得大量线上粉丝，线下积累 20 年的订户数还不及微信粉丝数量的零头。此外，作者还探讨了《华商日报》在突发事件中的参与式报道，通过微信组织网友见面会、金边一日游、跨年派对等打造读者圈的活动，对于树立自身媒介形象、增强用户黏性的积极作用。[②]

陈毅以《华商日报》为例，利用文本分析、案例研究、统计分析等多种研究方法，从受众策略、内容策略，以及营销策略和团队控制等四个方面对《华商日报》微信运营的相关实践进行梳理，深入挖掘微信运营的经验与不足，进一步深化海外华文媒体尤其是柬埔寨华文报纸微信运营的理论基础和运作机制，分析其特殊性和有效性，为海外华文媒体或是有意愿拓展海外市场的国内媒体的微信运营提供合理有效的理论依据。[③]

徐健等指出柬埔寨华文报业因地处海外，新闻生态较为独特，其传媒市场狭小、竞争激烈，特别是随着新媒体的发展，柬埔寨华文报业面临诸多挑战。为了适应挑战，须建构立体化的运营模式，契合互联网+现实，打造以细分、精准为目标的受众培育策略，构建本土化的服务营销策略，这样才能将华文报业推上一个新的台阶。[④]

① 陈竿秀. 海外华文媒体如何突破困境——以柬埔寨《华商日报》为例[J]. 出版广角, 2014, （16）: 68-70.
② 黄慧玲. 柬埔寨华文媒体的微信试验[J]. 新闻战线, 2014, （10）: 193-195.
③ 陈毅. 柬埔寨《华商日报》微信运营策略研究[D]. 暨南大学, 2015.
④ 徐健, 李美航. 柬埔寨华文报业现状及发展进路[J]. 新闻论坛, 2016, （6）: 74-76.

蒋赐玲对《华商日报》的新媒体转型情况展开研究,对海外华文媒体向新媒体的转型做出了解释,对所存在的问题进行了分析。作者认为,随着社会的进步和互联网的发展,报纸这一媒介形式不论在哪个国家都面临着同样艰难的挑战,《华商日报》作为华文媒体,在柬埔寨的发展更是举步艰难。《华商日报》迫于形势,做出了向新媒体的转变,依靠"一带一路"建设的大背景,与国内相关媒体积极展开在新媒体层面的合作。①

(二)对柬埔寨外文媒体的本体研究

陈静静指出,美国利用美国之音和自由亚洲电台在东南亚进行文化输出和控制舆论导向,它们二者按照美国的传播需求对新闻进行排序,并给予不同程度的报道,从而去影响受众对部分议题重要性的判断,并且强调自己想强调的话题来提高受众对问题的重视程度,以此来为美国政府和政客服务,达到政治目的。作者还认为,通过开展美国之音和自由亚洲电台对东南亚传播策略的研究,可以在一定程度上探查中国周围的舆情状态,中国必须重视对南亚东南亚各国的新闻传播,通过加强民间交流,组织相关活动让周边国家走近中国、了解中国。②

三、柬埔寨媒介内容研究

我国国内研究成果中,对柬埔寨媒介内容的研究多以其主流媒体对中国的报道为切入点,探究报道内容所建构的中国形象。

陈世伦等以框架理论为基础,以"框架三层次"理论为方法视角,审视三家柬埔寨主流媒体(中文《柬华日报》、英文《柬埔寨日报》、英文《金边邮报》)上的"一带一路"的报道。透过框架内容分析揭示主流柬媒对中国"一带一路"倡议的报道框架及其所建构出的中国国家形象。通过对三家主流媒体报道内容进行高中低三个框架层次的分析后,作者发现三家主流媒体的侧重点以及用词等都大有不同,但总体上的态度是比较积极且抱有期待的。说明中国海外形象建构与境外媒体报道框架间的交互关系,进一步推论了不同媒体的框架差异对中国海外形象建设的不同影响及其对话功能。③

① 蒋赐玲. 柬埔寨《华商日报》新媒体转型研究[D]. 广西大学,2017.
② 陈静静. 冷战后美国之音和自由亚洲电台对东南亚传播策略研究[J]. 国际传播,2017,(6):32-46.
③ 陈世伦,王一苇. 媒体报道框架与中国海外形象建构——以柬埔寨主流媒体对"一带一路"倡议报道为例[J]. 广西民族大学学报(哲学社会科学版),2019,41(1):148-157.

王潜从 2000—2014 年的柬埔寨《华商日报》中抽取了 965 条广告，参照 21 个编码标准对其进行定量分析后发现非商业广告占比大，占主导地位的文化价值观有"家庭""传统""智慧""求稳""诚信"。作者认为民间报纸广告的文化传承具有自觉性和自发性，华文报纸是海外华人交流信息的重要渠道，华文广告主要通过符号提示、仪式唤起和直接陈述三种方式对中华文化进行传承。作者主要对广告内容进行分析，对广告内容影响的研究较少。①

四、中柬媒体交流研究

文化软实力是一个国家综合国力的体现。随着"一带一路"倡议的提出，中国与包括柬埔寨在内的东盟各国的交流联系日益频繁、密切，也吸引了学界的研究目光。

（一）中柬文化交流研究

曹云华认为中国文化博大精深、历史悠久，曾对东南亚的文化发展影响深远。为实现双边关系的可持续发展以及人民的世代交好，我们有必要加强与东南亚的文化教育的交流与合作。②

杨云认为随着中国—东盟自由贸易区的建立和澜沧江—湄公河次区域的开发，云南扮演着推动中国同东南亚、南亚各国关系发展的重要角色。为了促进同周边各国交流，云南发挥其独特的区位优势，创办边境期刊，聘请通晓中外各国文化的工作者，在翻译工作中要求严格遵循五项原则——准确贴近原则、通顺达意原则、合乎情理原则、简练明确原则、生动形象原则。作者认为正是这样的高要求，才让云南边境期刊坐上了快速发展的高铁，促进中国同各国的交流和发展，充分体现了云南作为边境大省的意义和作用。③

周雷通过几个实际事例表明，在对外传播的过程当中，应该侧重于对当地舆论传播方式的讨论，而不是一味地进行高等级研究。舆论有显性舆论与隐性舆论之分，在国家的对外传播中，隐性舆论是不能被忽略的。④

---

① 王潜. 论柬埔寨华文广告对中华文化的传承——基于《华商日报》广告的内容分析（2000～2014）[D]. 暨南大学，2015.

② 曹云华. 切实重视对东盟的文化传播[J]. 对外传播，2009，（6）：50-51.

③ 杨云. 云南边境期刊越办越红火[J]. 对外传播，2011，（6）：54-55.

④ 周雷. 海外捕"舆"：理解国际传播的舆论如何产生——以东南亚地区为例[J]. 对外传播，2015，（11）：50-52.

　　周霖等指出广西人民广播电台推出并构建了"五位一体"的对外传播体系来讲好中国故事，传播好中国声音。其利用区位优势，积极打造面向东盟各国的中国文化宣传品牌，首创的媒体驻外工作站、译制站实现了在东盟各国的本土传播和融合传播，将中国故事以东盟各国语言讲述出去，让其民众更加了解中国文化，加之同东盟各国主流媒体共同打造国际文宣品牌活动的成功举办，更是把文化软实力的作用发挥得淋漓尽致。随着国际市场的逐渐开放，"构建人类命运共同体"的理念逐渐深入人心，讲好中国故事、传播好中国声音、树立好中国形象是当下每个媒体人的义务和责任，可以借鉴学习广西人民广播电台的新方法，切实做好文化软实力输出工作，促进中国同东盟各国文化交融、民心相通。[①]

　　李洪峰分析了云南日报报业集团面向南亚东南亚国家开展的党的十九大对外报道工作实践，云南日报报业集团国际传播交流中心充分运用目前已建成的 5 种语言（中文、英文、缅文、柬文、印度尼西亚文）的 13 种国际版报纸，及时向南亚东南亚 8 个国家传播党的十九大的重要信息，以及相关国际舆论对党的十九大的反馈。并注意与涉外新媒体矩阵形成合力，联动报业集团现有的网站、杂志及社交媒体，迈出了进行党的十九大这一重大新闻的国际传播的新步伐，取得了一定的实践经验。具体包括：提前策划，配置相应的国际传播平台资源；实行"一国一策"的方法，有针对性地进行党的十九大的国际传播；注重相关舆情的分析，及时调整报道方式，针对突发情况采取相应策略；以"第三方声音"强化党的十九大国际报道的后续效果等。阶段性工作成果的总结为下一步的工作提供了方向和参考经验。[②]

　　黄伊以"东盟头条"在柬埔寨落地的项目"柬埔寨头条"（Cambodia Top）2018 年的传播活动为例，探讨我国面向柬埔寨对外传播的策略。作者利用文本分析、案例研究、用户采访等方法，构建了"柬埔寨头条"传播策略研究的系统模型，从信息策略、用户策略、运营策略三个方面对"柬埔寨头条"传播策略相关实践进行梳理。"东盟头条"项目致力于建设中国—东盟信息港标志性互联网门户，旨在与东盟国家共享经济金融、教育科研、医疗卫生、灾害预警等方面的信息服务，柬埔寨是"东盟头条"的第一个试验地区。作者认为柬埔寨的新闻业已经形成了以市场为主导的格局，且随着 4G 网络的普及形成了纷纷向新媒

　　① 周霖，文虹任. 生动多元 传播中国声音 讲好中国故事[J]. 中国广播，2017，（10）：40-41.
　　② 李洪峰. 面向南亚东南亚的国际传播思考——以云南日报报业集团的十九大对外报道为例[J]. 对外传播，2018，（1）：71-72.

体转型的态势，通过分析作者提出"柬埔寨头条"传播策略的不足之处——信息本土化程度低、用户转化率低、推广力度较低，并给予了相应的建议。[①]

李庆林与杨方泽运用框架分析与语料库分析方法，对柬埔寨传统媒体、网络媒体以及网民评论中关于"一带一路"的相关内容进行系统分析，总结了柬埔寨媒体、官方和民间舆论对"一带一路"的立场、态度与观点。[②]

（二）中柬媒体合作研究

邱昊分析新媒体技术影响下云南对东盟的传播影响力的整合营销所面临的机遇和挑战，并指出存在的几个突出问题。一是云南媒体大都停留在对内介绍东盟、南亚的层面，真正能够"走出去"产生影响并能接受市场检验的对外宣传媒体尚未出现；二是传播内容没有充分考虑东盟国家受众特有的文化和思维方式；三是整体传播目标缺乏明确定位，如何实现目标缺乏整体规划，对于各媒体企业和单位如何投身"桥头堡"战略和建设缺乏相应的引导和组织；四是缺乏媒体的整合营销思维，各媒体之间各自为政、缺乏沟通；五是对东盟传播的媒体队伍素质还有待提升。对此，作者提出了解决的思路，即从初级营销阶段向整合营销阶段过渡，从扩宽渠道、定位受众、成本控制、求同存异、品牌建设等几个方面提出了解决策略。[③]

莫青青基于"一带一路"倡议的背景，结合云南无线数字电视文化传媒有限公司（简称"云数传媒"）以中国地面数字电视传输技术标准 DTMB 为依托在东南亚及南亚的"走出去"计划与实践，对柬埔寨数字电视有限公司（简称"柬数公司"）的运营实践展开研究。作者研究的视角集中于投资环境、中国企业在柬埔寨的投资现状、柬数公司的发展目标与定位、经营管理策略、人力资源管理措施、财务管理制度、公共关系拓展、市场营销的开展等方面。作者认为柬数公司处在发展初期阶段，虽然中国给予了很多技术、资金、人员支持，但由于文化的差异性，以及柬埔寨自身政局的复杂性，柬数公司在实际的运营过程中还是有很大的困难，很大程度上依靠于柬埔寨政府。[④]

① 黄伊. 柬埔寨头条对外传播策略研究[D]. 广西大学，2019.

② 李庆林，杨方泽. 柬埔寨有关"一带一路"的媒介话语分析[J]. 安徽理工大学学报（社会科学版），2023，25（1）：81-87.

③ 邱昊. 新媒体技术环境下媒体传播影响力的整合营销——以云南对东盟的传播影响力整合营销为例[J]. 学术探索，2014，（6）：79-83.

④ 莫青青. 云数传媒在柬埔寨的发展战略研究[D]. 云南大学，2015.

　　王林等总结了云南传媒业"走出去"面向南亚东南亚地区的传播成果，认为云南传媒业与"一带一路"沿线国家媒体的合作呈上升态势，而且云南不同类型文化传播机构正改变以往对外传播"单兵突进"的局面，逐步迈向打造"走出去联合体"的新高度。作者同时还提出提升云南传媒业国际传播力需要强调三个意识，即跨文化传播的对象意识、传播内容的本土意识、传播过程的策划意识。①

　　王贤森从中柬以往的交流历史出发，总结了新时代两国交往的"新"发展。作者认为中柬在很长一段时间内的交流大多只停留在政治层面，"一带一路"倡议的提出不仅为两国创造了一个良好的交流平台，而且也为民众提供了更多的了解渠道。柬埔寨的"四角战略"与我国"一带一路"倡议的目标高度吻合，使得两国沟通交往更加密切。在传播我国理念时，也要依托当地文化环境、民生环境——柬埔寨是传统农业国，亟须发展多元化的企业，并且优化产业结构。在"一带一路"的带领下，双赢共赢势必会成为战略合作的结果。②

　　王卫明等从三个角度大致梳理了"一带一路"沿线国家媒体的概况，即媒体所有者角度、媒体规模和影响力角度、新媒体发展角度；并从社会经济文化等多个方面分析了我国与"一带一路"沿线国家的合作机会，主要分析商业企业与媒体的相关性，达到媒体与商业企业融合的结果；还对如何进一步加强与"一带一路"沿线国家媒体机构合作提出了自己的见解与解决方法。③

　　张聪等认为随着"一带一路"建设的推进，云南的区位优势更加突显。在对外传播中，云南媒体扮演着"面向南亚东南亚辐射中心"的角色，因此在国家发展的大战略中，云南须积极参与其中，利用本身的区位优势，制定合理的制度和目标，积极打造中国媒体形象，积极融入各国，形成体系，为国家发展和构建人类命运共同体做好舆论工作。作者认为云南媒体想要尽可能发挥自己在国家战略中的作用，首先必须明确定位，知道自己角色的重要性；其次建立与相关媒体的合作制度，加强同周围各国媒体的合作；再次是利用大数据，做好数据收集和分析工作，建立相关智库；最后就是利用教育资源培养优质的媒体人，同各国开展媒体相关活动，深化民间的沟通和交流。④

　　孙喜勤也认为云南媒体须顺势而上，主动服务和融入"一带一路"建设，将自身打造成为面向南亚东南亚的辐射中心。现实调查中显示，云南媒体对其宣传

① 王林，伍奇. "一带一路"视阈下提升云南传媒业国际传播力的思考[J]. 对外传播，2016，（5）：70-72.
② 王贤森. "一带一路"背景下中柬交往的新发展[J]. 九江学院学报（社会科学版），2017，36（4）：20-22.
③ 王卫明，杨雅婷. "一带一路"沿线国家媒体概况及合作潜力分析[J]. 国际传播，2017，（1）：90-96.
④ 张聪，崔玉可，黄秋秋. 云南与湄公河流域国家开展媒体合作的策略分析[J]. 对外传播，2018，（7）：29-31.

及公关功能重视不够，媒体的影响力不足，没有完整的对外传播体系，同时合作机制不够，媒体人才匮乏。这严重阻碍了云南媒体在国家发展战略中发挥其关键作用，因此必须高度重视、解决现实问题。需要建立完备的对外媒体体系，完善合作机制；培养、引进新闻传播人才，利用新媒体资源，加强网络宣传；一国一策，因地制宜精准施策，加强媒体合作等。云南媒体要积极投身于国家发展大局，积极做好国家发展的桥头堡。①

代敏赞同云南作为"一带一路"建设中的桥头堡在与南亚东南亚的交流合作中扮演着重要角色的观点，并从传播学的角度对云桥网的传播能力、影响能力进行分析，针对问题提出建议。作者认为云桥网对外传播所面对的主要问题是传播主体单一、内容建设乏力、传播手段受阻、受众群体分析不足，以及政府和社会支持力度不够。作者针对这些问题提出和论证了加大资金扶持力度、培养新媒体对外传播人才、拓宽立体化对外传播渠道、实现传播主体的多元化、加强对外传播内容建设、丰富对外传播手段、利用社交媒体进行受众研究、建立外宣新媒体效果评估体系等建议。②

参 考 文 献

陈力丹，李熠祺. 历经劫难而重生的柬埔寨新闻传播业[J]. 新闻界，2015，（21）：54-61.

陈世伦，王一苇. 媒体报道框架与中国海外形象建构——以柬埔寨主流媒体对"一带一路"倡议报道为例[J]. 广西民族大学学报（哲学社会科学版），2019，41（1）：148-157.

陈竽秀. 海外华文媒体如何突破困境——以柬埔寨《华商日报》为例[J]. 出版广角，2014，（16）：68-70.

黄慧玲. 柬埔寨华文媒体的微信试验[J]. 新闻战线，2014，（10）：193-195.

李異平. 柬埔寨媒介：多党制下的新闻控制与争夺[J]. 东南亚研究，2011，（5）：34-38.

孙喜勤. 云南与南亚东南亚国家媒体合作研究[J]. 学术探索，2018，（3）：67-73.

王明弘. 柬埔寨政党新媒体之争[J]. 现代交际，2017，（2）：106-107.

Judith Clarke. Press freedom and development: An examination of models of the press in Cambodia[J]. *Australian Journalism Review*, 2006, 28(2): 5-22.

SOREIRATH SROU. 社交媒体在柬埔寨数字政治参与中的使用——以 Facebook 为例[D]. 中国传媒大学，2023.

（程潇爽、刘靖轩、张文波、宁显媛、张楠羚）

---

① 孙喜勤. 云南与南亚东南亚国家媒体合作研究[J]. 学术探索，2018，（3）：67-73.

② 代敏. 云桥网国际传播能力建设研究[D]. 广西大学，2018.

程潇爽：云南师范大学传媒学院副教授，博士；

刘靖轩：云南师范大学传媒学院讲师，博士；

张文波：云南师范大学传媒学院 2018 级新闻学专业学生；

宁显媛：云南师范大学传媒学院 2018 级广播电视学专业学生；

张楠羚：云南师范大学传媒学院 2017 级广播电视学专业学生。

第五章　老挝媒介传播研究综述

第一节　老挝影视艺术研究综述

世界各国对老挝影视艺术的研究极其稀少，我国发表的相关学术文章大多是对老挝影视的简单梳理，或者涉及中老影视合作方面的信息。老挝国内对影视艺术的研究也是寥寥可数。影视传媒的文化影响力及传播力非常强，中国对老挝影视艺术的探究，还有很多内容尚待梳理、分析和实践。

一、电影研究

（一）亚洲广播影视研究多集中于电影领域

亚洲电影研究是亚洲广播影视研究的重点。中国、韩国、日本和印度的电影是亚洲电影研究的重点，老挝电影发展滞后，极少出现在亚洲电影研究的相关文献中。亚洲电影研究领域主要包括：亚洲新电影的脉络、产业研究、现代性研究、文化研究，亚洲各国电影的导演、作品研究和产业年度进展梳理，以及亚洲电影的国际传播等。

早期的研究成果包括以下几篇文献。《亚洲各国电影事业简介》介绍了1957 年以前亚洲各个国家的电影发展情况。研究的主要内容为当时存在的电影制作机构和影片类型。研究对象包括越南、巴基斯坦、印度尼西亚、菲律宾、缅甸、泰国、蒙古、黎巴嫩、叙利亚、朝鲜、马来西亚、新加坡等。[①]1957 年发表的《亚洲电影界友好团结的集会》一文指出，在第二次世界大战以前，美国好莱坞的影片垄断了亚洲各个国家的电影市场，第二次世界大战结束后，亚洲各国开始将电影事业掌握在自己手中，独立电影出现，亚洲各国在电影事业上开始相互交流和借鉴。作者提倡亚洲电影应该百花齐放、百舸争流。[②]

20 世纪 90 年代，针对亚洲电影发展的曲折和困境，学者们也进行了分析研

---

① 亚洲各国电影事业简介[J]. 世界电影，1957，（8）：79-93.
② 张又君. 亚洲电影界友好团结的集会[J]. 世界知识，1957，（17）：30-32.

究。1997 年《亚洲电影研究：从朦胧到困惑》一文简述了亚洲电影的发展变化，即从独立电影生产逐渐向组织机构电影生产过渡，同时分析发展过程中的利弊。①同年《亚洲电影研究：从晦涩走向朦胧》一文梳理了亚洲各个国家的代表电影以及特点，着重分析了在 1964 年，亚洲电影发展停滞的主要原因。②《关注亚洲电影的发展》一文分析了 20 世纪 80 年代末期以来，如何关注和研究亚洲电影的共同问题，诸如民族文化、民族风格、与好莱坞电影的对峙、在后殖民语境中保持独立话语体系、民族电影工业的生存等。③

进入 21 世纪，随着亚洲电影业的发展，研究视野逐渐扩大，学术研究理论也逐渐丰富和多样化。《好莱坞、全球化与亚洲电影市场：给中国的启示》一文指出中国需要制作能够与好莱坞竞争的大片，另外中国也需要小投资制作小规模的艺术影片，在创作上选取世界流行的主题故事，以及描述平民百姓生活的主题故事，这样才有机会在世界范围内取得成功。④《东方镜像的苏醒：独立精神及本土文化的弘扬——论亚洲"新电影"的文化启示性》研究了 20 世纪最后 20 年世界电影的格局悄然发生的变化，以及亚洲电影的一代新人点燃了全球化空间里新的人文火种。文章着重论述了从这种"世纪性风潮"之变中破土而出的亚洲"新电影"。⑤《全球化语境下亚洲新电影的国际沟通与传播策略分析》对全球化语境下亚洲新电影在国际传播中的若干成功事例进行了分析。⑥《世界·亚洲·中国：电影美学的反思与建构》针对全球化浪潮中亚洲电影的处境及面临的问题，对好莱坞重拍亚洲电影背后的全球化策略进行了分析。⑦《崛起的亚洲电影研究》反映了国内学者对"崛起的亚洲电影"的深入思考，同时凸显了理论界对中国电影的期待。⑧《从"亚洲的电影"到"亚洲电影"》指出 21 世纪到来后，亚洲电影界期待一种以合作为前提的、文化意义上的"亚洲电影"。这是一

① [美]约翰·兰特. 亚洲电影研究：从朦胧到困惑[J]. 电影艺术，1997，（1）：27-30.

② [美]约翰·A·伦特. 亚洲电影研究：从晦涩走向朦胧[J]. 金天逸编译. 电影新作，1997，（1）：52，53-57.

③ 关注亚洲电影的发展[J]. 北京电影学院学报，1997，（1）：1-2.

④ 骆思典. 好莱坞、全球化与亚洲电影市场：给中国的启示[M]//中国高等院校电影电视学会. 冲突·和谐：全球化与亚洲影视——第二届中国影视高层论坛文集. 上海：复旦大学出版社，2002：132-160.

⑤ 黄式宪. 东方镜像的苏醒：独立精神及本土文化的弘扬——论亚洲"新电影"的文化启示性（上）[J]. 北京电影学院学报，2003，（1）：6-16，105；黄式宪. 东方镜像的苏醒：独立精神及本土文化的弘扬——论亚洲"新电影"的文化启示性（中）[J]. 北京电影学院学报，2003，（2）：7-11；黄式宪. 东方镜像的苏醒：独立精神及本土文化的弘扬——论亚洲"新电影"的文化启示性（下）[J]. 北京电影学院学报，2003，（3）：7-14.

⑥ 徐文明. 全球化语境下亚洲新电影的国际沟通与传播策略分析[J]. 浙江万里学院学报，2004，（6）：62-65.

⑦ 聂伟. 世界·亚洲·中国：电影美学的反思与建构[J]. 电影新作，2005，（4）：59-61.

⑧ 周安华. 崛起的亚洲电影研究[J]. 江苏社会科学，2006，（3）：179.

种更具亚洲认同感和价值观，也更有精神包容性和市场竞争力的亚洲新电影。[①]
《论东方的"诗性智慧"与亚洲新电影》分析了在亚洲新电影的形成过程中，东方民族的思维——"诗性智慧"蕴含其中，因此，亚洲新电影自然而然呈现出相应的诗性风格。亚洲新电影的出现，是亚洲电影被世界认知的重要转折点。[②]
《亚洲新电影民族主体性的建构与世界电影史的重写》分析了在艺术上，亚洲影人书写东方文化的民族范式，与好莱坞电影范式、"欧陆派"电影范式相得益彰。然而，在现有的世界电影史中，亚洲电影一直处于边缘地带，因此有必要重写世界电影史。[③]《情动作为方法：亚洲电影的经验书写与身份生成》以巴基斯坦 2022 年电影《乐土》为个案展开研究，作者指出电影的主人公们选择以跨越身份的方式无声地反抗父权、寻找自我。[④]

亚洲电影的重要性和对世界电影的影响力与日益增，但是，老挝电影的发展受限于国家发展的整体水平，虽然萌芽，破土绽放却依然充满困难，在亚洲电影的学术研究中依然难觅踪影。

（二）南亚东南亚国家的电影研究涉及多个国家

对南亚东南亚国家的电影研究主要聚焦于印度、泰国、马来西亚、越南、新加坡、菲律宾等国。此外，国内外学者还对南亚的斯里兰卡，东南亚的柬埔寨、缅甸、老挝等国的电影有不同程度的涉猎，研究内容主要包括发展现状、作品、导演、事业（产业）政策、技术发展等，也有个别的简史梳理，成果形式主要是期刊论文和学位论文，如王珊的《由斯里兰卡电影产业现状探索"一带一路"人文交往新空间》[⑤]、屠玥的《寻找与摸索 孟加拉国电影的 70 年起落》[⑥]、崔颖等的《21 世纪泰国电影产业发展概况》[⑦]。国内外学术界对印度电影研究最为充分，论著较多，研究内容包括印度电影史、新宝莱坞研究、文化研究等。

《菲律宾、印度尼西亚及泰国电影简况》是早期关于南亚东南亚电影研究的文献，该文分析了三个国家在第二次世界大战结束后电影的发展情况，从刚开始

① 李道新. 从"亚洲的电影"到"亚洲电影"[J]. 文艺研究，2009，（3）：77-86.
② 李东娜. 论东方的"诗性智慧"与亚洲新电影[J]. 语文学刊，2007，（S1）：1-2.
③ 章旭清. 亚洲新电影民族主体性的建构与世界电影史的重写[J]. 艺术探索，2019，33（2）：103-107.
④ 陈亦水，张一宁. 情动作为方法：亚洲电影的经验书写与身份生成[J]. 电影评介，2023，（23）：19-26.
⑤ 王珊. 由斯里兰卡电影产业现状探索"一带一路"人文交往新空间[J]. 北京电影学院学报，2018，（3）：51-58.
⑥ 屠玥. 寻找与摸索 孟加拉国电影的 70 年起落[J]. 北京电影学院学报，2018，（3）：64-70.
⑦ 崔颖，朱丹华. 21 世纪泰国电影产业发展概况[J]. 当代电影，2018，（5）：68-72.

的混乱和模仿，到逐渐找到适合自己国家的影片类型。该文还从导演出发，研究导演影片风格的变化以及与当时国家政策的关系。①

21 世纪以来，南亚东南亚的电影合作发展抱团意识、差异化意识增强，研究也有了一定的拓展。《电影在东南亚：发展问题和前景》从电影在东南亚的传入和早期发展、东南亚各国独立以来电影业的发展、东南亚电影业发展的特点三个方面进行分析。尽管自 20 世纪 80 年代以来，电影观众明显呈下降趋势，但是，同世界上许多地方一样，电影仍然是东南亚具有广泛影响力的大众文化。②《一道未被完全修葺的土坡——关于东南亚独立电影》介绍了受国际关注的东南亚独立电影。③《东南亚动画电影一瞥》分析了在大部分的东南亚国家中，动画电影起步较晚，但在短时间内已经有了较快的进步。同时指出，东南亚动画电影面临着来自国际市场的激烈竞争，区域动画产业仍有许多困难需要克服。④《东南亚新电影的文化观察》探讨了东南亚新电影的特点，但仍着重于泰国、菲律宾、新加坡、马来西亚和印度尼西亚的电影研究，研究这些国家的电影在 2006—2016 年是怎样融入电影的全球化潮流，以及如何整合进世界电影大舞台的。⑤《论构建东南亚电影共同体的可能性》分析了东南亚文化根基存在"多元聚合，和而不同"的特点，于是东南亚电影在艺术上表现出高度一致性。构建东南亚电影共同体，已经是"在路上"的工程。⑥《亚洲电影的复兴之路——以东亚、东南亚及南亚电影（2001—2010）为例》分析了 21 世纪以来，以日韩为代表的东亚、以泰国为代表的东南亚、以印度为代表的南亚的电影。在不同的背景及产业政策推动下，这些国家的本土民族电影开始崛起，一方面是国产电影可以在本土市场与好莱坞电影平分秋色，甚至一些特色鲜明的影片打开了区域市场，如韩流影片、泰国动作片等；另一方面是一些艺术电影频频在国际电影节上获奖，推动了艺术新浪潮的出现。⑦《21 世纪以来亚洲跨国电影研究》分析了 21 世纪亚洲跨国电影的定义、成因和侧重点，研究发现亚洲跨国电影试图在电影节的商业运

① 李庄藩. 菲律宾、印度尼西亚及泰国电影简况[J]. 世界电影，1984，（3）：243-248.

② 贺圣达. 电影在东南亚：发展、问题和前景[J]. 东南亚，2005，（3）：54-61.

③ 王梆. 一道未被完全修葺的土坡——关于东南亚独立电影[J]. 书城，2005，（4）：43-45.

④ [美]约翰·兰特. 东南亚动画电影一瞥[J]. 杨璐潞译. 电影评介，2009，（14）：2-3.

⑤ [泰]安察丽·柴沃拉邦. 东南亚新电影的文化观察[J]. 何谦译. 北京电影学院学报，2016，（6）：134-143.

⑥ 章旭清. 论构建东南亚电影共同体的可能性[J]. 当代电影，2018，（7）：92-96.

⑦ 张慧瑜，李玥阳. 亚洲电影的复兴之路——以东亚、东南亚及南亚电影（2001—2010）为例[J]. 当代电影，2012，（2）：138-144.

营、艺术版图呈现中突出其自身理论落脚点与独特性。[①]

南亚东南亚的电影有明显的进步，类型增多，区域性特征、民族性日趋增强，尤其是印度、泰国、越南、马来西亚和菲律宾的电影，在世界电影中的影响力逐渐增强。老挝电影在 2000 年后也有了发展，每年均有一到两部电影出品，但相较于南亚和东南亚的其他国家，其电影发展尚在起步阶段，相关研究依然缺乏。

（三）老挝电影发展缓慢，研究成果稀少

老挝电影的研究成果十分稀少，缺乏电影史的研究，相关研究零星散落于东南亚影视研究论文中。老挝电影研究总体质量一般。国内学者贺圣达的《电影在东南亚：发展、问题和前景》对东南亚电影的发展状况做了简要梳理，其中有很少段落涉及老挝，寥寥数笔带过。[②]章旭清在《论构建东南亚电影共同体的可能性》一文中分析，构建东南亚电影共同体已经是"在路上"的工程，"电影东盟"可以看作共同体构建的初期形态，"包容和开放"是未来东南亚电影共同体的将有姿态。东南亚是未来世界电影格局调整的战略地带，老挝电影亦是其中组成部分。[③]覃海伦在《老挝电影发展历程及前景探析》中指出，老挝电影发展滞后，时断时续，总体来看作品很少。然而，从诞生以来，老挝电影就一直追随着世界电影，虽然困难重重，但发展探索不断，一直有构建民族电影文化的强烈意愿。从艺术或商业的角度而言，老挝电影虽然缺乏成就，但它的质朴、简约是独特且具有魅力的。[④]

老挝电影发展极度缓慢，电影作品数量少，依然没有形成电影产业，因而目前学术研究呈现缺失状态。从这个角度来说，老挝电影的学术研究尚处于萌芽阶段。

二、电视研究

（一）我国的亚洲电视发展研究成果多样

近年来，中国学者对亚洲电视发展的研究呈现出多样化的特点。对亚洲电视

---

① 王赟妹，张萌.21 世纪以来亚洲跨国电影研究[J]. 电影评介，2022，（Z1）：33-37.

② 贺圣达. 电影在东南亚：发展、问题和前景[J]. 东南亚，2005，（3）：54-61.

③ 章旭清. 论构建东南亚电影共同体的可能性[J]. 当代电影，2018，（7）：92-96.

④ 覃海伦. 老挝电影发展历程及前景探析[J]. 东南亚纵横，2012，（6）：62-66.

的研究主要集中在分析亚洲电视的现状以及未来发展趋势等方面。对亚洲国家韩国、日本的电视综艺节目模式、电视剧的研究也比较多。另外，在全球一体化趋势下及"一带一路"倡议背景下，广播电视等媒体应如何发挥对外宣传作用，促进中外的友好合作也成为我国学者热衷研究的问题。对南亚东南亚国家电视的研究也随着地缘关系、政治经济关系的变化，有了更多的突破，但是，对老挝电视的研究依然处于相对缺失的状态。

张卓等的《亚洲电视新景观》一书，聚焦到东亚、东南亚和南亚的部分国家和地区，用"局内人"的视角探讨亚洲电视的历史沿革与新近发展。[①]刘琛在《全球化背景下的亚洲电视传媒——发展与文化》中，以国家为单位，分析了东亚、东南亚、南亚、中亚和西亚等地 41 个国家的电视传媒发展状况。[②]余统浩在论文《亚洲电视的现状与未来》中，对全球第一家华语电视台——香港特别行政区仅有的两家免费电视台之一，成立于 1957 年 5 月 29 日的亚洲电视的现状和未来做了分析研究。[③]童真在《韩国电视综艺节目在我国的跨文化传播研究》中指出，韩国电视综艺节目已经与韩流一道，成为传播韩国文化的中坚力量。[④]

叶虎在《中国对东南亚电视外宣的优势、问题与对策》一文中分析指出，中国电视媒体应发挥自身的力量，发掘对东南亚宣传的优势，找出在传播中存在的实际问题，运用恰当的传播策略进行有效的对外宣传，从而树立良好的中国国家形象，营造有利于自身发展的国际舆论环境。[⑤]杨敏学等的《东南亚地区华语电视媒体发展现状》，以马来西亚华语电视为重点，简单分析了东南亚地区华语电视媒体发展现状。[⑥]郭镇之在《中国电视走向东南亚》中通过调查电视纪录片和戏剧在东南亚地区的传播现状和发展策略，分析了中国与东南亚国家电视之间的关系和不同特点，以及东南亚人对中国电视内容的需求，以推动中国电视融入东南亚。[⑦]朱晓钟在《往事飞絮》中简单介绍了缅甸电视节目的种类和生产方式；泰国电视台的节目播出比重、电视企业管理模式；新加坡电视台节目栏目种类、

① 张卓，王瀚东. 亚洲电视新景观[M]. 武汉：华中科技大学出版社，2011.
② 刘琛. 全球化背景下的亚洲电视传媒——发展与文化[M]. 北京：北京交通大学出版社，2009.
③ 余统浩. 亚洲电视的现状与未来[J]. 大市场（广告导报），2005，（4）：95.
④ 童真. 韩国电视综艺节目在我国的跨文化传播研究[D]. 大连理工大学，2014.
⑤ 叶虎. 中国对东南亚电视外宣的优势、问题与对策[J]. 中国广播电视学刊，2007，（3）：8-9，21.
⑥ 杨敏学，吴浩菁. 东南亚地区华语电视媒体发展现状[J]. 中国广播电视学刊，2019，（11）：78-80.
⑦ 郭镇之. 中国电视走向东南亚[J]. 南方电视学刊，2012，（6）：45-49.

播出方式等。①方安然在《叙事学视角下的电视新闻语态沿革探究——以新加坡亚洲新闻台为例》中以新加坡亚洲新闻台为个案，从叙事态度、叙事方式和叙事节奏三个方面分析其电视新闻语态在发展过程中的传承与革新，对我国主流媒体加强国际传播能力建设有较强的参考意义。②

亚洲电视行业发展较快，节目制作形式多种多样，影视剧的类型也比较丰富。亚洲整个电视行业的发展与世界其他地区相比，有鲜明的特色，行业发展成熟，出现了一些具有世界影响力的电视传播机构，如中国中央电视台（China Central Television，CCTV）③、日本放送协会、韩国放送公社（Korean Broadcasting System，KBS）等。老挝的电视行业也有一定发展，但是受到经济、人才、制度等的制约，特色不明显，发展较为缓慢，在关于亚洲各国的电视行业的研究中仍然处于被忽略的地带。

（二）国外学术界对南亚东南亚国家电视的研究主要聚焦于印度电视领域

国外学术界对南亚东南亚国家电视的研究，主要是针对具体国家而展开的国别研究，最集中、最主要的就是对印度电视的研究。代表性学术成果主要有以下三种。《观文化，看政治——印度后殖民时代的电视、女性和国家》（*Screening Culture, Viewing Politics: An Ethnography of Television, Womanhood, and Nation in Postcolonial India*）是斯坦福大学的普尔尼马·曼克卡尔（Purnima Mankekar）于 1990—1992 年在印度新德里田野调查的基础上，完成的一部有关后殖民时代的印度电视、女性及国家的民族志。④柯克·约翰逊（Kirk Johnson）的《电视与乡村社会变迁：对印度两村庄的民族志调查》（*Television and Social Change in Rural India*），主要采用民族志的研究方法，考察电视在不断变迁的印度乡村中所发挥的作用。⑤英德拉吉特·巴涅日在《亚洲广播电视媒体的主要发展趋势及

---

① 朱晓钟. 往事飞絮[M]. 昆明：云南民族出版社，2006.

② 方安然. 叙事学视角下的电视新闻语态沿革探究——以新加坡亚洲新闻台为例[J]. 新闻研究导刊，2022，13（3）：46-48.

③ 2018 年 3 月，中共中央印发了《深化党和国家机构改革方案》，并发出通知，组建中央广播电视总台，撤销中央电视台（中国国际电视台）、中央人民广播电台、中国国际广播电台建制。

④ [美]普尔尼马·曼克卡尔. 观文化，看政治——印度后殖民时代的电视、女性和国家[M]. 晋群译. 北京：商务印书馆，2015.

⑤ [美]柯克·约翰逊. 电视与乡村社会变迁：对印度两村庄的民族志调查[M]. 展明辉，张金玺译. 北京：中国人民大学出版社，2005.

其教训》中就亚洲广播电视和其他媒体发展的主要趋势发表了看法。[①]南亚东南亚国家对自己的电视行业及相关领域都有或多或少的研究。

尽管南亚东南亚国家在电视行业的发展中借鉴了欧美电视的很多节目理念和模式，并取得了成效，但欧美针对南亚东南亚电视行业进行的学术研究相对较少，且缺乏广度和深度，关于老挝电视行业的相关研究更是不见踪影。

（三）国内外针对老挝电视的研究很少，老挝的本土研究也是凤毛麟角

总体而言，研究南亚东南亚电视的文章不少，但针对老挝电视的研究稀少。中国学者在 2000 年以后才对老挝电视有了关注，但是研究范围主要集中在中国文化如何通过电视在老挝传播这一方面，研究视角较为单一，缺乏实地调研和深度研究。

刘琛的《老挝电视传媒：历史，身份与意识形态》认为老挝没有将大众传媒的身份定义为公共领域。[②]全荣兴的《中国电视剧在老挝传播的现状及策略探析》一文，通过系统梳理中国电视剧在老挝传播的现状，分析传播中所面临的问题，继而提出相关建议。[③]赵红苗在《中国影视作品在老挝汉语国际传播中的情况考察》一文中提到，随着中老两国关系的全面发展，作为汉文化传播先驱者的中国影视作品，大量走进了老挝人民的视野。在一个国家的语言被接受之前，如果这个国家的文化先被认可和接受，那么在传播过程中就事半功倍了，所以中国影视作品在老挝汉语国际传播中将会起到重要的作用。[④]全荣兴在《中国电视剧在老挝跨文化传播研究》中阐述了电视剧跨文化传播的相关理论；对老挝电视产业发展情况以及中国电视剧在老挝传播的环境、政策和优劣势进行梳理；探究中国电视剧在老挝传播中存在的问题及其原因。[⑤]张帅在《中国—老挝媒体合作传播研究》中分析，自 2009 年建立全面战略合作伙伴关系以来，中国与老挝之间往来日益频繁，合作领域不断拓宽。随着近年来澜沧江—湄公河合作机制不断完善，双方在传媒领域的合作也不断增多。文章以时间轴的形式梳理中国与老挝开展媒体合作的传播历程，从人员交往、活动组织、内容生产、产业共建四

① [印]英德拉吉特·巴涅日. 亚洲广播电视媒体的主要发展趋势及其教训[J]. 龙刚编译. 卫星电视与宽带多媒体，2005，（20）：36.

② 刘琛. 老挝电视传媒：历史，身份与意识形态[J]. 国际新闻界，2010，（3）：123-126.

③ 全荣兴. 中国电视剧在老挝传播的现状及策略探析[J]. 视听，2019，（7）：139-140.

④ 赵红苗. 中国影视作品在老挝汉语国际传播中的情况考察[D]. 哈尔滨师范大学，2015.

⑤ 全荣兴. 中国电视剧在老挝跨文化传播研究[D]. 广西民族大学，2018.

个方面总结两国媒体合作传播情况。①

　　老挝的电视发展较慢，人才稀少，因此老挝国内相关研究也十分缺乏。老挝来华留学生阿芳（Aphone Khaophanh）在论文《老挝国家电视台的现状与发展建议》中分析，老挝是中南半岛上唯一的内陆国家，不仅经济欠发达，新闻传播业也相当落后。新闻体制僵化、专业人才传播匮乏和传播技术落后，是制约老挝新闻业发展的三大因素。老挝政府应放松对新闻的管制，让新闻业拥有更大的自主性，同时发展本国新闻传播教育以培养新闻专业人才，另外还需加大对新闻业的资金投入，并积极谋求国际社会的资金和技术帮助。②

　　除了电视新闻栏目和电视娱乐、文化栏目，直到 2022 年，老挝还没有一部由本国相关人员主导创作的电视剧。因此，老挝国内学者对于本国电视的研究其实也处于起步阶段，世界各国对老挝电视的研究、关注鲜见，大量的基础材料有待全面收集、整理。

三、影视史研究

　　国内外学者对南亚东南亚国家影视史（发展历程）的研究非常薄弱，目前所能检索到的学术著作仅有 4 部，分别是米希尔·玻色的《宝莱坞电影史》③、伦贡瓦拉的《印度电影史》④、拉贾德雅克萨的《印度电影简史》⑤、冯晓华等的《老挝广播影视传媒研究》⑥。目前在国内外学者撰写的影视史专著和教材中，南亚东南亚影视史总体呈现缺失状态，而老挝影视史方面的文献更是稀缺。

四、老挝影视艺术研究的不足和未来研究方向

　　总体上看，近年来国内外学者对南亚东南亚国家新闻传播和广播影视、新媒体的研究取得了一定的进展，但老挝影视艺术的研究依然存在很多尚待梳理、分析的空间。

　　（1）国内外关于老挝影视研究的成果不多，且集中于个别国家，研究对象分布不平衡。对于南亚东南亚国家的影视研究大多集中在对印度单一国别的研究上。老挝影视在现有研究中鲜有涉及，仅有零星的论文，或是分散在南亚东南亚

① 张帅. 中国—老挝媒体合作传播研究[D]. 广西大学，2019.
② [老挝]阿芳. 老挝国家电视台的现状与发展建议[D]. 复旦大学，2013.
③ [英]米希尔·玻色. 宝莱坞电影史[M]. 黎力译. 上海：复旦大学出版社，2018.
④ [印]菲罗兹·伦贡瓦拉. 印度电影史[M]. 孙琬译. 北京：中国电影出版社，1985.
⑤ [印]阿希什·拉贾德雅克萨. 印度电影简史[M]. 瑞尔译. 海口：海南出版社，2019.
⑥ 冯晓华，熊永祥，杨颖，张倩. 老挝广播影视传媒研究[M]. 北京：科学出版社，2023.

影视研究的相关文章中，且大多是几笔带过。从中外影视研究角度而言，老挝的影视研究长期处于被忽略境地，研究近似荒原状态。

（2）老挝影视发展缓慢，人才稀少，因此本国学者的影视学术研究也很少，资料十分缺乏。除了屈指可数的几篇论文，及 2019 年老挝大众传媒管理中心做的一些简单记载，文献几乎无处可寻。

（3）南亚东南亚国家影视史的研究极为薄弱，缺少区域性、整体性的影视史研究，在国别研究方面，有关于印度电影史的书籍，个别著作也涉及菲律宾，但老挝影视史研究完全处于空白的状态，未见相关学术文献。

相对世界影视研究而言，老挝的影视研究才刚刚起步，很多空间和维度有待探索。可以从以下几个方面展开对老挝影视的研究。

第一，老挝影视研究中缺乏基础性资料，因此，老挝影视基础性的研究数据、资料的收集、梳理，是目前老挝影视研究的第一步，做到了这一点，能够为进一步的研究和老挝影视的发展提供分析依据。这就需要进行实地调研，掌握一手资料。

第二，老挝影视发展缓慢，学术关注度少，研究成果少，这也提醒学者要善于结合老挝经济社会的发展、历史的沿革和变迁，来进行老挝影视的综合研究。同时，在对老挝影视发展的梳理中找到其个性和特点，拓展研究深度。点面结合，形成老挝影视研究的特色。

第三，亚洲整体影视行业的成熟发展、南亚东南亚影视的特色，对老挝影视的发展有着启示和引领的作用。当前，老挝也在亚洲积极开展影视合作项目，因此，笔者希望通过对老挝影视发展脉络和特色的梳理，分析老挝影视发展与其他国家文化的关系。这样就能在上述研究的基础上，对中国影视如何有效融入老挝、充分发挥文化影响力进行论证分析。

参 考 文 献

[老挝]阿芳. 老挝国家电视台的现状与发展建议[D]. 复旦大学，2013.

方安然. 叙事学视角下的电视新闻语态沿革探究——以新加坡亚洲新闻台为例[J]. 新闻研究导刊，2022，13（3）：46-48.

贺圣达. 电影在东南亚：发展、问题和前景[J]. 东南亚，2005，（3）：54-61.

金东虎. 亚洲电影的现状与展望[J]. 艺术评论，2008，（6）：69-71.

李东娜. 论东方的"诗性智慧"与亚洲新电影[J]. 语文学刊，2007，（S1）：1-2.

刘琛. 老挝电视传媒：历史，身份与意识形态[J]. 国际新闻界，2010，（3）：123-126.

全荣兴. 中国电视剧在老挝传播的现状及策略探析[J]. 视听，2019，（7）：139-140.

覃海伦. 老挝电影发展历程及前景探析[J]. 东南亚纵横，2012，（6）：62-66.

亚洲各国电影事业简介[J]. 世界电影，1957，（8）：79-93.

[美]约翰·兰特. 亚洲电影研究：从朦胧到困惑[J]. 电影艺术，1997，（1）：27-30.

章旭清. 论构建东南亚电影共同体的可能性[J]. 当代电影，2018，（7）：92-96.

周安华. 崛起的亚洲电影研究[J]. 江苏社会科学，2006，（3）：179.

（冯晓华、朗尚仪）

作者简介：

冯晓华：云南师范大学传媒学院高级记者，硕士生导师；

朗尚仪：云南师范大学传媒学院戏剧与影视学专业硕士研究生。

第二节　老挝广播研究综述

一、老挝广播研究的缘起

老挝是一个与中国毗邻的内陆国家，自古以来，中老两国一衣带水，边民的交往从未停止。1961 年 4 月 25 日，中国和老挝正式建交，老挝政府一直支持中国的和平统一政策。中老两国都是社会主义国家，毛泽东等中国老一辈领导人与凯山·丰威汉（Kaysone Phomvihane）等老挝老一辈领导人肝胆相照，结下了深厚的战斗情谊。20 世纪六七十年代，中国军民积极支援老挝的民族独立和解放事业，200 多位中国烈士长眠于老挝。

新时期，在经济全球化的浪潮中，加入到世界经济运转的大局之中是老挝最符合国情的战略选择。中老两国的全面战略合作伙伴关系不断拓展。2013 年 9 月和 10 月，中国国家主席习近平分别提出建设"丝绸之路经济带"和"21 世纪海上丝绸之路"的合作倡议，老挝是中国"一带一路"投资的重点。2010 年，中国取代泰国成为老挝最大投资国。[①]2019 年是中老旅游年，中国有 100 万游客到老挝旅游。[②]2019 年，中老双边贸易额达到 39.2 亿美元，同比增长 12.9%，增幅在东盟国家中排名第四。[③]按照《澜沧江—湄公河合作五年行动计划（2018—2022）》的规划，中老还将在水资源、产能、农业等领域展开合作。合作的效果

---

① 婷婷. 中国成为老挝最大投资国[N]. 中华工商时报，2010-07-22.

② 2019 年老挝迎来百万中国游客[N]. 人民日报，2020-01-02.

③ 驻老挝经商参处. 2019 年全年中老贸易创下历史新高[EB/OL].（2020-02-14）[2021-04-20]. http://la.mofcom.gov.cn/article/jmxw/202002/20200202936010.shtml.

是显著的，2022 年，中老贸易额达 56.8 亿美元，同比增长 31%。其中，中国对老出口 23.4 亿美元，同比增长 49%；中国企业对老直接投资流量为 2.5 亿美元。①2023 年 10 月，中老两国最高领导人又签署了《中国共产党和老挝人民革命党关于构建中老命运共同体行动计划（2024—2028 年）》，进一步深化了两国在政治、经济、安全、人文、生态领域的合作。②

资讯畅通的媒体是一个国家的神经通路，诞生于 20 世纪 20 年代的广播具有传播迅速、受众广泛、接收门槛低等优势，即便是在网络如此发达的今天，广播仍然是国家信息安全保障的重要方面。文明因多样而交流，因交流而互鉴，因互鉴而发展。民心相通最深入、最长久、最基础的方式就是互联互动。③无论是产业合作还是经济贸易须得文化先行，相互了解、形成共识是中老两国关系长远发展的意识基础。大规模的人员往来难以短时实现，但传媒领域的相互交融和互动却可以长期深入开展，这是两国人民民心相通的保障。我们对老挝的舆论生态、传播渠道、叙事方式等知之甚少，要打破长久以来中国对外传播的单线思维，我们需要深入研究老挝传媒的方方面面。由此，笔者展开了对老挝媒体的研究。研究的第一步就是进行相关文献的梳理。

二、老挝广播研究的现状

笔者通过在中国国家图书馆（线上）、云南师范大学图书馆（线上）、中国知网、威利在线图书馆（Wiley Online Library）中搜索，发现与老挝相关的文献共 8000 余篇，主要涉及能源、资源、语言、教育、传播等领域，相关成果零散分布于国家年鉴、省志，以及研究老挝传媒、中国对外传播的书籍和期刊中。但直接研究老挝广播的书籍未见，直接研究的文章仅有来自广西大学④和苏州大学⑤的两篇硕士论文。

本节对于老挝广播研究的综述从广播机构、广播内容、广播受众以及老挝广播对外合作四个方面展开。

---

① 2022 年中国一老挝经贸合作简况[EB/OL]. （2023-12-28）[2024-02-16]. http: //file.mofcom.gov.cn/article/tongjiziliao/sjtj/yzzggb/202312/20231203463476.shtml.

② 中国共产党和老挝人民革命党关于构建中老命运共同体行动计划（2024—2028 年）（全文）[EB/OL]. （2023-10-21）[2024-02-16]. https://www.gov.cn/yaowen/liebiao/202310/content_6910701.htm.

③ 王寅. 民心相通是最深入、最长久、最基础的互联互通[EB/OL]. （2019-08-23）[2021-04-20]. http://www.qstheory.cn/laigao/ycjx/2019-08/23/c_1124913200.htm.

④ 碧月. CRI 中国国际广播电台老挝万象台网络传播研究报告[D]. 广西大学，2022.

⑤ [老挝]汪木兰. 全媒体时代老挝军队广播电视媒体面临的挑战与对策研究[D]. 苏州大学，2021.

（一）老挝广播机构研究

对于老挝广播机构的介绍最早见于蔡文枞1995 年发表的《老挝的新闻文化事业》①，但时间久远，很多数据都已成为历史，相对较近的介绍来自老挝《万向时报》记者孔沙万（Khonesavanh Latsaphao）于 2018 年发表的论文《老挝媒体概况》②。该文对老挝的广播电视媒体进行了简况式的记录，主要统计了老挝广播电视的数量，并未提到其历史和节目构成等内容。

随着"一带一路"建设的推进，广西开始逐步深化与南亚东南亚媒体的合作，广西大学的相关研究也走在了全国前列。2019 年，广西大学张帅的硕士学位论文简单梳理了老挝国家广播电台的发展简况，对老挝国家广播电台的频道做了比较清晰的叙述。③

相对系统的研究文献是何政等的《老挝国情报告（2015～2016）》，作者对老挝广播的建立、发展、层级、管理部门、播出语种等都有相对翔实的记载，作为国情咨文实属难得。④但这些对既有事实的描述都还算不上真正的研究，因为缺乏比对的视角、深入的思考和理论的支撑。

云南在研究老挝方面有着天然的地缘优势和深厚的人文历史基础。近年来，中国与南亚东南亚国家的媒体合作逐渐成为云南高等学校和科研院所关注的重点，如论文集《南亚东南亚国家大众传媒发展与现状》就是其中的一部重要成果。云南大学的单晓红等从政治立场的角度切入研究老挝媒体，认为老挝传媒有共同特点：以首都万象为中心，以服务于政府或代表性的政治集团为立足点；面临相同的困境：资金短缺、技术落后和人才匮乏。⑤这部论文集是老挝媒体研究文献中比较难得的超越现状本身、带着研究视角深入剖析和思考的作品。

国家广播电影电视总局培训中心牵头撰写的《东盟广播电视发展概况》以更加广阔的视角透析了老挝广播电视管理体制，不再以孤立的视角看待老挝媒体的发展，指出了老挝广播诞生和经营发展之路与政府转型的高度关联，并且更为详细地梳理了老挝广播等传媒机构的发展历史，连员工的数量和机构的具体情况也

---

① 蔡文枞. 老挝的新闻文化事业[J]. 东南亚，1995，（3）：53-60.
② [老挝]孔沙万. 老挝媒体概况[J]. 李丛译. 中国投资，2018，（3）：72-73.
③ 张帅. 中国—老挝媒体合作传播研究[D]. 广西大学，2019.
④ 何政等. 老挝国情报告（2015～2016）[M]. 北京：经济管理出版社，2018.
⑤ 单晓红，刘娴睿. 老挝人民民主共和国传媒发展与现状[M]//南亚东南亚国家大众传媒发展与现状. 昆明：云南大学出版社，2018：159-174.

纳入其中①。

另外，值得一提的是，近年来，在来华留学的老挝学生中，有零星研究者把目光投向了母国的媒体行业，贡献了一些老挝媒体的一手数据和老挝人自己的见解。汪木兰（Boulam Chiengsavang）研究了老挝军队广播的设备技术情况、人员构成和工作业绩，客观评价了其发展水平，为老挝本土媒体提出了中肯的建议②。

（二）老挝广播内容研究

老挝的文献尚未形成数字化资源，老挝国立大学大众传媒学系成立时间尚短，未见相关老挝语文献。对于老挝广播内容的研究零星地出现在不同国家和不同时期的文献中，大多只统计了老挝某一时期广播的节目构成，而对具体的节目内容、表现形态、主持人等都缺乏系统梳理。并且在汉语和英语文献中多见对中国向老挝传播的内容的概括，对老挝本土节目内容进行深入探讨的不多。

最早的老挝广播内容研究文献是 1974 年发表的《老挝大众传媒》（"Mass Media in Laos"），这篇文章记录了 1974 年前 50 年的老挝广播情况。那是一个音乐、戏剧和辩论节目大受欢迎的年代，反对党会参加每月一次的辩论节目，总理回答问题时民众也可以通过广播收听。当时的民众还可以用调频收音机收到英国广播公司、美国之音或澳大利亚广播电台的节目，呈现出广播的繁荣以及广播对于老挝社会的高度参与。③

国家广播电影电视总局培训中心牵头撰写的《东盟广播电视发展概况》以全局性的视角概括地介绍了老挝国家广播电台各频道播出的主要内容，对于省级广播电台和各地方的广播站则没有更多的调查。老挝较大和较富裕省份的广播电台有较多自制节目，有的还用方言播出，颇具地方特色。④

老挝来华留学生阿芳在《老挝国家电视台的现状与发展建议》中整理了中国国际广播电台老挝语广播的部分内容，包括各频道的播音时间、语种、主要节目类型和栏目数量。虽然内容算不上新颖，但因为阿芳是老挝人，加上她又对中国的媒体有比较深入的了解，这份研究显得颇具情怀，她以一个留学生的视角给老挝国家媒体提出了不少宝贵意见。⑤

① 国家广播电影电视总局培训中心. 东盟广播电视发展概况[M]. 北京：中国广播电视出版社，2008.

② [老挝]汪木兰. 全媒体时代老挝军队广播电视媒体面临的挑战与对策研究[D]. 苏州大学，2021.

③ John A. Lent. Mass media in Laos[J]. *International Communication Gazette*, 1974, 20(3): 171-179.

④ 国家广播电影电视总局培训中心. 东盟广播电视发展概况[M]. 北京：中国广播电视出版社，2008.

⑤ [老挝]阿芳. 老挝国家电视台的现状与发展建议[D]. 复旦大学，2013.

华春玫在《试论国际传播的双向作用——以国际台在老挝传播为例》中比较详细地讨论了中国国际广播电台老挝语广播的传播思路和内容。从国际文化传播的角度呈现了老挝的友好邻邦中国如何在老挝进行本土化和品牌化建设，其中有很多中国国际广播电台在老挝深耕多年所积累的宝贵经验。①

同样是对外传播的角度，云南大学滇池学院的杨姣研究了云南与东南亚的媒体交流与观念传播，发现老挝是云南早期对外宣传的目标国之一。内容是意识和观念的载体，杨姣通过对边境历史资料的整理，发现随着中国国内局势的不断变化，云南的对外广播从"对云南境外国民党军残部广播"调整为"云南境外侨胞广播"，2007年又演变为"云南人民广播电台香格里拉之声"②。从这篇文章中可以清晰地看到，相较中国国际广播电台对外传播的主动创新，云南的外宣缺乏整体规划和地方特色。在新形势下，云南的对外宣传格局已经发生重大变化，在省台如何配合国家台打好组合拳、如何发挥云南省的桥头堡优势、地方特色如何融汇发力等方面，这篇文章都进行了很好的阐释。③

（三）老挝广播受众研究

澳大利亚新南威尔士大学的安妮特·汉密尔顿（Annette Hamilton）提出，在马来西亚北部的许多地方，观众更喜欢看泰国电视节目，老挝的情况似乎也是如此。④笔者于2019年12月赴老挝多地进行实际调研，发现由于老挝和泰国的语言相似度高，并且一代代老挝人几乎都是看着泰国电视节目长大的，而老挝本土又缺乏高质量的电视节目，所以老挝民众爱看泰国电视节目的情况似乎没有改变。

中国国际广播电台似乎代替了老挝国家广播电台对老挝的广播受众做了较为详细的调研。华春玫引用了中国国际广播电台统计的数据，反映了中国国际广播电台老挝语广播受众年龄层次和学历层次的变化，认为中国国际广播电台对老传播走出了传统广播受众老龄化、数量缩减的困境，呈现出年轻化、现代化和高端化的良好态势。⑤

① 华春玫. 试论国际传播的双向作用——以国际台在老挝传播为例[J]. 国际传播，2017，(1)：76-83.
② 2020年6月11日，国家广播电视总局批准香格里拉之声广播呼号调整为云南国际广播。
③ 杨姣. 1949—1990：云南对东南亚的传播交流史[J]. 文化与传播，2015，4(3)：14-36.
④ Annette Hamilton. The Mediascape of Modern Southeast Asia[J]. *Screen*, 1992, 33(1): 81-92.
⑤ 华春玫. 试论国际传播的双向作用——以国际台在老挝传播为例[J]. 国际传播，2017，(1)：76-83.

（四）老挝广播对外合作研究

中国和老挝在政治、经济方面的全面合作加深了双边政府的信任，中老媒体进行了深度交流合作。广西大学张帅的硕士学位论文《中国—老挝媒体合作传播研究》以时间为轴梳理了中老媒体合作传播的历程，从人员交往、活动组织、内容生产、产业共建四个方面总结了两国媒体合作传播的情况，从中发现了中老媒体合作的重点领域和未开发的领域，是一篇比较详细完整地分析老挝媒体合作的文献。①

2010 年，中老媒体合作进入深化时期，从各种报纸和年鉴中可以看到"中国—东盟媒体黄山论坛""中国—东盟影视合作圆桌会议"等媒体交流活动愈发频繁。广西媒体撰写的《对东盟国家的国际传播现状研究》论述了广西广播电台与东盟国家的合作传播实践。由中国国际广播电台、广西人民广播电台联合开办的国际广播频率"北部湾之声"在南宁开播，用英语、泰语、越南语、普通话、广州话语 5 种语言播音，覆盖老挝等国，全天 17 个小时调频直播，8 小时短波并机直播。②吴玫和杨姣共同撰写的《云南与东南亚媒介交流新策略探析》引用议程设置理论较为深入地分析了云南面向东南亚的媒体交流新格局和策略，其中也涵盖对老挝的传播。③

老挝政府与周边许多国家都开展合作，以丰富本国的广播节目，老挝国家广播电台和法国、越南、泰国等国的媒体也有交流，但相关研究成果并不多，大多数关于老挝广播对外合作的文献几乎都止步于对于合作事项本身的报道和记录。

21 世纪的头十年是中老广播合作的研究成果丰硕的阶段，中国和老挝在广播方面的合作多见于报纸和年鉴，从这些报道和记录中，我们可以看到老挝广播不断发展的印记，如中老报纸都记录了 2006 年 11 月 19 日中国国际广播电台万象调频台 FM93 开播。这些报纸和年鉴也为后续老挝媒体的对外合作提供了重要参考。

三、结语

总体看来，随着老挝信息技术的发展和手机终端的普及，诉诸图像和视频的传播方式越来越受到欢迎，广播的市场份额被不断压缩。老挝国家广播电台本身

---

① 张帅. 中国—老挝媒体合作传播研究[D]. 广西大学，2019.
② 对东盟国家的国际传播现状研究[J]. 视听，2017，（6）：13-31.
③ 吴玫，杨姣. 云南与东南亚媒介交流新策略探析[J]. 文化与传播，2014，3（6）：10-18.

营收微薄，虽然节目一直在国内外积极拓展，但相关的研究一直不够深入，并且一手研究资料极度匮乏。现有的老挝广播研究基本上只是停留于表层的概况描述，缺乏深入翔实的调查，更缺乏观照行业发展和社会运行的内容。

广播作为老挝覆盖率、到达率最高的媒体，其对于老挝国内和国际传播的战略意义和商业价值都被大大低估了。近年来，移动网络越来越受到年轻人的欢迎，在老挝也不例外。通过在应用商店合法下载 APP，老挝民众可以随意收听来自世界各地的实时电台的节目。无意中被打开的媒体通道直接改变着老挝的媒体生态和舆论环境，并进一步影响到老挝人的意识形态和生活方式。老挝政府和民众又将如何应对这样的冲击？

老挝的传统广播电台也在新媒体的浪潮下寻求突破，老挝国家广播电台开设了自己的网页和 APP，也在社交媒体上发送内容，省级广播电台也纷纷寻求与新媒体结合的方式。广播不会消失，它会以更加多元的形态融入老挝人的生活中，这又会对老挝的文化社会产生什么样的影响？

不久的将来，老挝大概率也会走向媒体融合，但其国情和发展程度与中国不同，怎么融合、如何把控、中国如何贡献自己的经验和力量……种种问题，有待研究。

参 考 文 献

[老挝]阿芳. 老挝新闻业现状及存在问题浅析[J]. 新闻传播. 2013，（3）：257-258.

蔡文枞. 老挝的新闻文化事业[J]. 东南亚，1995，（3）：53-60.

陈日浓. 中国对外传播史略[M]. 北京：外文出版社，2010.

国家广播电影电视总局培训中心. 东盟广播电视发展概况[M]. 北京：中国广播电视出版社，2008.

何政等. 老挝国情报告（2015～2016）[M]. 北京：经济管理出版社，2018.

华春玫. 试论国际传播的双向作用——以国际台在老挝传播为例[J]. 国际传播. 2017，（1）：76-83.

单晓红，刘娴睿. 老挝人民民主共和国传媒发展与现状[M]//南亚东南亚国家大众传媒发展与现状. 昆明：云南大学出版社，2018：159-174.

杨娇. 1949—1990：云南对东南亚的传播交流史[J]. 文化与传播. 2015，4（3）：14-36.

张帅. 中国—老挝媒体合作传播研究[D]. 广西大学，2019.

Annette Hamilton. The Mediascape of Modern Southeast Asia[J]. *Screen*, 1992, 33(1): 81-92.

John A. Lent. Mass media in Laos[J]. *International Communication Gazette*, 1974, 20(3): 171-179.

（杨颖、冯晓华、张倩）

作者简介：

杨颖：云南师范大学传媒学院讲师，硕士；

冯晓华：云南师范大学传媒学院高级记者，硕士生导师；

张倩：云南师范大学传媒学院讲师，硕士。

第三节　老挝平面媒体研究综述

一、老挝平面媒体研究的缘起

平面媒体，在狭义上指报纸和杂志；在更加广阔的意义空间上，以一维的文字形式传播信息的载体都可以被认为是平面媒体。在纸张未被发明的时代，宽大的棕榈叶也曾被作为老挝记载故事和经文的载体。老挝的现代报刊起步较晚，在推动老挝的民族独立中发挥过重要作用，广播、电视、网络、智能手机的兴起……一次次新兴媒体的出现都给本来就不爱阅读的老挝人带来更为便捷的信息接收方式，也带给传统报刊一次次的洗礼和冲击。但是老挝的报刊不曾消失，它们在老挝的现代社会中扮演着什么样的角色？老挝的平面媒体将走向何方？带着这些问题，笔者梳理了对于老挝平面媒体研究的文献。

二、老挝平面媒体研究的现状

老挝影视发展调研团队经过实地调查，并未在老挝国家图书馆发现研究老挝媒体的老挝文文献；查阅中国国家图书馆、中国知网、云南师范大学图书馆、万方数据库、威利在线图书馆，发现对老挝报纸和杂志进行研究的文献并不多。关于老挝平面媒体的研究见于报刊、年鉴、专著、期刊之中，笔者将在下文中从历时性研究和共时性研究两个方面梳理老挝平面媒体相关文献。

（一）对老挝平面媒体的历时性研究

报纸是老挝现代媒介发展的第一个里程碑，老挝报纸的萌芽从某种程度上来说也是老挝现代媒介的起源。单晓红等在《老挝人民民主共和国传媒发展与现状》中研究了老挝传媒发展的历程，其中就包括了印刷媒体的发展历程。作者以深邃的历史眼光看到了维苏纳腊王和波提萨拉腊王对宗教和文学的高度重视推动了佛教的传播，而棕榈叶就是老挝最早的平面媒体，比如老挝最早的文献《坤博隆传》（*Phun Khun Borom*）就是在棕榈叶上记载的。作者还叙述了中国对老挝现代印刷业的援助，并结合老挝时代的变革把老挝的新闻事业分为三个阶段：1975 年老挝人民共和国成立之前、建国后到 1986 年革新开放、革新开放之后。[①] 作者把老挝几份重要报纸的创建和发展与老挝国家发展的时代背景结合起来研究，展现出宏阔的历史格局和敏锐的新闻嗅觉。

平面媒体的发展反映了时代的变化，也推动着历史的发展。赵长雁在《法泰对抗背景下老挝报业的萌芽》中认为，法国殖民者与泰国在争夺老挝宗主权问题上所使用的策略与发生的冲突，以及老挝人的民族主义情绪推动了民族主义运动的发展，也催生出老挝早期的政党报刊，这些包含爱国主义和民族主义的刊物推动了老挝报业的萌芽，也促成了老挝的独立。[②]

中山大学研究生覃洁通过访谈和文献资料研究，对老挝现代媒介体制的起源、发展、存在的问题做了一个梳理，认为老挝的媒介制度经历了政党报刊、共产主义报刊和半市场化模式三个时期。同时，因为老挝媒介起步低、专业水平低，发展缓慢。[③]

A. 马塞纳（A. Masena）、B. 普兰迪萨库尔（B. Plengdeesakul）和 S. 冯思圣（S. Phothisane）在《新经济体制下老挝现实主义媒体的意义创造过程》（"The Meaning Creation Process of Realism Media in Lao PDR under the New Economic Mechanism"）一文中探讨了新经济体制下老挝现实主义媒体的意义创造过程，因为老挝的广播诞生于 1960 年，电视则更晚，所以这篇文章大量讨论了老挝传单和报纸的意义创造过程，并指出传单为老挝引入了马克思列宁主义，而第一家在老挝独立运营的报纸是老挝 1950—1975 年的第一个现实主义媒体。[④]

2010 年出版的《东南亚报纸：印度尼西亚发行的报纸，老挝发行的报纸，马来西亚发行的报纸》（*Southeast Asian Newspapers: Newspapers Published in Indonesia, Newspapers Published in Laos, Newspapers Published in Malaysia*）较为深入和详细地总结了印度尼西亚、老挝和马来西亚发行的报纸的方向、立场、受众等。[⑤]瑞塔娜·占塔（Rattana Chanthao）和福特·高娅乐（Ford Gaol）则研

① 单晓红，刘娴睿. 老挝人民民主共和国传媒发展与现状[M]//南亚东南亚国家大众传媒发展与现状. 昆明：云南大学出版社，2018：160.

② 赵长雁. 法泰对抗背景下老挝报业的萌芽[J]. 学术探索，2017，（11）：133-138.

③ 覃洁. 老挝现当代媒介体制变迁研究[D]. 中山大学，2015.

④ A. Masena, B. Plengdeesakul, S. Phothisane. The meaning creation process of realism media in Lao PDR under the New Economic Mechanism[J]. *Journal of Engineering and Applied Sciences*, 2018,13(12): 4458-4462.

⑤ Books LLC . *Southeast Asian Newspapers: Newspapers Published in Indonesia, Newspapers Published in Laos, Newspapers Published in Malaysia*[C]. Memphis: Books LLC, 2010.

究了报纸上呈现出来的老挝与其他国家的联系。①

（二）对老挝平面媒体的共时性研究

从报刊的刊发数量上我们可以看出老挝现代平面媒体发展的黄金时代是 20 世纪 90 年代。王以俊于 2005 年发表的《老挝新闻出版印刷业概况》从侧面反映了老挝杂志和报纸的发展情况，该文对比了老挝国家统计中心公布的 1995 年和 2003 年的老挝印刷厂、报刊社的数量，以及报纸发行和杂志出版等数据，并且给出了老挝的报纸杂志一览表。作者发现，老挝报纸的发行量从 1990 年的 48 万份激增到 1995 年的 354.5 万份，新闻社也从 1 家增长到 12 家，但是杂志的出版量没有发生太大变化。其中，老挝人民革命党中央宣传部发行的中央机关报《人民报》（日报）发行量最大，为 20000 份；排在第二位的是老挝人民军总政治部发行的军内报刊《人民军报》（周报），发行量为 10000 份；第三位为老挝新闻文化部发行的综合性文化艺术刊物《万纳辛》（月刊），发行量为 8000 份；其余报刊发行量都未超过 5000 份。②这些数据为后续研究提供了宝贵的线索。

进入 21 世纪，随着老挝互联网的不断发展，传统的报刊业开始在夹缝中寻求新的生存空间。《中国—东盟年鉴》中可见对东南亚国家主要报纸的记录。其中，据《中国—东盟年鉴·2013》记载，到 2012 年，老挝全国有各类出版物 110 份，其中报纸（日报）9 份、杂志 101 份。③《中国—东盟年鉴·2015》则较为详细地统计了老挝主要报纸类型，如老挝本土报纸《人民报》《新万象报》《人民军报》《老挝青年报》，以及老挝官方通讯社巴特寮通讯社出版的老挝文日报《巴特寮报》等，外文报刊有《万象时报》、巴特寮通讯社主办的英文报纸《KPL 新闻》、法文刊物《革新周刊》等。这些报纸的电子媒体发展迅速，大部分由政府赞助。2000 年开始出现私人刊物，到 2015 年有 62 家双周刊、周刊和月刊，其内容主要集中在文化和娱乐方面，如《老挝文化》《老挝探索者》《目标》等。④《老挝媒体发展的现状与特点分析》指出，截至 2021 年 1 月，老挝共有 144 家纸媒，按照语言划分，主要包括本土纸媒和华文纸媒。主流纸媒相较 2015 年增加了《革新周报》。《万象时报》依然是发行量最高的英文报纸，发

---

① Rattana Chanthao, Ford Gaol. The connection between Laos and other countries in newspaper[J]. *Interdisciplinary Behavior and Social Sciences*, 2015: 183-186.

② 王以俊. 老挝新闻出版印刷业概况[J]. 印刷世界，2005，（7）：50-53.

③ 许家康，古小松. 中国—东盟年鉴·2013[J]. 北京：线装书局，2013：69.

④ 许家康，古小松. 中国—东盟年鉴·2015[J]. 北京：线装书局，2015：20.

行范围涵盖泰国、柬埔寨、越南、新加坡等国，是老挝对外宣传的最大阵地。"在期刊方面，老挝有 111 个杂志社，虽然在该国新闻体制的影响下，期刊的影响力要弱于报纸，但部分期刊在垂直领域有着不可替代的作用，例如经济杂志《目标》、文艺月刊《文艺报》等。就老挝的华文媒体来看，2013 年面世的《老挝中文报》是该国华文报纸的雏形，但该报从未公开发行，是为当地华人华侨阅读的免费报纸。直到 2018 年，《中华日报》正式出刊，成为老挝首份真正意义上的华文报纸。"①

另外，由泰国盘谷银行创始人陈弼臣先生于 1955 年创刊的《世界日报》虽然是泰国规模最大、影响力最广的华文报纸，但其发行网络也覆盖老挝。②面向中国国内外公开发行的《云南经济日报》是连接云南与我国其他地区及东南亚地区经济的纽带，其国际副刊、航空版《亚太风》也随正报发行。

老挝的现代传媒业起步比较晚，1947 年才开始创办报纸、杂志。《老挝国情报告（2015~2016）》指出老挝的报纸、杂志种类繁多，并且分析了老挝《人民报》《新曙光》《新万象》《万象时报》《万象新闻》的一些具体情况，如发展简史、发行量、特色专栏等，《巴特寮日报》（老挝文）在老挝也享有盛誉，其刊登范围不仅包括国际和国内新闻，同时也涵盖了商业、娱乐和体育等方面的报道。③

除了扩大传统广播业务的规模，中国国际广播电台老挝语广播也拓展了平面媒体业务，发行了双语杂志《悦生活》，并且结合中国国际广播电台老挝文网站推广，让这份杂志成为老挝新锐期刊。④

三、老挝平面媒体研究的不足和未来研究的方向

在 700 多万人口的农业国家老挝，报刊业显然早已算不上挣钱的行业。相对于其他国家，老挝报刊的体量小，以政府报刊为主流，平面媒体对社会的舆论监督力度弱。并且当老挝迅速迈入移动互联网时代，其平面媒体的生存空间进一步受到挤压。因此，老挝的平面媒体并没有引起学界太多的关注。

（一）研究的不足

经过梳理发现，老挝平面媒体研究多见于对于整个老挝或是整个南亚东南

① 陈曦. 老挝媒体发展的现状与特点分析[J]. 传媒, 2022, （1）：58.
② 夏春平. 世界日报[J]//中国新闻社. 世界华文传媒年鉴 2013. 北京：世界华文传媒年鉴社, 2013：439-440.
③ 何政等. 老挝国情报告（2015~2016）[M]. 北京：经济管理出版社, 2018.
④ 华春玫. 试论国际传播的双向作用——以国际台在老挝传播为例[J]. 国际传播, 2017, （1）：76-83.

亚的传媒概述当中，由于老挝本土研究力量薄弱，国外研究者又难以突破语言文字的限制，整体研究的深度和广度都有待提升。虽然现在报纸和杂志已然成为夕阳产业，但是老挝的报纸和杂志也像其他国家一样依托新媒体转向了更加广阔的市场，无论是在应用层面还是在理论层面，这一变化都具有广阔的探讨空间。

（二）未来研究的方向

老挝的平面媒体在短时间内不会消亡，至少它仍然是政府传递信息的一种渠道。老挝报刊的新媒体化之路会给这个行业带来新的历史机遇吗？老挝平面媒体的生存现状如何？它们在当今老挝社会扮演着怎样的角色？它们今后又将会走向何处？在现有文献中并没有给出答案。也许就此没落的老挝平面媒体再不会引起研究者的重视，但关于老挝平面媒体的一系列问题依然有待回答。

参 考 文 献

陈曦. 老挝媒体发展的现状与特点分析[J]. 传媒，2022，（1）：58.

何政等. 老挝国情报告（2015～2016）[M]. 北京：经济管理出版社，2018.

华春玫. 试论国际传播的双向作用——以国际台在老挝传播为例[J]. 国际传播，2017，（1）：76-83.

覃洁. 老挝现当代媒介体制变迁研究[D]. 中山大学，2015.

单晓红，刘娴睿. 老挝人民民主共和国传媒发展与现状[M]//南亚东南亚国家大众传媒发展与现状. 昆明：云南大学出版社，2018：160.

王以俊. 老挝新闻出版印刷业概况[J]. 印刷世界，2005，（7）：50-53.

许家康，古小松. 中国—东盟年鉴·2013[J]. 北京：线装书局，2013.

许家康，古小松. 中国—东盟年鉴·2015[J]. 北京：线装书局，2015.

赵长雁. 法泰对抗背景下老挝报业的萌芽[J]. 学术探索，2017，（11）：133-138.

A. Masena, B. Plengdeesakul, S. Phothisane. The meaning creation process of realism media in Lao PDR under the New Economic Mechanism[J]. *Journal of Engineering and Applied Sciences*, 2018,13(12): 4458-4462.

Rattana Chanthao, Ford Gaol. The connection between Laos and other countries in newspaper[J]. *Interdisciplinary Behavior and Social Sciences*, 2015: 183-186.

（杨颖、冯晓华、张倩）

作者简介：

杨颖：云南师范大学传媒学院讲师，硕士；

冯晓华：云南师范大学传媒学院高级记者，硕士生导师；

张倩：云南师范大学传媒学院讲师，硕士。

第四节　老挝新媒体研究综述

一、老挝新媒体研究的缘起

老挝是全世界最不发达的国家之一，虽然老挝从 1986 年就开始了市场化改革，但其工业和服务业都长期处于较低发展水平。随着"一带一路"建设在中国周边国家的深入推进，中国的老朋友老挝也在科技、教育、旅游等领域通过与中国的合作而获得快速的发展。由于老挝政府的政策倾斜，新媒体的建设发展从 2002 年开始就按下了快进键，2010 年后成绩尤其亮眼，老挝 4G 和 5G 通信的发展紧随世界节奏，老挝最大的电信公司——老挝电信公司（Lao Telecommunications，LTC）甚至把发展目标定位为"成为全球有竞争力的现代电信企业"。在全球新媒体浪潮的冲击之下，依靠引进外资和技术，老挝不断更新换代的手机和用户数量不断攀升的社交媒体与波澜不惊的老挝传统的广播电视形成了鲜明对比。老挝政府对电信行业发展的重视也体现了其市场化改革的决心，政府也从电信市场的开放中获益颇丰。新媒体的架构与布局成为研究老挝经济和社会发展、民众改变的背景之一。

研究老挝的媒体发展历程，以移动互联网为龙头的新媒体成了不可回避甚至是浓墨重彩的一篇。因为中国一直在技术上支援老挝，早年间就有技术人员关注老挝网络的发展，但是那时网络的普及程度并不高，也没有人以"媒体"的属性看待老挝逐渐兴起的网络。时至今日，智能手机已经成为老挝年轻人的标配。据老挝国家互联网中心 2019 年发布的报告，老挝大多数人已经开始使用智能手机。2018 年，老挝互联网用户达到 270 万，占总人口比例的 39%。[1]2023 年 1 月，这个数字就达到了 470 万，占总人口的 62%。[2]社交媒体改变着人们的信息接收方式、互动方式、自我表达方式，甚至是购物的方式。预计到 2024 年，老

---

① 199IT 网. WeAreSocial：2019 年数字东南亚之老挝[EB/OL]. （2019-03-07）[2021-04-20]. http:// www. 199it. com/archives/836988. html.

② DIGITAL 2023: LAOS [EB/OL]. (2023-02-14)[2024-02-16]. https://datareportal.com/reports/digital-2023-laos.

挝的移动互联网用户数量将达到 538 万。①移动互联网已经成为超越传统广播电视的一种超级媒体。但对于老挝新媒体的研究显然远远滞后了。

二、老挝新媒体研究现状

从一般意义上来说，新媒体是一种环境，涵盖了所有数字化的媒体形式。也就是说，通过计算机网络、无线通信网、卫星等渠道，以及电脑、手机、数字电视等终端向用户提供信息和服务的传播形态都被认为是新媒体。

调研团队赴老挝多地实地调研后发现，截至 2019 年底，老挝整体的数字化程度都处于较低水平。通过在中国知网、威利在线图书馆、云南师范大学图书馆（线上）等数据库跨库检索发现，学界对老挝新媒体的研究其少。这少量的老挝新媒研究，也主要是对数字化平台的技术开发和在教育、商务、政务等领域的应用的研究，研究缺乏对于新媒体在社会、艺术、哲学等领域的作用的深入思考。在老挝，除了视频、游戏之外，社交媒体也是流量消耗的重点，他们的社交媒体主要是脸书和 WhatsApp②，油管是和外国人接触较多的老挝人最喜欢的手机视频应用。与其用户市场规模不相匹配的老挝新媒体研究水平滞后，其国内研究几乎是空白，国外研究多见于中文文献。以下将从对老挝新媒体开发和应用两个方面入手，呈现老挝新媒体研究现状。

（一）关于老挝新媒体开发的文献

老挝新媒体平台的构建目前还主要依赖外国援助或投资，尤其依赖中国和越南，对于老挝新媒体开发的报道、研究多见于中文文献。其中，不得不提的是黄勇在 2005 年发表的《老挝网络发展的历史、现状与前景》，这篇文章较为系统地讲述了老挝不长的网络发展历史，并且详细列出了当时老挝民众可以享受到的网络服务的种类和价格。③这篇文章从技术迭代的角度研究老挝的网络发展进程，并且结合老挝政府针对因特网管理所出台的法规进行分析，虽然不尽全面，但在老挝新媒体研究领域已属相对深入的文章。

2005 年，信息产业部电信研究院通信信息研究所工程师王雅芃从投资市场

---

① Internet-Laos [EB/OL]. (2024-02-14)[2024-02-16]. https://fr.statista.com/outlook/co/digital-connectivity-indicators/internet/laos.

② 掌中寮. 老挝社交媒体用户达 39%，这个软件使用人数最多……[EB/OL]. （2019-04-26）[2021-04-20]. http://dy. 163. com/v2/article/detail/EDN4MRKH0525NLAD. html.

③ 黄勇. 老挝网络发展的历史、现状与前景[J]. 东南亚纵横，2005，（5）：33-37.

的角度分析了老挝电信的发展，她在《东盟十国电信市场投资分析》中研究了东盟十国的电信市场发展状况，其中也包括老挝当时正在实施的电信工程、通信标准和移动电话网络制式[①]，彼时的老挝，其电信基础设施在东盟十国中非常落后，但研究者看到了我国电信企业在东盟地区的投资机会，前瞻性地预见了我国与东盟十国在电信领域的合作。

正如王雅芃所预见的，2006 年，中国烽火网络的高端产品进入了老挝电信市场，陈强发表了《烽火网络高端产品进入老挝电信市场》一文，从通信技术的角度阐述了烽火网络的核心路由器和三层交换机给老挝的骨干网络、通信效果带来的变化。[②]

由于鲜有人研究老挝的新媒体发展，最新的数据和消息基本来源于报纸和杂志，以及老挝的网络主管部门——老挝邮电部。老挝邮电部发布的历年数据见证了老挝网络基础设施建设的历程，包括基站的数量、老挝各地区网络铺设的大致情况等。《互联网天地》、"掌中寮"以及《左江日报》的东盟版块等传统刊物或电子刊物则以新闻消息和深度报道的形式记录了老挝新媒体发展的关键事件和各参与方。如王玮发表于《互联网天地》的《越南电信公司计划年底前在老挝推出 5G 技术》就较为详细地介绍了老挝 5G 技术推出的相关背景。[③]这些刊物内容的珍贵之处不仅在于它们对老挝重大新闻的记录，更在于它们的执笔者往往有着老挝本土化的视角和经验，这些或理性概括或充满老挝烟火气的文字生动再现了冰冷数字后一个鲜活发展的老挝社会。由刊物所记录的这些重大事件也会相对滞后地出现在《中国新闻年鉴》等年鉴类书籍内。

《中国广播电视年鉴（2017）》中曹志所撰写的《老挝 DTMB 数字广播电视全国网》记录了当年云数传媒承建老挝 DTMB 数字广播电视全国网项目的成果。[④]随后一年，喻华等发表了《老挝 DTMB 网络概况及其覆盖优化》，简要介绍了 DTMB 标准在老挝三个主要城市的应用情况，并对其 DTMB 信号覆盖测试数据进行了分析，针对老挝的国情给出了提高 DTMB 信号覆盖质量的优化建议。[⑤]

---

① 王雅芃. 东盟十国电信市场投资分析[J]. 世界电信，2005，（5）：42-44.

② 陈强. 烽火网络高端产品进入老挝电信市场[J]. 光通信研究，2006，（2）：28.

③ 王玮. 越南电信公司计划年底前在老挝推出 5G 技术[J]. 互联网天地，2019，（10）：60.

④ 曹志. 老挝 DTMB 数字广播电视全国网[J]//中国广播电视年鉴编辑部. 中国广播电视年鉴（2017）. 北京：中国广播电视年鉴编辑部，2017：272-273.

⑤ 喻华，房海东，李雷雷，等. 老挝 DTMB 网络概况及其覆盖优化[J]. 广播电视信息，2018（4）：79-82.

（二）关于老挝新媒体应用的文献

老挝国家广播电台成立于 1960 年 8 月 13 日。当时，老挝全国只有少数几家纸媒，数字媒体尚未成型。[①]近年来，互联网的不断发展给老挝的传统媒体带来巨大压力。2017 年老挝外语出版社的收入是 69 亿基普，相比上一年减少 1 亿基普；巴特寮通讯社在 2017 年的收入只有 8 亿基普，与前一年收入相比减少了 7 亿基普。一方面由于网络媒体传播速度快、影响范围大，商家更愿意将广告投放到网络媒体上；另一方面因为老挝民众阅读习惯转变，人们更愿意使用方便快捷的互联网获取信息。[②]这也使得老挝的新媒体被运用到政务、宣传、教育、娱乐、农业等多个领域。相关研究见于中文文献中。

1. 关于新媒体在老挝宣传领域应用的文献

老挝记者孔沙万和李丛撰写的《老挝媒体概况》[③]、阿芳撰写的《老挝国家电视台的现状与发展建议》[④]都提到了老挝传统媒体开设网站以方便民众阅读新闻的事实。遗憾的是，老挝的政府部门、主流媒体和企业开设网站多年，但老挝学者没有对其宣传内容、手段、效果等进行深入研究。倒是中国国际广播电台的华春玫在《试论国际传播的双向作用——以国际台在老挝传播为例》一文中对中国国际广播电台万象分台在新媒体领域的投入和创新做了一定的总结和思考。[⑤]

2. 关于新媒体在老挝教育领域应用的研究

张晖在《多媒体在老挝语教学中的应用》中提出，以计算机网络为载体的交互式老挝语教学模式可以使学生浸泡在老挝的语言和文化中，从而使得教学从以往的教师、学生互动逐步走向教师-计算机-学生互动[⑥]。

浙江大学的留学生德靡赛在其硕士学位论文中研究了老挝网络教育系统的设计与实现，对老挝的教育情况和发展作了初步介绍，对老挝的网络教育平台作了需求分析，同时在该需求分析的基础上对系统进行了设计，最后在该系统完成后对老挝网络教育平台的应用效果进行了展示。[⑦]

① 孔沙万，李丛. 老挝媒体概况[J]. 中国投资，2018，（3）：72-73.
② 张帅. 中国—老挝媒体合作传播研究[D]. 广西大学，2019：10.
③ 孔沙万，李丛. 老挝媒体概况[J]. 中国投资，2018，（3）：72-73.
④ [老挝]阿芳. 老挝国家电视台的现状与发展建议[D]. 复旦大学，2013.
⑤ 华春玫. 试论国际传播的双向作用——以国际台在老挝传播为例[J]. 国际传播，2017，（1）：76-83.
⑥ 张晖. 多媒体在老挝语教学中的应用[J]. 华章，2013，（35）：228.
⑦ 德靡赛. 老挝网络教育系统的设计与实现[D]. 浙江大学，2015.

3. 关于新媒体在老挝商务领域应用的文献

翁纳伟在其硕士学位论文《老挝消费者的人口统计与生活方式对手机消费者消费行为的影响研究》中用问卷调查和软件分析的方式研究了不同特征老挝人的手机消费行为的特点，发现性别、年龄层、受教育程度和职业不同的老挝人，其购买手机的花费、规格也不同。[①]《"中国制造"智能手机热销老挝》指出，售价在40—200美元的中国产智能机，在老挝非常受欢迎。[②]

北京理工大学友谊的硕士学位论文《老挝网上银行支付系统设计与实现》研究了老挝一系列网上支付的问题，希望依靠先进的计算机技术积极开展金融创新，为老挝的银行建设一套安全、高效、方便的网上支付系统，打通老挝电子商务发展的"瓶颈"[③]。

云南财经大学杨月的硕士学位论文《"互联网+"环境下中老B2C跨境电子商务发展研究》着重介绍了云南省和老挝的贸易往来情况，以云南澜湄科技有限公司（Laosabai）和买啥（What's Buying）两家企业为例介绍了老挝的企业对消费者的电子商务模式（Business to Customer，B2C）跨境电子商务的发展概况，结合老挝实际情况从电子商务支付结算情况、通关情况、交通基础设施、互联网基础设施、电子商务相关法律法规与政策等方面具体分析了老挝B2C跨境电子商务配套设施和服务建设的情况。并通过问卷调查的方式了解了老挝消费者的商品类别需求、购物终端选择、支付偏好等。[④]

华东理工大学留学生芭塔纳研究了老挝消费者网络购物行为，通过技术接受模型来建构模型，辅以计划行为理论，对老挝消费者网络购物的影响因素进行调查，通过问卷和统计分析软件（Statistic Package for Social Science，SPSS）分析，提出网购态度在消费者网购的感知有用性和感知易用性对网购意向影响中起中介作用，人际影响起调节作用[⑤]。

4. 关于新媒体在老挝政务领域应用的文献

武汉大学政治与公共管理学院的杨剑峰在《老挝电子政务发展研究》一文中指出老挝已经实现国家网络中心的建设，建立了中央政府网站、国会网站、各地方网站。同时，老挝政府与友好国家，即中国、越南、韩国、印度、泰国、柬埔

① 翁纳伟. 老挝消费者的人口统计与生活方式对手机消费者消费行为的影响研究[D]. 武汉大学，2006.
② "中国制造"智能手机热销老挝[N]. 左江日报，2014-05-20.
③ 友谊. 老挝网上银行支付系统设计与实现[D]. 北京理工大学，2015.
④ 杨月. "互联网+"环境下中老B2C跨境电子商务发展研究[D]. 云南财经大学，2017.
⑤ 芭塔纳. 老挝消费者网络购物行为研究[D]. 华东理工大学，2017.

寨等国家政府合作开展了电子政务项目。[①]

5. 关于新媒体在老挝娱乐领域应用的文献

老挝的智能手机用户规模发展迅速，虽然还没有形成研究热点，但从涉及脸书、TikTok（抖音海外版）、油管等关键词的大量文献中已不难看出这些软件在国际市场的受关注程度，对于老挝这样一个网络环境相对开放的国度而言，显然少不了这些国际流行应用的身影。相关研究虽然没有以老挝为主要对象，但从中依然可以窥见新媒体在老挝娱乐领域的应用。

中国传媒大学国家传播创新研究中心的王润珏等在《中国社交媒体的国际化探索与可持续发展——从抖音海外版 TikTok 谈起》一文中详细讨论了抖音海外版的快速发展以及该产品在海外所遇到的各种困难和问题。其中，外国娱乐性应用在国际上面临着本土化、低龄用户保护、版权保护等棘手问题[②]。该文为中国社交媒体的国际化发展之路提供了很客观的意见和建议。

祖爽在《短视频"出海"成趋势 异国生根有难度》[③]中也讨论了类似的问题，但详细程度和思考的深度不及《中国社交媒体的国际化探索与可持续发展——从抖音海外版 TikTok 谈起》。

三、老挝新媒体研究的不足与未来研究方向

可以说，对老挝的新媒体，并没有真正意义上的直接研究。学界更多地以东南亚区域的视角看待老挝。当世界还在用一个极度落后国家的标准审视这个传统的农业国家时，很少有学者看到老挝异军突起的电信行业及发展迅猛的移动互联网已经完全改变了老挝原来的媒体生态环境。

（一）研究的不足

老挝网络技术的发展多依赖外国，以农耕文明为基础的老挝人还沉浸在新媒体所带来的使用快感中，对本土新媒体技术的发展方向、社会传播方式的改变，以及由此所带来的行业格局变化、民众观念更新、媒体伦理道德变化、政府管理方式转变、消费转型等一系列的问题都缺乏深入的思考。一个仅有 700 多万人口

---

① 杨剑峰. 老挝电子政务发展研究[J]. 学习月刊，2014，（6）：44-46.
② 王润珏，王夕冉. 中国社交媒体的国际化探索与可持续发展——从抖音海外版 TikTok 谈起[J]. 对外传播，2019，（10）：1，64-67.
③ 祖爽. 短视频"出海"成趋势 异国生根有难度[N]. 中国商报，2019-08-27.

的极不发达的老挝显然也没有符合更多学者评价研究的重要性标准，老挝新媒体的研究止步于总体架构的描述和新媒体技术的拓展性分析。应该说，对于迅速发展的老挝新媒体，人文社科类的研究基本处于缺位状态。老挝的网络改变着人与人之间的关系，也改变着人们的生活方式，老挝的新媒体还倒逼着老挝政府、企业、学校，甚至是普通商店改变其运作方式，这对经济落后、民族多样、资源丰富的老挝来说意味着什么，有待学者进一步探究。

（二）未来研究的方向

老挝与中国很早就结下了深厚的情谊，在 1961 年中老正式建交后，两国在政治上互相支持，在经济上全面合作。随着"一带一路"建设的深入推进，中国和老挝愈加成为山水相连的命运共同体。中老铁路建成通车后，中国到老挝万象的乘车时间大大缩短，中老两国的互联互通将会更多地从政策层面、国家层面深入到城市与城市、企业与企业、民众与民众间融通发展的层面。以移动互联网为核心的新媒体无疑是两国宣传、沟通的重镇，我们提早深度了解老挝新媒体有助于提早布局传播矩阵，打好两国民心相通的基础。

老挝新媒体的未来研究方向是多元的。从老挝的国家广播电台和电视台已经有了相对完善的网站和手机客户端可以看出，老挝政府已经开始布局新媒体与传统广播电视的融合发展。Ookla 的数据显示，在截至 2023 年初的 12 个月内，老挝的移动互联网连接速度中位数增加了 4.82 Mbps（+20.3%）。2023 年 1 月，老挝有 335 万社交媒体用户，相当于总人口的 44.2%。其中有 295 万是 18 岁以上的用户，相当于当时老挝成年人口的 61.1%。[①]新媒体的开放为老挝民众打开了看世界的大门，也带来了良莠不齐的音视频内容，社交媒体将给老挝的政府管理和社会带来什么样的冲击和变化，新媒体为老挝人带来了哪些不一样的购物体验，这种消费实践会不会影响老挝人传统的生活方式……在多重视角的透视下，老挝的新媒体发展吸引着我们前去探索。

参 考 文 献

黄勇. 老挝网络发展的历史、现状与前景[J]. 东南亚纵横，2005，（5）：33-37.
孔沙万，李丛. 老挝媒体概况[J]. 中国投资，2018，（3）：72-73.

---

① DIGITAL 2023: LAOS [EB/OL]. (2023-02-14)[2024-02-16]. https://datareportal.com/reports/digital-2023-laos.

剌焕宇. 老挝 4G 网络正快速发展，覆盖范围扩大[EB/OL]. （2018-09-12）[2021-04-20]. http://dy.163.com/v2/article/detail/DRGV7IG30534067W.html.

张帅. 中国—老挝媒体合作传播研究[D]. 广西大学，2019.

掌中寮. 老挝社交媒体用户达 39%，这个软件使用人数最多……[EB/OL]. （2019-04-26） [2021-04-20]. http://dy.163.com/v2/article/detail/EDN4MRKH0525NLAD.html.

DIGITAL 2023: LAOS [EB/OL]. （2023-02-14）[2024-02-16]. https:// datareportal.com/ reports/digital-2023-laos.

"中国制造" 智能手机热销老挝[N]. 左江日报，2014-05-20.

（杨颖、冯晓华、张倩）

作者简介：

杨颖：云南师范大学传媒学院讲师，硕士；

冯晓华：云南师范大学传媒学院高级记者，硕士生导师；

张倩：云南师范大学传媒学院讲师，硕士。

第五节　中国与老挝媒体合作研究综述

一、中国与老挝媒体合作的研究缘起

中国与老挝山水相连、民族相通、文化相近。从世界政治格局来讲，老挝与中国同为社会主义国家，近年来，中国政府日益重视发展与老挝的友好关系，重视对老挝的文化传播，但因两国民众在语言、接收习惯等方面的差异，传播效果并不理想，而采用本土化策略，与对象国媒体合作，是增强国际传播效果的有效途径之一。

媒体合作，即媒体间的合作传播，"通过共采共编、联制联播的方式，跨国媒体在人员交流、内容生产、活动策划、产业建设等方面展开合作，发挥媒体的外交功能，更好地服务于经济社会发展"[①]。中老双方通过媒体合作可以实现资源整合、优势互补，达到双赢的目的。媒体合作对双方均有助益，一方面，媒体合作有利于中国更好地塑造良好国家形象、提升国际话语权、有效传播中国声音、构建国际传播新秩序。[②]另一方面，老挝传媒发展滞后，政府意识到积极开

---

① 张帅. 中国—老挝媒体合作传播研究[D]. 广西大学，2019：5.

② 郑保卫，叶俊. 中外媒体交流与合作：现状、问题及对策[J]. 西南民族大学学报（人文社科版），2015，36（9）：158-162.

展与别国的媒体合作，是助力老挝传媒与国际接轨的有效措施，媒体合作能进一步带动政治、经济、文化等多个领域的合作。基于上述背景，有必要对中老媒体合作的研究现状及存在问题进行梳理，尝试为今后的研究寻找新的突破口。

二、中国与老挝媒体合作研究现状

（一）关于央媒与老挝媒体合作的相关研究

央媒一直是我国文化传播的主要战略阵地，有学者认为央媒就是"中央媒体的简称"，也有学者按照行政归属来界定央媒，将"隶属（直属）于中宣部、广电总局、国家新闻出版总署的新闻媒体"称为央媒[1]。

1. 广播电视节目合作研究

李庆林等在《中国与老挝媒体合作探究》一文中探讨了伴随着"一带一路"建设的推进，中老两国媒体的广播电视节目的合作从无到有、由少至多的过程。[2]张帅在其硕士学位论文中，从人员交往、活动组织、内容生产、产业共建四个维度考察了中老媒体节目合作现状，分析了两国媒体合作存在的问题并提出对策措施。[3]华春玫在《试论国际传播的双向作用——以国际台在老挝传播为例》一文中指出，以中国国际广播电台为代表的央媒在国际传播中具有对内和对外传播的双向性，总结了中国国际广播电台外宣节目内外传播的实践成果。[4]

2. 影视剧合作研究

全荣兴在梳理了老挝电视产业相关政策、行业现状的基础上，分析了中国原声电视剧和译制配音成老挝语的中国电视剧在老挝的播出情况及优劣势，通过对老挝观众的问卷调查和访谈，指出中国电视剧在老挝传播存在的问题，并提出建议对策。[5]宋倩倩以时间为序梳理了中国电视剧在东南亚的传播概况，运用问卷调查、焦点小组等研究方法，指出东南亚华人受众对中国内地（大陆）电视剧的接受度较低，尚未形成对中国内地（大陆）电视剧相对固定的收视习惯，但较青睐中国港台电视剧，偏爱娱乐化电视剧，造成这种现象的主要原因是中国内地（大陆）电视剧译制质量不高、没有建立文化品牌、

① 韩杰. 央媒从政"记者"媒介形象呈现研究[D]. 西南政法大学，2016：12.
② 李庆林，张帅. 中国与老挝媒体合作探究[J]. 对外传播，2019，（5）：32-34.
③ 张帅. 中国—老挝媒体合作传播研究[D]. 广西大学，2019：38-42.
④ 华春玫. 试论国际传播的双向作用——以国际台在老挝传播为例[J]. 国际传播，2017，（1）：76-83.
⑤ 全荣兴. 中国电视剧在老挝跨文化传播研究[D]. 广西民族大学，2018：36-39.

对国外市场重视度不够等。①张倩在《命运共同体视域下中老合拍纪录片的文化认同建构研究》中从题材内容、叙事视角、视听语言三个维度探讨中老合拍纪录片的文化认同建构实践，提出"共享系统式题材内容导引文化认同""间性对话式叙事视角构建文化认同""肯定性情感式视听语言强化文化认同"的建构策略。②

3. 新闻教育领域的合作研究

陈东霞在《老挝新闻教育现状与中老新闻教育合作前景》一文中，基于对新华社万象分社、《万象时报》、老挝国立大学、老挝信息文化旅游部新闻培训中心四家单位的实地考察，概述了老挝新闻教育的主要类型，指出老挝新闻专业高等教育事业起步晚、人才少，2017 年老挝国立大学才正式成立大众传媒学系，且师资力量薄弱，此前新闻从业者大多只能接受在职培训。文章进一步分析了中老新闻教育合作前景，两国有较好的政治基础，老挝对国际教育合作持开放态度，因此合作前景广阔，但语言不通是两国合作面临的最大障碍。③

4. 传媒产业领域的合作研究

万兴伟在《中国与东盟传媒产业合作模式》一文中梳理了中国和东盟几个具有代表性国家的传媒产业发展现状，探讨了中外传媒通过品牌合作、节目合作、版权联合开发、技术协同研发、人力资源合作，以及合资开办代理公司、广告公司、出版企业、传媒咨询公司等形式实现业务和资本领域的合作，从而激发产业动力，增强媒体国际竞争力。④

（二）关于地方媒体与老挝媒体合作的相关研究

地方媒体是相对于国家级媒体而言的，归属地方政府、地方宣传部门管辖。由于地缘优势，近年来云南和广西的地方媒体，尤其是省级媒体日益担负起文化"走出去"的重任，与对象国积极开展媒体项目合作和交流活动。

1. 云南与老挝媒体合作的研究

云南是我国与南亚东南亚各国相互沟通的门户，与老挝有着天然的地理联

---

① 宋倩倩. 中国大陆电视剧在东南亚的传播研究——基于受众视角[D]. 浙江大学，2014：33-40.
② 张倩. 命运共同体视域下中老合拍纪录片的文化认同建构研究[J]. 电影评介，2022，（12）：34-39.
③ 陈东霞. 老挝新闻教育现状与中老新闻教育合作前景[J]. 青年记者，2019，（6）：96-97.
④ 万兴伟. 中国与东盟传媒产业合作模式[J]. 广西财经学院学报，2011，24，（6）：11-16.

系，是中国唯一与老挝接壤的省份，因此与老挝的媒体交流合作也相对频繁。

杨娇引入了"流动"的概念，从人员、技术、金融、媒介观念四大方面梳理了 1949—1990 年云南与东南亚国家，尤其是与之接壤的缅甸、老挝、越南的传播交流史，指出 20 世纪 50—90 年代云南的对外传播缺乏相对独立性、整体规划和利他性价值输出，政府的对外宣传与民间交流互相脱节。①邱昊提出了提升云南媒体面向东盟的传播影响力的整合营销观念，其核心为精准定位目标受众，统筹运用各种市场营销手段，资源优化整合，以最低的成本产生最大的传播影响，并且传播由单向转为双向，由传递转为沟通。②刘晓慧等通过文献分析法和访谈法，梳理了关于云南媒体的历史和现状、发展策略、传播力建设的相关文献，提出云南媒体在国际传播力建设上仍然处于初级阶段，未来应该从制度、技术、内容、品牌、人才、资本、媒介融合等方面入手，加强国际对话，增强对国际传播相关理论的研究，提升云南媒体的国际传播力和影响力。③

孙喜勤考察了改革开放以来云南与南亚东南亚国家的媒体合作情况，指出合作中存在"影响力弱、合作机制不健全、媒体人才缺乏"等问题④。朱佳分析了云南广播电视台国际频道电视剧在老挝传播的背景和优势，建议要发挥好电视剧在对老挝传播中的特殊作用，提出要选择与老挝人民有贴近性的题材、解决好版权问题、重视人才组织及培养、做好电视剧配音工作等措施。⑤王林等在《"一带一路"战略与云南媒体国际传播力建设》一文中，从云南媒体服务"一带一路"倡议的基础和挑战两方面进行分析，提出了增强云南媒体传播力的措施。⑥张倩在《命运共同体视域下中老合拍纪录片的文化认同建构研究》中从题材内容、叙事视角、视听语言三个维度探讨中老合拍纪录片的文化认同建构实践，提出"共享系统式题材内容导引文化认同""间性对话式叙事视角构建文化认同""肯定性情感式视听语言强化文化认同"的建构策略⑦。

① 杨娇. 1949—1990：云南对东南亚的传播交流史[J]. 文化与传播，2015，4（3）：14-36.

② 邱昊. 新媒体技术环境下媒体传播影响力的整合营销——以云南对东盟的传播影响力整合营销为例[J]. 学术探索，2014，（6）：79-83.

③ 刘晓慧，阳舒绮. 云南媒体国际传播力研究综述[J]. 文化与传播，2016，5（1）：12-17.

④ 孙喜勤. 云南与南亚东南亚国家媒体合作研究[J]. 学术探索，2018，（3）：67-73.

⑤ 朱佳. 发挥好云南在对老挝传播中的特殊作用——对云南广播电视台国际频道电视剧运作的思考[J]. 中国广播电视学刊，2014，（6）：71-72.

⑥ 王林，李晓霞. "一带一路"战略与云南媒体国际传播力建设[J]. 思想战线，2015，41（3）：116-119.

⑦ 张倩. 命运共同体视域下中老合拍纪录片的文化认同建构研究[J]. 电影评介，2022，（12）：34-39.

2. 广西与老挝媒体合作的研究

广西是中国面向南亚东南亚的又一桥头堡，广西南宁是中国—东盟博览会的永久举办地，因此广西与老挝也有着较多的媒体往来。

谢卓华在其硕士学位论文《广西媒体对东盟信息传播能力研究》中，以实地调查、文献分析等方法，从传播平台、受众资源、传播内容、传播团队四方面考察了广西平面媒体、广电媒体、网络媒体对东南亚各国进行信息传播的情况，分析了广西媒体对东盟进行信息传播能力缺失的表现和成因，提出应从传播角度、平台建设、人才储备、内容提升、受众研究等方面提升广西媒体的国际传播能力[①]。蒋黎的硕士学位论文《广西电视台东盟传播能力建设研究》从物质基础、人力基础、渠道建设、传播制度、传播策略、传播内容六个维度考察广西媒体的传播能力建设情况，提出广西媒体在经济实力、制播水平、资源整合力、人力水平、渠道建设力等方面存在不足。[②]黄宇鑫在其硕士学位论文《合作与对话：广西广播电视台与东盟国家合拍纪录片研究》中探讨了广西广播电视台与东盟国家媒体在纪录片领域合作的现状与问题，对中老媒体合作有所涉猎。[③]

周文力在《精准定位 增强国际传播针对性和实效性——广西电视台对东盟国家传播的实践与思考》一文中总结了广西电视台国际传播的实践经验，提出外宣人员应该在观念意识上加深对国家战略的理解，通过"传播广西的美丽形象和深厚文化底蕴""展示中国爱好和平的大国形象"等措施服务国家的对外传播战略[④]。陆正宁同样从业界视角出发，在《"一带一路"背景下广西广播影视国际传播能力建设》一文中，通过 SWOT 分析模型分析了广西媒体国际传播能力建设的优势、劣势、机遇、挑战，总结了在服务、内容、平台三方面取得的经验，展望了广西媒体未来的国际传播发展方向。[⑤]

（三）关于媒体国际合作基础理论的相关研究

关于媒体合作的基础理论有很多，适用于中老两国媒体合作研究的理论主要有交往共识论、合作模式论和媒介共同体论等。媒体合作是国际传播的本土化策

① 谢卓华. 广西媒体对东盟信息传播能力研究[D]. 广西大学，2011.
② 蒋黎. 广西电视台东盟传播能力建设研究[D]. 广西大学，2015.
③ 黄宇鑫. 合作与对话：广西广播电视台与东盟国家合拍纪录片研究[D]. 南宁师范大学，2021.
④ 周文力. 精准定位 增强国际传播针对性和实效性——广西电视台对东盟国家传播的实践与思考[J]. 中国广播电视学刊，2017，（5）：10-14.
⑤ 陆正宁. "一带一路"背景下广西广播影视国际传播能力建设[J]. 中国广播电视学刊，2017，（11）：35-37.

略，有利于实现合作双方的共赢，国际传播的相关理论同样适用于对中老媒体合作的研究，因此本节也进行了梳理。

1. 媒体合作相关理论

郑保卫是国内较早研究媒体合作的学者，他剖析了中外媒体交流与合作的背景与意义，梳理了我国与外媒合作的现状及问题，提出从理念、战略、平台、效果四维度加强中外媒体合作。[①]

媒体合作相关理论主要有以下三大类。

（1）交往共识论。杨竞业提出媒体合作的基础是"媒介交往共识"，并将其定义为"主体间相互理解、一致融合、共担责任的产物"，其产生受制于"差异性的技术条件、公度性的制度条件和价值性的观念条件"[②]。交往共识论奠定了媒体合作的哲学前提。

（2）合作模式论。朱晖认为传媒行业是"信息服务业与文化产业交叉的一个边缘性产业"，因此媒体间合作可分为业务合作与资本合作两大类。业务合作领域细分为品牌合作、业务交流和管理合作；资本合作领域细分为官方批准合资形式、"暗合资"形式，以及合资开办代理公司、出版流通公司、传媒咨询服务公司等形式。[③]

（3）媒介共同体论。连水兴从文化地理学的视角，提出新媒体时代，互联网实现了社会关系超越时空的延伸，建构"共同在场"的身份认同，因此区域间的媒体合作有望发展为"媒介共同体"。[④]

2. 国际传播相关理论

国际传播学发端于美国，始于 20 世纪 50 年代，二三十年后发展为独立的学科，为美国第二次世界大战后的全球战略服务，经历了"早期创立（20 世纪 50—60 年代）、学科规划（20 世纪 60—70 年代）、学理深入（20 世纪 80—90 年代）、反思转型（20 世纪 90 年代至今）"四个发展阶段。我国的国际传播学（对外传播学）兴起于改革开放之后的外宣实践，并运用西方的传播学理论指导对外传播实践。20 世纪 80 年代，段连城的《对外传播学初探》[⑤]是公认的我国

---

① 郑保卫，叶俊. 中外媒体交流与合作[J]. 西南民族大学学报（人文社科版），2015，36（9）：158-162.

② 杨竞业. 论媒介交往共识[J]. 理论与改革，2009，（5）：14-18.

③ 朱晖. 中外传媒行业合作模式初探[J]. 郑州航空工业管理学院学报，2003，（3）：10-12.

④ 连水兴. 从"文化共同体"到"媒介共同体"：海峡两岸传媒业合作研究的视角转换[J]. 福建师范大学学报（哲学社会科学版），2013，（3）：19-23.

⑤ 段连城. 对外传播学初探（汉英合编）[M]. 北京：中国建设出版社，1988.

学者在该领域的第一本学术专著，阐述了中国国际形象的历史演变以及对外传播的技巧。20 世纪 90 年代，沈苏儒的《对外传播学概要》①及 2004 年的增订版《对外传播的理论与实践》②最早界定了国际传播的内涵与外延，分析了对外传播的对象、渠道、基本原则和效果。进入 21 世纪之后，国际传播能力建设研究日益凸显，按照陈国昌的划分，经历了初始期（2003—2008 年）和爆炸式增长期（2009 年至今）两个阶段。③

国际传播相关理论主要有以下三大类。

（1）国际传播力和影响力理论。吴立斌按照传播环节的不同将国际传播力和影响力做了区分，认为国际传播力主要在信息生产和流通环节发挥作用，"是一国（主要指大众媒体）面向国际受众进行传播时所具备的实力与能力"，可通过基础设施、信息生产能力、传媒产业三个体系进行评估。到了受众接收环节，考察信息接触后，受众在"知识、观念、情绪、行为方面的改变过程"就是影响力的研究范畴，可以从"受众接触、国际社会公信力、媒体开放程度"三个维度进行评估。④胡智锋等提出从"主体、诉求、渠道、类型"四重维度提升国家的国际传播能力。⑤

（2）跨文化传播模式理论。国际传播或对外传播要克服文化差异，是典型的跨文化传播。学者常燕容将跨文化传播模式分为行为模式、认知模式和理解模式三种，并归纳了各个模式下涵盖的不同理论类型，如行为模式包括文化阐释研究、比较研究和冲突研究，认知模式涵盖不确定性理论、群体间传播焦虑理论和跨文化适应性理论，理解模式内含建构主义理论和意义的协调处理理论等。⑥

（3）国家叙事理论。凝聚着民族文化、历史等元素的国家故事，对外是一国融入全球化体系的重要渠道，对内是构建共同体的重要手段，如何讲好国家故事，是国家叙事理论的主要研究范畴。有学者将国家叙事定义为"叙事学视野下以国家为主体的政治传播"⑦，日本学者岸田秀等是研究国家叙事的代表人物。

① 沈苏儒. 对外传播学概要[M]. 北京：今日中国出版社，1999.
② 沈苏儒. 对外传播的理论与实践[M]. 北京：五洲传播出版社，2004.
③ 陈国昌. 中国新闻媒体国际传播能力建构研究综述[J]. 广东外语外贸大学学报，2014，25（3）：23-28.
④ 吴立斌. 中国媒体的国际传播及影响力研究[D]. 中共中央党校，2011：269-340.
⑤ 胡智锋，刘俊. 主体·诉求·渠道·类型：四重维度论如何提高中国传媒的国际传播力[J]. 新闻与传播研究，2013，20（4）：5-24，126.
⑥ 常燕容. 论跨文化传播的三种模式[J]. 湖南大学学报（社会科学版），2003，（3）：100-103.
⑦ 任小亚. 作为国家叙事的中国梦话语分析——以中国梦主题系列平面广告为例[D]. 江西师范大学，2017：5.

三、研究不足

回顾中老媒体合作的研究发展历程，可以发现，自 2016 年以来，出现了一些研究成果，涵盖了广播、电视、电影、互联网、传媒教育、媒介产业等各个领域，丰富了对中老媒体合作的实践探索，深化了对中老媒体合作现状、前景的分析，提出了许多增强双方合作的对策措施，但是其中依然存在不少问题。

（1）研究总量偏少。截至 2023 年 8 月 29 日，在中国知网中以"中国""老挝""媒体合作"为主题词搜索，获得有效文献总计 30 条；搜索涉及"云南""广西"与老挝媒体合作的有效文献，分别为 6 条和 8 条。相比于我国对东南亚其他国家如泰国、印度等的媒体研究，这些文献在数量和质量上都不够。

（2）议题分布不均。现有研究议题集中于中老媒体国际传播力建设方面，影响力方面的研究较少。关于央媒的研究多，地方媒体的研究少，央媒与老挝媒体合作的研究文献数量，从 2016 年开始持续走高，地方媒体的相关文献数量并不稳定，云南媒体与老挝媒体合作的研究文献数量在 2018 年达到峰值，2019 年骤减，广西媒体与老挝媒体合作的文献则从 2017 年开始出现。从文献内容上分析，目前央媒与老挝媒体的合作已经初具规模，省级媒体与老挝媒体的合作仍处于起步阶段，两国传统媒体领域的合作相对频繁，新媒体领域的合作有待开发。

（3）研究方法单一。现有文献定性研究多，定量研究少，其中大部分以总结央媒、地方媒体对外传播的历史和经验为主，或者是对我国媒体内容的分析。中老媒体合作，一是为了增强中国的国际传播力，二是帮助老挝媒体实现与国际接轨，因此主要受众是老挝民众。央媒部分尚有几篇文献涉及了对老挝受众的问卷调查和访谈研究，省级媒体部分则明显缺乏对老挝的实地调研和对当地受众的定量分析，对两国媒体合作的实际影响力了解不够。

总之，中国与老挝的媒体合作是增强中国国际传播力的有效途径，是老挝媒体发展的助推力，但目前相关研究在广度和深度上都明显不够，在两国媒体合作的国际影响力定量研究方面以及理论研究领域还有很大的空间。

（张倩　冯晓华　杨颖）

作者简介：

张倩：云南师范大学传媒学院讲师，硕士；

冯晓华：云南师范大学传媒学院高级记者，硕士生导师；

杨颖：云南师范大学传媒学院讲师，硕士。

第六章 越南媒介传播研究综述

第一节 越南电影研究综述

电影从诞生至今已有一百多年的发展历程。意大利电影理论家乔托·卡努杜（Ricciotto Canudo）将电影视为第七艺术，在世界各国大力发展电影产业的同时，学术界关于电影的相关研究也可谓硕果累累。一方面，电影作为一种文化载体，成为国家软实力的重要表现，研究电影的历史也是在研究国家的发展历史；另一方面，西方发达国家凭借强大的国家实力推行文化霸权，带来诸多负面影响，发展中国家在文化霸权的冲击下艰难发展本国的电影事业。越南的电影是在殖民统治下萌发、在炮火中艰难发展的，其经历了从无到有、从初创到辉煌的发展历程。因此越南电影发展历史的研究就成了越南国家文化研究的重要组成部分，也能对中国电影的研究产生一定的借鉴启示作用，具体来说包括以下两部分内容。

一是学术研究的需要。20 世纪 90 年代，越南电影开始在国际上崭露头角，吸引了研究者的目光，然而关于越南电影的研究文献却处于不平衡的状态。鉴于此，本节的学术研究就显得十分有必要，通过对越南电影发展史的研究梳理，可以全方位展示越南电影在不同的发展时期，形成了什么样的风格特点及内容表现形式。对于中国而言，可以进一步丰富学术界对越南电影研究的文献成果；对于越南而言，既可以全面显现越南近代的国家历史与电影发展的相互关系，也能透过影像的研究来消解在"他者"视角下建构出的被"误读"的越南形象，从而展现出真实的越南社会风貌，让更多的学者参与到对越南的学术研究中。

二是社会实践的需要。越南电影诞生至今，有很多优秀的影片值得中国电影创作者参考和借鉴。越南是中国近邻，与中国同是社会主义国家，与中国有密切的历史渊源，又是"一带一路"沿线重要国家，合作共赢是两国谋求发展、共创未来的目标追求。同时，越南导演的创作才华成为第三世界影像书写的一面标志性旗帜，因此，通过对越南导演的解读，能够加深中国电影生产者对越南影片风格的全面认知。此外，研究越南电影发展史中存在的问题，能侧面为我国电影的发展提供一定的借鉴和启示。

一、学术界研究概况

就笔者前期搜集的资料来看，当前学术界对越南电影的研究处在初级阶段，相关研究文献不多。

（一）其他国家及越南本国研究现状

受早期西方国家殖民主义的影响，越南电影的起步发展较晚，其他国家学者对越南电影的研究形成的专著较少，且没有系统的研究。在诸多编写世界电影史的学者当中，乌利希·格雷戈尔（Ulrich Gregor）在其著作《世界电影史（1960 年以来）》（Geschichte des Films ab 1960）中对越南电影做了简单的介绍，他认为越南电影的制作历史始于 1959 年 7 月的《同一条江》，在此后的一段时间，越南电影大都围绕着卫国战争和建设新社会两方面内容进行创作，1976年越南统一，电影产量增加，1986 年越南共产党第六次全国代表大会后，越南电影事业陷入严重的困境，1993 年在电影部门的扶持下越南电影开始振兴。①但该著作忽略了越南电影在早期殖民主义影响下的自我尝试和摸索，未能对越南电影的开端作准确的定论。

越南本土学者对本国电影的研究较为深入。《越南电影史纲》②对越南电影从诞生到 2003 年的发展历史进行了总结。该书没有提出概念、观点、学术派等，只是对越南电影业的发展进程作现象级的描述，但这是笔者梳理越南电影发展史时不可缺少的书。通过该书，笔者获得了越南电影业的相关知识，如越南电影的特征、每个阶段电影的方向，对成功影片的历史背景有了初步的了解。阮孟麟副教授的《民间文学与电影造型艺术》分析了越南民间文学，并提出了关于电影的建议，但主要集中于考察越南歌谣以便找出文学与电影造型的关系，并不是考察电影的本质。

越南学者最早对越南电影进行研究的文献可以追溯到丁静等于 1960 年发表的《十五年来越南电影事业的发展》，该文发表在越南独立 15 周年之际，详细介绍了 1945—1960 年越南电影事业的发展历史、发展现状、发展规模及发展方向。指出 15 年来越南电影事业的发展离不开越南共产党和国家的领导，不仅总

---

① [联邦德国]乌利希·格雷戈尔. 世界电影史（1960 年以来）·第三卷（上）[M]. 北京：中国电影出版社，1987.

② 为方便读者阅读，这类越南语著作均用中文表示。

结了在此期间越南电影取得的一系列丰功伟绩，也反思了电影工作者存在的一些问题，为了使越南电影更好地适应第一个五年计划的发展，提出了相应的展望措施。①《越南电影事业现状》则总结了在革新开放政策颁布之后，越南电影事业存在的一些问题，如好影片进口难、走向世界难、走不出徘徊圈等。②以上两篇文献属于 20 世纪越南本土学者对越南电影的研究，不难发现，多方面因素导致了 20 世纪的相关文献较少。

进入 21 世纪，越南学者对本国电影的研究才逐渐步入正轨。2007 年，阮氏宝珠（Nguyen Thi Bao Chau）在《越南电影业：旅途没有终点，我们一直在路上》一文中简要描绘了越南电影业从无到有、经历坎坷、迎来机遇到最终呈现出发展新格局的大致样貌。③2014 年，阮明珠（Nguyen Minh Chau）在《革新时期（1986—2003）越南电影导演代际研究》一文中从代际角度对革新时期越南导演一代的创作手法进行了较系统的研究，对全面认识越南电影的发展及展望越南电影的未来有重要的参考意义。④2015 年，阮氏秋水（Nguyen Thi Thu Thuy）的《1953—1985 年越南电影的文化民族主义》一文指出在 1953—1985 年，一些越南影片体现出文化民族主义的内容、形式、作用，最终目的是令电影工作者仔细辨认并有效地使用文化民族主义的要素。⑤《美越的美越战争题材电影研究——以〈现代启示录〉与〈回乡之路〉为例》分析了美越战争题材电影，从客观角度认为好莱坞战争电影试图展现复杂的情感，给人们呈现一个直观而多维的战争镜像，表达好莱坞所理解的"战争的本质"，而越南的战争题材电影基本上都是抗法抗美的主题，主要表现战士的英勇和人民的爱国之情。⑥2019 年，阮洋南（Nguyen Duong Nam）在《越南跨文化翻拍电影研究——以〈你是我奶奶〉为例》一文中对分别翻拍自泰国和韩国的影片《爱》和《你是我奶奶》进行对比分析，探讨了越南翻拍电影的成功因素，旨在为越南翻拍影视的发展提供一定的参考。⑦

---

① [越南]丁静，武文滨，张振奎. 十五年来越南电影事业的发展[J]. 电影艺术，1960，（9）：70-72.

② [越南]石英. 越南电影事业现状[J]. 国外社会科学，1996，（4）：90-92.

③ [越南]阮氏宝珠. 越南电影业：旅途没有终点，我们一直在路上[J]. 电影艺术，2007，（4）：116-119.

④ [越南]阮明珠. 革新时期（1986—2003）越南电影导演代际研究[D]. 华东师范大学，2014.

⑤ [越南]阮氏秋水. 1953—1985年越南电影的文化民族主义[D]. 西南大学，2015.

⑥ [越南]Nguyen Phuong Anh. 美越的美越战争题材电影研究——以《现代启示录》与《回乡之路》为例[D]. 西南大学，2016.

⑦ [越南]阮洋南. 越南跨文化翻拍电影研究——以《你是我奶奶》为例[D]. 中央民族大学，2019.

（二）我国研究现状

我国学者对越南电影的研究主要分为对越南导演和影片的研究、对越南电影发展阶段的研究、对越南电影事业的研究、对越南战争题材电影的研究四类。

1. 对越南导演和影片的研究

对越南导演或者越南电影做个案研究的专著内容较丰富，越南电影经过一段时期的发展，于 20 世纪 90 年代开始走出国门走向世界，陈英雄及其影片逐渐成为越南电影的代表性人物和代表作品。在《现代电影：极致为美——后新浪潮导演研究》一书中，作者将陈英雄认定为越南后新浪潮导演的代表人物，举例分析了陈英雄的《青木瓜之味》《三轮车夫》《夏天的滋味》三部代表性的影片。主要从音乐的角度进行分析，认为陈英雄的影片中带着强烈节奏的西方音乐暗示了现代文明对越南传统社会、家庭造成了巨大冲击。①在《世界电影史概论》一书中，作者以陈英雄导演为例对越南电影进行研究，简单介绍了导演陈英雄及其代表性影片，研究的重点也放在《青木瓜之味》《三轮车夫》《夏天的滋味》这三部影片上。②袁智忠在其著作《外国电影史》中将越南电影导演分为两类：一类是越南本土导演，以邓一明和阮青云为例；另一类是出生在越南、成长在西方的越裔导演，以陈英雄和包东尼为例。通过对两类导演及其影片的分析，作者认为越南电影在 20 世纪 90 年代之所以能在国际上崭露头角，归结于两类导演对越南电影作出的杰出贡献。③《"百部经典"电影赏析》作为"博雅·高等学校通识教育丛书"之一，旨在引导学生追求"真、善、美"的精神，提升学生的审美能力，该书详细罗列了世界上一百部经典的电影，其中包括越南的两部经典电影《三轮车夫》和《情书》。④安然在《我的自由式——安然电影随笔》一书的第二章中详细论述了越南电影，有意思的是作者不仅介绍了越南电影中的本土文化，还分析了在影片中呈现的"他者"视角下的越南文化。⑤

对越南导演或影片的个案研究除专著外，文章也较多。

《同一条江 同一条心——推荐越南民主共和国第一部故事片〈同一条江〉》是我国最早的对越南影片进行研究的文献，其作者认为《同一条江》的上映标志

① 汪方华. 现代电影：极致为美——后新浪潮导演研究[M]. 北京：中国传媒大学出版社，2008.
② 曹毅梅. 世界电影史概论[M]. 开封：河南大学出版社，2010.
③ 袁智忠. 外国电影史[M]. 重庆：重庆大学出版社，2012.
④ 丁莉丽，程大荣，陈军. "百部经典"电影赏析[M]. 杭州：浙江工商大学出版社，2018.
⑤ 安然. 我的自由式——安然电影随笔[M]. 北京：中国广播电视出版社，2005.

着越南民主共和国电影事业的一个新的里程，不仅显示了社会主义国家文学艺术的无比优越性，还彰显了创作者的智慧和才华。同时分析影片的成功之处，即《同一条江》是一部具有高度思想性、艺术性与技术成就的影片，体现了统一祖国、保卫祖国、为社会主义革命和建设服务的鲜明的思想性与强烈的斗争性。[①]《战火中诞生的越南南方的革命电影》一文对纪录片《不屈的越南南方人民》进行分析，指出该片揭露了美帝国主义及其走狗在越南南方犯下的滔天罪行，同时表现了敢于和武装到牙齿的美帝国主义侵略军进行坚决斗争的崇高而伟大的越南南方人民的形象。[②]

《陈英雄镜头下的世界》是我国最早研究越裔导演的文献，作者介绍了陈英雄的个人历史，并详细分析了《青木瓜之味》《三轮车夫》《夏天的滋味》三部代表性影片，认为陈英雄的电影具有诗意、内敛、悠长细腻与唯美的特点。[③]《第二道彩虹——陈英雄电影艺术研究》从陈英雄的电影文本出发，以后殖民理论、形象学和新历史主义理论为指导，把这些理论作为分析陈英雄电影文本和文化内涵的基石和依据，再联系越南民族文化传统和世界电影发展的大环境，把陈英雄的电影创作视为一个能动的、双向的、具有种种阐发可能性和实践指导意义的系统过程。[④]《论陈英雄的影片风格》认为《青木瓜之味》《三轮车夫》《夏天的滋味》这三部影片中贯穿了陈英雄的东方诗学理念，体现出浓郁沉厚的东方文化气息，该文还认为陈英雄不仅对于越南电影，甚至是整个第三世界电影都具有非同寻常的意义。[⑤]《浅析越南影像的文化表达策略——以陈英雄的作品为例》认为法国特有的文化浸润使得陈英雄的影像风格蕴蓄了无穷的诗意和浪漫，他者的视角与本土的关怀辉映，淡淡的柔情与赤裸的写实交叉，流动的光影世界表征着陈英雄内敛含蓄背后深沉和唯美的文化情怀。[⑥]《审慎的东方情爱：越南电影〈夏天的滋味〉》对陈英雄的三部曲之一《夏天的滋味》进行文本分析，作者首先认为这部电影讲述的是关于女人的一生，其次这部电影处处渗透着东方的诗意与精致，作者从绿色、祭祀、孕育三个方面来论证陈英雄在电影中对诗歌意

① 吴蔚云，白景晟. 同一条江 同一条心——推荐越南民主共和国第一部故事片《同一条江》[J]. 电影艺术，1960，（9）：67-69.

② 黎凡. 战火中诞生的越南南方的革命电影[J]. 电影艺术，1964，（Z1）：122-123.

③ 丁丁. 陈英雄镜头下的世界[J]. 广东艺术，2002，（2）：66-67.

④ 崔军. 第二道彩虹——陈英雄电影艺术研究[J]. 北京电影学院学报，2003，（3）：27-36，57.

⑤ 张新英. 论陈英雄的影片风格[J]. 枣庄师范专科学校学报，2004，（5）：50-51.

⑥ 陈明华. 浅析越南影像的文化表达策略——以陈英雄的作品为例[J]. 电影文学，2008，（16）：25-26.

象的运用。①《一朵来自越南的罪恶之花——电影〈三轮车夫〉主题及创作手法赏析》从电影内容、叙事技巧、写实手法和镜头音乐四个方面来分析导演陈英雄对越南现实社会的挖掘，从而为观影者展示了独特的越南画卷，该文还指出陈英雄通过底层人和边缘人的视角，彰显了本民族在逆境生存的窘境下折射出的伟大精神。②《陈英雄电影中的"故国情节"——以"越南三部曲"为例》通过分析《青木瓜之味》《三轮车夫》《夏天的滋味》电影中所蕴含的理想成分和现实意义，来感受陈英雄透过自己的电影镜头所表达的对于故国越南的特殊情感。③《电影〈青木瓜之味〉之色彩隐喻》指出越裔导演陈英雄在电影《青木瓜之味》中精确控制了影像创作的所有细节，尤其是以青绿为色彩基调的精巧的色彩搭配有效地扩展了电影的叙事空间，其色彩上意味深长的隐喻表意，对电影的整体质量起到了极大的提升作用。④《论陈英雄电影的东方艺术》从陈英雄的电影文本出发，通过对陈英雄的文化背景的探究分析其电影文本的文化内涵。⑤《陈英雄"三部曲"中的母国想象及其他》认为陈英雄试图通过他的作品消解由"他者"视角带来的关于越南影片的误读现象，该文通过对影片当中展现的母国记忆、母国想象和母国认同这三个层面的分析来证明陈英雄试图夺回书写越南的影像话语权力。⑥《陈英雄电影的空间美学刍议——以〈青木瓜的滋味〉为例》认为"《青木瓜的滋味》展现了庭院空间美学，以及特有的横移式长镜头美学。庭院的空间美学与东方的园林艺术美学紧密相关，而横移式长镜头更是借鉴了中国古典的卷轴画的艺术传统。不仅如此，《青木瓜的滋味》还展现了东方美学中人与自然、人与人的纯净和谐关系。陈英雄从东方美学传统中吸收营养创新电影美学，对中国学派的美学建构具有启示意义。"⑦对陈英雄导演及其影片进行研究的硕士学位论文有《陈英雄电影艺术研究》⑧和《第三世界电影的一面旗帜——越南陈英雄电影研究》⑨等。这两篇论文都认为陈英雄导演的电影具有浓郁的越南乡土情韵，带有典型的东方文化特色，将东方的哲学理念与现代电影

① 陈可唯. 审慎的东方情爱：越南电影《夏天的滋味》[J]. 世界文化，2011，（6）：24-25.
② 侯琰慧. 一朵来自越南的罪恶之花——电影《三轮车夫》主题及创作手法赏析[J]. 电影评介，2011，（12）：37-39.
③ 朱鑫雅. 陈英雄电影中的"故国情节"——以"越南三部曲"为例[J]. 电影评介，2012，（23）：8，41.
④ 马晓虎. 电影《青木瓜之味》之色彩隐喻[J]. 电影文学，2013，（3）：146-147.
⑤ 方楠. 论陈英雄电影的东方艺术[J]. 电影文学，2014，（21）：57-58.
⑥ 迟婧婧. 陈英雄"三部曲"中的母国想象及其他[J]. 齐鲁艺苑，2018，（1）：102-105，125.
⑦ 孙友欣. 陈英雄电影的空间美学刍议——以《青木瓜的滋味》为例[J]美与时代（下），2023，（1）：137-140.
⑧ 崔军. 陈英雄电影艺术研究[D]. 南京师范大学，2004.
⑨ 万静. 第三世界电影的一面旗帜——越南陈英雄电影研究[D]. 山东师范大学，2009.

语言融合，表现出对越南民族文化的追忆和思考，形成了典型的东方作者电影的风格。

对越南其他导演或影片进行研究的文献有以下几篇。《闻得到的荷香——析越南电影〈恋恋三季〉》一文分析了越裔导演包东尼在《恋恋三季》中用热情冷静的电影语言和唯美诗意的画面，平行讲述了三组人物交错相连的生存现状，并从电影叙事手法的角度切入来揭露战争给越南带来伤痛，同时表现了战争结束后的无限希冀。①《从电影〈恋恋三季〉看20世纪末的越南社会》指出了影片《恋恋三季》中展现的 20 世纪末越南社会或隐藏或凸显的三大现象，并赞美了导演包东尼对这三者进行巧妙衔接的创作手法和艺术技巧。②《一次跨文化交流的尝试——电影〈河内、河内〉的文化思考》主要是介绍了在世界电影诞生的百年之际，由中越双方合拍的故事片《河内、河内》从筹备到拍摄的过程中许多鲜为人知的故事，以此加深读者对该片的了解，同时引发了两点思考即电影如何与时代共鸣、电影如何"走出去"，并提出了相应的解决方案。③《越南电影〈穿白丝绸的女人〉字幕汉译分析》④和《美丽的白丝绸演绎坚定人生——浅评越南电影〈穿白丝绸的女人〉》⑤两篇文章都是对近年来越南电影的代表作之一《穿白丝绸的女人》的研究，前者运用文化语言学、跨文化交际、翻译理论及相关方法对电影字幕进行分析、描写、对比，总结影视字幕翻译误区，归纳越语字幕汉译技巧；后者从影片简介、越南"白丝绸"的前世今生以及影片中"白丝绸"所承载的意义三个方面来解读这部电影表达的含义，即越南"白丝绸"象征越南妇女宽广的胸襟和无边的承受力。《〈忘返天堂〉：话语悖反与镜像重构》是第一篇研究越南同性恋题材电影的文献，该文认为影片通过对现代性的镜像反思表现了现代化进程当中都市内部生存个体的逼仄处境，以边缘化群像为关注焦点则体现了影片深切的人文关怀。⑥《〈番石榴熟了〉：越南本土电影的身份记忆》指出《番石榴熟了》通过越南本土电影所特有的舒缓节奏和诗性叙事，从本土身份记忆的建构、本土身份记忆的扰动、本土身份记忆的消解三个方面，讲述了一个陌

① 田超. 闻得到的荷香——析越南电影《恋恋三季》[J]. 电影文学，2007，（15）：67-68.

② 宦玉娟. 从电影《恋恋三季》看20世纪末的越南社会[J]. 电影评介，2012，（13）：43-46，69.

③ 程郁儒. 一次跨文化交流的尝试——电影《河内、河内》的文化思考[J]. 民族艺术研究，2007，（4）：66-73.

④ 何艳红. 越南电影《穿白丝绸的女人》字幕汉译分析[J]. 广西民族师范学院学报，2013，30（5）：101-105.

⑤ 付才甽. 美丽的白丝绸演绎坚定人生——浅评越南电影《穿白丝绸的女人》[J]. 传播与版权，2013，（3）：105-108.

⑥ 张爱坤. 《忘返天堂》：话语悖反与镜像重构[J]. 电影文学，2015，（7）：114-117.

生化个体的独特的身份记忆。①与此对比的是姜山的《〈番石榴熟了〉：越南本土电影身份记忆》，作者对文本之内的视听叙事进行解读，结合文本之外的文化症候进行分析，解码了邓一明本土影像叙事关于家国身份与文化记忆议题的内涵。②《戏梦西贡，越南新电影的怀旧情绪——〈悲歌一击〉导演黎光访谈》主要是对于越南新电影导演黎光的访谈，谈到了短片《破晓》《对妈妈说》和长片《悲歌一击》，这些影片的内容全部来源于导演对于生活的个人体验，导演（2012 年后）的创作风格，受王家卫的影响，导演通过对电影怀旧风格的追求及音乐的创新性处理，着力展现了 20 世纪 60—80 年代的越南旧景。③

2. 对越南电影发展阶段的研究

在《东方电影》一书中，作者将越南电影的研究分为三个部分：1975 年以前的越南电影研究、1975 年以后的越南电影研究以及域外导演拍摄的越南题材电影研究。该书主要对我国电影和日本电影作了大量介绍，关于越南电影的阐述只是基于浅层的现象级描述，没有进行系统深入的分析。④《正义的人质：极端年代的电影记忆》是张秋的"人质三部曲"之一，该书从电影这一素材出发，呈现了具有标志性的现当代历史事件或者某一个特殊的历史时期，该书聚焦朝鲜战争、越南战争和全球反恐战争，通过梳理越南战争时期的影片，来呈现越南的社会文化。然而书中所列举的影片大多是以他者的视角来看待越南文化的，如《猎鹿人》《现代启示录》《野战排》等等，并且探讨的是个体在特定的历史情境之中进行选择的空间和能力，以及孤立无援的个体在做出选择时所经历的种种身不由己的矛盾和痛楚，借此思考人性的意义，美中不足的是并没有对电影的本质进行分析。⑤

《采访录：湄公河畔的信息——关于越南电影的历史和现状》是最早研究越南电影历史的文献，文中采访的对象陈伦金是越南国家电影资料馆的馆长，陈先生谈及自 1945 年 8 月革命胜利后到 1967 年越南主要生产新闻纪录片和故事片，大多数影片的内容是关于抗法战争的；从 1968 越南成立了电影资料馆至 1975 年，越南电影的产量、队伍和观众都成倍地增加；20 世纪 80 年代恢复了战前的

① 徐鑫鑫.《番石榴熟了》：越南本土电影的身份记忆[J]. 电影评介，2017，（8）：49-51.
② 姜山.《番石榴熟了》：越南本土电影身份记忆[J]. 电影文学，2017，（17）：154-156.
③ 黎光，王淞可. 戏梦西贡，越南新电影的怀旧情绪——《悲歌一击》导演黎光访谈[J]. 北京电影学院学报，2019，（6）：93-97.
④ 黄献文. 东方电影[M]. 武汉：湖北美术出版社，2005.
⑤ 张秋. 正义的人质：极端年代的电影记忆[M]. 武汉：长江文艺出版社，2017.

每年 15 部故事片的产量。同时，陈伦金对越南的制片厂、当时的形势、电影成本等也作了相关介绍。①《越南影片门可罗雀》分殖民地时期到 1953 年、1953—1959 年、20 世纪 60—90 年代三个时期讲述了越南电影的发展历程，殖民地时期影院播放的都是外来影片，民族解放时期以新闻片和故事片为主，且电影的主题偏向政治，对 20 世纪 90 年代以后的电影没有做深入的介绍。②《浅谈 90 年代越南电影》认为 20 世纪 90 年代以前的越南电影没有引起人们的注意，20 世纪 90 年代以后几部高质量的电影相继在国际上获奖使得越南电影真正走向世界。该文通过分析 20 世纪 90 年代的越南电影的三种艺术风格，即日常生活的审美化特征、富有意蕴真实传神的细节和东方式的叙述及思考方式，展示了越南的过去与现实、传统与现代、芳香与残酷、坚硬与柔软等别样的 20 世纪 90 年代电影的意蕴。③《越南影像：走不出的后殖民记忆误区》谈到越南影像从诞生起就伴随着本土文化身份的认同缺失，这与越南本身苦难的殖民历史和民族记忆有着密不可分的关联。因此该文从历史角度出发看待每个时期的越南电影所处的环境，指出直到 20 世纪 90 年代在制片者和受众的共同努力下越南电影真实的情况得以被呈现，但是本土化、妖魔化或者温情化的越南仍隔着一层面纱。④《当代越南电影的三副面孔》认为海外越裔导演电影、越南本土导演电影、殖民电影分别立足于三种不同的文化身份来图说关于越南的印象和想象、历史与现实，生成了海外越裔导演电影体现的被母国与国籍国双重放逐的文化身份、本土电影的母国留守者姿态和他者殖民电影展示的异国风情这三副面孔。⑤《越南百年电影事业回顾（19 世纪末—21 世纪初）》是一篇较为详细介绍越南电影百年发展历程的文章，文中提到越南电影在法属殖民地的背景下发端，在抗法抗美战争中艰难成长，进入革新开放时期越南电影秉持鲜明的民族特色向市场化、多元化、国际化迈进，21 世纪前后一批海外越裔导演的崛起为越南电影赢得了空前的国际声誉。⑥《越战写意的越南镜墨》认为越战片受到越南近代国家历史的影响，受连绵炮火熏染，接续了越南电影的传承脉络，呼应好莱坞越战片，构筑了越战实况的影像景

① 陈伦金，吕晓明，金天逸. 采访录：湄公河畔的信息——关于越南电影的历史和现状[J]. 电影新作，1997，（1）：62-64.
② 黄小邪. 越南影片门可罗雀[J]. 东南亚纵横，2001，（9）：28.
③ 范党辉. 浅谈 90 年代越南电影[J]. 电影评介，2002，（10）：48-49.
④ 陈伟龄. 越南影像：走不出的后殖民记忆误区[J]. 当代电影，2005，（4）：110-112.
⑤ 章旭清. 当代越南电影的三副面孔[J]. 当代电影，2007，（1）：122-126.
⑥ 章旭清. 越南百年电影事业回顾（19 世纪末—21 世纪初）[J]. 东南亚研究，2012，（2）：107-111.

观。①《有意味的两极："革新开放"后越南电影的底层叙事》讲述越南电影在"革新开放"后的两极化叙事风格。一是"远方归来"的越裔导演（陈英雄、包东尼、吴古叶、胡全明）偏于形式表现美学；二是处于探索中的越南本土导演（邓一明、刘皇、裴硕专、武玉堂等）注重再现现实，凸显批判主题。该文通过对两种不同叙事风格的对比，诠释了越南电影在 20 世纪 90 年代呈现的不同导演景观。②《"越南"电影形象的多元阐述与解读》通过解读电影银幕上不同时代、不同国家和不同文化视角下呈现出的越南的不同形象、不同色彩，让我们看到了越南国家形象的演变，以及对其不同时期、不同角度的国家形象的多元阐释与解读。③

3. 对越南电影事业的研究

有学者在研究越南电影的过程中，将目光聚焦于越南电影的产业与创作上。如《亚洲电影蓝皮书 2016》，该书详细介绍了亚洲电影发展情况，以此描绘出亚洲电影在创作、产业和政策等方面的蓝图。然而该书只对越南 2015—2016 年电影的产业状况、重要现象及创作情况作了现象级描述，同时对 2015 年越南重要的电影《大爸爸，小爸爸和其他故事》作了电影文本的分析。④

《越南电影的改革与对外合作》主张从大视角来看越南电影，包括越南自产电影、越南与外国联合摄制的电影以及外国以越南为题材摄制的影片，由此对越南电影近代发展情况做整体研究，同时作者提到各类影片形成的原因，并举例分析了代表性影片。⑤《步入新世纪的越南电影》首先提到了 21 世纪越南电影的发展离不开电影文学、电影理论的发展；其次认为 21 世纪越南注重提高电影制作技术，对国内电影院进行改造以提高收看效果，抓紧制定电影方面的法律法规以促进电影事业的繁荣发展；同时也提到了越南导演热衷拍广告片的原因。⑥《革新开放政策与越南艺术事业的发展》探讨了越南的革新开放政策对其艺术事业发展的影响和推动，提到了进入革新开放时期，越南电影业引入了市场机制，政府对电影业的财政资助继续保持，使得越南电影事业不断发展，出现了一批优秀影

① 黄书亭. 越战写意的越南镜墨[J]. 亚太艺术, 2018, （1）: 36-44.
② 张葵华. 有意味的两极："革新开放"后越南电影的底层叙事[J]. 艺术探索, 2018, 32（6）: 29-38.
③ 王方. "越南"电影形象的多元阐述与解读[J]. 传媒观察, 2019, （3）: 49-54.
④ 周星, 张燕. 亚洲电影蓝皮书 2016[M]. 北京: 中国电影出版社, 2016.
⑤ 周在群. 越南电影的改革与对外合作[J]. 国际展望, 1992, （16）: 18.
⑥ 杨然. 步入新世纪的越南电影[J]. 东南亚纵横, 2002, （Z1）: 67-68.

片。①《越南理论思维革新下的影视文化发展》认为随着越南革新开放的不断深入，其影视文化也有较快的发展，成效显著。②《从越南电影革新的发展现状看中国电影改革的成功之处》一文作者通过实地观察的方法，了解到越南电影革新历程和发展情况、越南电影发展的黄金时期、越南电影政策和法规、越南电影的喜与忧，并通过对越南电影事业发展方向的分析来思考中国电影的改革。③《近两年的越南电影观察》中，作者认为近些年越南电影产业改革更为深入，出现了更为多元的创作格局，呈现了本土电影导演积极投身国际电影事业、越侨导演力图弥合票房和文化的裂隙、新生代越南青年导演陆续崭露头角的新局面。④《当代越南合拍片研究》主要以 20 世纪 90 年代之后的越南合拍片为研究对象，指出分析合拍片对于理解越南电影产业以及整个越南社会转型的重要性。⑤《越南电影业蓬勃发展》主要分析了越南电影业取得的新进展。⑥

4. 对越南战争题材电影的研究

越南电影在"他者"视角的建构下基于对越南战争的表达，呈现出炮火连天、支离破碎的国家形象。我国最早反映越南人民战争生活的影片是八一电影制片厂摄制的《椰林怒火》。《英雄人民的赞歌——〈椰林怒火〉观后感》指出《椰林怒火》表达了我国音乐舞蹈工作者和电影制作者对三千万越南人民抗美救国事业的坚决支援，文章从影片的内容结构、音乐歌词两方面彰显出越南人民面对美帝国主义争取民族解放的一系列丰功伟绩。⑦《美国电影与越南战争——评介几部反映越战的美国影片》通过对《现代启示录》《归来》《第一滴血》《猎鹿人》《野战排》等几部美国电影的分析，指出这些影片一方面变相宣传了美国政府对战争的态度，另一方面勇于揭示侵略战争的罪恶，启发人们对侵略战争的反思。⑧《电影纪录片反思美国对越南战争》以美国电影纪录片《心灵与智慧》为例，具体展示了越南战争中无辜的越南人民遭受的痛楚，借此探求导演意在反思越南战争的深层原因。⑨《误读的越南战争——论〈沉静的美国人〉及据其改

① 杨然. 革新开放政策与越南艺术事业的发展[J]. 东南亚纵横, 2005,（12）: 21-23.
② 于向东, 屈琰涵. 越南理论思维革新下的影视文化发展[J]. 东南亚纵横, 2012,（12）: 51-55.
③ 李水合. 从越南电影革新的发展现状看中国电影改革的成功之处[N]. 中国电影报, 2013-12-19.
④ 张霖, 崔军. 近两年的越南电影观察[J]. 电影评介, 2018,（10）: 11-16.
⑤ 崔军. 当代越南合拍片研究[J]. 当代电影, 2018,（7）: 96-101.
⑥ 谷静. 越南电影业蓬勃发展[N]. 中国电影报, 2023-09-27.
⑦ 傅真. 英雄人民的赞歌——《椰林怒火》观后感[J]. 电影艺术, 1965,（5）: 61-62, 81.
⑧ 仇华飞. 美国电影与越南战争——评介几部反映越战的美国影片[J]. 当代电影, 1988,（6）: 121-127.
⑨ 林美琴. 电影纪录片反思美国对越南战争[J]. 电影评介, 2009,（11）: 49-50.

编的两部电影》认为《沉静的美国人》从小说到电影经历的两次改编说明了美国人在不同的历史时期对越南战争的不同认识。[①]《论越南战争在美国电影中的表达》具体分析了关于越南战争的代表性影片，从宣传策略、表达方式和表达内容三个方面来痛斥越南战争对民族意识的抹杀，同时也认为越南战争电影的出现标志着美国人开始选择直面这段历史的伤痕。[②]

二、学术界研究述评

由上述学术界研究概况可见，研究者更多关注的是越南电影导演和影片、越南电影发展阶段、越南电影事业以及越南战争题材电影，但是不难发现以下几点。

（1）对越南电影的研究过程起伏变化很大，20 世纪关于越南电影的研究文献较少，21 世纪以来研究开始增多，且学术界对越南电影的真正起源仍然没有形成统一的说法。

（2）对导演和影片的研究大多聚焦于越裔导演陈英雄及其影片，对越南其他导演的研究较少。

（3）研究者将研究的热点放在革新开放至 21 世纪越南电影的发展领域中，从而形成"头尾小，中间大"的不平衡研究局面。

（4）学者们针对越南电影史的研究系统性不足，泛泛而谈，不够深入。

综上所述，伴随着研究方法、研究理论的日新月异，新角度、新视野都在催生新发现，然而事实上，研究者对越南电影的研究并没有跳出以上几个电影研究的范畴。另外，关于陈英雄导演的"三部曲"的研究持续了十几年，不可否认的是陈英雄导演具有杰出的影片创作能力，但是现实中陈英雄的创作仍在进行，并且有新的"陈英雄"们不断出现，这些都亟待研究者们进行新的阐释和总结。

参 考 文 献

[越南]Nguyen Phuong Anh. 美越的美越战争题材电影研究——以《现代启示录》与《回乡之路》为例[D]. 西南大学，2016.

安然. 我的自由式——安然电影随笔[M]. 北京：中国广播电视出版社，2005.

曹毅梅. 世界电影史概论[M]. 开封：河南大学出版社，2010.

[①] 胡亚敏. 误读的越南战争——论《沉静的美国人》及据其改编的两部电影[J]. 解放军外国语学院学报，2010，33（5）：98-101，128.

[②] 胡雅淳，杨博. 论越南战争在美国电影中的表达[J]. 传播与版权，2017，（6）：90-91，95.

崔军. 陈英雄电影艺术研究[D]. 南京师范大学，2004.

[越南]丁静，武文滨，张振奎. 十五年来越南电影事业的发展[J]. 电影艺术，1960，（9）：70-72.

方楠. 论陈英雄电影的东方艺术[J]. 电影文学，2014，（21）：57-58.

黎凡. 战火中诞生的越南南方的革命电影[J]. 电影艺术，1964，（Z1）：122-123.

仇华飞. 美国电影与越南战争——评介几部反映越战的美国影片[J]. 当代电影，1988，（6）：121-127.

[越南]阮明珠. 革新时期（1986—2003）越南电影导演代际研究[D]. 华东师范大学，2014.

[越南]阮氏秋水. 1953—1985 年越南电影的文化民族主义[D]. 西南大学，2015.

[越南]阮洋南. 越南跨文化翻拍电影研究——以《你是我奶奶》为例[D]. 中央民族大学，2019.

孙友欣. 陈英雄电影的空间美学刍议——以《青木瓜的滋味》为例[J]. 美与时代（下），2023，（1）：137-140.

汪方华. 现代电影：极致为美——后新浪潮导演研究[M]. 北京：中国传媒大学出版社，2008.

王敏. 跨文化语境中的越南"海归"电影[J]. 戏剧艺术，2008，（4）：96-103.

[联邦德国]乌利希·格雷戈尔. 世界电影史（1960 年以来）·第三卷（上）[M]. 北京：中国电影出版社，1987.

杨然. 步入新世纪的越南电影[J]. 东南亚纵横，2002，（Z1）：67-68.

袁智忠. 外国电影史[M]. 重庆：重庆大学出版社，2012.

张葵华. 有意味的两极："革新开放"后越南电影的底层叙事[J]. 艺术探索，2018，32（6）：29-38.

章旭清. 当代越南电影的三副面孔[J]. 当代电影，2007，（1）：122-126.

周星，张燕. 亚洲电影蓝皮书 2016[M]. 北京：中国电影出版社，2016.

周星. 中国电影艺术史[M]. 北京：北京大学出版社，2005.

周在群. 越南电影的改革与对外合作[J]. 国际展望，1992，（16）：18.

（刘健、方汉）

作者简介：

刘健：云南师范大学传媒学院副教授，博士；

方汉：云南师范大学传媒学院戏剧与影视学专业硕士研究生。

第二节　越南新闻传播史研究综述

越南新闻传播史的相关研究成果数量较少，包括硕士和博士学位论文及研究报告。

一、越南新闻传播史的研究概况

目前笔者所掌握的越南新闻传播史的研究成果大致可以分为以下三类。

（一）越南新闻传播史的整体研究

亚洲学者对越南新闻传播史的研究比较早，成果发表的年代在 20 世纪 70 年代和 90 年代，越南学者结合越南社会发展历史概述了新闻业的发展过程。阮越春（Nguyen Viet Chuoc）的专著《历史沿革——越南新闻》①从越南新闻事业发展各阶段划分标准的讨论入手，梳理了越南新闻界的百年历史及其新闻立法过程。虽然著作中史料翔实，有对现代新闻业发展的介绍，但由于出版较早，仅梳理到了 20 世纪 70 年代早期。西方学者则从政治和社会经济的视角研究越南新闻的历史和发展现状，研究带有一定的倾向性。美国学者康纳·格兰特（Conor Grant）在研究报告《越南的书面新闻》（"Written Journalism in Vietnam"）中将越南书面新闻的发展放入越南政治、经济背景下进行探究，重点则是对越南媒体审查制度的分析。②我国学者潘玉鹏在 1994 年发表了文章《越南：历史、文化与传媒》，从越南新闻业起源、法国殖民统治时期和民族解放时期的报业、媒体的现状和趋势三个方面做了简要的梳理。③陈力丹等在《在开放与法治平衡中发展的越南新闻传播业》中从介绍越南新闻传播业历史上的"第一"开始，系统介绍了越南北方与南方对峙期间、统一后、革新开放后的新闻传播业发展情况，并总结出其新闻传播业发展的经验为"在开放与法治管理的平衡中发展，以法治的方式实行对新闻传播业实行管理，保障共产党的领导"④。

（二）越南某一历史阶段的新闻业发展研究

研究涵盖了 20 世纪初越南新闻业与社会发展、越南革命时期新闻界在战争中的作用、越南革新开放后的新闻业发展、当代新闻业现状等内容，其中后两个阶段的成果较多。我国学者易文的博士学位论文《越南革新时期新闻传媒研究》对越南革新开放时期新闻传媒的发展情况作了较全面的研究，并在此基础上提出，"革新时期越南新闻传媒是由政治革新、市场机制和社会力量三者共同推动

---

① 为方便读者阅读，这类越南语著作均用中文表示。

② Conor Grant. Written Journalism in Vietnam[R]. Independent Study Project(ISP) Collection, 2013.

③ 潘玉鹏. 越南：历史、文化与传媒[J]. 国际新闻界，1996，（4）：5-9.

④ 陈力丹，郑艳芳. 在开放与法治平衡中发展的越南新闻传播业[J]. 新闻界，2017，（7）：94-101.

的。其中政治体制的革新为新闻传媒的发展提供了较为充分的空间，起到了核心的推动作用，而新闻传媒的革新反过来又促进了政治的民主化，从而推动了政治的革新"，并认为"对于社会主义条件下新闻传媒的发展道路，越南提供了有益的经验"[①]。另外，澳大利亚学者大卫·G.马尔（David G. Marr）编著的《越南的大众媒体》（The Mass Media in Vietnam）是第一部用英语介绍 20 世纪 90 年代越南媒体出现商业化转型情况的著作，其主要目的是向西方受众介绍当时越南社会上出现的小报、廉价地下室电影、电视肥皂剧、侵入性广告等媒体现象。[②]

对越南当代新闻业现状研究更多的是越南学者，研究的重点放在媒介融合背景下越南媒体发展遇到的困境及其对政治、经济、文化的影响上。学者丁文锦（Đinh Văn Hường）发表的论文《融合和发展过程中的越南媒体》通过对越南报刊的规模和质量、媒体工作者团队、受众参与程度、媒体新闻培训、媒体经验管理等方面的详细介绍，分析了越南媒体在发展中存在的一些问题，以及在国际一体化进程中面临的机遇和挑战。我国学者胡邦胜的《越南媒体生态及其特征》介绍了当前越南广播、电视、平面媒体、通讯社、互联网和社交媒体的数量和规模，并分析了媒体的特征，最后提出我国应通过加强国家媒体间交流、联合策划媒体活动、影视剧走进越南等方式做好对越南的宣传。[③]阮俊海的硕士学位论文《越南传媒集团发展与前景研究》分析了越南传媒经济发展情况，对越南国内对于传媒集团的讨论进行了整理分析，并探究了越南尚未成立传媒集团的原因、传媒集团在越南发展的障碍。[④]

（三）越南新闻传播史专题研究

学术界针对这一问题的研究成果较多，大致可分为以下三类。

1. 越南革命新闻研究

这部分研究成果主要为研究报告和硕士学位论文，系统梳理了越南共产党的新闻事业，并分析了它对越南社会发展的贡献。越南学者潘定兰（Pham Dinh Lan）的文章《越南革命新闻的发展》详细梳理了越南共产党报刊在革命斗争中发挥的作用，由此提出今天越南的新闻媒体依然是党和国家的喉舌，是人民信任的

① 易文. 越南革新时期新闻传媒研究[D]. 上海大学，2011：12.
② David G. Marr. The Mass Media in Vietnam[M]. Canberra: Panther Publishing and Press, 1998.
③ 胡邦胜. 越南媒体生态及其特征[J]. 对外传播，2018，（1）：73-75.
④ 阮俊海. 越南传媒集团发展与前景研究[D]. 广西大学，2013.

论坛。美国波特兰州立大学学者唐纳德·L. 吉玛莉（Donald L. Guimary）的文章《越南南部报刊：最近的观点》（"The Press of South Vietnam: A Recent Perspective"）叙述了内战时期越南南部新闻事业的发展情况。①

2. 越南某一媒体发展情况研究

这部分研究包括对《青年报》（*Thanh Niên*）营销策略的研究、对《天旦报》（*Báo Tiếng Dân*）新闻与越南文化的研究、对在线报纸《越南快讯》（*VnExpress*）发展和作用的研究。对越南第一份报纸《嘉定报》（*Gia Định Báo*）的研究则更多些，视角倾向于版面编排和新闻报道系统方面。越南学者阮文霞（Nguyễn Văn Hà）在论文《嘉定报上的新闻分类系统》中对《嘉定报》在发展过程中刊载的新闻报道进行分析，从内容结构入手分析新闻报道的类型及特征。洪恩·提·洪汉（Huỳnh Thị Hồng Hạnh）的论文《嘉定报刊行政文本（基于 1883 年的调查数据）》从题材、形式、语法和表达方式等方面对 1883 年《嘉定报》上刊载的行政文本进行了详细的分析。②

3. 越南新闻教育研究

澳大利亚昆士兰大学学者阮安（An Nguyen）的《越南新闻教育的现状及相关性：实证分析》（"The Status and Relevance of Vietnamese Journalism Education: An Empirical Analysis"）基于对越南高级记者和新闻教育者的访谈以及对新闻课程内容的分析，对越南新闻教育的情况和相关性做了系统的研究。③

二、越南新闻传播史的研究特点

通过综述，笔者发现关于越南新闻传播史的研究成果呈现出以下特点。第一，研究起步较早。1957 年就出现了对越南新闻史研究的论文，为我国学者石罗所撰写的《社会主义国家新闻事业概况——越南》④，之后就再未有研究成果出现，直到 17 年后，1974 年越南学者阮越春出版了专著《历史沿革——越南新闻》，进入 21 世纪与越南新闻传播史相关的研究才逐渐涌现。第二，研究者以

---

① Donald L. Guimary. The press of South Vietnam:A recent perspective[J]. *International Communication Gazette*, 1975, 21(3): 163-169.

② Huỳnh Thị Hồng Hạnh. Văn bản hành chính Quốc ngữ trên Gia Định Báo(trên cứ liệu khảo sát các số ra năm 1883)[J]. *Science and Technology Development*, 2015, (5): 140-150.

③ An Nguyen. The status and relevance of Vietnamese journalism education: An empirical analysis[J]. *Asia Pacific Media Educator*, 2006, 1(17): 41-55.

④ 石罗. 社会主义国家新闻事业概况——越南[J]. 新闻业务，1957，（12）：36-37.

越南学者为主。除了越南学者外，中国学者最多，美国和澳大利亚等国家也有少量学者。第三，研究主题偏重个别媒体。研究的媒体主要有《嘉定报》《天旦报》等，忽略了从整体上对越南新闻传播史的系统梳理。

三、研究的不足

目前关于越南新闻传播史的研究十分有限。公开发表和出版的研究成果数量较少，虽然有少量的通史研究，但时间较早，均在 20 世纪 90 年代前，缺少对 21 世纪以来的新闻事业发展的梳理，通史研究还应加强。专门史和个案史研究集中出现在 2010 年左右，专门史研究多针对革新开放时期展开，个案史研究也仅针对《嘉定报》《青年报》等几家媒体进行分析，研究还不够深入全面。除此之外，还缺少地方新闻史、新闻人物史、新闻事件史与新闻法制史等方面的研究。

参 考 文 献

石罗. 社会主义国家新闻事业概况——越南[J]. 新闻业务，1957，（12）：36-37.

伍耐. 越南新闻法简介[J]. 新闻研究资料，1990，（4）：118-121.

易文. 越南革新开放以来新闻传媒的发展历程及对社会主义新闻事业的启示[J]. 东南亚纵横，2014，（4）：53-59.

易文. 越南革新以来新闻传媒改革历程及特点分析[J]. 新闻大学，2014，（5）：32-39.

（张婷婷、胡曙光、章梦雪）

作者简介：

张婷婷：云南师范大学传媒学院副教授，硕士；

胡曙光：云南师范大学传媒学院副教授，博士，硕士生导师；

章梦雪：云南师范大学传媒学院讲师，硕士。

第七章 泰国媒介传播研究综述

第一节 泰国电影研究综述

泰国电影作为当代亚洲电影的一匹"黑马",在亚洲各国有较好的口碑及市场,其地位和影响力不容小觑。国内外对于泰国电影的研究,已经成为一门显学。泰国本土的电影研究者主要从文本研究、实证研究、文化研究的层面切入;形式既有论文和评论,也有专著;内容以史论研究、导演分析、产业研究、类型发展总结、海报设计分析等为主;研究对象以当代泰国电影为主,对于历史上著名导演的作品也保持了相当的关注。欧美地区对泰国电影的研究则以文化研究为主,也有美学研究;形式包括评论、论文和专著;研究对象较多涉及当代泰国电影和社会关系。从中国国内来看,对泰国电影的研究主要围绕着 1997 年泰国"新浪潮"及其后的当代泰国电影和导演展开;研究方向主要有电影美学研究、导演研究、文化研究等几大类,其中以导演研究、类型研究、产业研究为重点议题;研究形式以评论和论文为主。这些研究对于探索全球化背景下泰国电影崛起的原因,以及中国电影的文化"走出去"有一定的借鉴意义。

一、泰国电影史研究概况

对于泰国电影史的研究,泰国本土的学者作出了巨大的贡献,有丰硕的研究成果。较早的泰国电影史研究成果是朱拉隆功大学传播艺术学院助理教授司利差·斯里卡亚(Sirichai Sirikaya)于 1988 年发表的《泰国电影》("The Thai Film"),这篇论文用实证研究的方法,通过对泰国不同历史时期报纸、杂志相关资料的搜集整理,以及对大量泰国电影人的访谈,研究了泰国电影从诞生至 1982 年的发展历程。[①]泰国国家电影资料馆负责人多姆·素翁(Dome Sukawong)和沙瓦迪·素万纳帕(Sawasdi Suwannapak)编译的《一个世纪的泰国电影》(*A Century of Thai Cinema*)是一本概要性的泰国电影史研究著

---

① Sirichai Sirikaya. The Thai film[D]. Chulalongkorn University, 1988.

作，该书全面地介绍了泰国电影从诞生至 2001 年一个世纪的发展历程，对电影进入泰国、泰国电影产业的发展、电影创作的流变、电影与社会生活相融合的过程等进行了实证性的阐述，图文并茂地展现了泰国电影 100 多年的历史发展脉络，为我们了解泰国电影史提供了重要依据，是一份珍贵的泰国电影发展史料。[①]泰国国立法政大学教授差漠恩录·坦南望农（Chamroenluk Thanawangnoi）也是泰国电影史研究专家，发表了《泰国电影百年：1900—2000》[②]等文章，他从宏观视角对泰国电影的发展史进行了系统梳理，是中国研究泰国电影史的重要参考资料。另外，2018 年泰国出版的《历史视野中泰国的经济和社会变化：泰国电影业 120 年》[③]一书，采用历史研究和实证研究相结合的方法，从泰国经济和社会历史发展角度深入研究了 1897—2017 年泰国电影创作、发行、放映、投资人等方面的详细情况，并对相关人群进行了调查和访谈，获取了丰富翔实的一手资料，是迄今研究泰国电影发展史最为重要的文献之一。

来自英语世界的研究者对泰国电影史也有所关注。一些学者将研究的目光聚焦到泰国早期电影的生产上[④]，还有一些学者关注的是第二次世界大战后泰国电影的演进[⑤]，澳大利亚莫道克大学的博士学位论文《作为民族电影的泰国电影：评价史》（"Thai Cinema as National Cinema: An Evaluative History"）[⑥]则把电影发展和泰国社会文化的变迁结合起来进行研究，为泰国电影史研究提供了另一种史学视角。这些研究突破了传统的泰国电影史研究以史料和实证为主的研究思路，而是以文化研究为主，研究内容多涉及泰国电影发展与社会文化的关系。

目前我国国内对于泰国电影史的研究较少，研究成果多为论文形式。由上海戏剧学院张仲年教授与泰国电影学者拉克桑·维瓦纽辛东（Raksarn Wiwatsinudom）联合主编的《泰国电影研究》[⑦]是目前我国国内出版较早的有关泰国电影研究的著作。该书实为 2010 年中泰建交 35 周年之际，在上海戏剧学院举办的"2010 泰国电影展映暨国际研讨会"的研究成果。该书从历史与理

① Dome Sukawong, Sawasdi Suwannapak. *A Century of Thai Cinema*[M]. London: Thames and Hudson, 2001.

② [泰]差漠恩录·坦南望农. 泰国电影百年：1900—2000[J]. 张力平译. 戏剧艺术, 2011, （1）：79-89.

③ 为方便读者阅读，这类泰语著作均用中文表示。

④ Scot Barmé. Early Thai cinema and filmmaking: 1897-1922[J]. *Film History*, 1999, 11(3): 308-318.

⑤ Mary J. Ainslie. Post-War Thai cinema : Audiences and film style in a divided nation[M]//Daniela Treveri Gennari, Danielle Hipkins, Catherine O'Rawe. *Rural Cinema Exhibition and Audiences in a Global Context*. London: Palgrave Macmillan, 2018.

⑥ Patsorn Sungsri. Thai cinema as national cinema: An evaluative history[D]. Murdoch University, 2004.

⑦ 张仲年, [泰]拉克桑·维瓦纽辛东. 泰国电影研究[M]. 北京：中国电影出版社, 2011.

论、作品与导演、产业与发展三个方面遴选了中泰学者撰写的 30 篇论文汇编成集，是我国国内有关泰国电影研究的一项重要学术成果。学者崔颖所著《别样的风景：解码泰国电影》一书从电影史、类型电影创作、电影新浪潮以及电影产业等方面对泰国电影进行了较全面的解读，总结了泰国电影的本土制作模式与民族文化的美学风格。①此外，上海戏剧学院沙扬的博士学位论文《论泰国电影美学的演进（1950 年代至今）》从叙事手法、视听风格、文化内涵等方面，较为系统地分析了 20 世纪 50 年代以来泰国电影各个发展时期的代表作品的艺术风格及其体现出的创作观念和审美追求，深入阐述了泰国电影美学观念的嬗变之路。②万益杰的硕士学位论文《"新时期"泰国电影研究（1997—2007）》梳理了"新浪潮"运动期间的泰国电影发展历程，通过对重点影片和主要电影类型的综合研究，呈现了泰国"新浪潮"电影的整体状况。③曾翠莹的硕士学位论文《论泰国电影的美学特征（1997—2010）》④，系统梳理了泰国电影"新浪潮"以来的电影美学面貌。此外，崔颖的《从皇室纪录片到"新浪潮"运动：泰国电影百年发展流变（1897—2015）》⑤以及和朱丹华合写的《从王室纪录片到有声电影的繁荣：20 世纪上半叶泰国电影发展概述》⑥指出泰国电影从王室纪录片起经历了无声电影和有声电影、战争时期的低谷、"新浪潮"的崛起至今的曲折发展历程，是较为完整的两篇关于泰国电影史研究的概要性成果。章文哲则专门研究了泰国电影"新浪潮"现象，指出"新浪潮"对当下泰国电影的影响在泛亚叙事中的"冷"身份和"热"记忆、身份遐想中的复调时空和民族视点表达以及边界消融中的在地呐喊和生命哲学中得以体现。⑦

　　总体而言，有关泰国电影史的研究偏重史料和史实的梳理，大多属于通史层面的研究，这些研究是我们了解泰国电影发展历程的重要依据，也为今后的泰国电影史研究奠定了坚实的基础。但是由于早期泰国电影胶片资料的缺失，对于泰国早期电影的研究还比较薄弱，有许多问题尚未进行深入探讨。比如，泰国最早

① 崔颖. 别样的风景：解码泰国电影[M]. 北京：中国社会科学出版社，2023.

② 沙扬. 论泰国电影美学的演进（1950 年代至今）[D]. 上海戏剧学院，2016.

③ 万益杰. "新时期"泰国电影研究（1997—2007）[D]. 南京师范大学，2008.

④ 曾翠莹. 论泰国电影的美学特征（1997—2010）[D]. 重庆大学，2012.

⑤ 崔颖. 从皇室纪录片到"新浪潮"运动：泰国电影百年发展流变（1897—2015）[J]. 吉林艺术学院学报，2016，（1）：51-54.

⑥ 崔颖，朱丹华. 从王室纪录片到有声电影的繁荣：20 世纪上半叶泰国电影发展概述[J]. 未来传播，2019，26（3）：99-105.

⑦ 章文哲. 创新意识、类型探索、文化表达——泰国电影"新浪潮"的影响研究[J]. 当代电影，2018，（5）：77-82.

的一部电影到底是何时由何人在何种情况下拍摄完成的？严格意义上的泰国电影的开端到底是从外国人在泰国拍摄的纪录片算起还是从泰国本土的电影人拍摄的影片算起？早期华商对泰国影业到底有着怎样的影响，对于泰国电影业的形成起着怎样的作用？等等。另外，现有的研究成果，较少从微观层面或者文化史层面阐释某一电影历史问题或现象，尽管也有一些关于泰国"新浪潮"电影的研究，但并未形成系统的研究成果。也就是说，目前的研究重史实而轻理论，缺乏明确的史观和论断，因此，泰国电影史的研究亟待更新研究观念和研究方法，还有很多未经开垦的领域等待学者们去探索。

二、泰国类型电影研究概况

泰国电影题材丰富，类型化创作高度成熟，也因此受到诸多学者的关注，泰国类型电影研究是泰国电影研究的热点问题。

西方学者对泰国类型电影的研究主要集中于恐怖片、动作片和青春片这三大片种。研究泰国恐怖片的英文文献主要有《全球之光：当代泰国恐怖电影和超自然现象的全球化》（"Global Spectrologies: Contemporary Thai Horror Films and the Globalization of the Supernatural"）[1]、《超自然现象与战后泰国电影》（"The Supernatural and Post-War Thai Cinema"）[2]、《鬼妻：泰国中产阶级传统电影》（"Nang Nak: Thai Bourgeois Heritage Cinema"）[3]等学术文章，英国曼彻斯特城市大学的玛丽·J. 安思丽（Mary J. Ainslie）的博士学位论文《当代泰国恐怖电影：怪诞的混合体》（"Contemporary Thai Horror Film: A Monstrous Hybrid"）[4]聚焦于 20 世纪末以来的泰国恐怖电影。研究动作电影的英文文献主要有《拳霸：新泰国电影与香港"真功夫"电影》（"Ong-Bak: New Thai Cinema, Hong Kong and the Cult of the 'Real'"）[5]、《泰拳电影与泰国男性压力研究》（"'Muai Thai' Cinema and the

① Ancuta Katarzyna. Global spectrologies: Contemporary Thai horror films and the globalization of the supernatural[J]. *Horror Studies*, 2011, 2(1): 131-144.

② Mary J. Ainslie. The supernatural and post-war Thai cinema[J]. *Horror Studies*, 2014, 5(2): 157-169.

③ May Adadol Ingawanij. Nang Nak: Thai bourgeois heritage cinema[J]. *Inter-Asia Cultural Studies*, 2007, 18(2): 180-193.

④ Mary J. Ainslie. Contemporary Thai horror film: A monstrous hybrid[D]. Manchester Metropolitan University, 2012.

⑤ Leon Hunt. Ong-Bak: New Thai cinema, Hong Kong and the cult of the "Real"[J]. *New Cinemas: Journal of Contemporary Film*, 2005, 3(2): 69-84.

Burdens of Thai Men"）^①等。研究青春片的英文文献有《非泰国萨空：青少年电影的丑闻》（"Un-Thai Sakon: The Scandal of Teen Cinema"）^②等。这些研究大多是将泰国类型电影置于文化研究的视角下进行审视，在文本分析的基础上探究泰国类型电影的文化意蕴。

我国学者主要把泰国电影分为泰国青春片、恐怖片、动作片、同性恋题材影片等较为明显的类型加以研究，主要体现在以下几个方面。

（一）泰国类型电影的综合性研究

一些学者将泰国类型电影作为一个整体来加以研究，主要从叙事策略、文化品牌与类型归属、类型创作与明星策略等方面加以论述。如洪帆认为"泰国电影以其地域性文化的独特性顺理成章地赢得高辨识度，并以此为基础建立起一个统一的文化品牌以及与之配套的类型叙事策略"^③。史可扬等就认为"泰国在类型电影创作上的特点是善用类型融合的叙事策略"^④。崔颖则认为"泰国类型电影通过多元的主题建构和本土化的电影叙事，形成了泰国特色的类型电影生产框架，实现了美学和文化层面质的突破。泰国电影借此建立了与西方和亚洲其他国家及地区的对话机制，完成了泰国电影在亚洲电影视阈下的身份认同"^⑤。这些研究大多是对泰国"新浪潮"电影崛起之后的类型电影的分析，能帮助我们从总体上把握泰国类型电影的创作特点和文化品格。

（二）泰国青春电影研究

亚洲的青春电影起源于日本，后在亚洲各国兴起，成为亚洲类型电影创作的重要领域，泰国青春电影在其中独树一帜，引人注目。关于泰国青春电影的研究，一些学者主要从艺术手法和叙事策略方面探究电影的创作特点，如万传法认为泰国青春电影为泰国民族的成长及为泰国文化的传播与交流找到了一种最为恰当的情感表达方式——纯化与"空性"^⑥；张仲年则指出泰国青春电影用真正平

① Pattana Kitiarsa. "Muai Thai" cinema and the burdens of Thai men[J]. *South East Asia Research*, 2007, 15(3): 407-424.

② May Adadol Ingawanij. Un-Thai Sakon: The scandal of teen cinema[J]. *South East Asia Research*, 2006, 14(2): 147-177.

③ 洪帆. 当代泰国电影的文化品牌与类型归属[J]. 当代电影，2013，（8）：127-130.

④ 史可扬，康思齐. 21 世纪以来泰国电影的类型融合叙事策略[J]. 当代电影，2019，（11）：76-79.

⑤ 崔颖. 亚洲电影框架下的多元探索：21 世纪泰国电影的类型生产[J]. 电影艺术，2020，（2）：112-119.

⑥ 万传法. 论泰国青春电影的艺术魅力[J]. 北京电影学院学报，2010，（5）：35-40.

等的态度去表达，力求从审美上把青年人的可爱、纯真与真诚传达给观众①；汪徽在其论文中谈到"泰国'小清新'电影因青春题材而出现的'清新'感，绝非自然天成，而是经过精心设计的"②。李晓晓的硕士学位论文《青春记忆的文化想象——当下泰国电影的文化阐释》，较为全面地呈现了 2002—2013 年泰国青春影像的文本内容、文化内涵，揭示了泰国影像成功的文化原因——将本土青春文化记忆与"他者"想象融会贯通，形成了富有泰国民族特色的影像文化。③

还有许多研究者关注的是泰国青春爱情电影的创作，如崔颖的《新世纪泰国爱情电影创作研究》④、鲜佳的《可复制/不可复制：新世纪中泰青春爱情电影一探——以泰国 GTH 青春片为例》⑤、唐莲的《多元化解构的真情流露——泰国纯爱电影探析》⑥、姚睿的《泰国爱情片的类型历史、叙事程式与视听风格》⑦等，从不同的角度分析了泰国青春爱情电影的叙事风格、文化价值及商业价值。另外，许多学者通过个案研究，对比较有代表性的泰国青春电影如《小情人》（*My Girl*）、《初恋这件小事》（*A Little Thing Called Love*）、《暹罗之恋》（*The Love of Siam*）、《下一站说爱你》（*Bangkok Traffic Love Story*）、《天才枪手》（*Bad Genius*）等进行了深入分析，更加丰富了关于泰国青春电影的叙事艺术研究，也为中国同类型的电影创作提供了借鉴。

（三）泰国恐怖电影研究

泰国恐怖电影作为泰国电影中非常具有市场号召力的一种类型，以泰国民间信仰和佛教文化为基础，凸显了对民族文化本土化的强烈诉求。我国学者对泰国恐怖电影的研究，主要是从艺术特征和文化特点两个方面来进行的。

首先是从艺术特征方面进行的研究。《泰国恐怖类型电影中的母题与视听艺术特征研究》较为详细地归纳了泰国恐怖类型电影的三大母题，即鬼魂索命母

① 张仲年. 泰国校园青春电影研究[J]. 戏剧艺术，2011，（1）：90-97.

② 汪徽. 可被设计的青春——泰国"小清新"电影研究[J]. 当代电影，2013，（8）：134-137.

③ 李晓晓. 青春记忆的文化想象——当下泰国电影的文化阐释[D]. 山东师范大学，2013.

④ 崔颖. 新世纪泰国爱情电影创作研究[J]. 电影新作，2016，（4）：90-93.

⑤ 鲜佳. 可复制/不可复制：新世纪中泰青春爱情电影一探——以泰国 GTH 青春片为例[J]. 当代电影，2014，（1）：156-159.

⑥ 唐莲. 多元化解构的真情流露——泰国纯爱电影探析[J]. 传播与版权，2013，（2）：77-79.

⑦ 姚睿. 泰国爱情片的类型历史、叙事程式与视听风格[J]. 当代电影，2018，（5）：72-77.

题、异化母题与童年创伤母题，分别总结了三大母题不同的创作意义。①《泰国恐怖电影的表现手法》指出泰国恐怖片比较注重悬疑气氛的营造，同时具有教育意义，从音乐、恐怖故事的情节设置、镜头的运用、声效氛围的渲染四个不同层面对电影的表现手法进行解析。②较为深入的研究是浙江大学留学生 Kaninsij Kingputtapong 的硕士学位论文《泰国灵异电影的艺术特点及发展趋势研究》，文中指出泰国灵异电影的表现手法能够融合泰国传统与国际趋势，加上泰国文化中特有的人文情感与佛教慈悲的情怀，形成了泰国灵异电影的特色。③河北大学马智超的硕士学位论文《论泰国恐怖电影的特征》阐述了泰国恐怖电影叙事从佛理性角度对于"贪""嗔""痴"三个主题的表现，从造型设计、色彩选择等方面对于视听风格进行阐述，较好地分析了泰国恐怖片的视听元素特点。④王粆果、史可扬在文章《自然物象与宗教巫术——泰国恐怖电影的叙事解读》中以自然物象与民俗文化为着眼点分析了泰国恐怖电影叙事空间的书写、叙事元素的运用和叙事母题的隐喻等内容，进一步阐释了泰国民族文化的当代想象。⑤

其次是从文化特点方面进行的研究。《佛与魔的艺术——解读泰国恐怖电影》一文阐述了泰国恐怖片的重要元素——佛教文化与魔文化，探讨了基于两种不同元素的影片的不同恐怖基调。⑥周安华等在其著作《当代电影新势力：亚洲新电影大师研究》中对朗斯·尼美毕达（Nonzee Nimibutr）的代表作《鬼妻》（*Nang Nak*）做了较为详细的分析，指出鬼妻中的人物塑造是一种本土叙事范式，同时影片将怀旧与民族叙事紧密结合在一起，通过个人化的影像书写完成民族身份的认同与想象。⑦章赟在硕士学位论文《论泰国恐怖电影的佛教文化特征》中详细总结了灵恋、凶险、艳情、现代、后现代与佛元素之间的发展规律。⑧还有研究指出《鬼夫》（*Pee Mak Phrakanong*）这类喜闹剧式恐怖片只是对泰国元素的过度消费，将泰国本土文化的深厚底蕴置换成"视觉表象化"的景

① 郝天石. 泰国恐怖类型电影中的母题与视听艺术特征研究[M]//周星，张燕. 亚洲类型电影：历史与当下. 北京：中国电影出版社，2016：308-314.
② 关颖超. 泰国恐怖电影的表现手法[J]. 西部广播电视，2016，（12）：140.
③ Kaninsij Kingputtapong. 泰国灵异电影的艺术特点及发展趋势研究[D]. 浙江大学，2018.
④ 马智超. 论泰国恐怖电影的特征[D]. 河北大学，2014.
⑤ 王粆果，史可扬. 自然物象与宗教巫术——泰国恐怖电影的叙事解读[J]. 艺术广角，2023，（4）：42-46.
⑥ 林槟苹. 佛与魔的艺术——解读泰国恐怖电影[J]. 东南传播，2008，（8）：128-129.
⑦ 周安华等. 当代电影新势力：亚洲新电影大师研究[M]. 北京：北京大学出版社，2014：279-288.
⑧ 章赟. 论泰国恐怖电影的佛教文化特征[D]. 上海戏剧学院，2011.

观叙事，无法形成自身的叙事张力，因此这类元素会逐步自我消解。①还有学者立足于女性视角，在研究中指出，与欧美恐怖片大多将女性角色作为性感符号成为"男性凝视"的对象，以及在日韩恐怖片中女性角色被刻意设置成经历恐怖事件的见证人不同，泰国恐怖片中对女性角色的观照与泰国社会女性身份的变迁是有内在关联的。同时指出，恐怖片戏剧化的创作倾向很大程度上对恐怖片的经典范式进行解构，并以拼贴化、日常化的叙事风格对恐怖片的美学呈现作了颠覆性的重建，当然这种喜剧式的创作倾向也正是泰国影视创作者不断学习他国经验同时结合本土文化进行创作的方式。②

（四）泰国动作电影研究

以"泰拳"为主要题材的动作片是泰国电影最为独特的一个类型，有关这一类型的研究也颇为丰富。泰国知名电影学者拉克桑·维瓦纽辛东（Raksarn Wiwatsinudom）的《传统武术、功夫与泰拳在托尼·贾动作电影中的独特融合》一文，论述了托尼·贾动作电影所展现的融合传统武术与功夫于一体的精湛表演，这使影片更具观赏性。③孟岩的《对泰国动作电影崛起的反思》分析了泰国动作电影崛起的原因。④马静的《春色满园关不住——论 21 世纪的泰拳武打片》论述了泰拳题材电影的艺术特色。⑤覃晓玲的《异质、民族、身体：泰国动作片文化三题——以普拉奇亚·平克尧与托尼·贾为例》围绕视觉奇观与异质文化、故事编排与民族文化、动作呈现与身体文化等进行了深入分析。⑥以上研究主要是从艺术分析角度切入，探讨的是泰国动作电影中电影明星表演、拍摄手法、动作呈现等方面的特点，也有一些研究涉及泰国动作电影崛起背后的文化成因。另外，还有一些研究对《拳霸》（*Ong-Bak*）、《冬荫功》（*Honour of the Dragon*）、《女拳霸》（*Chocolate*）等影片做了细致的文本解读，如钟锐锐在《从〈拳霸〉、〈冬荫功〉等影片看泰国泰拳动作片的艺术特征》中认为"影片

① 赵轩. 从"鬼妻"到"鬼夫"：泰国恐怖片转型及其文化意义[J]. 东南亚研究，2014，（4）：100-106.

② 崔颖，朱丹华. 新世纪泰国恐怖电影的女性关照和喜剧倾向研究[J]. 浙江传媒学院学报，2018，25（3）：59-63，142.

③ [泰]拉克桑·维瓦纽辛东. 传统武术、功夫与泰拳在托尼·贾动作电影中的独特融合[J]. 尚曦译. 当代电影，2013，（8）：137-142.

④ 孟岩. 对泰国动作电影崛起的反思[J]. 浙江传媒学院学报，2008，（5）：8-12.

⑤ 马静. 春色满园关不住——论21世纪的泰拳武打片[J]. 齐鲁艺苑，2006，（6）：53-54，65.

⑥ 覃晓玲. 异质、民族、身体：泰国动作片文化三题——以普拉奇亚·平克尧与托尼·贾为例[J]. 电影评介，2019，（6）：44-47.

中所具有的唯美的泰国风俗、激烈的泰拳动作、相对固定的情节模式以及带有原始艺术倾向的动作类型电影，形成一种别样的'泰式风情'，进而成为亚洲影坛一股不可忽视的新势力"[①]，还有学者指出"《拳霸》系列在展示泰拳这一泰国民族文化符号时，也通过电影叙事展现了当下全球化背景下泰国传统文化正在经历的冲击和部分泰国民众文化信仰的逐渐迷失"[②]。不过，也有研究者看到了泰国动作电影存在的问题，"由于题材的重复和老套，以及专业人才的匮乏，与佳作不断的爱情片、恐怖片和青春片等泰国主要的类型片相比，曾经辉煌一时的动作片走向没落已是不争的事实。未来泰国动作电影能否重整旗鼓，再现辉煌，值得关注"[③]。贺越在文章《从中国、泰国到美国动作电影：东西动作电影背后的文化及价值观念差异》中对中、泰、美三国动作电影的表现风格、表现形式、表现价值进行了对比分析，并提出东西动作电影互补的建议。[④]

（五）泰国 LGBT[⑤]电影研究

泰国社会对于 LGBT 群体有着相对于其他国家更开放的接纳度，所以 LGBT 题材电影在泰国电影中也有着突出的地位，以 LGBT 为主题的电影因此成为泰国电影研究的重要组成部分。有学者指出"自 2004 年以来，泰国同性恋题材电影从少到多，近年来已渐成规模，从创作数量来看，泰国已成为亚洲同性恋电影的最大产出国"[⑥]。

有关泰国的 LGBT 电影研究，比较有代表性的是西南大学杨静的硕士学位论文《1997 年以来泰国同性恋电影研究》，该文从视听语言角度分析了泰国同性恋电影的"小清新"审美特征，并指出这些影片体现出了"去妖魔化"的

---

① 钟锐锐. 从《拳霸》、《冬荫功》等影片看泰国泰拳动作片的艺术特征[J]. 戏剧之家（上半月），2014，（1）：80.

② 王巨山. 民间信仰的失散与还乡——《拳霸》系列电影的文化解读[J]. 非物质文化遗产研究集刊，2016，（1）：208-215.

③ 崔颖. 新世纪泰国动作电影评析[J]. 电影评介，2018，（10）：1-5.

④ 贺越. 从中国、泰国到美国动作电影：东西动作电影背后的文化及价值观念差异[J]. 今古文创，2021，（28）：83-85.

⑤ LGBT 是女同性恋者（Lesbian）、男同性恋者（Gay）、双性恋者（Bisexuals）与跨性别者（Transgender）的英文首字母缩略字的统称。20 世纪 90 年代，由于"同性恋社群"一词无法完整体现相关群体，LGBT 一词便应运而生，并逐渐普及，用以指称非异性恋群体。

⑥ 崔颖. 新世纪泰国爱情电影创作概况[M]//周星，张燕. 亚洲类型电影：历史与当下. 北京：中国电影出版社，2016：306.

叙事特点。①罗萍萍的硕士学位论文《泰国新时期同性恋电影的叙事及伦理》将泰国同性恋题材归为三种类型，即对同性之爱的隐晦表达、对同性之爱的温情宽容、对同性之爱的人道观照，同时指出此三种类型既在共时性上构成了泰国同性恋电影的美学类型，也在历时性上隐含着泰国同性恋电影的基本演进逻辑。②

除此之外，一些研究者对《暹罗之恋》、《想爱就爱》（Yes or No）、《人妖打排球》（The Iron Ladies）等 LGBT 影片进行了细致的文本分析和解读。有的从酷儿理论③角度阐释影片的文本内涵和意义，如《〈暹罗之恋〉：泰国青春电影的成长》④和《温情策略下的酷儿表达——浅析泰国电影〈暹罗之恋〉和〈Yes or No〉》⑤；有的从泰国社会文化角度阐释电影的社会成因，如《影片〈想爱就爱〉对泰国社会的透视》⑥。

由上观之，泰国类型电影研究主要集中于分析泰国"新浪潮"以来的电影创作，并且主要是对青春爱情片、动作片、恐怖片等类型的研究，除此之外也有关于家庭伦理片、民族史诗片等类型的研究。从研究视角上看，偏重于类型电影的艺术特色分析和文化价值分析。这些研究无疑有助于我们更加全面而深刻地了解泰国电影的创作与发展。在泰国电影本土学者看来，泰国电影题材类型丰富，除了常规类型之外还有许多亚类型和变种，比如"鬼魂喜剧片""僧侣喜剧片"等⑦，因此，我国有关这个方面的研究还不够深入，还有许多影片类型值得我们去深入思考和开拓。

三、泰国电影导演研究

导演研究一直都是电影研究中一个非常重要的方面，对于泰国电影导演的研

---

① 杨静. 1997 年以来泰国同性恋电影研究[D]. 西南大学，2018.

② 罗萍萍. 泰国新时期同性恋电影的叙事及伦理[D]. 湖南科技大学，2015.

③ 酷儿理论是 20 世纪 90 年代在西方兴起的一种新的性理论思潮，一般认为是学者特蕾莎·德·劳力蒂斯（Teresa de Lauretis）在文章《酷儿理论：女同性恋和男同性恋的性》中最先提出来的，其认为"酷儿"并不是对男同性恋或女同性恋的简单概括性总结，而是对差异性的一种强调的态度。酷儿理论目前是性政治中的活跃分子和学术界十分熟悉和钟爱的一个理论。

④ 杨宇姣. 《暹罗之恋》：泰国青春电影的成长[J]. 电影评介，2011，（19）：37-39.

⑤ 郝嫔嫔. 温情策略下的酷儿表达——浅析泰国电影《暹罗之恋》和《Yes or No》[J]. 美与时代（下）. 2011，（11）：116-118.

⑥ 邓丽娜. 影片《想爱就爱》对泰国社会的透视[J]. 电影文学，2014，（5）：74-75.

⑦ [泰]克里斯达·科迪. 泰国电影的题材分类探索——泰国电影研究 2005—2009 年[M]//张仲年，[泰]拉克桑·维瓦纽辛东. 泰国电影研究. 北京：中国电影出版社，2011：29-39.

究也不例外。如被称为"当代泰国电影之父"的拉塔纳·派斯通尼（Rattana Pestonji）就是其中的一个亮点。①在泰国电影"新浪潮"运动中，涌现了一批本土电影革新者，他们以独特的泰国本土文化背景作为创作蓝本，通过个性化的视听语言以及最大化地以"他者"身份展示民族文化的方式，使得泰国电影在全球化背景下保持了本土特色，并未被西化或是被外来文化所侵蚀，形成亚洲电影的一个重要分支。因此，有关这批泰国电影导演，如阿彼察邦·韦拉斯哈古（Apichatpong Weerasethakul）、韦西·沙赞那庭、查崔查勒姆·尧克尔（Chatrichalerm Yukol）、彭力·云旦拿域安（Pen-Ek Ratanaruang）等的研究就成为学者们关注的重点。其中以对泰国著名导演阿彼察邦的研究最为突出。

　　我国关于阿彼察邦的学位论文目前有 12 篇，比较有代表性的是中国美术学院万波的《阿彼察邦电影里的当代艺术思维》，该文从阿彼察邦电影作品出发，分析电影与当代艺术之间的关系。②上海戏剧学院沙扬在《论泰国电影美学的演进（1950 年代至今）》一文中认为阿彼察邦的艺术电影是泰国电影美学变革的重要代表。③鲁迅美术学院宋佩盈的《阿彼察邦·韦拉斯哈古的魔幻现实主义电影研究》认为阿彼察邦致力于用泰国的精神强度去表达民族性和主体性的寻根话语，将其近乎魔幻的奇幻现实经验融入到创作中。阿彼察邦从理性科学的角度思考创作，持续地输出传统宗教的精神力量，以魔幻的基础设定，展现出对现实生活的严肃态度。④西北大学刘戎的《阿彼察邦·韦拉斯哈古电影"二元比照"叙事时空研究》认为"阿彼察邦电影的叙事时空具有鲜明的'二元性'，在其影片中形成前后照应、互相依存的状态，并在这种'二元比照'的状态下达成大于'二元'之和的多义主题"⑤。山西大学王洁群的论文《缄默的呐喊——阿彼察邦·韦拉斯哈古电影叙事研究》主要从电影本体出发，通过解读电影文本，分析研究阿彼察邦电影的叙事艺术，归纳总结其电影的创作特点，阐述导演的创作理念。⑥河北大学赵晶的论文《泰国导演阿彼察邦·韦拉斯哈古电影研究》从导演的个人经历和创作历程出发，在分析其影片视听语言风格和文化内涵的基础上，

　　① 沙扬. 浅析 20 世纪 50—60 年代泰国电影的一种美学倾向——以拉塔纳·派斯通尼的作品为例[M]//张仲年，[泰]拉克桑·维瓦纽辛. 泰国电影研究. 北京：中国电影出版社，2011：290-300.
　　② 万波. 阿彼察邦电影里的当代艺术思维[D]. 中国美术学院，2016.
　　③ 沙扬. 论泰国电影美学的演进（1950 年代至今）[D]. 上海戏剧学院，2016.
　　④ 宋佩盈. 阿彼察邦·韦拉斯哈古的魔幻现实主义电影研究[D]. 鲁迅美术学院，2022.
　　⑤ 刘戎. 阿彼察邦·韦拉斯哈古电影"二元比照"叙事时空研究[D]. 西北大学，2017.
　　⑥ 王洁群. 缄默的呐喊——阿彼察邦·韦拉斯哈古电影叙事研究[D]. 山西大学，2017.

认为其作品"神秘的美学风格以及生命的思考有着重要的研究意义与价值"①。华东师范大学张紫璇的《阿彼察邦·韦拉斯哈古电影中的化身现象研究》着眼于阿彼察邦叙事长片中的"化身现象",从"隐喻意义上的化身、化身的空间性和化身的时间性"三个方面加以论述,"引入了影片在表现形式上的创新问题,着重分析了化身对于阿彼察邦影片里独特的真实感的塑造"②。中央美术学院蒋文勇的论文则从影像研究的角度探索阿彼察邦电影中魔幻现实情境营造,该文着力于阿彼察邦影像背后的"无常·因果"两个方面的分析,有其独到之处。③中国电影艺术研究中心王玉超的论文从美学角度探讨了阿彼察邦作品"慢电影的美学形式",作者指出"慢电影作为现代电影美学在当代的延续,其本质上是突出电影空间,强调观众感知的一类艺术电影,它正逐渐实现时间–影像向空间–影像的转变,契合当今电影艺术的空间化"④。中国美术学院冯均桥在《精神性与现实性的二元叙事——从作者论视角解读阿彼察邦的诗性影像》中从作者论角度对阿彼察邦的电影诗性进行了思考。⑤还有两篇论文专注于阿彼察邦 2010 年获得金棕榈奖的影片《能召回前世的布米叔叔》(*Uncle Boonmee Who Can Recall His Past Lives*),并结合阿彼察邦的其他创作,从生态角度解读影片的镜头语言⑥,或多角度分析该片中的奇异之物⑦,呈现出别样的研究视角。

另外,学者张良的《边缘文化、宗教背景与艺术探索——阿彼察邦·韦拉斯哈古电影创作综述》一文,较为全面地概括了阿彼察邦电影的创作历程和艺术文化特点,并指出"他拍的生活虽然'低于'泰国大城市人的现代化生活,但是在思想、精神高度上却与整个世界相连"⑧。除此之外,还有许多学者对阿彼察邦的电影作品进行了细致的个案分析,他们从视听语言、表现手法、影像隐喻、文化表达等多个方面加以研究。如《模糊身份、晦暗记忆与神秘主义——阿彼察邦作品中的森林意象建构》对阿彼察邦电影中的幽暗森林意象作了较为全面的分

① 赵晶. 泰国导演阿彼察邦·韦拉斯哈古电影研究[D]. 河北大学,2018.
② 张紫璇. 阿彼察邦·韦拉斯哈古电影中的化身现象研究[D]. 华东师范大学,2018.
③ 蒋文勇. "无常·因果"阿彼察邦·韦拉斯哈古电影的魔幻现实情境营造研究[D]. 中央美术学院,2018.
④ 王玉超. 慢电影的美学形式——以阿彼察邦·韦拉斯哈古的电影为例[D]. 中国电影艺术研究中心,2019.
⑤ 冯均桥. 精神性与现实性的二元叙事——从作者论视角解读阿彼察邦的诗性影像[D]. 中国美术学院,2021.
⑥ 吴瑜婷. 通往前世记忆的丛林,《能召回前世的布米叔叔》之生态镜语解析[D]. 西南交通大学,2012.
⑦ 施鑫. 审视《能召回前世的布米叔叔》中的奇异之物[D]. 中国美术学院,2018.
⑧ 张良. 边缘文化、宗教背景与艺术探索——阿彼察邦·韦拉斯哈古电影创作综述[J]. 当代电影,2019,(11):48-55.

析，指出阿彼察邦的代表作《子弹》（*Bullet*）、《厨房与卧室》（*Kitchen and Bedroom*）、《午间男孩》（*Dokfa Nai Meuman*）、《祝福》（*Blissfully Yours*）、《能召回前世的布米叔叔》等集中体现了热带森林这一——以贯之的意象所能够代表的泰民族的社会现状、历史观与世界观。[①]《〈幻梦墓园〉：阿彼察邦电影时间和空间的重塑》认为"阿彼察邦·韦拉斯哈古作品的灵异与空灵神秘化的视听语言风格，个人化的特点十分鲜明，他追随和发扬了东方电影的美学，展现了自己对电影时间个体性的看法，把记忆与梦境重构，把当代艺术的思维方式带入电影，重塑了电影里的时间和空间，丰富了电影的时间观念，探索着电影的各种可能性"[②]。张良在文章《位移与交叠：阿彼察邦〈记忆〉的跨文化创作》中从创作理念、创作手段、跨文化创作模式角度出发，对阿彼察邦的影片《记忆》进行了综合分析。[③]

除阿彼察邦外，其他的泰国电影导演也进入了学者们的研究视域中，如《查崔查勒姆·尧克尔电影中的社会表征（1970s—1980s）》是较早研究泰国王子查崔查勒姆·尧克尔（Chatrichalerm Yukol）电影的中文论文，该文从电影与社会关系的角度，分析了尧克尔王子电影的创作历程和特点，并解读其电影作品中所反映的社会问题，指出电影作为"批判社会的工具"的重要意义。[④]《从叙事走向奇观——查崔查勒姆·尧克尔电影作者风格分析》梳理了尧克尔的电影从"异化"到"奇观化"的过程，传达出尧克尔对现实主义作品的探索决心。[⑤]《论泰国导演韦西·沙赞那庭的电影色彩思维》从电影色彩造型角度研究泰国电影"新浪潮"主将沙赞那庭的个性化影像对于色彩的运用与表现。[⑥]还有学者从比较研究的角度，分析了泰国鬼才导演云旦拿域安与中国导演张杨的电影作品及思维的异同[⑦]。遗憾的是，这样的研究还比较少。

总体来看，我国对于泰国电影导演的研究主要集中于阿彼察邦身上，约占这类研究的80%，显然是因为阿彼察邦作品多次获奖，具有较大的国际影响力。但

① 聂伟，杜梁. 模糊身份、晦暗记忆与神秘主义——阿彼察邦作品中的森林意象建构[M]//周星，张燕. 亚洲类型电影：历史与当下. 北京：中国电影出版社，2016：296-300.

② 张次禹，朱峰.《幻梦墓园》：阿彼察邦电影时间和空间的重塑[J]. 当代电影，2019，（11）：55-58.

③ 张良. 位移与交叠：阿彼察邦《记忆》的跨文化创作[J]. 电影评介，2023，（4）：33-38.

④ [泰]帕塔玛瓦迪·乔优沃恩. 查崔查勒姆·尧克尔电影中的社会表征（1970s—1980s）[M]//张仲年，[泰]拉克桑·维瓦纽辛东. 泰国电影研究. 北京：中国电影出版社，2011：142-160.

⑤ 谭悦茗. 从叙事走向奇观——查崔查勒姆·尧克尔电影作者风格分析[J]. 戏剧之家，2022，（16）：155-157.

⑥ 王珺. 论泰国导演韦西·沙赞那庭的电影色彩思维[J]. 创作与评论，2013，（22）：79-81.

⑦ 李淑云. 中国和泰国当代电影之比较研究——论张杨与彭力云旦拿域安的作品及思维异同[D]. 浙江大学，2008.

事实上，阿彼察邦电影在泰国本土的评价并不是最好的，泰国还有许多重量级的导演对泰国电影发展起到积极的作用，受到泰国观众的热爱。在这方面还有很多创作者值得我们去关注并进行深入研究。

四、泰国电影文化研究

从文化角度对泰国电影进行研究，主要有两大方面：一是对泰国电影文化产业的研究，二是对泰国电影的文化理论分析。

（一）泰国电影的文化产业研究

对于 20 世纪 90 年代以来泰国电影的崛起，有很多学者从文化产业发展的角度加以分析和思考。伦敦大学的瑞切尔·哈里森（Rachel Harrison）就从文化产业的角度指出"泰国电影的迅速崛起，得益于泰国电影工作者对本土及国际市场的努力开拓，也得益于泰国电影中呈现的独特的泰国文化魅力，甚至与泰国政府大力推动旅游业的发展而增进了西方人对泰国的了解有一定关系"[①]。加拿大学者 W. D. 沃尔斯（W. D. Walls）从经济学的角度考察了 2004—2008 年泰国电影市场，对主流泰国电影的营收状况及泰国电影市场的整体竞争态势进行了全面分析[②]，这也是西方学界对泰国电影市场研究最为深入的成果之一。在曼谷大学传媒艺术国际研讨会上发表的论文《泰国的外国电影制作：过去、现在和未来》（"Foreign Film Production in Thailand: Past, Present and Future"）则关注的是创意产业视角下，泰国电影制造业的国际生产与制作[③]。

自 21 世纪以来，我国也有许多学者关注泰国电影的产业发展情况，并分析泰国电影崛起对中国电影的启示。如陈晓达在《商业包装下的本土化叙事：新泰国电影的崛起》中，把泰国电影迅速崛起的原因归结于几个方面：一是泰国电影业吸收借鉴了好莱坞的商业电影制作经验；二是泰国成熟的商业市场意识为电影产业的崛起提供了良好的发展氛围和基础；三是泰国电影充分挖掘了本民族的文

---

① Rachel Harrison. Amazing Thai film: The rise and rise of contemporary Thai cinema on the international ccreen[J]. *Asian Affairs*, 2005, 36(3): 321-338.

② W. D. Walls. The market for motion pictures in Thailand: Rank, revenue, and survival at the box office[J]. *International Journal of Business and Economic*, 2009, (2): 115-131.

③ Alexander J. Klemm. Foreign film production in Thailand: Past, present and future[R]. Bangkok University Communication Arts International Conference, 2016.

化资源，用商业化的电影技巧打造具有民族特色的类型化电影产品。①这是我国学者在西方学界研究基础之上，第一次较为系统地对泰国电影崛起的原因进行研究和思考。另外，尹鸿教授在《世界电影发展报告》中，还通过专门的章节对东南亚主要国家（泰国、新加坡、马来西亚、印度尼西亚和菲律宾）的电影产业状况进行了研究。其中，"泰国电影产业报告"位列首位且占据了最多的篇幅，凸显出泰国电影在东南亚电影的重要地位。②"该报告用翔实的数据分析了泰国电影产业的发展现状"③，是我国较为权威的泰国电影产业研究成果。还有一些学者借鉴社会学、传播学的研究方法，分析泰国影视业发展现状。如《泰国影视业发展的 SWOT 分析》一文就运用 SWOT 分析法分析泰国影视业状况，认为"泰国影视业的发展具有旅游、文化、政府支持，设施完备等优势，也有环境污染、相互压价、法律法规不健全等劣势"④。陈晓达的《透视当代泰国电影产业的崛起》从产业机制、市场环境及电影类型特点等方面，梳理了当代泰国电影的模式特点和成功经验，并指出"当代泰国电影的悄然崛起，得益于在商业化的先进电影手段下进行本土化叙事，泰国独有的民族文化景观在国际化的电影包装下产生了活力，结合当代泰国社会的现实语境，改观了泰国电影的文化厚度和独特性"⑤。崔颖等的《21 世纪泰国电影产业发展概况》比较全面地梳理了 21 世纪以来泰国电影的市场状况，并指出泰国电影的发展"得益于泰国政府的大力支持"，"在与好莱坞电影博弈的过程中，泰国电影赢得了难能可贵的话语权和生产空间，为本土电影产业的良性发展奠定了基础"⑥。另外，还有一些学者从比较研究的视角，分析泰国影视业发展对中国影视产业的启示。如《泰国影视业现状及对我国的启示》从"注重东西结合，立足传统民族文化""提高制作水平，加强精品意识""迎合观众心理，转变创作思路"三个方面进行了思考。⑦《泰国影视作品对我国影视产业的启示》则探讨了泰国影视作品风靡中国的原因，并提出了相关的建议。⑧《泰国主流电影的商业化运作——以 21 世纪以来神话史诗电影为例》以神话史诗电影为落脚点，探索泰国电影商业运作的

① 陈晓达. 商业包装下的本土化叙事：新泰国电影的崛起[J]. 电影新作，2008，（3）：32-39.
② 尹鸿. 世界电影发展报告[M]. 北京：中国电影出版社，2014.
③ 崔颖. 新世纪以来泰国电影研究概况[J]. 电影新作，2015，（6）：25-29.
④ 史婷. 泰国影视业发展的 SWOT 分析[J]. 长安大学学报（社会科学版），2014，16（4）：59-62.
⑤ 陈晓达. 透视当代泰国电影产业的崛起[J]. 浙江传媒学院学报，2012，19（1）：67-74.
⑥ 崔颖，朱丹华. 21 世纪泰国电影产业发展概况[J]. 当代电影，2018，（5）：68-72.
⑦ 王春华. 泰国影视业现状及对我国的启示[J]. 中国电影市场，2013，（12）：31-32.
⑧ 刘金晶. 泰国影视作品对我国影视产业的启示[J]. 新闻世界，2013，（8）：267-268.

模式，认为视觉上的奇幻加上民族文化内核成为泰国神话史诗电影发展的主推力，使其在良性循环中兼顾娱乐与创汇。①这些研究无疑为我们把握泰国影视产业发展现状，寻找其电影崛起的原因，以及探索中国电影产业的良性发展之路提供了参考。

（二）泰国电影的文化理论分析

文化研究是西方学界自伯明翰学派以来最重要的研究转向，西方学者关于泰国电影的文化理论研究主要集中于对泰国电影中的文化身份、"酷儿"文化及宗教文化的分析。美国的库尔提达·柏亚库·杜纳金（Kultida Boonyakul Dunagin）在其博士学位论文《泰国电影中的文化认同及其对泰国电影研究的启示》（"Cultural Identity in Thai Movies and Its Implications for the Study of Films in Thailand"）中从文化身份的角度阐述了泰国电影中的文化认同，是较早的一篇关于泰国电影文化研究的论文。②英国学者奥拉多·卡普拉斯特（Oradol Kaewprasert）在其博士学位论文《泰国酷儿电影中的性别表达》（"Gender Representations in Thai Queer Cinema"）中用酷儿理论对泰国酷儿电影（涵盖了同性恋电影、变性人电影等）进行了深入的分析和研究。③诺阿·维纳斯（Noah Viernes）从文化地理学角度阐述了当代泰国电影的"地理身体"。④还有一些学者从宗教文化角度阐述了泰国电影的文化困境，如《现代泰国电影中佛教僧侣的情感生活》（"The Emotional Lives of Buddhist Monks in Modern Thai Film"）⑤、《信仰和电影：来自泰国底层的佛教危机》（"Faiths and Films: Countering the Crisis of Thai Buddhism from Below"）⑥等论文就将泰国电影与宗教文化问题结合起来加以思考，提出了富有创见性的观点。

---

① 盛柏. 泰国主流电影的商业化运作——以 21 世纪以来神话史诗电影为例[J]. 同济大学学报（社会科学版），2021，32（2）：67-75.

② Kultida Boonyakul Dunagin. Cultural identity in Thai movies and its implications for the study of films in Thailand[D]. University of North Texas, 1993.

③ Oradol Kaewprasert. Gender representations in Thai queer cinema[D]. University of Essex, 2008.

④ Noah Viernes. The Geo-Body of contemporary Thai film[J]. *South East Asia Research,* 2013, 21(2): 237-255.

⑤ Justin McDaniel. The emotional lives of Buddhist monks in modern Thai film[J]. *Journal of Religion & Film,* 2010, 14(2): 9.

⑥ Pattana Kitiarsa. Faiths and films: Countering the crisis of Thai Buddhism from below[J]. *Asian Journal of Social Science,* 2006, 34(2): 264-290.

我国学者关于泰国电影的文化分析主要集中在两个方面，一方面是从跨文化传播角度探讨泰国电影的文化价值。如在《泰国电影跨文化传播分析》一文中，作者指出"泰国电影擅于用国际化的视听语言，以现代化的影像叙述包装传统的泰国故事，已成为具有国际竞争力的亚洲电影品牌，取得了良好的国际传播效果"[①]。《泰国电影中的港势力——记彭氏兄弟》从"泛亚洲电影"的高度对泰国电影进行了一次跨文化的考察，分析了彭氏兄弟在中国香港地区和泰国合拍的影片中起到的作用。[②]《泰国电影文化在中国的传播分析》一文则从文化传播角度分析了泰国电影在中国传播的三个阶段，并指出"中泰亲近的地缘文化和中泰友好的邦交环境"是泰国电影被中国观众接受的重要原因。[③]另一方面，一些学者运用后殖民理论、文化地理学理论、女性主义理论等对泰国电影进行了文化理论解读。如《新东方主义下的泰国影像分析》指出"泰国电影的绝处逢生是弱势文化面对强势文化入侵的一种以退为攻的策略性选择，在新东方主义语境下，本土文化与异质文化的碰撞与融合使得泰国电影的文化身份嬗变和重组，以一种更加宏观的具有全球视野的叙述策略，将民族特征等内涵转化成为国际同质化话语的民间参考系"[④]，等等。

总体来看，对于泰国电影的文化理论研究也是泰国电影研究中不可或缺的一个方面，这类研究既有偏重实证方面的产业分析，也有理论阐释的文化分析和逻辑推演，而这些都成为 21 世纪以来泰国电影研究的热点问题，吸引更多的研究者投入到对泰国电影的思考之中。

五、研究思考

通过以上分析不难发现，泰国电影走过了一条曲折艰难的发展之路，但也因为其独特的民族文化性和别具一格的影像风格，形成了在亚洲电影中一道靓丽的风景线。对于泰国电影的研究，泰国本土学者和西方学者的研究更深入也更细致，我国学术界对泰国电影的关注大约从 20 世纪 80 年代起步，21 世纪以来逐渐进入成熟阶段。研究领域从最开始的介绍性、普及性慢慢向专业性、学术性方向发展；研究内容也从全景式、综合性研究向类型电影、艺术电影、文化电影等

① 李敏. 泰国电影跨文化传播分析[J]. 国际传播，2018，（4）：79-85.
② 洪帆，张巍. 泰国新电影中的港势力——记彭氏兄弟[M]//张仲年，[泰]拉克桑·维瓦纽辛东. 泰国电影研究. 北京：中国电影出版社，2011：254-268.
③ 陈红宇. 泰国电影文化在中国的传播分析[J]. 成都大学学报（社会科学版），2019，（5）：86-91.
④ 姚争. 新东方主义下的泰国影像分析[J]. 电影文学，2010，（9）：4-5.

几个方面拓展；在研究方法上，也从过去的经验性研究逐渐向理论研究深化，研究的视域和水平得到了大幅扩展和提升。

泰国文化与中国文化有渊源关系，近年来泰国电影产业日益成熟，其成就也越来越显著，有许多方面都值得我们去了解和借鉴。通过泰国电影的研究，一定程度上能实现我国学者与泰国学者关于两国文化的对话，从而促进中泰文化的交流和沟通。泰国电影"新浪潮"运动对于中国电影创作也有一定的借鉴意义，能启发中国创作者立足于本土文化，挖掘民族意象，为在电影中诠释民族文化找到新的途径，为实现文化自信提供启迪。泰国电影的类型创作具有较高的商业价值，对于泰国类型电影的研究，尤其是亚类型的深入分析，可以为中国电影的类型化创作找到一定的突破路径，在艺术化的基础上提升国产电影的商业价值。总之，随着泰国电影在世界影坛的逐步发展及其地位的逐步提高，泰国电影必定会成为东西方电影学术界的热门研究领域，亟待人们去开拓和发现新的研究问题。

参 考 文 献

[泰]差漠恩录·坦南望农. 泰国电影百年：1900—2000[J]. 张力平译. 戏剧艺术，2011，
　　（1）：79-89.

陈红宇. 泰国电影文化在中国的传播分析[J]. 成都大学学报（社会科学版），2019，（5）：
　　86-91.

崔颖. 别样的风景：解码泰国电影[M]. 北京：中国社会科学出版社，2023.

冯均桥. 精神性与现实性的二元叙事——从作者论视角解读阿彼察邦的诗性影像[D]. 中国美术
　　学院，2021.

贺越. 从中国、泰国到美国动作电影：东西动作电影背后的文化及价值观念差异[J]. 今古文
　　创，2021，（28）：83-85.

蒋文勇. "无常·因果"阿彼察邦·韦拉斯哈古电影的魔幻现实情境营造研究[D]. 中央美术学
　　院，2018.

李淑云. 中国和泰国当代电影之比较研究——论张杨与彭力云旦拿域安的作品及思维异同[D].
　　浙江大学，2008.

李晓晓. 青春记忆的文化想象——当下泰国电影的文化阐释[D]. 山东师范大学，2013.

刘戎. 阿彼察邦·韦拉斯哈古电影"二元比照"叙事时空研究[D]. 西北大学，2017.

罗萍萍. 泰国新时期同性恋电影的叙事及伦理[D]. 湖南科技大学，2015.

马智超. 论泰国恐怖电影的特征[D]. 河北大学，2014.

沙扬. 论泰国电影美学的演进（1950年代至今）[D]. 上海戏剧学院，2016.

盛柏. 泰国主流电影的商业化运作——以 21 世纪以来神话史诗电影为例[J]. 同济大学学报（社会科学版），2021，32（2）：67-75.

宋佩盈. 阿彼察邦·韦拉斯哈古的魔幻现实主义电影研究[D]. 鲁迅美术学院，2022.

谭悦茗. 从叙事走向奇观——查崔查勒姆·尧克尔电影作者风格分析[J]. 戏剧之家，2022，（16）：155-157.

万波. 阿彼察邦电影里的当代艺术思维[D]. 中国美术学院，2016.

万益杰. "新时期"泰国电影研究（1997—2007）[D]. 南京师范大学，2008.

王珺. 论泰国导演韦西·沙赞那庭的电影色彩思维[J]. 创作与评论，2013，（22）：79-81.

王秋果，史可扬. 自然物象与宗教巫术——泰国恐怖电影的叙事解读[J]. 艺术广角，2023，（4）：42-46.

杨静. 1997 年以来泰国同性恋电影研究[D]. 西南大学，2018.

姚争. 新东方主义下的泰国影像分析[J]. 电影文学，2010，（9）：4-5.

尹鸿. 世界电影发展报告[M]. 北京：中国电影出版社，2014.

张次禹，朱峰. 《幻梦墓园》：阿彼察邦电影时间和空间的重塑[J]. 当代电影，2019，（11）：55-58.

张良. 位移与交叠：阿彼察邦《记忆》的跨文化创作[J]. 电影评介，2023，（4）：33-38.

张仲年，[泰]拉克桑·维瓦纽辛东. 泰国电影研究[M]. 北京：中国电影出版社，2011.

张紫璇. 阿彼察邦·韦拉斯哈古电影中的化身现象研究[D]. 华东师范大学，2018.

章赟. 论泰国恐怖电影的佛教文化特征[D]. 上海戏剧学院，2011.

周安华等. 当代电影新势力：亚洲新电影大师研究[M]. 北京：北京大学出版社，2014.

周星，张燕. 亚洲类型电影：历史与当下[M]. 北京：中国电影出版社，2016.

Alexander J. Klemm. Foreign film production in Thailand: Past, present and future[R]. Bangkok University Communication Arts International Conference, 2016.

Ancuta Katarzyna. Global spectrologies: Contemporary Thai horror films and the globalization of the supernatural[J]. *Horror Studies*, 2011, 2(1): 131-144.

Justin McDaniel. The emotional lives of Buddhist monks in modern Thai film[J]. *Journal of Religion & Film*, 2010, 14(2): 9.

Kaninsij Kingputtapong. 泰国灵异电影的艺术特点及发展趋势研究[D]. 浙江大学，2018.

Kultida Boonyakul Dunagin. Cultural identity in Thai movies and its implications for the study of films in Thailand[D]. University of North Texas, 1993.

Leon Hunt. Ong-Bak: New Thai cinema, Hong Kong and the cult of the "Real"[J]. *New Cinemas: Journal of Contemporary Film*, 2005, 3(2): 69-84.

Mary J. Ainslie. Contemporary Thai horror film: A monstrous hybrid[D]. Manchester Metropolitan University, 2012.

Mary J. Ainslie. The supernatural and post-war Thai cinema[J]. *Horror Studies*, 2014, 5(2): 157-169.

May Adadol Ingawanij. Nang Nak: Thai bourgeois heritage cinema[J]. *Inter-Asia Cultural Studies*, 2007, 18(2): 180-193.

May Adadol Ingawanij. Un-Thai Sakon: The scandal of teen cinema[J]. *South East Asia Research*, 2006, 14(2): 147-177.

Noah Viernes. The Geo-Body of contemporary Thai film[J]. *South East Asia Research*, 2013, 21(2): 237-255.

Oradol Kaewprasert. Gender representations in Thai queer cinema[D]. University of Essex, 2008.

Patsorn Sungsri. Thai cinema as national cinema: An evaluative history[D]. Murdoch University, 2004.

Pattana Kitiarsa. "Muai Thai" cinema and the burdens of Thai men[J]. *South East Asia Research*, 2007, 15(3): 407-424.

Pattana Kitiarsa. Faiths and films: Countering the crisis of Thai Buddhism from below[J]. *Asian Journal of Social Science*, 2006, 34(2): 264-290.

Rachel Harrison. Amazing Thai film: The rise and rise of contemporary Thai cinema on the international ccreen[J]. *Asian Affairs*, 2005, 36(3): 321-338.

Scot Barmé. Early Thai cinema and filmmaking: 1897-1922[J]. *Film History*, 1999, 11(3): 308-318.

W. D. Walls. The market for motion pictures in Thailand: Rank, revenue, and survival at the box office[J]. *International Journal of Business and Economic*, 2009, (2): 115-131.

（李淼、周泽民）

作者简介：

李淼：云南师范大学传媒学院教授，博士，硕士生导师；

周泽民：昆明文理学院艺术传媒学院助教。

第二节　泰国广播电视史研究综述

一、其他国家及泰国本土相关研究

泰国广播电视的历史开始于 20 世纪 60 年代。西方学者查勒斯·E. 舍曼（Charles E. Sherman）在研究中指出，在由日本放送协会筹备成立于 1964 年的亚洲广播联盟（The Asian Broadcasting Union，ABU）的区域联盟会议之初，泰国就作为主要成员国家之一参与其中。[①]约翰·A.兰特（John A. Lent）在1975 年将研究视野聚焦于整个亚洲地区，梳理了亚洲大众传播的相关研究成果，发现直至 1965 年，仅有少量关于亚洲媒体的研究，主要为在海外学习的亚裔学生的硕士学位论文或者一些美国社会学家所做的短期调查报告。[②]到1975 年，区域研究与培训的相关组织开始涌现。各国开始设立自己的出版印刷传媒中心来提高自己的传播专业实力。同时包括泰国在内的亚洲国家加大了对大众传播的研究。"1974 年根据亚洲大众传媒研究与信息中心的统计报告，亚洲 16 个国家共有 136 个大众传播相关机构，其中 70%主要分布在菲律宾、韩国、日本、印度等国家。几乎每一个国家都拥有一项大众传播专业培训与研究项目。"[③]

　　20 世纪 80 年代以后，关于泰国大众传播的研究层出不穷，质量也不断提高，不仅西方学者，泰国学者也加入本土学科发展研究的行列，从大众传播出版、广播与电视事业的商业发展与社会文化生产的角度出发，不断深入地探讨了泰国大众传播的发展。其中，乌帮拉特·西里尤瓦萨克（Ubonrat Siriyuvasak）持续对泰国广播电视进行研究。1989 年，西里尤瓦萨克探讨了广播作为一个文化与社会再生产的角色如何在泰国产生作用。深入阐述了广播作为社会角色的复杂性。尤其是对从社会发展的严肃新闻视角与流行世俗视角出发的泰国广播如何完成社会意识形态的再生产，以及最终广播产业如何在近代听众需求与文化产业之间的矛盾中生存的问题进行了较为深刻的讨论与思考。[④]之后，西里尤瓦萨克又结合政治经济学理论对泰国广播媒体的发展进行了研究。[⑤]

　　也有大量研究是从历史分期的角度展开的，如辛尼·希塔拉克（Sinit Sittirak）的《泰国电视起源 1950—1994》和苏卡波恩·帕凯（Sukaporn Pakaew）的《60 年档案：泰国电视业务发展》。辛尼对泰国电视 1950—1994年的历史进行了回顾与总结，对电视制度发展的脉络进行了分析。[⑥]帕凯将泰国

①　Charles E. Sherman. The Asian Broadcasting Union[J]. *Journal of Broadcasting*, 1969, 13(4): 397-414.

②　John A. Lent. Asian mass communication: Selected information sources[J]. *Journal of Broadcasting & Electronic Media*, 1975, 19(3): 321-340.

③　John A. Lent. Asian mass communication: Selected information sources[J]. *Journal of Broadcasting & Electronic Media*, 1975, 19(3): 321-340.

④　Ubonrat Siriyuvasak. Radio in a traditional society: The case of modern Thailand[D]. University of Leicester, 1989.

⑤　Ubonrat Siriyuvasak. Radio broadcasting in Thailand: The structure and dynamics of political ownership and economic control[J]. *Media Asia*, 1992, 19(2): 92-99.

⑥　刘康定. 泰国公共电视发展与制度分析[D]. 台湾大学, 2010.

电视事业 60 余年的发展历史作为研究主线，时间跨度为 1952—2015 年。他将泰国电视发展与泰国政治、经济、社会的发展变革相联系，把泰国电视业的发展历史分成了 6 个时期进行分析。他还对泰国电视图像技术、电视新闻、电视剧、儿童电视节目、电视娱乐综艺节目、电视体育节目的发展历史进行了梳理与论证，并且梳理了泰国电视事业中的重要人物。帕凯较为全面地展现了在泰国社会不断发展过程中泰国电视发展的各个阶段，囊括了宏观的历史脉络与中观的不同类型电视节目的发展历程。

二、我国相关研究

在中国知网、万方数据库，以及中国传媒大学图书馆输入关键词"泰国广播电视"进行检索，除去关于泰国电影、广告等方面的研究，截至 2020 年 4 月，共获得 1983—2019 年的相关研究论著 47 篇（本），其中，专著 5 本，论文 42 篇。其中没有专门针对泰国广播电视史的研究，关于泰国广播电视史的内容散见于各研究成果中。从发表/出版时间和数量来看，自 2010 年开始，泰国广播电视研究成果数量呈上升趋势，2018 年达到顶峰，这跟"一带一路"倡议提出以及我国与东盟国家密切往来有很大关系。我国相关研究的时间及数量分布如图 7-1 所示。

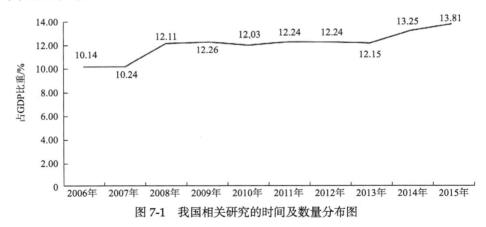

图 7-1　我国相关研究的时间及数量分布图

（一）研究类型

5 本专著包括陈大斌、王玉成主编的《国际大众传播媒介简介》[①]、马庆平的《外国广播电视史》[②]、中国国际广播电台研究室编译的《世界各国的广播电

① 陈大斌，王玉成. 国际大众传播媒介简介[M]. 青岛：青岛出版社，1992.
② 马庆平. 外国广播电视史[M]. 北京：北京广播学院出版社，1997.

视》①、田禾等编著的《列国志·泰国》②、国家广播电影电视总局培训中心编著的《东盟广播电视发展概况》③。这 5 本专著均对包括广播电视在内的大众媒体进行了概述，对泰国广播电视的基本情况进行了梳理。

从检索到的 42 篇论文的类型来看，有 22 篇是期刊论文，20 篇是学位论文。其中，学位论文中，19 篇为硕士学位论文，1 篇为博士学位论文；期刊论文中，8 篇来自 CSSCI/其他核心期刊，14 篇来自普通期刊。具体占比见图 7-2。

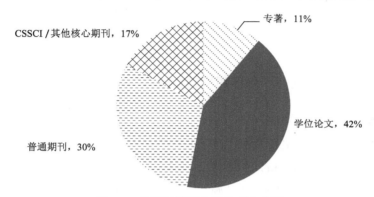

CSSCI/其他核心期刊，17%
专著，11%
学位论文，42%
普通期刊，30%

图 7-2　我国相关研究的类型占比图

通过对论文的整理可看出，国内关于泰国广播电视的研究相对较少，关于泰国广播电视史的研究更是凤毛麟角，多集中于简单介绍历史发展脉络。就泰国广播电视的研究而言，研究分布不均衡，多集中在高校，其中广西高校最多，共有 7 篇，而且论文的质量及影响力有限。

（二）研究内容

从研究内容来看，电视剧研究占比最大，共有 22 篇（本），占到 47%；广播电视媒体研究共有 20 篇（本），占 42%；具体的广播电视节目研究共有 5 篇（本），占 11%，如图 7-3 所示。这也与泰国国情有关，泰国国家统计局相关数据显示，2005—2012 年，泰国有 54.3%的人更倾向于看电视，并且有学者在调查中发现多数情况下大部分电视媒体以播放电视剧为胜。

---

① 日本广播协会. 世界各国的广播电视[M]. 中国国际广播电台研究室编译. 北京：中国广播电视出版社，1991.

② 田禾，周方冶. 列国志·泰国[M]. 北京：社会科学文献出版社，2005.

③ 国家广播电影电视总局培训中心. 东盟广播电视发展概况[M]. 北京：中国广播电视出版社，2008.

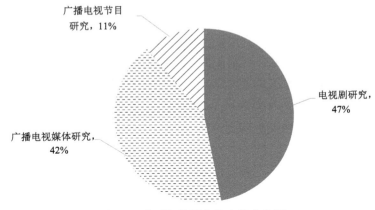

图 7-3　我国相关研究的内容占比图

1. 电视剧研究

关于电视剧的研究主要集中在以下几个方面。

1）泰国电视剧在中国的传播研究

随着泰国影视剧在中国不断升温，泰国电视剧在中国的传播也受到学者们的关注。学者多将泰国电视剧在中国传播的现状、成因、效果等方面作为研究内容。高慧明（Lanchakorn Sapthonglang）的《论泰国电视剧在中国的传播》对泰国电视剧的生产机制与管理模式、泰国电视剧在中国传播的途径和传播成功的因素，以及意义与价值进行了分析。①侯芳芳的《泰剧进入中国市场的传播学分析》从传者和受众的角度分析了泰剧进入中国市场的原因。②邓静的《泰剧热播中国的受众接受心理分析》③、叶晓慧的《泰剧在中国的传播与接受研究》④和林万龙的《泰国媒体作品对中国游客赴泰旅游与行为意向影响的调查研究》⑤都落脚到受众研究上。邓静等通过问卷调查，对受众群体特征及心理进行了分析，为中国影视对外传播提供了可借鉴的路径。林万龙则通过定量的方法对电视、电影、印刷、网络、手机等媒体对中国人赴泰旅游意向的影响进行了调查研究。王丽佳在《泰剧在中国网络中的传播研究》中对在网络时代背景下，泰剧网络传播的因素、传播效果进行研究，着重对泰剧迷的产生、身份建构、行为特征进行了

① [泰]高慧明. 论泰国电视剧在中国的传播[D]. 浙江大学，2014.
② 侯芳芳. 泰剧进入中国市场的传播学分析[D]. 广西大学，2011.
③ 邓静. 泰剧热播中国的受众接受心理分析[D]. 西南交通大学，2013.
④ 叶晓慧. 泰剧在中国的传播与接受研究[D]. 南昌大学，2019.
⑤ 林万龙. 泰国媒体作品对中国游客赴泰旅游与行为意向影响的调查研究[D]. 广西师范大学，2018.

观察和分析。①李敏的《探析泰国影视剧在中国的传播》梳理了泰国影视剧在中国的传播过程，分析了互联网和粉丝群体在泰国影视剧传播中的作用以及泰剧突然火爆和逐渐衰退的原因，对泰国影视剧跨国传播的启示进行了探讨。②蔡伊琳（Suwannamat Nun）的《泰国电视剧在中国的市场推广研究》从市场营销的角度进行了研究，通过统计量化的分析得出了观众特征与选择观看泰剧的行为、所选择的泰剧类型、收看途径有关系的结论，并对此进行分析，对泰剧在中国市场的发展提出建议。③

　　其中关于泰国电视剧在中国传播的历史，高慧明认为可分为两个阶段，即2003—2008 年的泰剧在中国的初现阶段、2009 年以来的泰剧在中国的热潮阶段。划分依据是泰剧的收视率以及泰剧在安徽卫视集中播出的历史节点。叶晓慧则将泰剧在中国的传播历史分为三个阶段：2002—2008 年的早期试水期，2009—2012 年的突然转机期，2013—2019 年的调整拓展期。划分依据是泰剧引入中国的收视情况、安徽卫视集中播放节点，以及网络传播的兴盛。两个结论略有差别，但是都将泰剧在中国传播的效果作为分析的依据。

　　2）中国电视剧在泰国的传播研究

　　在中国文化"走出去"的过程中，中国影视剧作为中国文化的载体扮演着重要角色，中国电视剧在泰国的传播同样受到学者们的青睐。研究的内容和视角与泰国电视剧在中国的传播相似，主要从历史、现状、发展等方面展开，结合传播学、心理学、市场营销学等学科理论进行研究。例如，周静（Mutthawan Pinkul）的《论中国偶像剧在泰国的传播》④、范兰珍的《中国历史故事题材影视剧在泰国传播研究——以〈三国演义〉为例》⑤均从传播效果、受众心理等方面对中国电视剧在泰国的传播进行了论述，并提出发展的策略和路径。梁悦悦的《中国电视剧在泰国：现状与探讨》⑥和李法宝的《论中国电视剧在泰国的传播》⑦均对中国电视剧在泰国的发展情况进行梳理，并指出存在的问题，探讨解决方法。王奕雯等的《中国古装电视剧在泰国影视市场发展研究》通过问卷对中国古装剧在泰国的收视情况进行了调查，提出古装剧在泰国市场存在的问题及

①　王丽佳. 泰剧在中国网络中的传播研究[D]. 苏州大学，2014.

②　李敏. 探析泰国影视剧在中国的传播[J]. 当代电视，2015，（5）：104-105，107.

③　[泰]蔡伊琳. 泰国电视剧在中国的市场推广研究[D]. 哈尔滨工业大学，2013.

④　[泰]周静. 论中国偶像剧在泰国的传播[D]. 浙江大学，2015.

⑤　范兰珍. 中国历史故事题材影视剧在泰国传播研究——以《三国演义》为例[D]. 广西大学，2015.

⑥　梁悦悦. 中国电视剧在泰国：现状与探讨[J]. 电视研究，2013，（1）：75-77.

⑦　李法宝. 论中国电视剧在泰国的传播[J]. 现代视听，2016，（5）：33-37.

解决方法。① 解晓磊的《新世纪以来云南题材电视剧东南亚传播与华侨华人的文化认同》②、张充的《泰国大众文化下的〈西游记〉》③、谢玉冰的《〈西游记〉在泰国的传播、再现与衍生》④除了对中国电视剧在泰国传播的历史及现状进行梳理，还从文化的角度对中国电视剧进行分析，探寻中国电视剧在泰国传播的深层因素。

关于中国电视剧在泰国的传播历史，周静认为可以分为四个阶段，即 2003—2004 年中国偶像剧在泰国掀起热潮阶段、2005—2007 年中国偶像剧在泰国热潮减退阶段、2008—2010 年中国偶像剧在泰国重新发展阶段、2011 年以来中国偶像剧在泰国遭遇冷门阶段，划分依据是电视剧的播放时间和收视率。

不论是研究泰国电视剧在中国的传播，还是研究中国电视剧在泰国的传播，研究的视角基本都集中在传播学、市场营销学、文化学方面。对于传播历史的研究仅作为研究背景进行论述。

3）泰国电视剧特点研究

在电视剧的研究中，还有一部分是聚焦泰国电视剧的特点的。赵洋在《泰国电视剧的艺术特色》中分析讨论了泰国电视剧的叙事特色、电视语言特色、演员特色及剧情设置与泰国文化的关系。⑤王更新的《从看颜值到故事担当——泰国电视剧的故事类型及特点》将泰国电视剧分为都市爱情剧、校园青春剧、黑帮复仇剧、灵异恐怖剧、翻拍剧五种类型，并对每种类型的特点进行了论述。⑥吴亚倩的《泰国青春校园题材影视作品浅析——以电视剧〈为爱所困〉为例》⑦和宋帆的《泰剧中的文化传播——以〈蜜色死神〉为例》⑧都以泰国电视剧为案例，对其进行传播特点、文化特点、制作特点等方面的分析。粟雨婷的《泰国电视剧字幕习语的汉译研究》则从翻译的角度对泰国电视剧进行了分析，通过对泰国电视剧字幕翻译的现状、技巧、方法及特点的分析，探讨在跨文化传播过程中字幕翻译的意义。⑨

① 王奕雯，李淼，李悦. 中国古装电视剧在泰国影视市场发展研究[J]. 时代经贸，2018，（14）：76-78.
② 解晓磊. 新世纪以来云南题材电视剧东南亚传播与华侨华人的文化认同[D]. 云南师范大学，2019.
③ 张充. 泰国大众文化下的《西游记》[D]. 天津师范大学，2014.
④ 谢玉冰. 《西游记》在泰国的传播、再现与衍生[J]. 国际汉学，2018，（2）：74-82，205-206.
⑤ 赵洋. 泰国电视剧的艺术特色[J]. 西部广播电视，2013，（18）：87.
⑥ 王更新. 从看颜值到故事担当——泰国电视剧的故事类型及特点[J]. 视听，2016，（12）：49-51.
⑦ 吴亚倩. 泰国青春校园题材影视作品浅析——以电视剧《为爱所困》为例[J]. 西部广播电视，2015，（23）：112-113.
⑧ 宋帆. 泰剧中的文化传播——以《蜜色死神》为例[J]. 西部广播电视，2014，（21）：94-95.
⑨ 粟雨婷. 泰国电视剧字幕习语的汉译研究[J]. 环球市场，2018，（10）：136-138.

2. 广播电视媒体研究

在泰国广播电视研究中，第二大部分是关于泰国广播电视媒体的研究，占比42%。主要研究内容包括对泰国广播电视概况的研究，对泰国公共电视台、远程教育电视台、华语电视台等不同类型媒体的研究，对中泰两国媒体合作与对比的研究。

1）对泰国广播电视概况的研究

早在 20 世纪 80 年代，就有学者对泰国的广播电视事业进行关注。周生的《泰国的广播电视事业》[①]和王荣久的《泰国新闻事业概貌》[②]对泰国早期的广播电视事业进行了概述。其中，周生对泰国有线广播、调频广播、地方广播、少数民族广播、对外广播、地方电视台，以及中泰广播电视交流情况进行了较为详细的描述。《国际大众传播媒介简介》介绍了包括泰国华文报刊在内的泰国报刊的概况，以及泰国通讯社、泰国国家广播电台的业务与范畴。[③]《外国广播电视史》简要介绍了泰国广播电视混成式的体制，以及广播电视媒体性质、经营理念、节目类型和发展初期的情况，并且指出了泰国电视发展的独特之处。[④]中国国际广播电台研究室编译的《世界各国的广播电视》简要梳理了自 1931 年无线广播正式开播到 1980 年公开大学（开放大学）开学这一阶段，泰国广播电视发展的大事件，对泰国广播电视媒体的体制及发展概况进行了介绍。[⑤]《列国志·泰国》梳理了泰国大众媒体的类型以及发展的简要历程。[⑥]国家广播电影电视总局培训中心编著的《东盟广播电视发展概况》介绍了泰国广播电视的管理体制，梳理了自广播电视开播以来的法律框架，同样对泰国的广播电视机构进行了简要概述，简要勾勒出了泰国广播电视发展的脉络。[⑦]

以上论著均对包括广播电视在内的大众媒体的概况进行了描述，对泰国广播电视的基本情况进行了梳理，但是仅进行了简要介绍，缺少论点及视角。

2）对泰国各类媒体的研究

对泰国各类媒体的研究主要集中在以下几个方面。

① 周生. 泰国的广播电视事业[J]. 现代传播，1983，（3）：96-102.
② 王荣久. 泰国新闻事业概貌[J]. 国际新闻界，1985，（1）：17-19.
③ 陈大斌，王玉成. 国际大众传播媒介简介[M]. 青岛：青岛出版社，1992.
④ 马庆平. 外国广播电视史[M]. 北京：北京广播学院出版社，1997.
⑤ 日本广播协会. 世界各国的广播电视[M]. 中国国际广播电台研究室编译. 北京：中国广播电视出版社，1991.
⑥ 田禾，周方冶. 列国志·泰国[M]. 北京：社会科学文献出版社，2005.
⑦ 国家广播电影电视总局培训中心. 东盟广播电视发展概况[M]. 北京：中国广播电视出版社，2008.

（1）对泰国主流媒体的研究

《泰国公共电视发展与制度分析》①和《泰国政媒关系互动与其影响》②将泰国广播电视媒体与泰国的政治、经济、社会，以及泰国媒体改革背景相结合展开研究。前者梳理了泰国公共电视成立的历史、组织架构以及经费和政策等方面的内容，分析了泰国公共电视的发展情况及存在问题。后者整理了泰国媒体发展的简史，通过对泰国公共广播电视台（Thai Public Broadcasting Service，TPBS）和商业电视台 ASTV 以及《民族报》（*The Nation*）、《泰国日报》（*Thai Rath*）、《曼谷邮报》（*Bangkok Post*）的案例分析，探讨了媒体在国家中的角色。作者认为泰国媒体的发展须朝着建立传播的民主化方向进行，须推进广播电视媒体和电信业务的改革，应确保这些媒体服务于民主，并应对公众保持透明性、问责性及接近性。两篇文章均以时间及历史事件为线索对泰国广播电视史进行了梳理。认为在 1992 年"五月事件"后，人民对媒体报道事实真相、监督政府、反映自身诉求的呼声越发强烈，推动了独立电视台（Independence Television，ITV）的成立，同时推动了媒体法律法规的颁布。作者以此作为泰国广播电视历史的分期依据。

（2）对泰国远程教育媒体的研究

泰国在 1980 年便开始了公开大学的招生，通过泰国国家广播电台、通信部、陆海军等的广播网，泰国大众传播机构（第九频道）和曼谷广播电视公司（第七频道）的电视网播送大学教学节目③。泰国的远程教育受到了政府、社会民众、学生的高度认可。鲁晰以泰国汪盖冈翁远程教育电视台作为个案，分析了泰国远程教育的情况、教育对象、工作方式，以及社会效益，并对我国与泰国的远程教育的合作进行了讨论与展望。④

（3）对泰国华语广播电视媒体的研究

华语媒体作为传播中国文化、沟通中泰各界的桥梁也受到国内学者的关注。百合（Miss Waranya Traboon）的《华语电视台在泰国的发展及趋势研究——以〈泰国中央中文电视台〉为例》⑤和徐华的《泰国华语电视发展浅

① 刘康定. 泰国公共电视发展与制度分析[D]. 台湾大学，2010.

② 郑翔. 泰国政媒关系互动与其影响[D]. 淡江大学，2011.

③ 日本广播协会. 世界各国的广播电视[M]. 中国国际广播电台研究室编译. 北京：中国广播电视出版社，1991：60.

④ 鲁晰. 泰国汪盖冈翁远程教育电视台概况[J]. 中国远程教育，2004，（11）：57-58.

⑤ [泰]百合. 华语电视台在泰国的发展及趋势研究——以《泰国中央中文电视台》为例[D]. 重庆工商大学，2014.

析》^①都将泰国最大的华语电视台泰国中央中文电视台作为研究对象，分析了该台的情况。前者通过问卷调查了受众的收视情况；后者对该台的发展进行论述，认为该台根据差异化因地制宜，打造出具有中华文化底蕴又能够适应本国传播环境的众多节目，实现了从儿童到成年人的节目全覆盖，走出了一条具有特色的成长之路。郑慧曦的《华文媒体对泰国华文教育的影响研究——以泰南洛坤府为例》结合教育学理论，通过问卷调查了华文媒体对华文教育者、学习者及学习内容的影响，并从华文媒体促进泰国华文教育发展角度提出建议。^②

（4）对中华文化在中泰媒体中传播的研究

张玥等的《泰国电视媒体传播汉语的历史与展望》梳理了泰国电视媒体传播汉语的历史，将传播历史分为四个阶段，即电视媒体出现之前的华人社团与华校的汉语传播阶段、泰国电视媒体传播汉语的起步阶段（20 世纪 50—90 年代）、快速发展阶段（2001—2013 年）、转型期（2014—2018 年），划分依据是传播技术媒体在泰国的发展、泰国远程教育的发展、华语影视在泰国的传播、孔子学院在泰国的成立与发展等。同时，该文还对网络传播背景下的泰国电视媒体传播汉语的发展进行论述。^③

尹音娜在《中华文化对外传播效果评估——以泰国为例》中通过定量的方法对中华文化在泰国的传播效果，对中泰不同的中文媒体的传播效果进行对比。得出了大众传媒是受众接触中华文化的主要渠道，电影与电视剧是主力军，泰国受众对中国古装、英雄、功夫类题材感兴趣的结论。^④

3）中泰两国媒体合作与对比的研究

中国国际广播电台早在 20 世纪 90 年代便开始进行国际传播本土化的尝试与探索，对中国形象在海外的建构起到了重要作用。中国国际广播电台于 2010年在泰国曼谷建立了亚洲总站，不少研究者对其进行研究。陈宇^⑤、夏吉宣^⑥对中国国际广播电台亚洲总站在泰国的本土化发展进行研究，认为应该在本土化人才、多方合作、打造本土化品牌等方面进行探索。

①　徐华. 泰国华语电视发展浅析[J]. 电视研究, 2019, （5）：78-80.

②　郑慧曦. 华文媒体对泰国华文教育的影响研究——以泰南洛坤府为例[D]. 湖南师范大学, 2017.

③　张玥, 张艳秋. 泰国电视媒体传播汉语的历史与展望[J]. 国际传播, 2018, （5）：69-75.

④　尹音娜. 中华文化对外传播效果评估——以泰国为例[D]. 广西大学, 2017.

⑤　陈宇. "一带一路"背景下中国传媒海外传播的本土化实践[J]. 内蒙古社会科学（汉文版）, 2018, 39（5）：165-171.

⑥　夏吉宣. 全球化传播 本土化运作——中国国际广播电台曼谷分台案例分享[J]. 对外传播, 2014, （3）：26-28.

我国云南与东南亚邻近，在媒体合作方面，云南媒体做出了尝试与探索，杨尧在《Y省广播电视台影视项目在泰国的发展策略研究》①中对云南省广播电视台泰国影视项目的发展策略进行研究，指出在用户、内容制作、语言、渠道等方面，项目在泰国的可行性较高，需要在产品、营销、人力资源等方面加强本土化耕作。②

苏慧茹（Sirintip Jariyakun）在分析了中泰两国数字电视发展现状的基础上，对两国数字电视发展过程中的政策、市场等方面存在的共性和差异性进行了比较研究，针对两国互鉴经验提出建议。③

3. 广播电视节目研究

文献中，11%的研究集中在微观的泰国广播电视节目上。有关于广播电视受众的调查研究、关于泰国电视新闻节目的研究、关于泰国电视综艺节目的研究、关于泰国电视教育节目的研究。

林春美（Pongpiachan Phatsachon）在《泰国听众对中国国际广播电台泰语部节目的接受情况研究——以"朱拉隆功大学广播电台"为例》中对泰国受众进行了问卷调查，以研究中国国际广播电台泰语部节目的传播效果，并根据受众的需求与节目的发展提出了节目质量提升的策略。④吴如平通过对泰国电视新闻节目《早间好消息》的内容、结构版块、编排方式、主持人风格、观点倾向等方面的受众满意度调查，提出了该节目存在的问题，同时提出了解决对策，即应该增加热点新闻和实用资讯，调整直播时间，增加直播时长，加强对新媒体的运用，减少植入广告，增加节目宣传广告。⑤

刀国新等对泰国主流媒体在2013年3月—2016年6月关于中国两会报道的内容进行分析，进而分析其对中国国家形象的建构。研究表明两大泰国主流媒体对中国两会的报道呈现出来的中国国家形象比较正向、积极。我们应该及时、准确地把握中国在国外媒体中的国家形象，反思我国在对外传播中的不足，根据不同情况制定不同的传播策略。⑥

---

① 杨尧. Y省广播电视台影视项目在泰国的发展策略研究[D]. 云南大学，2019.

② 杨尧. Y省广播电视台影视项目在泰国的发展策略研究[D]. 云南大学，2019.

③ [泰]苏慧茹. 中泰两国数字电视发展路径的对比研究[D]. 华南理工大学，2017.

④ [泰]林春美. 泰国听众对中国国际广播电台泰语部节目的接受情况研究——以"朱拉隆功大学广播电台"为例[D]. 山东大学，2018.

⑤ 吴如平. 泰国受众对早间电视新闻节目满意度调查研究——以第五台《早间好消息》新闻节目为例[D]. 中央民族大学，2014.

⑥ 刀国新，孙永虹，印凡. 泰国主流媒体中国两会报道中的中国形象研究——以泰国电视九频道和《泰功报》为例[J]. 新闻研究导刊，2017，8（13）：8-10.

费腾以《蒙面歌王》电视节目为案例，分析了该节目被引进到泰国后进行本土化打造的特点，从节目模式、歌曲选择、道具设置三方面进行了分析，为中国引进电视节目之后进行本土化改造提供了借鉴。[①]刘玲玲等对泰国自制电视综艺节目《我的天啊》（*KhunPra Chuay*）进行了文化符号的分析，对节目中的语言符号，包括演播厅的布置和主持人的着装在内的视觉符号和听觉符号进行探讨，从中剖析泰国文化在节目中的传播。[②]

郭艳梅以泰国 BTU 电视台中文教育节目为对象，对中国电视中文教育节目在泰国的本土化运作进行分析，从节目在泰国运作的背景、节目的策划、节目的形式与内容等方面探讨节目发展的路径。[③]

（三）研究方法

统计 47 篇（本）论著使用的研究方法，可以看出，有 35 篇（本）采用质化研究方法，占比 74%，大多数运用的是文献法、访问法、归纳、演绎、对比等思辨的方法，仅苏州大学的硕士学位论文《泰剧在中国网络中的传播研究》采用的是网络民族志的方法；采用问卷调查、统计分析等量化的研究方法的有 6 篇，占比 13%；采用质化与量化相结合的研究方法的同样有 6 篇，占比 13%。研究方法分布见图 7-4。在将来的研究中，可根据实际情况，增加不同研究方法的比重，在研究方法上进行创新。

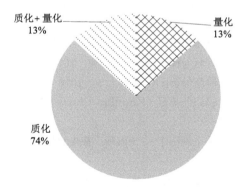

质化+量化 13%　量化 13%　质化 74%

图 7-4　我国相关研究的研究方法分布图

① 费腾. "泰"火爆背后的成功之道——以泰版《蒙面歌王》的成功为例[J]. 新闻研究导刊，2017，8（24）：93-94.

② 刘玲玲，郎劲松. 探析泰国电视综艺节目《KhunPra Chuay》中的文化符号呈现[J]. 中国广播影视，2018，（6）：93-95.

③ 郭艳梅. 中国电视中文教育节目在泰国本土化运作的探析——以泰国 BTU 电视台中文教育节目运作为例[J]. 品牌（下半月），2013，（3）：16-18.

三、研究述评

通过以上分析，我们可以看出，关于泰国广播电视史的研究在泰国具有较为系统深厚的基础，但是在我国，从研究成果的类型来看，研究分布不均衡，专著较少，论文较多，且研究多集中在高校，研究机构和业界的成果较少，研究的影响因子也较低。

从研究内容上看，多是对电视剧和广播电视媒体的研究，对具体的广播电视节目的研究较少。研究多就事论事，与泰国政治、经济、社会、文化等方面相结合的研究较少，研究视角和理论运用多集中在传播学、营销学、心理学、教育学、文化研究等方面，缺乏多种学科交叉的研究。缺乏专门针对泰国广播电视史的研究，基本是将其作为研究背景，或是作为研究的一部分进行概述，且散见于各研究成果之中，不成系统。

从研究方法上看，多使用质化的研究方法，量化或量化与质化相结合方法使用较少；归纳、推理的思辨式研究较多，调查、考证式的实证研究较少。

综上，泰国广播电视的研究拓展空间较大，在研究对象、研究内容和研究方法上均可进行创新，尤其是可以加强对泰国广播电视史的研究。

参 考 文 献

[泰]百合. 华语电视台在泰国的发展及趋势研究——以《泰国中央中文电视台》为例[D]. 重庆工商大学，2014.

陈大斌，王玉成. 国际大众传播媒介简介[M]. 青岛：青岛出版社，1992.

梁悦悦. 中国电视剧在泰国：现状与探讨[J]. 电视研究，2013，（1）：75-77.

刘康定. 泰国公共电视发展与制度分析[D]. 台湾大学，2010.

刘玲玲，郎劲松. 探析泰国电视综艺节目《KhunPra Chuay》中的文化符号呈现[J]. 中国广播影视，2018，（6）：93-95.

日本广播协会. 世界各国的广播电视[M]. 中国国际广播电台研究室编译. 北京：中国广播电视出版社，1991.

张充. 泰国大众文化下的《西游记》[D]. 天津师范大学，2014.

John A. Lent. Asian mass communication: Selected information sources[J]. *Journal of Broadcasting & Electronic Media*, 1975, 19(3): 321-340.

Ubonrat Siriyuvasak. Radio in a traditional society: The case of modern Thailand[D]. University of Leicester, 1989.

（褚彦、牛亚凡）

作者简介：

褚彦：云南师范大学传媒学院讲师，硕士；

牛亚凡：云南师范大学传媒学院讲师，硕士。

第三节　泰国影视广告研究综述

近 20 多年来，泰国的广告业发生了翻天覆地的变化，从落后的状态转变为独具特色，其精彩纷呈的影视广告吸引了全球各地的关注。泰国广告在亚太地区享有盛誉，其广告创意水平在业内人士中备受赞誉。泰国广告界在全球各大广告赛事中屡获殊荣，其创意成果令人惊叹。很多学者从不同的角度对泰国广告的成功进行了分析研究。我们以中国知网所收录的核心期刊、硕博论文为搜索来源，以"泰国广告""泰国影视广告"为关键词进行搜索，将现有文献分为广告创意、广告文化、广告故事主题、广告产业传播、中泰广告对比等类别进行整理分析。

一、关于泰国广告创意研究概况

申雪凤在《泰国广告：情感型创意空间的营造》一文中认为"情感型广告创意"旨在以一种全新的、充满情感色彩的方式，将多样的情感符号+精彩的叙事手法融入广告，以此来引起消费者的共鸣，让他们沉浸在一个充满情感的世界里。文章以泰国的情感型广告创意为切入点，深入探讨了其中的三种表达形式：以细腻的笔触展示出人们内心深处的真实情感，以大众的视角来进行交流，基于草根文化的泰式幽默。同时认为泰国的广告教育也为广告创意发展提供了动力。[①]

申雪凤在《情感型广告创意在泰国影视广告中的运用》一文中，以泰国影视广告为研究对象，分析泰国影视广告运用情感型创意的主要方式，并就多元文化背景下形成的泰式创意进行原因分析，认为泰国浓厚的佛教文化、独特的本土文化、交融的东西方文化对其广告创意产生了重要影响。随着互联网技术的不断发展，"以情感人"已成为当今传播环境中最重要的沟通渠道。泰国影视广告以其充满情感的创作理念，引发观众的共鸣，让他们自发地接受广告内容，这成为我

---

① 申雪凤. 泰国广告：情感型创意空间的营造[J]. 新闻知识，2014，（12）：45-47.

们在制定广告创意策略时可以借鉴的思想。①

梁小燕在《泰国广告创意美学的魅力》一文中经过深入分析，认为泰国影视广告的现状显示出其独特的创意特色，并且探究了它在全球范围内流行的原因，认为泰国影视创意广告值得我们借鉴和学习。指出泰国的广告创意具有幽默、平民化、故事化与抒情性巧妙结合三大特色。作者对泰国影视广告富有创意的原因也进行了分析，主要有以下几点：①泰国作为一个西式的东方小国，广泛吸收了东西方的优秀文化；②因其宗教信仰，泰国许多影视广告创意的题材也或多或少地带有佛教的痕迹；③泰国的广告法规严格而又有效，使得消费者对广告产生了极大的信任，整个广告市场的声誉也得到极大的提升，这为影视广告的创新发展提供了良好的外部环境；④泰国政府正在努力建立一个适合当代创意产业发展的环境，并制定了一系列奖励和计划来提升创意者的收入。②

刘振在《试析泰国高水平广告创意的成因》一文中旨在通过深入分析泰国广告创意的发展历程，以及其背后的文化、经济、行业环境等多种复杂因素，以期提供有效的解决办法，促进泰国广告创意的持续改善和提升。作者提出，由于专业性媒介公司的出现，媒介费用高涨，促使广告客户的媒介投放朝着更为精细化的方向发展，这使广告公司的业务重心越来越往创意方面倾斜。在文化方面，现在的泰国文化已经具有典型的东西结合的特质。这种多元化的文化基础，也间接地体现在泰国的广告创作中。在经济方面，国际性品牌和外资广告公司的大量进入对泰国广告创意水平的提升起到了很大的推动作用。在行业环境方面，受众对广告创意的接受水平越高，广告创意的水平也就越高。泰国拥有相对较高的国民受教育水平和相对庞大的中间收入阶层，消费者为泰国带来了良好的行业环境。泰国的广告发展虽然缺乏雄厚的国家总体经济实力作为基础，但由于泰国在文化基础、经济发展模式等方面具备自己的特色，所以在行业创意水平的提升上依然取得了较大成绩。③

郑晓君在《泰国广告业异军突起的原因》一文中提出泰国广告以独特的创意和独具匠心的制作，在亚洲乃至世界刮起了一股"泰国旋风"。该文结合一些优秀的泰国影视广告作品，对泰国广告的风格特点及其创作经验作了探析。认为泰国广告具备泰式幽默、平民化、抒情性和故事化等特征，之所以具备这些特征在于泰国独特的多元文化，这些文化间接体现在泰国的广告创作中。泰国的广告既

① 申雪凤. 情感型广告创意在泰国影视广告中的运用[J]. 新闻传播，2015，（19）：103-104.
② 梁小燕. 泰国广告创意美学的魅力[J]. 教育现代化，2016，3（12）：17-19，25.
③ 刘振. 试析泰国高水平广告创意的成因[J]. 广告研究（理论版），2006，（4）：84-89.

有东方文化含蓄温婉的一面，也有西方文化中乐观幽默的一面，将东方文化的深厚内蕴用西方欢快的表达方式予以表现。①

娄聪敏在《东盟合作背景下对泰国广告创意的研究》一文中从"佛教文化的影响""诙谐幽默，富有乐趣""大胆的想象和夸张离奇的情节""平民化的人物角色和细微画面的展示""现代化条件下丰富的国际性元素"五个角度对泰国广告创意进行了深入研究。②

王若莹在《论泰国不同类型广告的创意思维》中指出泰国商业广告擅长从多个方面打破思维定式的局限性，创造广告戏剧化情节，利用广告语出现的时机巧妙抖包袱，增强喜剧感。还善于用人文关怀的情感拔高商业广告层次，大胆运用多种修辞手法，同时配合演员滑稽荒诞的表演形式展现情节的戏剧性。泰国公益广告的创意思维则更偏向故事的编排与情感诉求的表达，采用不同视角展开叙述，拉近与受众的心理距离。③

二、关于泰国广告文化研究概况

李芳英在《儒家文化与泰国经济发展》一文中提出第二次世界大战后，东亚地区迅速崛起，深受儒家思想影响的泰国也逐步走向了现代化。探讨儒家文化与东亚经济发展之间的内在联系，已成为国际社会的一个研究热点。该文以泰国为例，对儒家文化与经济发展之间的关系作了一系列探讨。研究表明民本思想深入人心是泰国企业发展的重要因素。儒家文化巨大的包容性促进了泰国的对外开放。儒家尊重知识、重视教育的思想是泰国大力开发人才资源的重要依据。④

李雅梅在《解读泰国广告的民族文化特色》一文中以案例和理论相结合的方法，从泰国公益广告和商业广告入手，分析泰民族文化及泰民族心理特质，透视泰国人"嬉笑怒骂皆有情，荒诞夸张都合理"的民族风格。研究表明，泰国公益广告的民族文化具有三种特色：①鲜明的现实性和含蓄的规诫；②独特的伦理道德视角与宣传方式；③从微小处见泰民族精神。泰国商业广告同样也有以下几种民族文化特色：①宣扬万物皆有情；②不拘泥于伦理，适度的幽默中饱含生活哲理；③大胆想象，荒诞夸张；④故事情节性强。通过泰国广告这个窗口，我们能

① 郑晓君. 泰国广告业异军突起的原因[J]. 新闻实践，2012，（2）：73-74.
② 娄聪敏. 东盟合作背景下对泰国广告创意的研究[J]. 电影评介，2013，（Z2）：121-122.
③ 王若莹. 论泰国不同类型广告的创意思维[D]. 中国美术学院，2022.
④ 李芳英. 儒家文化与泰国经济发展[J]. 南洋问题研究，2000，（1）：28-33.

感受到泰民族的鲜明而独特的文化特色。①

李雅梅在《多元文化在泰国广告中的映射》一文中提出泰国广告一方面吸收了西方广告先进的制作技术，另一方面充分挖掘了本民族文化，以其独特的泰式幽默及浓厚的民族性在全球广告界形成了独树一帜的风格。泰国广告中充分反映了多元文化，主要表现在以下几个方面：①礼佛文化与崇敬皇室传统；②本土文化繁荣；③西方文化影响较大，在表现形式上，泰国广告往往采用欧美电影先进的手法，在题材上和创意上，也吸收西方元素，泰国的广告总是兼容民族性与国际性，这是其重原创并取得成功的关键所在；④汉文化影响深远，东方文化使泰国人温和、宽容、谦让、热爱生活、重视人的本性、懂得享受生活。②

张伟君等的《从泰国公益广告解读泰民族性格特征》一文通过分析泰国公益广告，分析了泰民族勤劳勇敢、热爱生活、包容友好、乐善好施、乐观平和、宽厚待人、心思细腻、豁达洒脱、感性的性格特征。③

关灿在《浅析泰国电视广告中多元文化的体现》一文中分析了泰国非常具有特色的多元文化，对佛教文化、西方文化以及大众文化分别进行阐述，并分析了不同文化对于泰国电视广告创作的影响。④

三、关于泰国广告故事主题研究概况

涂嘉瑜等在《浅析泰国广告为受众构筑故事情境的主要特征》一文中以泰国广告为研究对象，对泰国广告的基本情况、影响受众接纳泰国广告的因素以及泰国广告为受众构筑故事情境的特性进行分析。研究表明泰国广告为了促进消费，会用故事型创意再造社会文化潮流，实现对社会理想的重新定位，现实性、平民化、幽默性是泰国广告为受众构筑故事情境的主要特征。作者同时指出在泰国广告的制作过程中，应该充分考虑受众的心理需求，并以创新的策略来满足他们的期望，通过深入了解受众的需求，并以故事情节的形式传达广告意图，可以更容易地赢得受众的认可。⑤

陈玲玲在《泰国影视广告叙事原型研究》一文中认为泰式广告能如此有力地牵引受众的情感，原因之一在于其对原型的巧妙运用，其通过激活观众集体无意

① 李雅梅. 解读泰国广告的民族文化特色[J]. 东南亚研究, 2009, （2）：93-96.
② 李雅梅. 多元文化在泰国广告中的映射[J]. 云南师范大学学报（对外汉语教学与研究版）, 2009, 7（3）：61-64.
③ 张伟君, 吴志国. 从泰国公益广告解读泰民族性格特征[J]. 青年文学家, 2016, （17）：186.
④ 关灿. 浅析泰国电视广告中多元文化的体现[J]. 戏剧之家, 2019, （6）：78-79, 82.
⑤ 涂嘉瑜, 罗新澔. 浅析泰国广告为受众构筑故事情境的主要特征[J]. 新闻研究导刊, 2018, 9（8）：6.

识中的领悟模式，令观众情感喷薄而发，从而无意识、无抵抗地接受广告的价值观念。作者指出原型中也凝聚了海量社会文化符码，成为广告创作者运用在广告叙事中激发观众情感的重要元素。泰国广告叙事中常用的原型有：慈父慈母原型；忠贞爱人原型；纯真儿童原型。此外，孝子、浪子、追梦人、破坏者、智者、勇士等人物原型在泰式影视广告中亦有出现。泰国影视广告对受众心理把握独到，对人物原型的选择有所侧重，善于捕捉现代社会中人们的精神生活，为原型赋予时代精神，在所要宣传的产品和受众的意义需求之间构建关联，最终促使受众进行消费。[①]

周之青等在《情感诉求策略在泰国公益广告中的运用研究》中重点分析了温情、幽默两种情感诉求方式在泰国公益广告中的体现。文中提出泰国公益广告具有宽泛的主题，大致可归纳为家庭亲情、温暖助人、拼搏励志、交通安全、家庭教育、反对网络暴力等六大类。公益广告中的情感诉求大致可以分为温情诉求、幽默诉求、怀旧诉求、性诉求和恐惧诉求五大类，泰国公益广告主要是以温情诉求和幽默诉求来打动观众。泰国公益广告中的情感诉求创意策略主要是通过平民化的视角、故事性的情节、戏剧性的反转、互文手法的运用来实现的。[②]

聂云申霞在《泰国公益影视广告主题探析》一文中指出泰国公益广告中最受欢迎的六大主题分别是家庭亲情、温暖助人、拼搏励志、交通安全、家庭教育、反对网络暴力。作者选择了 55 则泰国公益广告进行分析，这些广告在国内外各大视频平台上播放量很高。同时也分析了六大主题受关注的原因：①符合社会发展趋势；②能够引起情感共鸣；③泰国的许多公益广告都是由企业制作的，它们不仅巧妙地植入了企业或产品的信息，还在片尾处突出了 LOGO，以此来提升商业价值。这些优秀的公益广告不仅能够引导公众树立正确的价值观，还能够规范社会秩序，促进社会的发展。[③]

苏立在《泰国影视广告艺术的特点及表现手法研究》一文中通过对 200 多则泰国影视广告的深入分析，总结出 4 个显著特质：以真诚、善良和美好为主题，展示人们的内心世界；以乐观的态度来呈现；运用精湛的制作工艺来增强效果；以革新的想象力来吸引和打动观众。作者通过对不同的艺术表现手法的分析，探讨了泰国影视广告的独特性。[④]吕雨潇在《泰国影视广告表现手法案例分析》一

① 陈玲玲. 泰国影视广告叙事原型研究[J]. 视听，2016，（4）：182-183.
② 周之青，邹文兵. 情感诉求策略在泰国公益广告中的运用研究[J]. 东南传播，2019，（6）：132-134.
③ 聂云申霞. 泰国公益影视广告主题探析[J]. 新媒体研究，2018，4（20）：67-69.
④ 苏立. 泰国影视广告艺术的特点及表现手法研究[J]. 喀什大学学报，2019，40（5）：75-78，84.

文中基于对泰国影视广告的典型案例的分析，总结了泰国影视广告经典作品常用的主要表现手法，即幽默法、情节表现法、水平思考法以及拟人化表现法。[①]

陈玲玲在《泰国幽默广告探析》一文中经过深入调查，发现泰国的广告中最常使用的是幽默创意，有 106 则广告如此，占总数的 70.67%。可能有两个主要原因：第一，泰国有着独特的文化和习俗；第二，当下的社会环境影响。通过 10 余种不同手段的运用，如夸张、滑稽、反差、比喻、隐晦、比拟、巧合、篡改、童趣、对比等，这些幽默广告创造出了令人捧腹的效果，而夸张和滑稽的使用更是极为普遍。[②]

四、关于泰国广告产业传播研究概况

王羽在《泰国公益广告的创意特色、监管情况及启示》一文中提出泰国的公益广告活动涉及的主体众多，包括广播电视台、政府机构、国际 4A 广告公司、社会公益组织、广告主等。其中，政府机构和广电媒体是公益广告的重要参与者，而公益机构则负责制作公益广告，广告公司则负责精心策划公益性商业广告。泰国政府机构，包括广播电视委员会、电视广告审核委员会、广告协会、食品药物管理局和消费者保护委员会，负责监管广告活动。这些机构遵守法律，并通过行业自律来保护消费者的权益。作者还提出，我国相关机构应通力合作，出台鼓励扶持政策，通过加大公益广告专项资金的投入，引导广电公益广告的制作和播出，以提升广电公益广告的数量和质量。[③]

樊越在《泰国广告何以在跨文化广告传播中占得一席之位》一文中指出跨文化广告传播的过程中，泰国广告崛起的原因可能有以下几点：独特的文化背景、泰国人乐观开朗的态度和丰富的想象力、政府的大力支持。泰国广告具有"贯通中西的包容性文化""广告故事情节化，情感细腻真实化""国家支持，广告受众普遍接受程度高""无厘头、幽默、高超的联想力"这四大优势，为泰国广告跨文化传播的成功创造了条件，不仅给泰国带来相当可观的经济收入，更为重要的是对外宣传了泰国良好的国家形象以及与人为善的文化特性，为泰国今后的对外传播、树立国家正面形象开辟了道路。[④]

李晨在《泰国广告走红世界的原因》一文中从泰国本土情况，以及泰国广告

① 吕雨潇. 泰国影视广告表现手法案例分析[J]. 戏剧之家，2021，（12）：164-165.
② 陈玲玲. 泰国幽默广告探析[J]. 视听，2016，（8）：167-168.
③ 王羽. 泰国公益广告的创意特色、监管情况及启示[J]. 电视研究，2017，（9）：84-86.
④ 樊越. 泰国广告何以在跨文化广告传播中占得一席之位[J]. 传播与版权，2017，（6）：67-69.

的发展、广告的内容、广告的制作等方面来入手分析泰国广告走红世界的原因。在多元文化不断碰撞的时代，泰国既保留了本土文化，又积极吸收中西方文化，使几种文化得以融合，形成一种新的文化交流模式。泰国皇室和政府很早就把西方文化引进泰国，使得泰国的广告业得以较早接触到西方文化，而且泰国政府也非常重视提升国民的文化素养和受教育水平，有良好的教育背景的观众将会对广告提出更高的期望。①

五、关于中泰广告对比研究概况

张松波在《浅析中泰影视广告的特点》一文中深入研究中国和泰国的影视广告，发现它们各有独特的风格、丰富的文化底蕴、精彩的故事情节。中泰影视广告的差异性体现在文化教育背景与名人效应两方面。"泰式影视广告是以点带面，用小人物的喜怒哀乐表现出整个社会普遍现象的话，那么中国的影视广告注重以面提点，注重社会整体体现孝文化、人与人之间的相处。泰式广告注重个体独立性和独特性，而中国广告常表现为恋国恋家、亲情友情。如一些礼品广告，体现人与人之间的亲情和友情。"泰国影视广告中由名人做的广告只占了 3.5% 的市场份额，但中国的各类广告常为名人广告。②

蒙凯黎在《文化语言学视角下的中泰广告语对比研究》一文中指出，通过对中泰广告语的深入分析，我们可以更好地理解其中所蕴含的民族特色、大众性、时代性和渗透性，从而为我们更好地研究和了解这些文化因素提供重要的启示。中泰广告语因其文化传承的差异而呈现出多样性，具有独特的特点和风格。③

杨华在《中泰影视广告创作比较研究》中以写作学、大众传播学、影视创作的基本方法，对中泰两国影视广告进行拆解分析，重点研究中泰两国影视广告在创作层面上的异同及其成因，寻找出影响影视广告创作的关键要素，为中国影视广告创作提供可参考的路径和方法。④

六、泰国影视广告研究述评

学术界对于泰国影视广告的研究大致从广告创意、广告文化、广告故事主题、广告产业传播、中泰广告对比等角度展开。

---

① 李晨. 泰国广告走红世界的原因[J]. 戏剧之家, 2019, （6）: 221-222.
② 张松波. 浅析中泰影视广告的特点[J]. 艺术教育, 2015, （2）: 175.
③ 蒙凯黎. 文化语言学视角下的中泰广告语对比研究[J]. 中国报业, 2011, （6）: 24-25.
④ 杨华. 中泰影视广告创作比较研究[D]. 广西师范大学, 2020.

（一）泰国影视广告研究的成果

泰国的文化兼容并蓄，具有多样性，多样性也在泰国的广告创作中得以充分展示。国际知名品牌及外资企业的涌入，大力推动了泰国的广告创新。泰国影视广告的研究大多数从创意的角度进行，即使未从创意角度出发，也多有提及。大多数学者认为泰国广告具有平民化、幽默性、人性化的特点，另外一些学者也作出补充，认为主体细腻、巧妙嫁接商业也是泰国广告的特色。

对泰国影视广告创意进行研究时不能不提及泰国的多元文化背景，泰国具有很强的包容性，能接纳东西方文化的长处，这使它在跨文化交流中拥有很好的优势。泰国作为一个未被殖民化的国家，其思想未被异化，大众持及时享乐的价值观，创意想象尤为丰富。其广告中的文化内涵既有本土特色，又能被国际接受认可。加之西方对于泰国影视广告的扶持，使泰国具有完备的创意产业软硬件资源，加速了泰国广告产业的发展。

泰国广告多为情感型广告，聂云申霞在《泰国公益影视广告主题探析》中提出，目前泰国公益广告中最受关注的六大主题为家庭亲情、温暖助人、拼搏励志、交通安全、家庭教育、反对网络暴力。作者认为这六大主题是一个更具国际性的范畴，并不为泰国所独有。泰国广告关于主题和故事原型的选取仍是处于国际化的语境中。[①]

专门针对泰国广告产业进行研究的文献资料并不多，但大部分学者在分析泰国广告的成功时都会提及泰国的广告产业这一因素。他们认为在国家层面，泰国王室非常重视高等教育，尤其是广告创意教育，并且出台了一系列政策促进广告业的发展；在国际层面，由于泰国风景十分优美，很多国家愿意在泰国拍摄广告，并为泰国带去了技术和设备。这些都是泰国广告走向国际必不可少的条件。

学者对于中泰广告的对比分析主要从文化环境和广告表现方式这些层面上进行。由于文化的不同，中国和泰国的广告特点也不同。大部分学者认为中泰影视广告的差异性体现在文化教育背景与名人效应两方面。

（二）泰国影视广告研究的不足

泰国影视广告业发展迅猛，在东南亚一骑绝尘，是泰国的一大法宝。相比于文化内涵、创意手法，泰国广告产业的发展模式、广告人员的培养方式更值得我国借鉴，因为文化内涵和创意是无法复刻的，但产业模式更容易被接受吸纳、消

---

① 聂云申霞. 泰国公益影视广告主题探析[J]. 新媒体研究，2018，4（20）：67-69.

化运用。但是学者对于泰国广告产业、政策的研究相对较少。另外，很多学者在中泰广告对比上陷入了分析中泰广告差别，但是无法针对中国广告的发展给出合理有效建议的困境。

参　考　文　献

李芳英. 儒家文化与泰国经济发展[J]. 南洋问题研究，2000，（1）：28-33.

李雅梅. 解读泰国广告的民族文化特色[J]. 东南亚研究，2009，（2）：93-96.

刘振. 试析泰国高水平广告创意的成因[J]. 广告研究（理论版），2006，（4）：84-89.

娄聪敏. 东盟合作背景下对泰国广告创意的研究[J]. 电影评介，2013，（Z2）：121-122.

蒙凯黎. 文化语言学视角下的中泰广告语对比研究[J]. 中国报业，2011，（6）：24-25.

聂云申霞. 泰国公益影视广告主题探析[J]. 新媒体研究，2018，4（20）：67-69.

申雪凤. 泰国广告：情感型创意空间的营造[J]. 新闻知识，2014，（12）：45-47.

王若莹. 论泰国不同类型广告的创意思维[D]. 中国美术学院，2022.

王羽. 泰国公益广告的创意特色、监管情况及启示[J]. 电视研究，2017，（9）：84-86.

杨华. 中泰影视广告创作比较研究[D]. 广西师范大学，2020.

周之青，邹文兵. 情感诉求策略在泰国公益广告中的运用研究[J]. 东南传播，2019，（6）：132-134.

（吴秋寻）

作者简介：

吴秋寻：丽江文化旅游学院教育学院助教，硕士。

第四节　泰国传统媒体发展历程研究综述

自 1844 年 7 月 4 日美国传教士布拉德利在泰国创办第一份报纸《曼谷纪要》（*The Bangkok Recorder*）开始，泰国传统媒体的发展便与泰国政治体制变革、经济社会发展密切交织，伴随着泰国经济政治环境的变化，报纸和广播电视等传统媒体既是泰国历史的见证者，也是社会发展的推动者。这些媒体对于泰国社会文化产生了若干值得探讨的影响。泰国的媒体业虽然发达，但是却缺乏对相关历史的梳理与整合，目前泰国本土的相关文献主要是总理府下辖的民众联络厅和朱拉隆功大学等权威机构的数据统计资料，鲜有学者进行专门的学术研究，新闻事业发展史并不是泰国新闻传播研究和教育的一个重要分支。有关泰国新闻事业发展史的研究多散见于中国和美国等学者的见闻和述评中。我国对泰国新闻事业发展史的研究最早可以追溯到 20 世纪 80 年代吴继岳等一批旅泰老报人对泰国媒体的随笔记录，之后的一些研究主要是在全球新闻传播史研究中关于泰国新闻事业的概括性描述；随着中泰两国贸易往来和文化交流日趋频繁，以及中国—东盟自由贸易区的设立和"一带一路"倡议的提出，近年来学界对泰国新闻事业的关注程度日甚。但综观这些研究成果，学者们把更多的目光投向了泰国的华文媒体、中泰媒体合作及泰国媒体的涉华报道等方面，且个案研究占多数，缺乏系统的研究及深入的探讨。受到语言不通、取材不便等条件的限制，基于泰国史料的报纸、广播电视研究虽然存在，但数量较少，且缺乏完整性描述。

报纸是泰国历史最久的媒体形式之一，大多集中于曼谷地区，主要分为以《泰国日报》（Thai Rath）和《每日新闻》（Daily News）为代表的泰语报纸，包括《曼谷邮报》、《民族报》（The Nation）在内的英文报纸，中文报纸《星暹日报》（The Sing Sian Yer Pao Daily News），日语报纸《新闻摘报》（Newsclip）等。目前报纸在泰国仍是主流业余读物之一，报纸在工作人群中最受欢迎。泰国广播电台出现时，大部分为政府和军队主办，泰国的广播大部分采用泰语进行播送，部分广播电台还有英语、汉语、老挝语等节目。泰国第一家电视台成立于 1955 年，就目前发展来看，电视依旧是泰国主导媒介之一。泰国电视台的体制基本都是私有制，近年泰国有线电视和卫星电视发展迅猛，目前影响力较大的频道有泰国第 3 电视台（CH3）、泰国第 5 电视台（CH5）、泰国第 7 电视台（CH7）、泰国公共广播电视台（Thai PBS Channel）等。2014 年，泰国政府进行电视媒体的改革，要求将电视系统由模拟系统更新为数字系统，电视频道由此增加 40 多个。这一政策使泰国公众不仅可以收看原来传统电视频道的节目，还可以免费收看卫星电视传输的内容。以电视媒体为代表的传统媒体在泰国的发展十分迅速，但是与此同时，泰国传统媒体也面临着严峻的挑战，随着泰国网络媒介的兴起与发展，包括电视在内的各类媒体受到或大或小的冲击。多元的媒介平台为泰国受众提供了更多的选择，受众除收看电视台播出的节目以外，还可以看到油管、脸书等社交平台的内容，并通过自媒体平台生成自己的作品。在这样的传播转型环境下，越来越多的泰国受众更青睐网络媒介，泰国受众使用需求的扩大也带来了消费模式的变化，不可避免地导致电视的收视率下降和广告投入向互联网的转移。

一、对泰国报纸发展历程的研究

泰国对本国报纸发展历程的研究起源于 20 世纪，目前查询到的有代表性的文献为《大众传播：媒体、文化与社会》《传播学基础、哲学与思路》《泰国新闻史概况》《泰国报纸在政治方面的角色（1932—1945）》①，但以上文献均不是对泰国报纸发展历程的专题研究，没有系统性、理论性、全面性地介绍泰国报纸的发展历史，此外以上文献均为泰语专著，没有中文译介，参考难度大。

目前检索和收集到的中国对泰国报纸发展历程的研究较少，主要是关于泰国新闻事业的宏观概述，以及对泰国报刊广告史及报业转型情况的介绍，散见于全球新闻史专著中的泰国部分、少量期刊论文和硕博士学位论文。

（一）泰国报纸发展历史研究

在全球新闻传播史的专著中，关于泰国报纸发展历史或者泰国新闻事业史的内容通常被归纳在亚洲国家的新闻业略述中。如程曼丽在《外国新闻传播史导论》中论述亚洲国家的新闻业时，对泰国新闻业进行了简要论述，将泰国报纸划分为泰文报纸、英文报纸和华文报纸三类，并各挑选 1—2 家具有代表性的报纸介绍了创办时间、创始人和发行量。②

目前检索到的我国最早的关于泰国新闻事业史的介绍性文章是王荣久于1985 年发表在《国际新闻界》的《泰国新闻事业概貌》，简要介绍了当时泰国报纸的普及率，认为泰国各种文字的报纸有所分工，泰文报侧重于内政和社会新闻，中文报主要篇幅用于侨社新闻，英文报纸的重点在于国际新闻和评论。③1987 年由尹韵公摘译于日本学者林理介的著作《亚洲各国新闻事业概况》的《泰国新闻事业概况》发表在《国际新闻界》上，该文介绍了当时泰国报界的几大特点：一是泰国的许多报纸是各派政治势力的代表人物发表政见的场所；二是报纸发行主要集中于曼谷，主要报道上层人士动态；三是泰国报纸国际新闻较多；四是在国际冲突中泰文报纸捍卫国家利益，鼓动政府采取强硬措施；五是政变时报纸易被查封；六是报纸注重摄影，常使用彩色大标题，常有耸人听闻的消息；七是泰国新闻记者地位不高。④这两篇论文为我国提供了对于泰国报纸发展历史和基本情况的最初认知，后来的研究也基本上在此基础上挖掘和拓展。

在《国际新闻界》期刊上发表的《泰国报业的当代剪影》，简要介绍了1844—1845 年美国传教士在泰国创办的《曼谷纪要》和 19 世纪 60 年代—20 世纪 40 年代王族办报时期的报纸。随后对在泰国历史上影响较大的《泰叻报》

---

① 为方便读者阅读，这类泰语著作均用中文表示。

② 程曼丽. 外国新闻传播史导论[M]. 2 版. 上海：复旦大学出版社，2007.

③ 王荣久. 泰国新闻事业概貌[J]. 国际新闻界，1985，（1）：17-19.

④ [日]林理介. 泰国新闻事业概况[J]. 尹韵公摘译. 国际新闻界，1987，（3）：37-38，47-48.

（*Thai Rath*）、《每日新闻》、《民意报》（*Matichon*）等泰文报纸，《曼谷邮报》等英文报纸，《中华日报》《星暹日报》等中文报纸进行了介绍。部分报纸目前已停刊，但绝大多数仍较为畅销。[①]

泰国报纸的发展与其政治经济环境息息相关。《初探泰文报纸发展史》一文从两个维度对 1844—1997 年泰国报纸发展历史进行了分期。基于办报人身份将泰国报纸分为三个时期，分别是以《曼谷纪要》为代表的传教士办报时期、从曼谷王朝四世王末期到五世王时期的贵族办报时期、从曼谷王朝五世王末期开始的普通民众办报时期。[②]

目前检索到的对泰国报纸发展研究较为详尽的文献是一篇泰国来华留学生的硕士学位论文《泰文报纸的发展历程及角色分析》，作者利用泰语为母语的优势，发掘了一些一手资料进行研究。文章将泰国报纸发展历程划分为外国人办报时期、皇室控制时期、私立报纸时期等，从泰国的政治体制变革的角度，介绍了泰国报纸在不同时期担任的社会角色，并认为当泰国报纸作为政府和民众的传播中介、沟通桥梁时，其也为泰国民主主义思想奠定了基础。[③]

（二）泰国报刊广告史及报业转型研究

泰国报刊广告与泰国报刊发展相辅相成，对于泰国报刊广告进行研究，能够窥见泰国报刊的经营管理历史，以及泰国现代报业的危机和转型。

2002 年泰国广告协会将泰国广告的发展分为"印刷时代、广播时代和电视时代"。泰国报刊广告与泰国报刊同步产生。唐翠妃在《泰国报刊广告史研究（1844—2014）》中，将泰国广告的历史划分为起源期、非产业化时期和产业化时期，分别论述了不同时期泰国的经济社会背景、报刊发展状况及报刊广告特色，并认为泰国报刊广告经历了从发源到发展、繁荣，到衰落，再到转型的过程，报刊广告的发展和报纸发展关系息息相关、存亡与共，报纸销量下降，报纸广告也跟着减少。但在媒体融合发展的环境下，报纸有了新的出路，网络报纸产生，报刊广告也有了转机[④]。

新媒体时代全球报业面临竞争，迫切需要转型，文善山（Bunrod Sorasak）在《泰国报业的竞争现状与趋势分析》中认为，现在的泰国报业市场是不完全的寡头

---

① 潘玉鹏. 泰国报业的当代剪影[J]. 国际新闻界，1996，（6）：19-23.
② 唐翠妃. 初探泰文报纸发展史[J]. 视听，2014，（12）：82-83.
③ 郑妙昭. 泰文报纸的发展历程及角色分析[D]. 天津师范大学，2016.
④ 唐翠妃. 泰国报刊广告史研究（1844—2014）[D]. 广西大学，2016.

垄断市场，市场中度集中，并有直销、大量向机构出售以及开设分店多地发行等多元发售渠道；报纸采取低价售卖策略，竞争激烈。但与此同时，政府政策向电信倾斜力度大、新媒体带来了受众流失和老龄化问题，泰国报业需减少对政府的依赖以规避政策风险，同时应积极应对新媒体挑战，向数字化转型并坚持"内容为王"。①

二、对泰国华文报刊的发展历程研究

我国对泰国纸媒的研究中，有较大的体量是对泰国华文报刊的研究。就泰国华文报刊历史而言，已有的研究成果宏观与微观相结合，既有通过史料梳理对泰国华文报业整体发展历程进行廓清的研究，也有从具体的华文报纸出发，进行内容分析以求见微知著、溯本清源的研究。探究现状，则主要集中在泰国纸媒涉华报道及中泰媒体合作等领域中。

大部分对泰国华文传媒的研究是作为对东南亚地区海外传媒研究的组成部分存在的，如果具体梳理对泰国华文报刊的研究，大致可以作如下划分。

第一是在泰华人报纸从业者对于华文报刊发展历史的记录。如旅泰华侨老报人吴继岳所著的《六十年海外见闻录》等，记录了其服务泰华报界 60 多年所见证的泰国华文报刊的发展历程。②泰国华人学者谢犹荣的《泰华报业小史》为后人了解泰国华文报刊创办初期的社会环境及贡献卓越的华侨报人留下了珍贵的资料。③泰国华人记者洪林的《泰国华文报简史》《抗战时期华文报史略》等论文，内容翔实，为早期的泰国华文报刊研究提供了框架性参考。

第二是我国新闻学术界关于全球新闻传播史和对外传播的研究专著中涉及的泰国华文报刊的部分。20 世纪 80 年代到 21 世纪初，我国出现了一些研究海外华文媒体的学者和专著，如杨力的《海外华文报业研究》④、王士谷的《海外华文新闻史研究》⑤、《华侨华人百科全书·新闻出版卷》⑥、程曼丽的《海外华文传媒研究》⑦、彭伟步的《海外华文传媒概论》⑧等，这些著作中均有对泰国华文

---

① [泰]文善山. 泰国报业的竞争现状与趋势分析[D]. 华南理工大学，2013.

② 吴继岳. 六十年海外见闻录[M]. 香港：南奥出版社，1983.

③ 谢犹荣. 泰华报业小史[M]. 曼谷：曼谷译报社，1964.

④ 杨力. 海外华文报业研究[M]. 北京：北京燕山出版社，1991.

⑤ 王士谷. 海外华文新闻史研究[M]. 北京：新华出版社，1998.

⑥ 《华侨华人百科全书·新闻出版卷》编辑委员会. 华侨华人百科全书·新闻出版卷[M]. 北京：中国华侨出版社，1999.

⑦ 程曼丽. 海外华文传媒研究[M]. 北京：新华出版社，2001.

⑧ 彭伟步. 海外华文传媒概论[M]. 广州：暨南大学出版社，2007.

媒体的论述，但往往只占一个章节或只作为对一些海外华文媒体规律性论述的例证存在，这些论述对泰国华文报刊的历史、现状没有进行深入细致的研究。相对而言，方积根等的《海外华文报刊的历史与现状》比较具有代表性，在这本书里，泰国华文报业的历史占据了较大的篇幅，并被划分为"华文报业的创始""华文报业的兴盛发展（辛亥革命后至抗战时期）""华文报业的变迁（战后至60年代）""华文报业重现光明并逐渐趋向稳定（70年代）""华文报业之现状"五个阶段，作者全面回顾了泰国华文报刊的发展历程。①

第三是对泰国华文报刊历史进行研究的论文。论文相较于著作对华文报刊的聚焦程度更高，数量也较多。公认的早期具有权威性的论文有蔡文欐的《泰国华文报的过去、现在和未来》，该文将泰国华文报业的发展历史划分为六个阶段：开创阶段（1903—1925年）；扩大发行阶段（1926—1938年），此时华文报业提倡严肃内容且售价低，处于兴盛阶段；受限制阶段（1939—1944年）；恢复活跃阶段（1945—1958年），战后泰国华人影响力提升，报业复苏；再度受限制阶段（1959—1970年）；实业竞争阶段（1970年以后），华文报纸客观报道中国消息，朝实业单位方向发展。作者同时还对《星暹日报》《中华日报》《新中原报》等重要的华文日报进行了特点归纳和功能分析。②段鹏程在《新中国成立后泰国华文报发展状况分析》中写道："泰国华文报在泰国华人华侨社会中一直是重要媒介，自1903年诞生至今，已有100余年的发展历史。从新中国成立（1949）到改革开放（1978）这29年中，受国际政治、华人经济、中泰两国综合实力等因素的影响，华文纸媒在这个阶段内经历了波澜式的发展过程。"③

第四是具体以某一华文报或某个方面为切入点，对泰国华文报纸的历史、内容和影响进行剖析的期刊论文和学位论文。期刊论文如彭伟步的《论泰国华文报纸副刊的变迁与困境》④，彭珊萍的《从〈亚洲日报〉的崛起看泰国华文报业新走向》⑤，何乐嫔的《〈星暹日报〉的对华报道研究》⑥《泰国华文报刊读者的报刊评

① 方积根，胡文英. 海外华文报刊的历史与现状[M]. 北京：新华出版社，1989.

② 蔡文欐. 泰国华文报的过去、现在和未来[J]. 东南亚研究资料，1986，（4）：56-65.

③ 段鹏程. 新中国成立后泰国华文报发展状况分析[J]. 中国报业，2019，（8）：64-65.

④ 彭伟步. 论泰国华文报纸副刊的变迁与困境[J]. 东南亚纵横，2010，（2）：59-63.

⑤ 彭珊萍. 从《亚洲日报》的崛起看泰国华文报业新走向[J]. 云南师范大学学报（哲学社会科学版），1995，（4）：91-94.

⑥ 何乐嫔. 《星暹日报》的对华报道研究[J]. 今日南国（理论创新版），2009，（3）：207-209.

价——泰国中国城华人访谈调查分析报告》①等。学位论文如《泰国华文报业的影响力研究》②以泰国六家华文日报，即《新中原报》《星暹日报》《世界日报》《中华日报》《京华中原联合日报》《亚洲日报》为研究对象，以"影响力"为切入点，探讨了泰国华文报业的影响力状况、中国与东盟深度合作背景下泰国华文报业的作用、华文报业影响力的提升途径等内容。学位论文还有《泰国媒体对中国游客报道的批评话语分析》③《泰国〈星暹日报〉2012 年改版原因及其意义研究》④等。

值得一提的是，2013 年 5 月由中国社会科学出版社出版的由黄海珠等编著的《泰国华文纸媒研究》对泰国华文纸媒发展的历史阶段进行了详细划分，同时对泰国华文纸媒受众市场和媒介依存环境进行了分析，对其报道内容、读者群、经营状况进行了研究，对其影响力的产生环节、评价指标体系、影响力评估体系的构成因子及建构标准等进行了详细阐释，对其存在的问题和发展机遇进行了分析，制作了较为全面的"泰国主要华文纸媒简表""泰国主要华文纸媒人物一览表"，是目前关于泰国华文纸媒研究较为翔实和全面的专著。⑤

通过综述，我们对于中国学者对泰国华文报刊发展历程的研究有了一个整体上的把握。总体而言，因语言障碍，目前中国对于泰国华文报刊发展历程的研究较为有限，很多研究成果发表或出版时间比较久远，且局限于个人层面的解读和历史资料的梳理，缺乏严谨、系统的分析，并且，泰国媒体按市场规则运作，以私营为主，发布新闻消息最主要使用的语言是泰语，除此之外还有英语、汉语、日语等，目前对于泰国泰语和英语报纸的研究非常薄弱。

三、对泰国广播电视发展历程的研究

长期以来，广播电视作为一种传递信息、服务社会与娱乐大众的重要手段，丰富着人们的精神生活。亚太广播发展协会出版的《泰国公共广播》（*Public Service Broadcasting in Thailand*）⑥和朱拉隆功大学出版社出版的《60 年档案：泰国电视业务发展》是笔者在泰国本土搜集到的有关广电媒体研究最全面的著

① 何乐嫄. 泰国华文报刊读者的报刊评价——泰国中国城华人访谈调查分析报告[J]. 今日南国（理论创新版），2009，（2）：153-154，158.
② 刘娓. 泰国华文报业的影响力研究[D]. 广西大学，2012.
③ 黄婷婷. 泰国媒体对中国游客报道的批评话语分析[D]. 广西民族大学，2017.
④ 吴倩倩. 泰国《星暹日报》2012 年改版原因及其意义研究[D]. 广西大学，2013.
⑤ 黄海珠等. 泰国华文纸媒研究[M]. 北京：中国社会科学出版社，2013.
⑥ Sucharita Eashwar. *Public Service Broadcasting in Thailand*[M]. Kuala Lumpur: The Asia-Pacific Institute for Broadcasting Development, 2002.

作。前一本为英文版，属于行业研讨论文集；后一本为泰文版，是朱拉隆功大学传媒学院老师集体编写的一本专著，从 20 世纪 50 年代开始，先后梳理了独裁时期的电视、私人电视发展、国家电视台衰落、商业时代和有限自由时代电视的发展以及数字电视转向带来的变化，并对泰国电视的传奇人物、知名新闻记者、主持人等进行了综合介绍。综合以上文献可以看出：①广播电台在泰国社会和泰国人民生活中占有特殊的位置，泰国政府往往通过泰国国家广播电台来发布公告、法令以及重要的政策，因此，广播电台播出的新闻或评论多多少少带有官方色彩，从而也就比私营媒体的报道更有权威性。②泰国电视事业从一开始就同美国垄断资本结下不解之缘，美国人不仅帮助泰国建立了第一座电视台，连曼谷当时仅有的 400 部黑白电视机，也全部是从美国进口的。

自 1975 年中泰建交以来，中国便有了对泰国电视业的研究。周生在《泰国的广播电视事业》中对泰国的广播电视事业进行了较为详细的概述，以此为基准阐述中泰两国的往来与合作。[①]1994 年，泰国大众传播机构（Public Company Limited，MCOT）与泰国的亚洲电信公司达成一致，开始了用电话线传送有线电视节目的进程，1995 年，叶之夫发表了《泰国开始双向电视商业试验》，指出泰国电视行业开始了双向通信试验。[②]1997 年，中化[③]与马坡[④]分别发表文章，简明地概括了当时泰国的电视业发展状况。到了 1998 年，泰国国际广播公司与有线广播公司合并，降低了运营成本，扩大了用户规模，2000 年，泰国开放私营广播电视，建立专门机构解决电波频率的分配问题。从容在《卫星电视（平台）直播系统系列介绍之十一 泰国 UBC 卫星电视直播系统》中对泰国的 UBC 卫星电视直播系统的运行以及器材配置做出了详细介绍。[⑤]2007 年，泰国大力发展卫星电视事业，虽然运营成本有所增加，但有效推动了"发展新型服务，促进广播电视市场竞争，提高频率使用效能"目标的实现。雨润发表了《无线高清电视正向我们走来》，指出泰国利用无线传输高清电视节目正在逐步得到推广[⑥]。在当代，广播电视更被赋予了社会沟通的重要功能，我们更期望通过广播电视来促进各国的互相交流与理解。黄学建在《公共电视的三种实践模式》中具体分析

① 周生. 泰国的广播电视事业[J]. 现代传播, 1983, （3）: 96-102.
② 叶之夫. 泰国开始双向电视商业试验[J]. 广播电视信息, 1995, （10）: 28.
③ 中化. 泰国的付费有线电视台[J]. 广播电视信息, 1997, （6）: 47.
④ 马坡. 泰国新建合资电视台[J]. 广播电视信息, 1997, （6）: 47.
⑤ 从容. 卫星电视（平台）直播系统系列介绍之十一 泰国 UBC 卫星电视直播系统[J]. 卫星电视与宽带多媒体, 2005, （11）: 45.
⑥ 雨润. 无线高清电视正向我们走来[J]. 广播电视信息（下半月刊）, 2008, （7）: 21-23.

了英、美、泰三个国家的公共电视实践，以获得对当代中国广播电视国际传播的启示。[①]韦京求在《泰国电视广告监督与管理浅析》中着眼于泰式创意，结合管理学与新闻传播学理论，分析泰国电视广告成功的原因，并针对我国相关方面提出建议。[②]百合以泰国中央中文电视台为案例，分析该电视台发展状况及趋势的同时，重点指出在泰国发展华语电视台的重要意义。[③]李宇在《美国媒体在东南亚地区的本土化传播策略与启示》中将电视节目与话语权和舆论引导紧密联系在一起，通过对比美国媒体在东南亚地区的本土化传播策略，引出中国媒体在该地区实施本土化传播策略的优越性，进而得出"优化中国电视在该地区的市场影响力、竞争力和传播效果"的启示。[④]苏慧茹通过对比中泰两国数字电视在发展过程中的异同，正视问题，谋划将来的发展策略，并得出关于泰国数字电视产业的启示。[⑤]孙喜勤认为，"媒体的交往与合作是国与国之间相互往来的重要方面，是增进相互了解、构建互信的重要途径"，而广播和电视因其覆盖区域的广泛性，将对我国"维护祖国统一、边境安宁、社会稳定，宣传我国改革开放的成就及睦邻、安邻、富邻的外交政策"[⑥]起到积极的作用。

在当代，广播电视更多地被当作国家进行国际传播与舆论引导的重要手段。能否有效促进广播电视的本土化，意味着一个国家是否能有效地传播本国文化，影响他国受众，同时也影响着该国在国际上获得舆论引导权和国际话语权的进程。广播电视的功能已经超越了单纯的娱乐范畴，它更成为官方与民间交流的重要渠道和表达意见的桥梁。在这样的环境下，一个国家能否有效引导广播电视的内容制作与生产，对于其在国际上的话语表达能力具有重要影响。

四、数字网络发展对泰国广播电视的影响研究

随着数字网络技术的逐渐普及，国与国之间的信息交流与传播更为便捷，利用数字网络对外宣传也成为当代国家形象塑造与文化传播的重要方面。2004年，泰国曼谷将数字技术与声音技术结合，出现了数字声音广播，2014年，泰国电视全面接入数字网络，泰国广播电视委员会办公室于 2018 年出版了《五年

① 黄学建. 公共电视的三种实践模式[J]. 现代传播（中国传媒大学学报），2013，35（10）：142-143.
② 韦京求. 泰国电视广告监督与管理浅析[D]. 广西大学，2014.
③ [泰]百合. 华语电视台在泰国的发展及趋势研究——以《泰国中央中文电视台》为例[D]. 重庆工商大学，2014.
④ 李宇. 美国媒体在东南亚地区的本土化传播策略与启示[J]. 南方电视学刊，2017，（6）：124-126.
⑤ [泰]苏慧茹. 中泰两国数字电视发展路径的对比研究[D]. 华南理工大学，2017.
⑥ 孙喜勤. 云南与南亚东南亚国家媒体合作研究[J]. 学术探索，2018，（3）：67-73.

数字电视变革》一书，总结了国家数字电视 5 年来的变化和吸取的教训，可以全面洞悉泰国数字电视在新技术下的变革与创新。

苏慧茹通过对比数字技术下中泰两国电视业的发展情况，表明中泰两国应互相交流经验，扬长避短，发挥数字电视在两国文化交流中的作用。①郭艳梅的《新媒体背景下泰国传统媒体汉语教学节目的生存之道》一文则认为在新媒体背景下，泰国传统媒体的汉语教学节目受到了前所未有的挑战，若想有效解决这一问题，在寻求传统媒体创新的同时，还要注意发挥卫星电视与数字网络的优势，从视觉和听觉上给学习者以真实的体验。②借助我国云南与东南亚地区的地理邻近优势，孙喜勤在《云南与南亚东南亚国家媒体合作研究》一文中认为我们要"充分利用新媒体传播速度快、信息容量大、受众广、不受时空限制的特点，用好全媒体资源，创新传播内容和形式，利用新媒体的特点和优势，加大力度宣传云南对外开放取得的成就，讲好中国故事，扩大云南的知名度和中国的影响力"③。百合指出泰国中央中文电视台在新时代的发展方式，即"电视媒体可利用自身优势将自身创作的优势节目通过网络媒体、手机终端等进行更为广泛的传播，能够收视人群覆盖到更大的范围，如新一代华人群体等。电视媒体若能与新兴媒体有效的结合，将大大增大市场空间，创造更为丰厚的利润"④。张建中等指出，"在一个开放的社会中，传播过程始终应该伴随着倾听与诉说"，尤其在新媒体时代，利用数字网络技术与民众对话显得十分重要。⑤颜兵的《从"中国—东盟合作之旅"看地方媒体外宣创新路径》一文在描述地方媒体的外宣创新路径时，着重强调要有国际视野，创新节目，同时指出要因地制宜，加强不同媒体间的交流与协作。⑥逢欣指出在中泰公共外交方面，"网络传媒是以更加便捷的方式服务于公共外交的实践"，中国与泰国的公共外交要想取得成效，便要利用好网络传媒。⑦

总而言之，数字网络技术贯穿了新媒体时代信息传播与交流的方方面面。但无论是泰国本土还是中国，关于数字网络发展对泰国广播电视的影响研究都是零

---

① [泰]苏慧茹. 中泰两国数字电视发展路径的对比研究[D]. 华南理工大学，2017.

② 郭艳梅. 新媒体背景下泰国传统媒体汉语教学节目的生存之道[J]. 东南传播，2014，（9）：78-80.

③ 孙喜勤. 云南与南亚东南亚国家媒体合作研究[J]. 学术探索，2018，（3）：67-73.

④ [泰]百合. 华语电视台在泰国的发展及趋势研究——以《泰国中央中文电视台》为例[D]. 重庆工商大学，2014.

⑤ 张建中，任孟山. 当民主遭遇威权政治：他信对泰国媒体的控制[J]. 国际新闻界，2011，33（2）：94-99.

⑥ 颜兵. 从"中国—东盟合作之旅"看地方媒体外宣创新路径[J]. 新闻与写作，2008，（11）：34-35.

⑦ 逢欣. "一带一路"视域下中国对泰国的公共外交研究[D]. 吉林大学，2019.

星散落在部分期刊论文上，缺乏官方数据，仅有少量咨询、调研报告出自美通社等西方传媒机构和市场研究公司。基于此，加强对泰国三大传统媒体的系统研究，尤其是全面了解数字网络背景下的新变化，可以推动我国公共外交政策的有效实施和各类信息的本土化进程，并能及时沟通官方与民众，获得良好的传播效能。新媒体时代，数字技术与网络技术的结合已使得信息的承载量及传播效率获得了大幅提高，如何利用它塑造国家形象、掌握国际话语权与舆论引导权，已经成为一个迫切需要面对的问题。

五、新时期加强我国对泰传播影响力的研究

随着全球化程度的不断加深与近年来"一带一路"倡议的提出，我国学者对国际传播尤其是我国对东南亚国家的对外传播的研究不断加深，主要围绕中国及中国媒体的国际传播行为与国际传播能力进行分析。吴立斌曾在其博士学位论文《中国媒体的国际传播及影响力研究》中着重分析和评估了中国的国际传播行为与传播能力，得出当时中国的传播话语权和主导权受西方媒体影响较大这一结论，由此形成了对中国的文化传统和内政外交的冲击和干预。①吉林大学逄欣在其论文《"一带一路"视域下中国对泰国的公共外交研究》中，对中泰两国间公共外交的现状及存在问题进行分析，提出加强顶层设计、充分运用新媒体技术等对策建议以推动中泰间公共外交事业发展。②

除聚焦于中国国际传播现状的宏观分析外，我国学者还就具体个例的国际传播进行分析总结。江西师范大学硕士研究生余地在《"国际在线"网站泰语版的国际传播现状分析与发展策略研究》中指出，中国国际广播电台泰语版在国际传播中既保证了客观公正的平衡性，又在关键立场问题上积极反映了倾向性，因此成为泰国众多媒体中强有力的存在。在肯定中国国际广播电台泰语版网站有效利用各项多媒体技术之余，作者还指出其栏目版块尚待扩容与更新，在提高传播时效性的同时要注意平衡受众需求多元性与信息丰富性，并最终对其发展前景进行积极展望。③学者李宇在《美国媒体在东南亚地区的本土化传播策略与启示》中，对美国媒体通过本土化策略稳固其在东南亚市场的地位进行详细介绍，肯定中国媒体采取商业模式与东南亚本土合作方开展经营、利益共享、推动可持续发

① 吴立斌. 中国媒体的国际传播及影响力研究[D]. 中共中央党校，2011.
② 逄欣. "一带一路"视域下中国对泰国的公共外交研究[D]. 吉林大学，2019.
③ 余地. "国际在线"网站泰语版的国际传播现状分析与发展策略研究[D]. 江西师范大学，2013.

展的同时，对中国媒体提出进一步的期待。①孙喜勤在《云南与南亚东南亚国家媒体合作研究》中立足云南地缘优势，对云南与南亚东南亚国家媒体合作情况进行分析，发现云南与周边国家媒体已建立了多方位、多维度的合作关系，但依然存在影响力弱、合作机制不健全、媒体人才缺乏等问题。提高媒体宣传与公关能力，建立完备的对外传播体系，完善合作机制，才能够有效解决媒体机构冗余、职能发挥不到位等问题。②颜兵在《从"中国—东盟合作之旅"看地方媒体外宣创新路径》一文中就第十八届中国新闻奖一等奖作品《中国—东盟合作之旅》发表获奖心得时，总结出四条有效经验，供地方媒体进行外宣工作时借鉴，分别是：整合资源、项目运作，为"走出去"提供有力支撑；明确主题、选准载体，在"走出去"中合作求共赢；国际视野、创新节目，确保"走出去"的质量；因地制宜、媒体互动，扩大"走出去"的效果。③该文充分总结外宣经验，是我国地方媒体对东南亚地区有效传播的成功样本。

此外，泰国本土学者乌吉·巴玛南（UKrist Pathmanand）在《泰国的全球化和民主发展：军队、私营部门和公众社会的新变化》一文中，通过研究泰国政治经济的三大影响因素——军队、私营部门、公众社会，进而分析泰国全球化与民主发展之间的关系。④

通过上述文献梳理可以看出，泰国本土对自身媒体发展历史的系统性研究较少，美国等西方国家会不定期发布泰国媒体发展的具体数据，但出自相关机构的调研和咨询报告中，专门的研究极少。我国学者对泰国新闻事业全貌进行研究的有薛琳的《泰国的新闻事业》⑤、王荣久的《泰国新闻事业概貌》⑥等，但发表时间较早，缺乏一定的时效性，而近年来的大多数研究仅仅是从个案或某一具体的媒体出发，很难从宏观层面把握泰国媒体发展的全貌。"一带一路"建设的推进为我国对外传播事业的创新提供了难得的历史机遇，长期以来泰国因独特的区位优势及较为发达的媒体业，成为国际主流通讯社与机构的必争之地。因此，在全球化的背景下，对泰国媒体发展历史进行综合全面的梳理，对加强我国对泰传播影响力、助力"一带一路"建设的有效推进具有较强的时代意义。

① 李宇. 美国媒体在东南亚地区的本土化传播策略与启示[J]. 南方电视学刊, 2017, （6）: 124-126.
② 孙喜勤. 云南与南亚东南亚国家媒体合作研究[J]. 学术探索, 2018, （3）: 67-73.
③ 颜兵. 从"中国—东盟合作之旅"看地方媒体外宣创新路径[J]. 新闻与写作, 2008, （11）: 34-35.
④ [泰]乌吉·巴玛南. 泰国的全球化和民主发展：军队、私营部门和公众社会的新变化[J]. 李有江译. 南洋资料译丛, 2004, （2）: 33-44.
⑤ 薛琳. 泰国的新闻事业[J]. 新闻战线, 1981, （3）: 45-46.
⑥ 王荣久. 泰国新闻事业概貌[J]. 国际新闻界, 1985, （1）: 17-19.

参 考 文 献

蔡文欉. 泰国华文报的过去、现在和未来[J]. 东南亚研究资料，1986，（4）：56-65.

陈晖，熊韬. 泰国概论[M]. 北京：世界图书出版公司，2012.

陈力丹. 世界新闻传播史[M]. 上海：上海交通大学出版社，2002.

段鹏程. 新中国成立后泰国华文报发展状况分析[J]. 中国报业，2019，（8）：64-65.

[日]林理介. 泰国新闻事业概况[J]. 尹韵公摘译. 国际新闻界，1987，（3）：37-38，47-48.

刘娓. 泰国华文报业的影响力研究[D]. 广西大学，2012.

孙广勇. 新媒体——东南亚社会转型的双刃剑[J]. 军事记者，2015，（2）：52-53.

唐翠妃. 泰国报刊广告史研究（1844—2014）[D]. 广西大学，2016.

王荣久. 泰国新闻事业概貌[J]. 国际新闻界，1985，（1）：17-19.

[泰]文善山. 泰国报业的竞争现状与趋势分析[D]. 华南理工大学，2013.

吴倩倩. 泰国华文报刊发展现状分析[J]. 新闻传播，2012，（12）：86.

张建中，任孟山. 当民主遭遇威权政治：他信对泰国媒体的控制[J]. 国际新闻界，2011，33（2）：94-99.

张玥，张艳秋. 泰国电视媒体传播汉语的历史与展望[J]. 国际传播，2018，（5）：69-75.

郑妙昭. 泰文报纸的发展历程及角色分析[D]. 天津师范大学，2016.

周生. 泰国的广播电视事业[J]. 现代传播，1983，（3）：96-102.

Carmen Mei Ling, Shan L. Pan, Peter Ractham, et al. ICT-enabled community empowerment in crisis response: Social media in Thailand flooding 2011[J]. *Journal of the Association for Information Systems*, 2015, 16(3): 174-212.

Ubonrat Siriyuvasak. The development of a participatory democracy: Raison d'etre for media reform in Thailand[J]. *Southeast Asian Journal of Social Science*, 1994, 22(1): 101-114.

（柳盈莹、张若玉）

作者简介：

柳盈莹：云南师范大学传媒学院副教授，博士；

张若玉：云南师范大学传媒学院讲师，硕士。

第五节　泰国新媒体与新闻学教育研究综述

一、泰国新媒体研究综述

（一）泰国新媒体发展的背景与现状

泰国经历了 20 世纪 90 年代的阵痛后进入了相对稳定的社会发展期，互联网正是在此背景下进入了泰国。虽然 1988 年泰国在澳大利亚的帮助下建立了首个电子邮件网络，但真正意义上的互联网到 1992 年底才落户泰国。1996 年班汉（马德祥）政府计划投资 42 亿泰铢来建设国家网络基础设施，批准了首个"国家信息技术政策"（IT2000），以期通过互联网提升政府治理和服务水平，并培育信息人才。1998 年殃及全球的金融危机使泰国电信行业历经了一次大洗牌，但他信掌管的西那瓦集团在危机之下获得机会，他信在媒体、通信领域大举并购并积极发展电信伙伴，使得西那瓦集团成为电信巨头。他信当选总理后，重视互联网产业，并积极推进泰国互联网发展。2000 年泰国互联网用户为 230 万，到 2007 年增加到 860 万。之后，随着互联网经济在全球的勃发，泰国也被迅速卷入到全球互联网发展的浪潮中。①谷歌、脸书、油管等西方互联网巨头相继进入泰国，并成为当今泰国的主要互联网服务商。20 世纪八九十年代，西方和日本的各类跨国企业便在泰国落地经营，成为泰国经济不可忽视的力量，与此同时，西方和日本的通讯社以及各类媒体机构也在泰国落地发展，通过大众消费以及大众媒介对文化的影响力扩大它们在泰国的影响力。因此，泰国的媒体和媒体机构组织成分尤为复杂，尽管一方面体现了多元性，但另一方面却构成了一个充满矛盾的全球舆论场。近年，泰国新媒体最大的发展变化是移动互联网的普及。

我国针对泰国新媒体的研究极少，多集中于中国文化在泰国的跨文化传播方面。西方国家对泰国新媒体的研究集中于新媒体对泰国政治的影响方面，涉及新媒体与文化的研究也相对较少。泰国本国研究集中于新媒体对经济的影响方面。

（二）泰国新媒体与经济研究

在新媒体环境下诞生了许多新兴经济形式，如电子商务、网红经济等。这些紧随新媒体发展孕育而生的新兴经济给泰国经济带来显著变化，改变了泰国人的生产生活方式，助力泰国经济发展转型，尤其以"网红经济"为代表，成为泰国经济不可忽视的组成部分。

《泰国生态旅游网络社交媒体营销需求模式分析与设计》（"Requirement Patterns Analysis and Design of Online Social Media Marketing for Promoting Eco-Tourism in Thailand"）②、《社交媒体对传统的复兴：以泰国普吉岛素食

---

① 刘杨钺. 泰国的互联网发展及其政治影响[J]. 东南亚纵横，2014，（1）：39-44.

② Orasa Tetiwat, Vatcharaporn Esichaikul, Ranee Esichaikul. Requirement patterns analysis and design of online social media marketing for promoting eco-tourism in Thailand[J]. *Recent Advances in Information and Communication Technology 2018*, 2019(769): 277-285.

节为例》（"Revitalization of Tradition through Social Media: A Case of the Vegetarian Festival in Phuket, Thailand"）①等研究均指向社交媒体对泰国旅游的促进作用。

从 2016 年开始，泰国直播行业便借助新媒体直播平台迅速发展，各种"网红"应运而生，这些主播通过直播平台销售商品，借助泰国美食文化进行"吃播"吸引粉丝，还有许多旅游博主通过直播平台宣传打造泰国网红景点，吸引游客。值得关注的一个案例是，在 2017 年抖音把品牌推向了泰国、日本、韩国、越南、印度尼西亚以及欧美诸多国家，命名为 TikTok。江旋在《抖音国际化放大招》一文中指出 TikTok 上涌现出了大量衣、食、住、行领域的优质短视频，带动了一大批"网红景点""网红美食""网红民宿"的出现。②

（三）新媒体与跨文化传播研究

雷涛在 2016 年发表的《东南亚南亚社交媒体跨文化传播研究——以泰国的 Facebook 和 Line 为例》一文中指出社交媒体的跨文化传播有利于"一带一路"建设中的中国国家形象建构和国际话语权的提升。③

张经武在《传媒多元化视域下中国文学的东南亚传播》中指出网络是传媒多元格局中的强势传媒，它具备强大、持久、高效的传播力，具备互动性强、集成性高、成本低等优点。为中国文学在东南亚传播带来了新机遇。④

郑文标在《泰国华人信息媒介发展的历史与现状》一文中梳理了泰国华人信息媒介从私人书信到华人报刊、从电信媒介到互联网的发展历程，探讨了华人网络媒介的发展情况，从国家形象的直观展现、反思与解构以及国家关系的积极建构等方面探讨了互联网对国家关系建构的作用。⑤

通过上述少量研究可以发现，中国对泰国新媒体的研究集中于中国国家战略和文化的对外传播方面，然而却忽略了去了解东南亚地区的文化和传媒现状，这有待深入研究，只有更加了解当地的传媒现状及其在全球网络中的角色，才能更

---

① Jakraphan Chaopreecha. Revitalization of tradition through social media: A case of the vegetarian festival in Phuket, Thailand[J]. *Southeast Asian Studies*, 2019, 8(1): 117-151.

② 江旋. 抖音国际化放大招[J]. 中国中小企业, 2018, （4）: 76-77.

③ 雷涛. 东南亚南亚社交媒体跨文化传播研究——以泰国的 Facebook 和 Line 为例[J]. 新闻研究导刊, 2016, 7（15）: 93-94.

④ 张经武. 传媒多元化视域下中国文学的东南亚传播[J]. 江苏大学学报（社会科学版）, 2019, 21（5）: 16-24.

⑤ 郑文标. 泰国华人信息媒介发展的历史与现状[J]. 东南亚纵横, 2013, （4）: 52-55.

好地实施对外传播。

（四）泰国新媒体市场研究

关于泰国新媒体市场的研究主要来源于国外几个大的市场或数据研究机构，如 eMarketer）、美通社、We Are Social 等。这些机构提供了关于泰国媒体市场的各类报告，例如，泰国网站、搜索引擎以及社交媒体的各项统计数据；泰国数字设备持有率、使用时间、用户行为；各类终端的互联网访问目的；数字媒体广告行业情况、支出；等等。这些数据为本节的泰国新媒体研究提供了支撑。

二、泰国新闻学教育概况研究综述

泰国的新闻学教育始于 20 世纪 30 年代末，虽然因为战争有所中断，但是21 世纪以来，泰国的新闻学教育还是取得了较快的发展。

（一）泰国新闻学教育历史沿革

1939 年，泰国朱拉隆功大学在文理学院开设新闻学课程，这是泰国新闻学教育的萌芽。1951 年，文理学院新闻学课程终止。1954 年，朱拉隆功大学在其社会管理学院内设立了新闻系，1964 年，设立最新的传播学课程。

1951 年朱拉隆功大学的新闻学课程终止后，泰国政府于 1954 年在塔玛萨特大学社会管理学院开设了一个新的新闻系，授予学士学位，这是当时唯一一所提供新闻学课程的大学。塔玛萨特大学有新闻学专业的基础，它一直在给该领域的学生提供奖学金。1966 年，新闻系开办了晚间班，为大众传播和公共关系从业者颁发新闻证书。第二年，改为提供新闻文凭，为那些有资格获得学位的人继续学习新闻专业的课程提供条件。1970 年，该大学批准了这一发展项目，设立了独立的新闻和大众传播系，1971 学年该系招生人数为 826 人，设有专任教师 30人，每个学生必须修满 143 学分才能获得学士学位。学生有机会参与制作一份名为"大学"的小报和一份英文月刊。

1964 年，清迈大学人文学院下设大众传播系，将教学重点放在广播和电视教育上，每个学生必须获得至少 144 学分才能获得学士学位。

朱拉隆功大学在 1971 年设立了传播艺术学院，1971 学年的入学考试由国家教育委员会和朱拉隆功大学联合组织，朱拉隆功大学新闻系招收了大约 80 名学生上白班，另外 50 名学生上夜班，1971 学年总入学人数为 480 人。

《泰国的公共关系教育与教学》（"Public Relations Education and Teaching in Thailand"）一文中的调查显示，20 世纪 90 年代初的高考期间，准大学生将传播系作为他们在其他社会科学项目中的首选，最具竞争力的专业是广告学，其次是公共关系学。虽然公立大学教授认为他们的学生在学术上有充分的准备，但大多数私立大学认为，目前的课程并没有为学生做好充分的准备以使他们在未来的就业队伍中更具有竞争力。然而，教员们一致同意，应增加人际传播、跨文化传播、国际传播、营销传播和新媒体技术等课程，以帮助未来的从业人员更好地适应全球传播时代的工作。[①]

张珠圣在《国外传播学研究概述》中也介绍了 20 世纪世界各国的高校传播学教育情况，尤其是着重概述了泰国的传播学教育情况。他认为第三世界国家对传播学的研究起步较晚，但近年来也取得了长足的进步，其中，泰国十分重视传播学教育和研究。他以泰国朱拉隆功大学传播艺术学院为例进行研究，指出"该学院设立了四个系：新闻、大众传播学、公共关系，以及语言和（广播电视）节目制作"，开设了"传播学专用语言""大众传播学理论""大众传播学研究介绍""大众传播社会学"等课程。[②]

《亚洲新闻学教育座谈会》（"Journalism Education in Asia: A Symposium"）一文指出新闻学教育在亚洲的地位日益显著，泰国也跟随印度、马来西亚、新加坡、印度尼西亚、缅甸等国家对新闻学教学计划进行优化，并针对自己的国家体制、宗教等情况设立专门的新闻学研究中心。[③]

（二）泰国新闻学教育课程设置

《泰国大学的传播学教育》（"Communication Education at Thai Universities"）一文对大多数泰国大学开设的发展性新闻学课程做了梳理。在泰国，发展被定义为政治、经济、文化、教育、农业和许多其他方面的发展。泰国承认其发展中国家的地位，先后实施了多项国家经济和社会发展计划。[④]

值得注意的是，朱拉隆功大学曾在 1939—1951 年开设新闻学课程。这个早

① Daradirek Ekachai, Rosechongporn Komolsevin. Public relations education and teaching in Thailand[J]. *Public Relations Review*, 1998, 24(2): 219-234.

② 张珠圣. 国外传播学研究概述[J]. 国外社会科学，1990，（5）：70-71.

③ Chia-Shih Hsu, Crispin Maslog, Tong-Jae Cho. Journalism education in Asia: A symposium[J]. *Journalism and Mass Communication Quarterly*, 2017, 49(1): 116-128.

④ John Warren, Adchara Khotanan. Communication education at Thai universities[J]. *Digestion*, 1991, 45(4): 28-33.

期的项目之所以存在，是因为朱拉隆功大学认识到这门学科的重要性。特别是人们认识到，新闻工作者必须接受新闻学科的培训，朱拉隆功大学授权文理学院负责该项目。新闻学课程大纲包括新闻实践、新闻史、编辑、经济学、法律、心理学。但是，由于国家处在战争的危机中，入学人数很少，这个项目不得已被终止了。尽管如此，这所大学多年来一直在开设晚间新闻课程。

1985 年，泰国朱拉隆功大学大众传播和公共关系系提供四年的本科学制，遵循两个阶段的计划。第一阶段涉及一年级和二年级的课程，教授一般和专业课程，即泰语、国际历史、自然和政治地理学、社会学、政治学原理、时事学、英语、心理学、逻辑学、经济学、法学导论、公共关系、比较文学、印刷理论、传播理论、传播史、创意写作、特写、新闻写作与报道、摄影等。第二阶段涉及三年级和四年级的课程，教学重点放在专业科目的培训和专业化上，学生可以根据自己的未来需要选择任何一个专业科目。

其中，有四门课程较为热门：一是新闻学，旨在为学生提供新闻学领域的基本知识和实践训练，为学生毕业后选择职业做好准备；二是广播电视学，这是与新闻学相结合的课程；三是公共关系学，主要关注政府企业、私人公司和行业的公共关系；四是演讲和戏剧学，这涉及口头交流的方方面面，帮助学生了解演讲和戏剧传播的各个发展阶段，使学生能够将理论知识应用于艺术中，进行有效和负责任的传播实践。

泰国的媒体教育和高等教育在不同学科中逐渐发展。参与式文化时代的媒体教育者必须从解决三个核心问题入手。首先，泰国媒体教育者应关注参与性差距，应确保学生有参与性。获得机会、经验、技能和知识，这将成为学生全面参与世界发展的基础。其次，媒体教育者应帮助学生理解问题，并传授相关知识，使学生能够认识媒体、塑造正确的世界观。最后，高等教育中的道德挑战对于让学生做好准备，使其逐渐成为媒体制作者和社区参与者的公共角色至关重要。

与此同时，泰国也积极与东盟的各个国家进行新闻机构与新闻学院的教育资源共享。泰国是东南亚地区中与西方联系最为紧密的国家，其新闻学教育有利于弥合亚洲和西方之间的新闻文化鸿沟，但其更多地依靠和融合西方新闻学教育的成就来丰富自身的新闻学教育，在未来发展中，仍需要与本国乃至亚洲的政治现实联系起来。

（三）泰国媒体素养教育

新闻学教育的目标是培养学生的媒体素养，这是泰国发展媒体教育和培训的关键。泰国已经对教育制度和教育政策进行了改革，这一情况表明，政府和媒体教育者已经认识到泰国媒体教育和培训所面临的问题和挑战，并采取措施来解决这些问题，同时也发现了培养媒体素养的潜力和机会。

在泰国，媒体素养和信息素养一直联系在一起。信息素养强调获取信息以及对此类信息进行评估和使用的能力，媒体素养强调综合性的能力，侧重对信息传输知识的解读、对信息的基本认知、对信息的基本理解和判断等能力。

由于信息通信技术的推动，信息素养技能是 21 世纪个人（尤其是学生）的核心能力。要提高泰国学生的信息素养，需要教师、学校行政人员、图书馆管理员以及家庭和社区之间的通力合作。此外，还应将信息素养纳入课程体系、学科学习和教学过程中，在学校环境中培养有信息素养的学生和增强学生的信息素养也是未来泰国新闻学教育发展中的一项重要策略。

具有媒体素养也是对当今数字公民的要求。从媒体消费者到媒体创作者的转变对个人、政府、公司、社会、学校以及媒体素养教育都产生了很大影响。随着网络环境、媒介环境的发展以及数字公民的不断壮大，媒体素养教育已经成为基本教育中不可忽视的关键一环。

随着全球化进程的不断推进，《泰国文化中的自我感知沟通能力》（"Self-Perceived Communication Competence in the Thai Culture"）一文分析了在泰国跨文化交流与传播能力不断加强的情况下，如何培养学生的媒介素养，并通过泰国学生的实际反馈，总结出了几种媒体素养教育发展的标准。[①]具体到泰国的媒体教学层面，相关的标准体现在教学实际工作的方方面面，如开展动手实践活动，使学生积累设计、创建和制作媒体消息的经验，体验在实践中如何表达这些概念。另外，教师需要正确地向学生传达当下媒介环境及新闻学教育事业中涉及的相关媒介基本思想的精神和内核。媒体是具有不同特征、优势和独特结构的"语言"，媒体消息是为特定目的而产生的，所有媒体消息都包含着内在的价值观和观点，要培养学生利用自己的技能、信仰和经验在媒体中建构自己的意义。

三、总结

新媒体是一把"双刃剑"，泰国移动客户端的普及和社交媒体的广泛应用给泰国政治、经济、文化都带来了很大的影响，但也给处于政治变革中的泰国带来

---

① K.E. Dilbeck, J.C. McCroskey. Self-perceived communication competence in the Thai culture[J]. *Journal of Intercultural Communication Research,* 2009, 38(1): 1-7.

了潜在的危机。加强新闻学教育，有助于克服新媒体发展中的诸多不利因素，如对外依赖性较强、自主研发能力较弱所带来的信息安全和谣言肆虐的问题，以及内容质量不高、没有权威性的问题等。这些都是泰国新媒体前进过程中面临的重要挑战，只有不断完善自身，运用好新闻学教育在政治、经济、文化发展方面的优势，才能使泰国新媒体获得长远发展。

参 考 文 献

江旋. 抖音国际化放大招[J]. 中国中小企业，2018，（4）：76-77.

雷涛. 东南亚南亚社交媒体跨文化传播研究——以泰国的 Facebook 和 Line 为例[J]. 新闻研究导刊，2016，7（15）：93-94.

史安斌，朱泓宇. 2023 年国际传播研究的新动向：基于三组关系的主题分析[J]. 当代传播，2024（1）：14-21.

孙广勇. 新媒体——东南亚社会转型的双刃剑[J]. 军事记者，2015，（2）：52-53.

张经武. 传媒多元化视域下中国文学的东南亚传播[J]. 江苏大学学报（社会科学版），2019，21（5）：16-24.

Melissa Wall, Treepon Kirdnark. Online maps and minorities: Geotagging Thailand's Muslims [J]. *New Media & Society* , 2012, 14(4): 701-716.

Wolfram Schaggar. New social media and politics in Thailand: The emergence of fascist vigilante groups on Facebook[J]. *Austrian Journal of South-East Asian Studies*, 2016, 9(2): 215-234.

（王琳、潘戎戎、李祖斌）

作者简介：

王琳：云南师范大学传媒学院讲师，硕士；

潘戎戎：云南师范大学传媒学院讲师，硕士；

李祖斌：云南师范大学传媒学院新闻学专业本科生。

第八章　新加坡媒介传播研究综述

第一节　新加坡广播电视电影研究综述

新加坡是一个由多元民族、多元文化构成的移民国家。在多元的文化背景之下，新加坡的影视文化不仅展示着东南亚文化的特色，也呈现出自己独特的风格，其影视产业可以说是亚洲影视产业的后起之秀。但就目前有关新加坡影视文化的研究成果来看，相关研究寥寥无几，尚未形成完整的体系，很难让我们对其有深入的认识。本节通过对现有的关于新加坡广播、电视、电影的研究成果做粗略的梳理，来把握研究成果的理论脉络，从而去探索新加坡影视文化研究的新方向。

一、新加坡广播研究

新加坡的广播诞生于 20 世纪 30 年代，其发展经历了一系列重大历史变迁。关于新加坡广播的发展史研究，我国学者赵靳秋和郝晓鸣在《新加坡大众传媒研究：媒介融合背景下传媒监管的制度创新》一书中指出"1957 年马来亚联邦独立后，新加坡广播台（Radio Singapore）从马来亚广播电台（Radio Malaya）分离出来；1965 年新加坡建国后，马来西亚电台遂再度分解，新加坡台被重新命名为新加坡广播电视台（Radio-Television Singapore，RTS）；20 世纪 80 年代初，新加坡广播公司（Singapore Broadcasting Corporation）对广播节目进行了系列调整；1994 年，《新加坡广播管理局法令》（Singapore Broadcasting Authority Act）颁布实施"[①]这 4 个方面概述了新加坡广播的发展历程及每个阶段呈现的不同特点。

城市国家新加坡的广播文化极具特色。科学技术突飞猛进，随之而来的是不断涌现的新兴媒体，广播作为一种科技产物，会遭受到新兴媒体的冲击，在如此

---

① 赵靳秋，郝晓鸣. 新加坡大众传媒研究：媒介融合背景下传媒监管的制度创新[M]. 北京：中国传媒大学出版社，2012：126-128，132.

挑战之下，新加坡广播却依然保持着稳定的收听率和高渗透率，定有其特殊之处，但就目前搜集到的资料来看，关于新加坡广播方面的研究成果微乎其微。

潘笑天在《传统广播电台的新媒体化生存——以新加坡新传媒集团为例》中，分析了新加坡传统广播电台的发展经验，指出传统媒体的新媒体化生存，既是"推"的过程——将内容放至不同媒体形态和渠道中，更是一个"拉"的过程——寻找、激发、满足受众与商家的新需求，拉动整条媒体产业链的拓展。①

林思含的《稳中求进的新加坡广播》指出在新媒体时代，新加坡广播仍能保持稳定的收听率和极高的渗透率，首先归功于新加坡深厚的广播传统，更得益于新加坡广播从未放缓转型发展的步伐。新加坡广播仍在坚守"内容为王、节目取胜"的准则，打好"网络"与"室外"两张牌，不断总结经验，酝酿下一次的技术变革。②

高敏的《央广都市之声与新加坡 Capital FM958 城市频道对比研究》选择新加坡收听率最高的华语广播 Capital FM958 城市频道和我国的央广都市之声广播频道为研究对象，在展现中新两国广播发展概况的基础上，采用对比研究的方法，对两个研究样本的节目内容形式、目标听众群体、节目编排、版块设置、主持人风格、听众互动参与等方面进行多角度的分析比较，进而探讨两国都市广播发展的可行性道路。③

梁萍的《新加坡中文广播语言研究》以新加坡中文广播中的华语和方言为研究对象，立足新加坡的发展历史，陈述了新加坡中文广播语言在语体、内容、风格上的特色、转变及原因，并重点对新加坡中文广播语言的现状进行了分析，认为其本地播音语言具有口语化、通俗化、规范化、形象化的特点和优势，但也存在一些不足，如新一代华语水平下降、中华文化根底不足等，都直接影响其语言水平。④

新加坡广播在新加坡文化艺术方面有着举足轻重的地位，学术界对新加坡广播的研究大致从其发展战略、行业类型、个案分析等角度进行。学者们对新加坡广播的发展战略做了前瞻性的思考，但却很少给出合理有效的建议。新加坡具有多元的文化背景，广播又是新加坡重要的媒体，对于新加坡广播的研究不应仅限于其发展战略方面，其传播经验、受众情况、自身特色等系列问题也是值得我们

① 潘笑天. 传统广播电台的新媒体化生存——以新加坡新传媒集团为例[J]. 新闻爱好者，2008，（7）：32-33.
② 林思含. 稳中求进的新加坡广播[J]. 中国广播，2013，（12）：17-20.
③ 高敏. 央广都市之声与新加坡 Capital FM958 城市频道对比研究[D]. 中国传媒大学，2011.
④ 梁萍. 新加坡中文广播语言研究[D]. 北京师范大学，新加坡新跃大学，2007.

关注的。

二、新加坡电视研究

新加坡建国以后成立了新加坡广播电视台，后更名为新加坡广播电视局，又改组为有限公司。其发展经历了众多波折，在公司制的运营下，也形成了行业内的竞争机制。亚洲电视服务中心在新加坡的正式开放，不仅使新加坡电视与国际之间有了更多密切的联系，也为新加坡电视的发展带来了更多的契机。

（一）新加坡华语电视研究

新加坡有着庞大的华人社群，华语通行，中国文化在新加坡传播尤广，新加坡是重要的海外华语剧消费国家。新加坡在电视领域的一些相关政策也促使华语电视呈现出多元的发展态势，关于新加坡华语电视的研究成果也与日俱增。

张渤等在《"发展新闻"制度下新加坡华语电视及传播理念研究》中指出，新加坡推行的"发展新闻"制度与西方媒体奉行的新闻自由理念截然不同。"在电视传播领域，新加坡电视媒体传播的内容虽无须政府审查，却须透过媒介文本，框定并不断确认其社会功能定位，进而生产出有利于国家安定发展的信息认知模型。文章在归纳'发展新闻'理论渊源与新加坡实践特点的基础上，呈现新加坡华语电视在这一制度架构下的传播处境，并对新加坡华语电视频道《晚间新闻》的内容进行分析，从文本层面印证该制度在新闻生产环节的实践话语。"①

张渤的《新加坡华语电视剧的文化归依》再次提到新加坡实行的"发展新闻"传播制度，强调媒体要服务于国家发展，只赋予媒体有限的自由。"在传播日渐全球化的背景下，新加坡华语电视剧并不强化其对外输出能力，反而愈发'收敛'。"②

于汐在《境外华语电视剧对塑造华语文化版图与提升文化自信的意义——以新加坡华语电视剧为例》中，以境外华语电视剧为研究对象，以新加坡华语电视剧为具体个案，通过对新加坡文化构成的梳理，分析不同的文化脉络对新加坡这一地域的争夺状态，进而论述新加坡华语电视剧通过书写新加坡历史而参与对"新加坡人"的身份建构。文章讨论了新加坡华语电视剧中可与其他地域的华语文化相对话的文化根基，以及不同地域的华语文化在彼此协商中重新定位文化经

① 张渤，陈燕. "发展新闻"制度下新加坡华语电视及传播理念研究[J]. 编辑之友，2017，（7）：99-103.
② 张渤. 新加坡华语电视剧的文化归依[J]. 青年记者，2018，（33）：93-94.

典的可能，进而思考境外华语电视剧在促进文化交融上的独特价值。①

于汐的《新加坡华语电视剧的中华思维》立足于新加坡，分析其本土制作的华语电视剧中的中华文化传统，展现中新两国在华人血缘影响下的文化共性。②

苏美妮在《消费兴趣与文化身份：华语引进剧在新加坡的电视传播研究》中指出，新加坡是重要的海外华语剧消费国家。在新传媒华语频道，华语剧形成了各有优势的竞争格局，但都面临竞争压力。③

宋晓冬在《析西方文化对新加坡华语电视剧的影响》中指出，西方文化对于新加坡的影响已有近 200 年的历史，这种影响必然折射到大众文化的文本中。新加坡华语电视剧很多题材、场景、剧情都涉及西方文化，而其中所塑造的西方文化的人物形象更值得我们思索。新加坡华语电视剧正是通过在剧中塑造出充满张力的人物形象，以浓厚的现代气息与华人的传统价值观相结合，吸引了国内外成千上万的观众来观看，而新加坡华语电视剧对于西方文化的思考和探索也带给观众们更深刻的启示和更开阔的文化视野。④

宋晓冬在《略论新加坡华语电视剧中的家庭伦理观念》中论述了新加坡华语电视剧带有浓厚的儒家文化色彩，多以表现生活中的基本价值观为主题，注重表现家庭伦理思想和传统价值观念。新加坡华语电视剧的各剧种中都体现着儒家伦理思想，其中家庭伦理剧又具有突出的代表性和典型意义。尊老敬老的观念和孝文化的弘扬是其中最为核心的内容。除此之外，新加坡华语电视剧还对其他家庭伦理问题进行探讨。作为大众文化的文本之一，新加坡华语电视剧体现了新加坡的文化特质，并在海外华人中传统文化的传承上起到了重要作用。⑤

宋晓冬在《新加坡华语电视剧与儒家文化》中指出，由于与中华传统文化一脉相承以及以华人为主体的居民结构，新加坡的文化底蕴带有浓郁的儒家文化特征。因此，新加坡华语电视剧作品大多以表现道德、伦理、教育、亲情、友情、爱情及其基本价值观为核心。同时，各种文化的交汇碰撞也使得新加坡华语电视剧呈现出鲜明的多元化特征。⑥

① 于汐. 境外华语电视剧对塑造华语文化版图与提升文化自信的意义——以新加坡华语电视剧为例[D]. 中国传媒大学，2016.

② 于汐. 新加坡华语电视剧的中华思维[J]. 电视指南，2017，（20）：12-13.

③ 苏美妮. 消费兴趣与文化身份：华语引进剧在新加坡的电视传播研究[J]. 现代传播（中国传媒大学学报），2016，38（8）：93-98.

④ 宋晓冬. 析西方文化对新加坡华语电视剧的影响[J]. 电影文学，2010，（10）：86-87.

⑤ 宋晓冬. 略论新加坡华语电视剧中的家庭伦理观念[J]. 电影评介，2010，（3）：66-67，79.

⑥ 宋晓冬. 新加坡华语电视剧与儒家文化[D]. 首都师范大学，2011.

随着全球化步伐的加快，新加坡作为重要的海外华语电视生产与消费的国家，其面临的跨文化与地方化的关系问题也日益凸显出来。在这个有着多元民族和多元文化的移民国家里，庞大的华语受众群对华语电视消费的选择和偏好，一定程度上也折射着海外华人对华语电视消费的选择偏好。

电视剧作为大众文化产品，逐渐成为国家与国家之间文化传播的有效手段之一，电视剧的海外传播也成为国家软实力的表征，在这个过程中，海外华人对自己身份和文化的认同感也不断加深。当然，我们也看到在这样的娱乐氛围中体验文化很难感同身受，更多还是从一种旁观者的角度来看待，这也说明华语电视剧的海外传播仍然存在着实践性的缺陷，商业价值与文化价值之间的关系还有待权衡。

（二）华语电视在新加坡的传播研究

20 世纪 90 年代中期，新加坡电视业本地制作能力大大提高。新加坡电视节目的激增促使新加坡电视业提高节目标准，增加制作经费，许多系列剧和情景剧影响广泛，颇受欢迎。1994—1995 年，"本地制作的电视节目增长了 60%，华语频道每年生产的情景喜剧、电视连续剧及综艺节目平均达到 600 小时，成为国际上产量最高的电视台"。①

陈友冰在《汉文化在新加坡流播的历史进程及相关特征》中描述道，新加坡华语通行，中国文化在新加坡传播尤广，19 世纪末到 20 世纪初，中国古代经典小说在新加坡广泛传播，其中不乏以通俗易懂的方式改编、翻译为马来文和白话文的作品，如《三国演义》《水浒传》《封神演义》等。②

温婷婷和张恩普在《〈封神演义〉亚洲传播研究——以韩国、日本、新加坡为例》中提到，在新加坡，人们以"变异"的再创作方式将《封神演义》改编为电视剧，如《哪吒》、《再战封神榜》及《莲花童子哪吒》等。《封神演义》在海外传播中，从韩国的衍生文本，到日本的漫画，再到新加坡的电视剧，各具特色，精彩纷呈。③

谢依伦在《〈红楼梦〉在马来西亚和新加坡的传播与研究》中，从文学思潮、教育制度、书业经济、红楼梦藏书的分布等角度梳理了《红楼梦》文本在马

① 赵靳秋，郝晓鸣. 新加坡大众传媒研究：媒介融合背景下传媒监管的制度创新[M]. 北京：中国传媒大学出版社，2012：134.

② 陈友冰. 汉文化在新加坡流播的历史进程及相关特征[EB/OL]. （2011-02-15）[2023-10-27]. http://www.guoxue. com/?p=2970.

③ 温婷婷，张恩普. 《封神演义》亚洲传播研究——以韩国、日本、新加坡为例[J]. 外国问题研究，2015，（2）：70-74.

来西亚和新加坡流传的情况以及不同时代传播情况的变化。新加坡已有属于自己的《红楼梦》戏曲。视觉文化传播形式所产生的功效是巨大的，戏剧电影、音乐艺术、精致中式美食、极具中华特色的塑像手工艺品等的吸引，使得新加坡大部分人能与中华传统文化紧密地联系在一起。①

蓝洁的《从电视剧〈小娘惹〉看新加坡土生华人文化》透过电视剧《小娘惹》所展现的日常生活形态，研究中华文明在 21 世纪文化融合中的角色，以及文化与国籍、地域之间的关系。②

张梓轩的《中国大陆与新加坡电视剧合拍研究》通过对中国国家广播电影电视总局统计资料的查阅与对新传媒制作私人有限公司公开发行剧目的整理，详细展现了中国与新加坡合拍电视剧的历史演变与主要特点，并从电视剧合拍所涉及的政策、市场、产品形态等角度，深入讨论了背后的缘由，为中国电视进一步扩大海外市场提供有益参考。③

吴慧玲在《"家"的寓言——新加坡家庭伦理剧论析》中指出，在新加坡，以"家"为主轴的本土电视剧近年来开始受到当地人民的喜爱。尽管如此，相比中国，新加坡无论是对当地家庭伦理题材电视剧抑或是其他类型电视剧的叙事理论的研究仍相当欠缺。有鉴于此，作者对新加坡家庭伦理剧的叙事进行分析，以梳理出新加坡家庭伦理剧的特色。④

金进的《华人历史、国族认同与官方意识形态的合谋——以新加坡贺岁电视剧〈信约〉三部曲为分析对象》分析了新传媒制作私人有限公司为迎接新加坡建国 50 周年所拍摄的《唐山到南洋》《动荡的年代》《我们的家园》系列电视剧，讲述了新加坡华人百年奋斗史。在官方历史和民间历史的缝隙中还原新加坡华人国族认同的建构过程，进而讨论新加坡精英和草根两大阶层分离之后的社会认同的差异，据此重审当代新加坡华人文化的历史构成和特点。⑤

从现有的关于"华语电视"或者"华语电视的海外传播"的研究来看，多是侧重传播的制度和消费选择方面，对于传播的内容和传播效果的研究还有待去探寻。

在全球化背景下，跨地域或者跨国界的经贸文化往来也日益盛行。政府主导

① 谢依伦. 《红楼梦》在马来西亚和新加坡的传播与研究[D]. 山东大学，2018.
② 蓝洁. 从电视剧《小娘惹》看新加坡土生华人文化[J]. 青年文学家，2011，（6）：224-225.
③ 张梓轩. 中国大陆与新加坡电视剧合拍研究[J]. 现代传播（中国传媒大学学报），2012，34（2）：101-105.
④ 吴慧玲. "家"的寓言——新加坡家庭伦理剧论析[D]. 华中师范大学，2010.
⑤ 金进. 华人历史、国族认同与官方意识形态的合谋——以新加坡贺岁电视剧《信约》三部曲为分析对象[J]. 杭州师范大学学报（社会科学版），2018，40（3）：71-79.

之下的电视主流媒体仍然是具有权威性和影响力的传播平台，但相对于更方便快捷的网络等媒体，电视节目的制作和输出传播也要求更高技术和更高成本的投入，这就使得节目异地采集对技术、经费等客观条件的依赖度较高，从而跨地域或者跨国界的电视节目的制作和呈现也就成了电视媒体面临的机遇和挑战。市场、收费、版权、法律保障等都是值得关注的问题，受众需求的变化也呈现新的发展趋势，另外，节目的创新、技术的更新也将会创造一个更广阔的发展空间。如何处理好社会效益和经济效益之间的关系问题，值得我们去研究。

三、新加坡电影研究

（一）新加坡电影发展研究

新加坡电影的发展可以追溯到 100 年前，把电影带入新加坡的是印度人巴里（Bali）。1902 年，巴里由外地带了一批欧美风景片和运动纪录片来到新加坡。首次放映电影的地点是新加坡河畔附近的一处空地，由于当时没有电力设备，所以只能利用蓄电池的电力来发动放映机播映这批影片，播映效果并不太理想，但已经足以让当地人雀跃万分。[①]

新加坡的电影经历过 20 世纪五六十年代的辉煌，也经历过 20 世纪七八十年代的沉寂，在 20 世纪末终于再次迎来曙光。在新加坡电影研究方面，概述类论文较多，学理性文章较少，可见我们对于该国电影的研究还处于初级阶段。

鲁虎在《2005 年：新加坡电影重现活力》中概述了新加坡电影曾经经历过近 20 年的中断和沉寂，20 世纪末才开始缓慢复苏。2005 年，在推介、制作、放映、交流和研究等各个方面，新加坡电影都特别活跃，显示出从复苏走向复兴的迹象。当时的新加坡电影拥有有力的政策扶持、成熟稳定的观众群、逐渐壮大的电影人队伍、信息技术交流活跃等有利条件，同时也面临着电影审查制度严厉、市场高度竞争、题材有限、明星缺乏等不利因素。当时为数不多的作品再现了新加坡的都市场景和社会变迁，展示了其本地文化特色，成为新加坡文化创新的象征之一。[②]

郑燿霆在《从新加坡电影的发展谈当地电影的困境》中概述了新加坡电影发展的历程，总结了其中值得留意的一些特点。[③]同时郑燿霆还在其《90 年代的新

---

① 郑燿霆. 从新加坡电影的发展谈当地电影的困境[J]. 当代电影，2005，（4）：102-106.
② 鲁虎. 2005 年：新加坡电影重现活力[J]. 电影艺术，2006，（1）：118-121.
③ 郑燿霆. 从新加坡电影的发展谈当地电影的困境[J]. 当代电影，2005，（4）：102-106.

加坡电影与弱势群体》一文中指出，在对现实和人的主体地位深刻反思的过程中，新加坡电影艺术家感到，如果电影要真实反映社会，深刻地、立体地刻画人的灵魂，完整揭示当地社会发展的进程，那么就离不开对当代新加坡社会中弱势群体的关注和表现。反映弱势群体的自我意识，是 20 世纪 90 年代新加坡电影的一个新特征；反映弱势群体的主体意识，意味着对传统电影观念的一大超越。20世纪 90 年代以来的新加坡电影大胆地将新加坡社会中的弱势群体置于银幕中心，使新加坡电影表现的空间得到极大扩展，进而提升了其自身的品格。①

陈时鑫和刘辉的《新加坡电影业：发展、困境与挑战》分第二次世界大战后的繁荣与衰落时期、20 世纪 90 年代的复苏与革新时期以及 2006 年开始的挑战与期待三个时期概述了新加坡电影业的发展情况。通过对历史的观望来理解今天的新加坡，看到它的发展、困境和面对的挑战。②

陈伟在《"我们的故事"：记忆解码与青春想象——2016 年度新加坡电影概观》中分析了 2016 年度新加坡电影产业的概况和电影创作的概况，通过对历史的回溯和对现实的关注讲述了新加坡视角下的"我们的故事"，这对于扩大新加坡电影的版图至关重要。③

魏梦雪在《2010—2019 年新加坡电影产业发展研究》中论述了 2010—2019年新加坡政府加大对电影业的投资，新加坡电影委员会重视培养电影人才、加强与国际电影界合作等举措，极大地推动了新加坡电影的发展。不仅电影创作数量保持着稳定上升状态，陈哲艺、巫俊峰、杨修华等新加坡电影人也凭借自身的出色表现而引发国内外的关注。但新加坡电影亦面临着国内电影市场饱和、电影的竞争力不足和身份尴尬等诸多问题。④

（二）新加坡电影人研究

安察丽·柴沃拉邦在其《东南亚新电影的文化观察》一文中指出，新新加坡电影是由两代电影人定义的，即崛起于 20 世纪 90 年代中期的第一代，以及新生代。第一代新新加坡电影的代表人物包括邱金海、唐永健及陈子谦等。这一代电影人创作的影片具有多元性特点，邱金海着眼于艺术片，唐永健靠恐怖片取得成

① 郑煜霆. 90 年代的新加坡电影与弱势群体[J]. 当代电影，2005，（4）：100-102.

② 陈时鑫，刘辉. 新加坡电影业：发展、困境与挑战[J]. 电影艺术，2007，（4）：111-115.

③ 陈伟. "我们的故事"：记忆解码与青春想象——2016 年度新加坡电影概观[J]. 电影评介，2017，（22）：10-13.

④ 魏梦雪. 2010—2019 年新加坡电影产业发展研究[J]. 吉林艺术学院学报，2021，（1）：85-93.

功，陈子谦则是多面手导演，集演、导于一身，既制作短片，又拍摄剧情长片。家庭剧看起来是新新加坡电影导演最为钟爱的题材之一，然而，这批影人也会试图展现另类的观点与电影趣味，特别是新加坡的身份认同是若干位新加坡导演最常提出的议题之一。柴沃拉邦还指出，理解新加坡电影还需要考虑多族裔的因素。大多数导演都有华裔背景，多数电影采用新加坡式英语为第一语言，中文则为第二语言。就电影的接收与观看情况来说，这些影片更多指向华人观众。①伴随着近些年新加坡电影在许多电影节取得的成功，关于新加坡电影导演及影视作品的研究成果也是层出不穷。

鲁虎的《梁智强：新加坡电影的成功故事》概述了新加坡杰出导演梁智强的创作之路及其作品的特色，从对一个杰出电影人的评析出发，展示新时期新加坡文化发展的一个侧面。②

苏竞元的《新加坡电影中的国族意识建构——以梁智强电影为例》将研究焦点放置于新加坡本土语境中，以梁智强导演的电影为例，从族群认同、文化地景的变迁以及国家体制书写三个维度进行解读，并着重以《我们的故事》作为分析文本，考察新加坡电影如何通过清醒自觉的本土化建设，在不断涵化的过程中，建构自身的文化场域和国族意识。③王泽君的《论梁智强电影作品的伦理叙事与文化认同》从梁智强导演的喜剧电影切入，窥视新加坡电影的创作面貌，从中剖析了华语电影的文化价值与身份认同。④

蔡译萱的《陈子谦电影场景中歌台构建的意义——以〈881〉〈12 莲花〉为例》一文选取了新加坡导演陈子谦的《881》与《12 莲花》两部电影，以歌台为切入点，分析歌台在电影中的构建意义及其所承载的主题、性质。作者指出，通过时间空间所呈现的独特性，导演表达了对传统新加坡文化的怀念，并试图重新唤起人们对歌台文化的关注与喜爱。但对歌台的怀旧书写，却在一定程度上对歌台文化起到消解的反作用。因此，如何保护歌台文化仍是一个有待思考的问题。⑤

马然在《多元语言与国族想象——以邱金海三部曲为例谈当代新加坡电影》中，论述了当代新加坡影坛重要的电影导演邱金海的《薄面佬》《十二楼》《和

① [泰]安察丽·柴沃拉邦. 东南亚新电影的文化观察[J]. 何谦译. 北京电影学院学报，2016，（6）：134-143.
② 鲁虎. 梁智强：新加坡电影的成功故事[J]. 东南亚纵横，2006，（4）：25-30.
③ 苏竞元. 新加坡电影中的国族意识建构——以梁智强电影为例[J]. 当代电影，2019，（5）：164-167.
④ 王泽君. 论梁智强电影作品的伦理叙事与文化认同[J]. 电影评介，2022，（11）：52-55.
⑤ 蔡译萱. 陈子谦电影场景中歌台构建的意义——以《881》《12 莲花》为例[J]. 鞍山师范学院学报，2015，17（3）：64-68.

我在一起》三部曲系列。三部作品都试图聚焦以华人为主的普通人群和公屋的社区生活，以现实主义的手法刻画那些陷于生活困境的都市人群和他们孤独而异化的生活状态，进行巧妙的社会批评。邱金海的电影一方面典型地体现了新加坡电影的语言特征——包含多元语言，各种华语方言与英语、马来语等交纵错杂，另一方面更是新加坡多元混杂种族里华人社群状况、华人精神状态的准确描摹和隐喻。①

（三）新加坡电影作品研究

柴沃拉邦在《东南亚新电影的文化观察》中探讨了东南亚电影的定义和特点，检视了电影是如何进入全球化潮流中，并进入国际主义、跨国主义和世界主义的舞台的；同时也考察了与"国族电影"相比，电影在各个国家扮演的不同角色。其中关于新加坡部分，作者着重分析了第一代新新加坡电影的代表人物包括邱金海、唐永健及陈子谦等的电影作品。作者指出新加坡电影具有与其他东南亚国家电影相似的全球化特征，也指出了如今的新加坡电影在精英影人的手中不断更新换代的特性。②

鲁艺在《〈爸妈不在家〉：新加坡电影的新拓展》中通过对一个普通家庭生活的叙述，反映了家庭生活中亲情的缺失、社会上人与人关系的冷淡和疏远、敏感而又复杂的外籍劳工问题以及经济危机给人们带来的焦虑。文章具体阐述了《爸妈不在家》这部电影的成功原因，以及其对于新加坡本土电影和华语电影的重要意义。③

李文强、徐沛泽的《浅析〈爸妈不在家〉的艺术特色》从人物形象、主题设置、艺术特色三个方面分析了《爸妈不在家》这部影片的成功之道及其对新加坡电影的影响力。④

张瑞文的《华人的文化身份认同建构——从〈小孩不笨〉系列电影谈起》一文，以《小孩不笨》这部反映社会问题的新加坡儿童题材电影为例，探析教育问题和代际沟通矛盾的根本原因，作者另辟蹊径，结合新加坡华人的历史际遇和现实状况，分析在后殖民语境下，面对中西文化对撞的困境，新加坡华人如何进行

① 马然. 多元语言与国族想象——以邱金海三部曲为例谈当代新加坡电影[J]. 艺术评论，2009，（7）：18，39-46.

② [泰]安察丽·柴沃拉邦. 东南亚新电影的文化观察[J]. 何谦译. 北京电影学院学报，2016，（6）：134-143.

③ 鲁艺. 《爸妈不在家》：新加坡电影的新拓展[J]. 电影文学，2015，（21）：46-48.

④ 李文强，徐沛泽. 浅析《爸妈不在家》的艺术特色[J]. 电影文学，2016，（11）：154-156.

文化身份认同建构。[①]

云彩霞的《新加坡电影〈小孩不笨 2〉中的语码转换分析》选取新加坡著名电影《小孩不笨 2》当中的语码转换作为语料，分析这些语码转换遵循的语法规则及其语用功能，激起语言使用者对这一语言现象的关注，从而更好地将其应用在交际中。[②]贺文、梁道美在《〈小孩不笨 2〉中人文关怀缺失的解读及现代启示》一文中基于"我们如何教育会产生更好的效果？"这个社会越来越关注的教育重点问题来分析影片《小孩不笨 2》。作者认为父母、学校以及社会对孩子教育理念的定位也影响着教育整体的好坏。[③]

李威颖的《纵看电影〈881〉和〈12 莲花〉中的七月歌台》分析了《881》和《12 莲花》两部影片中的七月歌台，并探析七月歌台在电影中的叙事功能。[④]

（四）新加坡电影受众研究

就新加坡电影受众层面来看，电影检查局 1954 年的报告显示，1953 年送交审查的剧情片共有 783 部，其中多数进口自英国、美国、印度、中国。[⑤]电影检查局 1955 年的报告显示，1954 年新加坡制作的电影有 19 部，进口自中国的电影有 181 部，印度电影有 145 部，英国电影有 51 部，美国电影有 270 部。[⑥]接下来的几年，当地制作的电影数量不断下滑。虽然这些数字并不一定能准确反映新加坡观众对本土电影的支持程度，但却可以十分肯定地说当时的观众对外国影片，尤其是美国影片的需求量是很大的。但不论促成这个趋势的原因是什么，新加坡的电影观众对外国影片的惯性依赖和需求却是从一开始就养成的。

新加坡作为以华人族群为主体的国家，华语电影在其影视创作中仍占有举足轻重的地位，华语受众也是新加坡电影受众中的一个庞大群体，对于华语电影及新加坡电影受众的研究成果也是层出不穷。

① 张瑞文. 华人的文化身份认同建构——从《小孩不笨》系列电影谈起[J]. 艺苑，2017，（5）：39-40.

② 云彩霞. 新加坡电影《小孩不笨 2》中的语码转换分析[D]. 内蒙古大学，2010.

③ 贺文，梁道美. 《小孩不笨 2》中人文关怀缺失的解读及现代启示[J]. 黑龙江教育学院学报，2018，37（9）：107-109.

④ 李威颖. 纵看电影《881》和《12 莲花》中的七月歌台[J]. 世界华文文学论坛，2013，（4）：67-71.

⑤ Cynthia Koek. *Annual Report of the Film Censer's Office 1953*[M]. Singapore: Government Printing Office, 1954.

⑥ Cynthia Koek. *Annual Report of the Film Board of Film Censer's Office 1954*[M]. Singapore: Government Printing Office, 1955.

（五）新加坡华语电影发展研究

英国学者裴开瑞（Chris Berry）在《跨国华语电影中的民族性：反抗与主体性》一文中提出一个问题："什么才是跨国华语电影中的民族性？"他指出，民族性不但在我们这个跨国时代里依然生生不息，在跨国电影研究中，它同样是一个有着长久学术生命力的研究对象。文章还探讨了所谓的新加坡电影复兴，指出这一复兴堪称重生于跨国时代的民族电影工业的范例。①

范伟清的《民族风与国际范儿的影像共生——近年"新加坡华语电影"特色探析》分析了崛起的新加坡华语电影的文化价值与商业特色。②

周缪斯的《新加坡投资中国电影产业模式研究》聚焦于新加坡投资中国电影产业的现有模式，结合案例及 PEST 分析法，为新加坡投资中国电影产业提出相关建议并分析了其投资的重要意义。③

骆曦的《早期中国电影在新加坡的传播（1924—1925）》讨论了 1924—1925 年中国电影在新加坡的传播状况。从中国电影的引进、审查、放映、观众四个方面来说明在这一时期新加坡所掀起的中国电影热潮，并简要分析了这股热潮形成的原因。④

徐文明和唐丽娟在《中国抗战电影在新加坡的传播及影响——以〈南洋商报〉为中心的研究》一文中，通过对《南洋商报》刊载的抗战电影传播史料的整理和分析，梳理了自 1937 年中国抗日战争全面爆发至 1942 年新加坡沦陷这段时间内，中国抗战电影在新加坡的传播过程、接受程度及产生的深刻影响。⑤

刘佩瑶在《新世纪以来新加坡华语电影中的文化记忆与身份认同》中从电影批评和文化研究相结合的视角出发，采用文本研究、个案研究、比较研究等研究方法，在分析解读电影文本和文献资料的基础上，探讨了新世纪以来新加坡华语电影中的文化记忆、身份认同与多元化的书写方式。⑥

---

① [英]裴开瑞. 跨国华语电影中的民族性：反抗与主体性[J]. 尤杰译. 世界电影，2006，（1）：4-18.
② 范伟清. 民族风与国际范儿的影像共生——近年"新加坡华语电影"特色探析[J]. 现代传播（中国传媒大学学报），2011，（11）：126-128.
③ 周缪斯. 新加坡投资中国电影产业模式研究[D]. 广西大学，2019.
④ 骆曦. 早期中国电影在新加坡的传播（1924—1925）[J]. 五邑大学学报（社会科学版），2015，17（3）：51-55，94.
⑤ 徐文明，唐丽娟. 中国抗战电影在新加坡的传播及影响——以《南洋商报》为中心的研究[J]. 华侨华人历史研究，2016，（4）：75-81.
⑥ 刘佩瑶. 新世纪以来新加坡华语电影中的文化记忆与身份认同[D]. 云南师范大学，2022.

　　就现有关于新加坡电影的研究来看，多数还是概述性的文章，学理性的文章比较少，且多数研究都是基于文本的分析。在新加坡这样一个由多元民族、多元文化构成的移民国家里，这种单一化的分析就会存在特殊性，很难达成一种普遍的共识。关于新加坡电影的研究，尚未形成一个完整的体系，仍处于一种初级的状态。

　　随着新加坡政治、经济的突飞猛进，其电影业也蒸蒸日上，特别是其本土电影创作的发展，使得新加坡的影视文化不仅展示着东南亚文化特色，同时也呈现出自己独特的风格。就目前对新加坡电影的研究成果来看，仍有很多的不足和待开辟的空间。

　　如今，"一带一路"倡议为我们研究新加坡电影打通了一个重要渠道，使我们能够站在一个新的维度，以一种国际化的视野去展开研究，同时也使我们能够从东南亚电影整体出发、从华语电影的角度出发，用世界的眼光去探寻更丰富精彩的电影世界。

参 考 文 献

[泰]安察丽·柴沃拉邦. 东南亚新电影的文化观察[J]. 何谦译. 北京电影学院学报，2016，（6）：134-143.

陈时鑫，刘辉. 新加坡电影业：发展、困境与挑战[J]. 电影艺术，2007，（4）：111-115.

高敏. 央广都市之声与新加坡 Capital FM958 城市频道对比研究[D]. 中国传媒大学，2011.

梁萍. 新加坡中文广播语言研究[D]. 北京师范大学，新加坡新跃大学，2007.

刘佩瑶. 新世纪以来新加坡华语电影中的文化记忆与身份认同[D]. 云南师范大学，2022.

鲁虎. 2005 年：新加坡电影重现活力[J]. 电影艺术，2006，（1）：118-121.

宋晓冬. 略论新加坡华语电视剧中的家庭伦理观念[J]. 电影评介，2010，（3）：66-67，79.

宋晓冬. 新加坡华语电视剧与儒家文化[D]. 首都师范大学，2011.

王泽君. 论梁智强电影作品的伦理叙事与文化认同[J]. 电影评介，2022，（11）：52-55.

魏梦雪. 2010—2019 年新加坡电影产业发展研究[J]. 吉林艺术学院学报，2021，（1）：85-93.

吴慧玲. "家"的寓言——新加坡家庭伦理剧论析[D]. 华中师范大学，2010.

于汐. 境外华语电视剧对塑造华语文化版图与提升文化自信的意义——以新加坡华语电视剧为例[D]. 中国传媒大学，2016.

赵靳秋，郝晓鸣. 新加坡大众传媒研究：媒介融合背景下传媒监管的制度创新[M]. 北京：中国传媒大学出版社，2012.

郑燿霆. 从新加坡电影的发展谈当地电影的困境[J]. 当代电影，2005，（4）：102-106.

（矣沅岺、肖青）

作者简介：

矣沅岺：云南师范大学传媒学院戏剧与影视学专业硕士研究生；

肖青：云南师范大学传媒学院教授，博士，硕士生导师。

第二节　新加坡华文报业整体历史研究综述

1837 年 2 月，《东西洋考每月统记传》在新加坡复刊，新加坡华文报刊由此诞生。经历了 180 余年的发展，新加坡华文报刊在数量上不断增多，并在华人众多的新加坡占据着重要位置。华文报刊是新加坡华人文化传承、交流信息的载体和渠道，研究华文报刊的历史，能够更好地了解新加坡华人社会的演变，这些年来学界一直有这方面的研究，笔者希望通过对这些研究进行梳理，了解新加坡华文报业整体历史研究成果的现状、不足之处以及未来可以拓展的研究方向。

新加坡华文报业整体历史的研究主要分为专著和论文两大块，而专著又涉及海外专著和中国国内专著，论文的收集则主要偏向于中国国内的研究成果。因此本节将有关新加坡华文报业整体历史的研究成果分为三大板块：国内的专著、海外的专著和国内的论文。专著研究成果主要集中在 20 世纪八九十年代和 21 世纪，论文研究成果则主要集中在 21 世纪。本节即根据这三大板块，对新加坡华文报业整体历史的研究进行梳理。

一、新加坡华文报业整体历史研究现状

（一）新加坡华文报业整体历史的研究专著

1. 新加坡华文报业整体历史的国内研究专著

中国国内对海外华文报业历史的研究起步较早，1967 年冯爱韦所写的《华侨报业史》[①]通过台湾学生书局出版，成为国内第一部研究海外华语报业的专著。在 20 世纪八九十年代，国内陆续出版了一系列有关海外华文报业整体历史研究的书籍。进入 21 世纪，中国的迅速发展带动了华语在世界上地位的提升，华语的价值带动了针对华文报业的研究的发展，因此这一时期也出现了大量的研究成果（表8-1）。

---

① 冯爱韦. 华侨报业史[M]. 台北：台湾学生书局，1967.

表 8-1　新加坡华文报业整体历史国内研究专著

文献名称	作者	出版机构	出版年份
《华侨报业史》	冯爱韦	台湾学生书局	1967
《海外华文报刊的历史与现状》	方积根 胡文英	新华出版社	1989
《海外华文报业研究》	杨力	北京燕山出版社	1991
《东南亚华侨通史》	吴凤斌	福建人民出版社	1994
《新加坡华文报业与中国》	吴庆棠	上海社会科学院出版社	1997
《海外华文传媒研究》	程曼丽	新华出版社	2001
《东南亚华文报纸研究》	彭伟步	社会科学文献出版社	2005
《海外华文传媒概论》	彭伟步	暨南大学出版社	2007
《早期新加坡华文报章与华人社会（1881—1912）》	陈蒙鹤	广东科技出版社	2008
《新马华文报文化、族群和国家认同比较研究》	彭伟步	暨南大学出版社	2009
《新加坡大众传媒研究：媒介融合背景下传媒监管的制度创新》	赵靳秋 郝晓鸣	中国传媒大学出版社	2012
《海外华文报纸的本土化与传播全球化》	彭伟步	中山大学出版社	2015
《新加坡马来西亚华侨史》	林远辉 张应龙	广东高等教育出版社	2016
《南亚东南亚国家大众传媒发展与现状》	单晓红	云南大学出版社	2018

关于海外华文报业整体历史的专著虽多，但是只针对新加坡华文报业整体历史的研究成果较少。有部分成果是针对新加坡华文报业的研究，但是也结合了其他的主题。

吴庆棠的《新加坡华文报业与中国》采用史论结合的方法，以历史沿革为线索，对新加坡第一份华文报刊《东西洋考每月统记传》的创办，到抗日战争前后的新加坡华文报业进行细致的梳理，并对新加坡华文报业与中国的联系作了较为系统的阐述。[①]

陈蒙鹤的《早期新加坡华文报章与华人社会（1881—1912）》从新加坡第一家华文日报起步开始，梳理了 19 世纪 80 年代到 20 世纪初新加坡出现的重要华文报刊，并从传媒社会史的角度，详细阐述了这一时间段新加坡华文报刊的发展

---

① 吴庆棠. 新加坡华文报业与中国[M]. 上海：上海社会科学院出版社，1997.

情况。①

赵靳秋和郝晓鸣的《新加坡大众传媒研究：媒介融合背景下传媒监管的制度创新》从新加坡历史、政治、经济、社会和文化的宏观情境出发，详细阐述了新加坡大众传媒的历史和现状，以及在媒介融合大趋势下的调适和演变，并对新加坡政府与媒体的互动、传播法规，以及从实践中发展出的媒体监管机制进行了深入探讨，是第一部完整分析新加坡大众传媒体系的中文专著。②

国内的部分学者选择从整体的"东南亚"或"海外"的概念入手对华文报业历史进行研究。新加坡的华文报业在中国的海外华文报业中占有重要地位，这些以整体的"东南亚"或"海外"华文报业历史为切入点的专著，在讨论海外华文报业史的过程中，有的安排特定的章节对新加坡华文报业史进行梳理。例如，方积根和胡文英的《海外华文报刊的历史与现状》，从宏观层面阐明研究海外华文报刊的目的和意义及海外华文报刊发展变化的梗概、特点、趋势和前景，并按地域分布和所属国别依次对海外华文报刊进行叙述，该书第二部分"亚洲国家的华文报刊"里的第二章介绍了新加坡华文报刊的历史。③

杨力的《海外华文报业研究》全面梳理了亚洲、美洲、欧洲、大洋洲、非洲主要国家的华文报业发展史，其中有一节专门介绍了作为亚洲华文报业中心的新加坡华文报业发展历史。该书认为华文报业产生与发展的历史，与国内外政治形势密切相关，它与中国新闻史的分期有着共同的依据。但自从广大华侨加入当地国籍成为所在国公民之后，华文报刊的性质、功能均有所改变。④

有的学者梳理整体的"东南亚"的华文报业史，如彭伟步的《东南亚华文报纸研究》采用多学科的研究视角和方法，从东南亚各国的地理环境、民族构成、宗教信仰以及长期形成的政治、经济条件等入手，通过分析这些因素对华人生存及心理状态的影响，揭示东南亚华文报纸成功发行和生存的经验，并着重展开各国华文媒体的比较，分析东南亚华文报纸、华人社团与华文教育之间的互动关系，指出东南亚华文报纸反映了华人艰苦奋斗、热爱中华文化的精神面貌。⑤彭伟步的《海外华文传媒概论》阐述了海外华文传媒发展的历史，探索和论述了海

---

① [新加坡]陈蒙鹤. 早期新加坡华文报章与华人社会（1881—1912）[M]. 胡兴荣译. 广州：广东科技出版社，2008.

② 赵靳秋，郝晓鸣. 新加坡大众传媒研究：媒介融合背景下传媒监管的制度创新[M]. 北京：中国传媒大学出版社，2012.

③ 方积根，胡文英. 海外华文报刊的历史与现状[M]. 北京：新华出版社，1989.

④ 杨力. 海外华文报业研究[M]. 北京：北京燕山出版社，1991.

⑤ 彭伟步. 东南亚华文报纸研究[M]. 北京：社会科学文献出版社，2005.

外华文传媒业的历史与现状。[①]

程曼丽的《海外华文传媒研究》[②]则以中国近代历史的发展阶段为划分的依据，按照辛亥革命前及辛亥革命时期、辛亥革命后、中华人民共和国成立至改革开放前、改革开放至 20 世纪 80 年代末期、20 世纪 90 年代等几个历史阶段，对 1815 年以来海外华文传媒发展的历史进行阶段性的梳理，并重点对 21 世纪初新华人移民华文新闻业在全世界五大洲 50 多个国家的发展、性质、特征以及它们在新形势下的作用和意义作了全方位的考察和研究，"是迄今为止，以全景式的手法，历史地全面地论述介绍和研究海外华文传媒的第一部专著"[③]。

单晓红的《南亚东南亚国家大众传媒发展与现状》则将南亚东南亚 18 个国家的大众传媒作为研究对象，对其发展历史、现状、政策与法规、传媒人才培养状况等基本要素进行了全面梳理，其中对新加坡大众传媒发展与现状也做了专章阐述。[④]

彭伟步的《海外华文报纸的本土化与传播全球化》围绕全球化理论，提出海外华文报纸全球化的问题，并提出海外华文报纸与华人、当地主流社会、西方社会在政治、经济、文化上的互动机理，进而探讨海外华文报纸本土化与全球化的原因、话语权、扩张社会影响力、发展趋势等。其中涉及新加坡的大部分华文报纸。[⑤]

彭伟步的《新马华文报文化、族群和国家认同比较研究》介绍了新马华文报文化、族群与国家认同的历史背景，有部分章节对新加坡华文报刊的背景作了历史阶段的梳理，进而讨论新马地区华文报文化、族群与国家认同的差异。[⑥]

除了上述类型之外，国内学者对"华侨史"的研究专著中，也有部分涉及新加坡华文报业史，但这些专著出版的时间较早，涉及的新加坡华文报业历史时间较短。如 1967 年冯爱韦在《华侨报业史》的第四章中对新马早期侨报到第二次世界大战之后侨报的蜕变历史进行了研究[⑦]；又如林远辉和张应龙在《新加坡马来西亚华侨史》的第二十章中对"马来亚独立前的新加坡、马来西亚的华文报

① 彭伟步. 海外华文传媒概论[M]. 广州：暨南大学出版社，2007.
② 程曼丽. 海外华文传媒研究[M]. 北京：新华出版社，2001.
③ 程曼丽. 海外华文传媒研究[M]. 北京：新华出版社，2001：3.
④ 单晓红. 南亚东南亚国家大众传媒发展与现状[M]. 昆明：云南大学出版社，2018.
⑤ 彭伟步. 海外华文报纸的本土化与传播全球化[M]. 广州：中山大学出版社，2015.
⑥ 彭伟步. 新马华文报文化、族群和国家认同比较研究[M]. 广州：暨南大学出版社，2009.
⑦ 冯爱韦. 华侨报业史[M]. 台北：台湾学生书局，1967.

业"历史进行了梳理①；吴凤斌在《东南亚华侨通史》的第二十二章中讨论了东南亚华文报业的形成与发展②。

2. 新加坡华文报业整体历史的海外研究专著

新加坡华文报刊是新加坡华人交流的载体和华人社会状况的一种反映，新加坡华文报刊也引起海外学者的关注。对新加坡华文报业整体历史进行研究的海外学者主要以东南亚（新加坡、马来西亚）学者为主。从 20 世纪八九十年代到 21 世纪，海外学者的新加坡华文报业整体历史研究专著如表 8-2 所示。

表 8-2　新加坡华文报业整体历史海外研究专著

文献名称	作者	出版机构	出版年份
《新加坡华文报刊史论集》	王慷鼎（新加坡）	新社出版社	1987
《新加坡华文报刊与报人》	崔贵强（新加坡）	海天文化企业私人有限公司	1993
《新加坡华文日报社论研究（1945—1959）》	王慷鼎（新加坡）	新加坡国立大学中文系汉学研究中心	1995
《马新新闻史》	叶观仕（马来西亚）	韩江新闻传播学院新闻传播学系	1996
《东南亚华文日报现状之研究》	崔贵强（新加坡）	华裔馆　南洋学会	2002
《媒体集团的经营与管理：新加坡报业控股的成功之道》	袁舟（新加坡）	汕头大学出版社	2003

在以上这些著作中，一部分是直接对新加坡华文报业进行的研究，另一部分是在专著的某些章节中涉及对新加坡华文报业历史的研究。如王慷鼎的《新加坡华文报刊史论集》是针对新加坡华文报刊史进行研究的论文集，论文集中的前两篇分别梳理了马来西亚、印度和新加坡华文报刊的发源，以及新加坡报业的起源，后面的论文则详细论述了新加坡重要华文报刊的历史。③

王慷鼎的《新加坡华文日报社论研究（1945—1959）》以新加坡华文日报社论为切入点，在第二章中分时期对新加坡华文报刊的发展历史进行介绍，在第三章阐述华文日报社论的发展沿革，在后面的章节对新加坡华文日报社论内容、政治问题、经济问题、教育问题等方面进行了评析，全方位展现新加坡华文日报社

---

① 林远辉，张应龙. 新加坡马来西亚华侨史[M]. 广州：广东高等教育出版社，2016.

② 吴凤斌. 东南亚华侨通史[M]. 福州：福建人民出版社，1994.

③ [新加坡]王慷鼎. 新加坡华文报刊史论集[M]. 新加坡：新社出版社，1987.

论的演变。^①

袁舟的《媒体集团的经营与管理：新加坡报业控股的成功之道》对新加坡报业控股的成功经验进行介绍。作者在第一章讲述新加坡华文报业的发展历史，在后面的章节则详细阐述了新加坡报业控股各方面的情况。^②

其他有关新加坡华文报业历史的研究，如崔贵强的《新加坡华文报刊与报人》，主要是针对第二次世界大战前后新加坡的华文报业发展历史进行研究，其中列举了几份新加坡著名的华文报刊及其创办者。^③崔贵强的另一部专著《东南亚华文日报现状之研究》，分地区对东南亚华文日报的情况进行研究，其中新加坡为其第一个章节。^④另外，叶观仕的《马新新闻史》则从新闻学的角度出发，梳理了新马报业的发展历程，其中涉及了新加坡华文报业的发展历史。^⑤

（二）新加坡华文报业整体历史的研究论文

国内学者对新加坡华文报业整体历史的研究，除了专著成果外，论文成果也值得关注。从 20 世纪 90 年代开始，一直到 21 世纪前 20 年，针对新加坡华文报业整体历史的研究论文不断出现，其研究成果如表 8-3 所示。

表 8-3　新加坡华文报业整体历史研究论文

文献名称	作者	发行期刊	发表年份
新加坡华文报刊的历史与现状	方积根 胡文英	新闻研究资料	1988
新加坡报业十五年	张允若	国际新闻界	1997
东南亚华文报刊的世纪历程	周中坚	东南亚	2004
东南亚华文传媒的历史与现状	周聿峨 陈雷	东南亚纵横	2004
东南亚华文报纸版面编排史	彭伟步	中国记者	2005
新加坡华文报业概述	李尚平	新闻记者	2005

① [新加坡]王慷鼎. 新加坡华文日报社论研究（1945—1959）[M]. 新加坡：新加坡国立大学中文系汉学研究中心，1995.

② [新加坡]袁舟. 媒体集团的经营与管理：新加坡报业控股的成功之道[M]. 汕头：汕头大学出版社，2003.

③ [新加坡]崔贵强. 新加坡华文报刊与报人[M]. 新加坡：海天文化企业私人有限公司，1993.

④ [新加坡]崔贵强. 东南亚华文日报现状之研究[M]. 新加坡：华裔馆 南洋商会，2002.

⑤ [马来西亚]叶观仕. 马新新闻史[M]. 吉隆坡：韩江新闻传播学院新闻传播学系，1996.

文献名称	作者	发行期刊	发表年份
新加坡华文报业研究	王玮韡	华中师范大学硕士学位论文	2007
多语并存与华文争艳：新加坡新闻事业的历史与现状	李勇	惠州学院学报（社会科学版）	2008
新马华文报纸话语权比较研究	彭伟步	东南亚研究	2008
新加坡报业产业化启示	周立新 张晓峰	新闻前哨	2009
新加坡政府与报业关系的历史探析	公克迪 郭姝雅	新闻学论集	2012

如表 8-3 所示，新加坡华文报业整体历史研究的论文成果可以分为以下几类。第一类是针对新加坡华文报业整体历史的直接研究，这方面的研究不是很多，且存在着很大的局限，主要表现为研究时间的限制，使针对新加坡华文报业整体历史的研究时间跨度较短，缺乏较为完整系统的研究。

方积根和胡文英的《新加坡华文报刊的历史与现状》，梳理了从新加坡第一份华文报刊诞生到 20 世纪 80 年代的新加坡华文报刊的发展历史。作者在开篇介绍了新加坡第一份华文报刊《东西洋考每月统记传》的主要内容和版面，以及 1838 年《东西洋考每月统记传》停刊后，新加坡著名华文报刊《叻报》的创办背景和其编辑叶季允。在接下来的篇幅中，作者将新加坡的华文报刊发展情况分为四个阶段进行梳理：在早期华文报刊的发展阶段，报刊的创办与发展大多与争取民主和进步的社会活动密切相连，如《天南新报》《总汇报》《中兴日报》等，这些华文报刊显露出明显的政治倾向，成为 19 世纪末 20 世纪初新加坡华文报刊的特色；辛亥革命后至第二次世界大战前，新加坡华文报刊继续发展，其中《南洋商报》和《星洲日报》这两份商业报纸维持的时间较长，作者详细介绍了这两份报纸的创办背景以及发展情况；第三阶段主要是战后华文报业的恢复和发展阶段，战后新加坡的华文报刊进入了新的发展阶段，由于发行上的问题和经济困难，出现了华文报刊此停彼出的现象，但是像样的大报却很少，此外这一时期也出现了昙花一现的各种小报，由于经济短缺、市场需求少、内容格调低、组织不健全等，这些小报经历了蓬勃发展之后便衰落了；最后作者描述了华文报刊当时的新情况，20 世纪 80 年代开始，政府对华文报刊的控制加强，华文报刊的内容和编排都出现了一系列的变化。①

李尚平的《新加坡华文报业概述》对新加坡华文报业演变做了简短回顾，介绍了《南洋商报》《星洲日报》《新明日报》三大著名华文报刊各自的创办和发展历史，以及这三份华文报刊的竞争与合作，展示了新加坡华文报业从 20 世纪 20 年代到 20 世纪八九十年代的变迁。另外，作者还论述了有关《联合早报》当时和未来的发展问题。中国市场的开放为《联合早报》的繁荣提供了机会，但当时的《联合早报》在新加坡国内市场的发展却比不上其在国际上的声誉，如何在国内市场获得发展，吸引读者，关系到《联合早报》的远景前途。在作者看来，早报如何在报纸的素质和报纸配合华文程度方面求得平衡，是当时的关键。最后，作者还分析了《新明日报》和《华文晚报》存在的"雷同"问题。②

王玮韡的《新加坡华文报业研究》研究新加坡华文报业的整体面貌，是直接研究新加坡华文报业整体历史的成果中篇幅最长的论文。作者全面分析了新加坡华文报业的历史演进、生存的语言和政策环境、报纸的文本特征以及经营管理模式等。该文分为五个章节进行分析：第一，对新加坡华文报业的历史演进进行梳理，展现新加坡华文报业的发展概况；第二，对报业发展的语言环境和政策环境进行分析，展现了影响报业发展的社会深层背景；第三，对新加坡的重要华文报纸进行内容、形式、特点方面的分析，表明报纸的版面形式和内容满足了读者的要求，也符合当地的语言及文化环境；第四，新加坡华文报业的经营管理，保证了华文报纸在新加坡的稳定发展，值得我国的报纸学习；第五，作者对新加坡华文报业的机遇和挑战进行分析，肯定华文报业在新加坡的发展前景，同时对华文报业促进中华文化传承持乐观态度。③

张允若的《新加坡报业十五年》从"报业结构的变化"和"政府的控制管理"两个方面梳理新加坡报业 1982—1997 年的发展历史。首先是报业结构的变化。新加坡报业结构在 1982 年、1984 年、1988 年、1990 年都出现了变化，不同集团的报纸开始合作共同出版或者合并为控股公司，改变了新加坡报业的基本格局。作者对多份报纸在报业结构的变化中采取的行动进行了详细的介绍，新加坡以华文报业为主，这些分析也多是围绕华文报纸进行。其次是政府对报业的控制管理。作者从政府的方针举措、有关法律的规定及新闻媒介的自律行为三方面，叙述政府对报业的管理情况，指出新加坡报业的整体发展趋势是更为开放和

---

① 方积根，胡文英. 新加坡华文报刊的历史与现状[J]. 新闻研究资料，1988，（1）：114-129.

② 李尚平. 新加坡华文报业概述[J]. 新闻记者，2005，（11）：45-46.

③ 王玮韡. 新加坡华文报业研究[D]. 华中师范大学，2007.

自由的。[①]

第二类则是从整体的"东南亚"或"海外"的概念入手对华文报业历史进行研究，其中部分内容涉及新加坡华文报业的历史。在这一类研究中，研究者普遍采用历史分期的方式，分阶段对华文报业的发展历史进行阐述，并对华文报业的发展前景报以乐观的态度。

周中坚的《东南亚华文报刊的世纪历程》一文一共五个部分，前四个部分回顾了东南亚华文报刊的发展历程，最后展望了报刊发展的光明前景。一是东南亚华文报刊的出现，作者梳理了 19 世纪出现在东南亚各个国家的华文报刊，而在19 世纪末期出现的华文报刊，与祖国的命运和华侨的利益紧密相连。二是东南亚华侨时期（20 世纪初至 20 世纪 50 年代），这一时期国际社会风云变幻，华文报刊在东南亚的发展也以此为背景分为三个阶段：①革命的号召，东南亚华文报刊的崛起（20 世纪初至 20 世纪 20 年代）；②抗日的呼唤，东南亚华文报刊的繁荣（20 世纪 30 年代至 20 世纪 40 年代初）；③光明的追求，东南亚华文报刊的鼎盛期（20 世纪 40 年代后期至 20 世纪 50 年代）。作者详细描绘了在不同阶段，华文报刊在东南亚的发展情况，这些华文报刊充分发挥了华侨喉舌的历史作用，为祖国命运呼喊、奔走。三是低潮与过渡时期（20 世纪 60 年代至 20 世纪 70 年代），这一时期东南亚各国开始独立，华文报刊在不同国家呈现不同的境遇，步入发展的低潮，并由华侨喉舌开始向华人桥梁转变。四是东南亚华人的多向桥梁时期（20 世纪 80 年代以后），华文报刊逐渐转变为东南亚华人沟通内外的桥梁。五是历史的启示与光明的前景，作者在梳理东南亚华文报刊发展历史的基础上，结合东南亚国家的国情，对东南亚华文报刊的未来进行展望。该论文聚焦整个东南亚的华文报刊，新加坡华文报刊的发展在东南亚备受瞩目，这一论文自然也有很多地方涉及新加坡华文报刊的发展历史。[②]

周聿峨和陈雷的《东南亚华文传媒的历史与现状》从起源、发展、转型和现状四个方面对东南亚华文传媒进行分析。在起源部分，作者详细介绍了第一份海外华文刊物《察世俗每月统记传》在东南亚的创办以及发展，随后作者也提到了《叻报》。接着，作者将东南亚华文传媒的发展分为三个部分，即两派论战时期、20 世纪二三十年代、第二次世界大战结束到 20 世纪 50 年代后期，从内容、版面、形式、发行情况等方面，对这三个时期的报刊发展做了详细的阐述。

---

① 张允若. 新加坡报业十五年[J]. 国际新闻界，1997，（2）：41-45.

② 周中坚. 东南亚华文报刊的世纪历程[J]. 东南亚，2004，（2）：34-45.

在转型部分，作者认为 20 世纪六七十年代之后东南亚华文传媒的变化主要有两方面：一是由传统的华侨传媒向华人传媒转变，二是华文传媒在总体上由鼎盛转向衰落。最后，作者分析了东南亚各国华文传媒在 21 世纪初的发展情况（其中新加坡排在首位），指出 20 世纪 70 年代后东南亚华文传媒逐渐恢复和发展，同时也注意到东南亚华文传媒存在的问题，但对其前景依然看好。这一论文也是从"东南亚"华文传媒入手，分阶段对华文报业历史进行叙述，其中穿插了大量的新加坡华文报业历史。[①]

彭伟步的《东南亚华文报纸版面编排史》关注焦点在于东南亚华文报刊的版面编排历史，作者将其分为版面编排粗糙期（1815 年至 19 世纪末）、版面改进期（20 世纪初至 20 世纪 60 年代）和版面精美期（20 世纪 70 年代以来）三个阶段，详细地阐述了不同时期东南亚华文报刊的版面编排特点，并将之与华文报刊的发展相联系。[②]

第三类是以新加坡华文报刊为立足点，从其他主题切入研究，这一类论文在新加坡华文报刊演变的历史背景下，对新加坡华文报刊的某一方面进行研究。文章中的内容多涉及新加坡华文报刊的政治、经济、文化等综合因素。

李勇的《多语并存与华文争艳：新加坡新闻事业的历史与现状》梳理了新加坡的新闻事业史。全文分为三个部分，第一部分是多语媒体竞相发展，作者介绍了英文报刊在新加坡的主流地位，而后新加坡相继出现淡米尔文报与马来文报。除了这三种语言的报刊，新加坡的华文报刊在华人众多的背景下也得以繁荣发展。作者在第二部分世界华文媒体中独树一帜的新华媒体中，就详细阐述了新加坡华文媒体的创办和发展历史，显示出华文媒体在新加坡的特殊地位。作者在第三部分新加坡建国后新闻事业的发展中指出，在这一时期，政府采取措施加强对新闻媒体的管控，英文和华文报刊在不同时期经历了整肃、改组、重组和融合。[③]

彭伟步的《新马华文报纸话语权比较研究》则从话语权的角度，探讨了新加坡华文报纸逐渐失去话语权、呈现衰落趋势的现实。文章分为两个部分，详细阐述了马来西亚和新加坡两国华文报纸的发展，对两国华文报纸销量和华文教育发展等方面进行比较。在作者看来，马来西亚的华文报纸维系着族群和文化认同，

① 周聿峨，陈雷. 东南亚华文传媒的历史与现状[J]. 东南亚纵横，2004，（6）：62-66.
② 彭伟步. 东南亚华文报纸版面编排史[J]. 中国记者，2005，（4）：82-83.
③ 李勇. 多语并存与华文争艳：新加坡新闻事业的历史与现状[J]. 惠州学院学报（社会科学版），2008，（1）：113-117.

传播着中华文化，因此马来西亚的华文报纸话语权不断增强；但是新加坡却呈现出不同的趋势，西方文化的渗入使中华文化在新加坡式微，导致华文报纸在新加坡话语权的弱化。通过对两个国家华文报纸的话语权比较，作者提出要想增强海外华文媒体的话语权，应关注到不同国家的经济和文化等综合因素。①

周立新和张晓峰的《新加坡报业产业化启示》梳理了新加坡的报业产业化历程，并分析了由此带来的启示。从 20 世纪 80 年代到 21 世纪初期，新加坡传媒产业发展迅速，报业也得到发展。作者从四个方面来具体分析新加坡的报业产业化：媒体整合实现集约化经营，政府与企业和谐共荣，专注报纸核心业务、全方位占领读者市场，积极而稳妥地探索新媒体。这些举措也体现了新加坡华文报业的产业化历史，是华文报业研究值得关注的方面。②

公克迪和郭姝雅的《新加坡政府与报业关系的历史探析》以新加坡整体报业与政府关系为切入点，探讨新加坡独立之后历任领导关于报业的政策。新加坡独立以来，经历了从李光耀到王鼎昌，再到吴作栋和李显龙时期，报业与政府的关系也随着国家领导人的更换以及社会环境的变化而有所变化。作者从四个方面对政府和报业的关系进行详细的阐述。首先是李光耀时期，政府对报业进行强有力的管控；在王鼎昌时期，则是既有关怀又有严格督导；到了吴作栋和李显龙时期，法令的完善和言论自由成为政府的主要措施；最后作者归纳了新加坡政府与报业的关系对政府和报业自身发展的益处。③

二、新加坡华文报业整体历史研究总结

以上是笔者对新加坡华文报业整体历史研究成果的梳理。1837 年的《东西洋考每月统记传》在新加坡的复刊是新加坡华文报刊诞生的标志，华文报刊在新加坡已有 180 余年的发展历史。新加坡华文报业整体历史研究起步于 20 世纪 60 年代，之后一系列专著和论文成果涌现。

（一）新加坡华文报业整体历史研究的两个阶段

新加坡华文报业整体历史的研究成果集中在两个不同的时间段。专著成果主要集中于 20 世纪八九十年代和 21 世纪，论文成果则主要集中于 21 世纪。在专著方面这两个阶段有一定的差异。在 20 世纪八九十年代的研究成果中，研究者

① 彭伟步. 新马华文报纸话语权比较研究[J]. 东南亚研究，2008，（3）：72-77，82.
② 周立新，张晓峰. 新加坡报业产业化启示[J]. 新闻前哨，2009，（3）：72-75.
③ 公克迪，郭姝雅. 新加坡政府与报业关系的历史探析[J]. 新闻学论集，2012，（1）：149-156.

侧重于对新加坡华文报业的历史进行概括性的梳理，同时也有部分学者关注新加坡华文报刊的著名报人。到了 21 世纪，研究不断深入，研究者开始结合其他主题对新加坡华文报业历史进行探讨，如华文报业与华人社会、华文报刊文化、华人国家认同等。同样，新加坡华文报业整体历史的论文研究成果也在不断发展，从最开始的针对新加坡报业历史的简单梳理，到后期的涉及报纸话语权、报业产业化、报业与政府的关系等内容，这种转变体现了研究视野的逐渐开阔。

除了上述这两个时间段的成果之外，也有少量的针对海外华文报业历史的研究，如在专著方面有冯爱韦的《华侨报业史》和单晓红的《南亚东南亚国家大众传媒发展与现状》等，《华侨报业史》内容广泛，涉及了多地区的华侨报纸；《南亚东南亚国家大众传媒发展与现状》则在"一带一路"建设的背景之下，探讨南亚东南亚国家的华文传媒发展情况，与时代背景结合得非常紧密。

（二）新加坡华文报业整体历史研究的不足

正如前文提到的，海外华文报业整体历史的研究成果虽多，但只针对新加坡的华文报业整体历史的研究成果较少，而在这些较少的研究成果中，还存在着一些不足。一是由于成果发布时间的限制，一部分成果是对新加坡华文报业的阶段性历史研究，使针对新加坡华文报业整体历史研究的时间跨度较短，缺乏较为完整的研究；二是研究者从"东南亚"或"海外"的整体性概念入手，在东南亚或海外华文报业历史研究中部分涉及新加坡华文报业的历史，其中又因研究成果的类型不同而有所区别，如在专著中通过具体的某一章节梳理新加坡华文报业历史，在论文中则将新加坡华文报业历史穿插于东南亚或海外华文报业历史中。以上两点是新加坡华文报业整体历史研究缺乏系统性和结构性的重要原因。三是在新加坡华文报业整体历史的研究成果中，一部分研究结合了其他主题展开，结合其他主题是扩展研究视野的一种方式，但这也使对新加坡华文报业整体历史的研究沦为一种工具性的背景，难以形成体系；另外，学者们普遍按照历史发展的顺序对新加坡华文报业发展历程进行研究，并且划分的发展阶段也大同小异，学者之间的研究略有重合，特别是在专著成果方面。

同时，有关新加坡华文报业史的整体研究较少，有代表性的是单晓红的专著《南亚东南亚国家大众传媒发展与现状》和公克迪、郭姝雅两人合作的论文《新加坡政府与报业关系的历史探析》，但这两份研究也存在笔者在上文提到的问题。2010—2024 年，有关海外华文报刊历史的研究成果数量呈上升趋势，但是新加坡华文报业整体历史的研究却在衰落，但这也预示着这一研究领域的新机遇。我国综合国力在不断提高，也需要借助海外华文媒体讲好中国故事，传播好中国声音。新加坡华文报业整体历史研究体系有待建立，这需要对这一领域感兴趣的学者不断地深入探讨。

参 考 文 献

程曼丽. 关于海外华文传媒的战略性思考[J]. 国际新闻界，2001，（3）：25-30.

程曼丽. 海外华文传媒研究[M]. 北京：新华出版社，2001.

方积根，胡文英. 海外华文报刊的历史与现状[M]. 北京：新华出版社，1989.

方积根，胡文英. 新加坡华文报刊的历史与现状[J]. 新闻研究资料，1988，（1）：114-129.

彭伟步. 东南亚华文报纸版面编排史[J]. 中国记者，2005，（4）：82-83.

彭伟步. 新马华文报文化、族群和国家认同比较研究[M]. 广州：暨南大学出版社，2009.

宋钧. 星系报业的历史变迁[J]. 国际新闻界，1999，（1）：67-71.

吴庆棠. 新加坡华文报业与中国[M]. 上海：上海社会科学院出版社，1997.

薛灿. 近三十年新马华文报纸研究综述[J]. 东南传播，2017，（5）：131-134.

杨力. 海外华文报业研究[M]. 北京：北京燕山出版社，1991.

[新加坡]袁舟. 媒体集团的经营与管理：新加坡报业控股的成功之道[M]. 汕头：汕头大学出版社，2003.

张允若. 新加坡报业十五年[J]. 国际新闻界，1997，（2）：41-45.

（杨丹、肖青）

作者简介：

杨丹：云南师范大学传媒学院新闻传播学专业硕士研究生；

肖青：云南师范大学传媒学院教授，博士，硕士生导师。

第三节　新加坡华文报刊史个案研究综述

本节以新加坡出版的《叻报》《天南新报》《日新报》《中兴日报》《星洲日报》《新国民日报》《联合早报》《联合晚报》等具有代表性的华文报刊及其相关的研究成果作为蓝本，梳理了上述报刊的创办历程、经营之道和发展现况，考察了报纸在版面安排、选题模式和报道思路等方面的特点。

一、《叻报》研究

《叻报》是南洋第一份华文日报，创办人为南洋华侨薛有礼，主笔是被称为

"南洋第一报人"的叶季允。《叻报》于 1881 年 12 月 10 日创刊，1932 年停刊。《叻报》不仅是华文报纸的先驱，也是第二次世界大战前南洋经营最久的华文报，对甲午中日战争做出了详细追踪报道，《叻报》以其执着开拓的精神品质和顺应时代潮流的觉悟深刻影响着当地华侨社会。

支婧茹的《东南亚华文报纸的出现——以新加坡〈叻报〉为例》以新加坡《叻报》为例，来看华人在新加坡的发展和思想意识的转变。文章介绍了华工下南洋的原因，以及在南洋的移民生活概况。作者指出《叻报》的创办和《叻报》所传达出的华人对文化、国家和族群的意识，推动了新加坡报业和以新加坡为代表的华人社会的发展。[①]

常萌萌在《〈叻报〉对甲午战争报道的研究》中对《叻报》的战争报道做了分析，指出除常见的战事新闻报道，《叻报》还在广告中渗透甲午战事，并有社论和其他相关报道内容，谴责日本挑起战争的非正义性，表明办报立场；此外，《叻报》在甲午中日战争中始终贯穿着强烈的爱国主义，凸显南洋华侨对国内政治局势变幻的敏感，增强国家认同感。[②]

邱克威在《〈叻报〉的词语特点及其词汇学价值管窥》中指出现存的 1887—1932 年的上万份报章文献是研究近现代汉语词汇的珍贵史料，尤其这段时期是新马华人语言生态经历由方言通行转变为以华语为通用语的历史性阶段。作者通过近 50 年的《叻报》语料，近距离观察这样的语言生态变化在词汇使用层面上的动态表现，总结出《叻报》的特殊词汇学意义及其研究价值。[③]

王钰涵在《浅谈〈叻报〉的创办背景》中指出《叻报》是东南亚地区第一份华文日报，也是东南亚华文报纸的先驱。新加坡商业的繁荣促使华工下南洋经商投资，《叻报》从创办到停刊前后长达 51 年之久，较大程度上影响着东南亚地区尤其是新加坡华侨的思想。[④]

周泫岐的《新加坡〈叻报〉的中华民俗观念研究》从民俗学角度出发，以《叻报》中有关民俗观念的社论内容为研究文本，对其中的中华民俗观念进行了整理与分析。文章通过《叻报》中所展现的新加坡民俗生活，分析了新加坡华侨对传统民俗文化观念的传承，以及对中华民俗文化在当地的改良传播，肯定了

---

① 支婧茹. 东南亚华文报纸的出现——以新加坡《叻报》为例[J]. 今传媒, 2012, 20（10）: 31-34.
② 常萌萌. 《叻报》对甲午战争报道的研究[D]. 山东大学, 2015.
③ 邱克威. 《叻报》的词语特点及其词汇学价值管窥[J]. 语言研究, 2014, 34（4）: 102-107.
④ 王钰涵. 浅谈《叻报》的创办背景[J]. 新闻研究导刊, 2015, 6（17）: 248.

《叻报》对于中华民俗观念在新加坡的传承所起到的推动作用。[①]

周琼的《新加坡〈叻报〉时间词研究》以《叻报》时间词为研究对象，从它的表现形式、句法分布、历时变化与语码转换混用的影响等几方面来展开论述。文章将这些时间词分为时点时间词和时段时间词两大类，并对它们的表现形式进行分类描写。新加坡社会存在多种语码，它们对《叻报》时间词的历史发展也有着不同程度的影响。作者发现在《叻报》的发行过程中，由于语言环境的变化，其大多数时间词都会产生一系列的变化。该研究对华文报纸中时间词的历时考察是对整个华语词发展历史的有益补充。[②]

李奎的《新加坡〈叻报〉所载"红学"资料述略》从新加坡现存最早的华文报刊《叻报》中收集了十条红学资料，弥补了相关研究缺少文献之不足。文章对所找到的资料进行梳理和探究，依据梳理结果，对《红楼梦》在新加坡的早期传播特点做了初步归纳。认为其传播特点为由隐性传播向显性传播，即精英化向市民化转变；传播媒介、平台和方式等不尽相同；方式技巧呈现多元化与现代化。[③]

周颖在《新加坡〈叻报〉音译外来词研究》中深入研究了清末民初时期新加坡《叻报》中的音译外来词。通过对来源、借入方式和词义范畴的详细分析，揭示了这些词汇的分布规律。通过与同一时期其他报章以及现代报章进行对比，发现《叻报》音译外来词在新加坡华文报章中具有普遍性，且在现代依然有一定的影响。最后，作者分析了清末民初社会发展、语言接触和政策变化对音译外来词演变的影响，为理解新加坡华语的语言演变提供了参考。这项研究有助于探讨语言变迁与社会发展之间的关系。[④]

二、《联合早报》研究

《联合早报》的前身是《南洋商报》和《星洲日报》，1983 年 3 月 16 日这两家华文报纸同时停刊，改名为《南洋·星洲联合早报》（简称《联合早报》）和《南洋·星洲联合晚报》（简称《联合晚报》）。目前学界关于《联合早报》的研究主要从报道内容、风格特点、经营管理等方面进行。

---

① 周泫岐. 新加坡《叻报》的中华民俗观念研究[D]. 河南大学，2019.
② 周琼. 新加坡《叻报》时间词研究[D]. 南京师范大学，2017.
③ 李奎. 新加坡《叻报》所载"红学"资料述略[J]. 红楼梦学刊，2011，（6）：214-226.
④ 周颖. 新加坡《叻报》音译外来词研究[D]. 南京师范大学，2020.

（一）《联合早报》的报道内容研究

1. 国际问题的报道研究

丁裕森在《新加坡〈联合早报〉社论对特朗普政府的态度研究》中选取了《联合早报》2017 年 1 月 20 日至 2019 年 1 月 20 日的社论文本为主要研究对象，主要分析和探讨了《联合早报》社论对特朗普政府的政治态度与立场。认为"《联合早报》社论文本对特朗普本人及其政府的负面情感表达较多；……新加坡政府对特朗普的政治态度和立场较为保守和中立；……基于本国政治经济情况和新闻管理制度，《联合早报》与新加坡政府对特朗普政府表现的政治态度和政治立场基本一致；……新加坡政府与《联合早报》社论的政治观点表达皆代表了新加坡社会不同层次和群体对特朗普及其政府的一致或不一致主流舆论与政治态度"[①]。

2. 中国形象的报道

随着中国国际地位的日益提高，新加坡华文报纸对中国形象的报道呈现出愈来愈火热的趋势。新加坡华文报纸自创刊以来，便与中国"同呼吸、共命运"，特别重视对中国各方面的报道。

秦婧在《新加坡〈联合早报〉对中国形象的建构研究（2011—2015）》中选取《联合早报》为研究对象，对其 2011—2015 年的关于中国的新闻报道进行分析。为了研究以新加坡《联合早报》为代表的海外华文媒体是如何对中国形象进行建构的，以及建构出了何种中国形象，并进一步剖析该形象的成因，文章从报道总量、稿件来源、新闻议题、报道体裁以及报道倾向等五个方面进行内容分析，归纳出《联合早报》建构中国形象的三类报道框架：建设成就框架、问题呈现框架和理性分析框架。[②]

金晶在《新加坡〈联合早报〉对中国少数民族的族群认同研究》中选取了2008—2011 年《联合早报》关于中国少数民族的新闻报道并进行了详细的内容分析，旨在通过海外华文媒体独特的新闻视角来研究其新闻报道中的族群认同反映情况。文章采取定量研究和定性研究结合的方法，对抽取的 272 篇有关中国少数民族的新闻报道进行编码和量化，之后根据统计数据得出的结果进行分析。通过研究得出几点结论：①《联合早报》在对中国少数民族进行报道时形成了相对

---

① 丁裕森. 新加坡《联合早报》社论对特朗普政府的态度研究[D]. 广西大学，2019.
② 秦婧. 新加坡《联合早报》对中国形象的建构研究（2011—2015）[D]. 重庆大学，2017.

客观、中立的风格；②大众化媒介在族群认同的形成过程中发挥着至关重要的作用；③对外传播的大众媒介应树立客观、公正的族群认同观，促进族群认同向积极方向发展，营造和谐共荣的民族环境。①

许迎春在《新加坡华语特色词语考察：以〈联合早报〉为例》中以 2005 年新加坡《联合早报》为语料，对收集到的 273 例新加坡华语特色词语进行了多角度分析，发现新加坡华语特色词语以名词为主，并对新加坡华语词语的发展做出预测。作者将收集到的新加坡华语特色词语按在普通话中有无对应词语分为两部分，对应词语包括实同形异和形同实异两类，非对应词分为反映新加坡社会某些领域特色的词语和在新加坡、我国的香港和台湾地区通用但在普通话中不通用的词语两类。由此可以看出，新加坡华语特色词语具有很强的兼容性。②

汪惠迪在《联合早报新闻用字与用词的计量研究》中提到新加坡政府施行双语教育政策，英文是各族学生的第一语文，华族学生修读的华文大多是第二语文。从长远来看，新加坡华文报章的前途，跟年轻一代学习华文的兴趣及应用华文的能力息息相关。计量研究的成果证明，华文报章为求文字浅白所做的努力已经收到了良好的效果。③

颜春龙在《〈联合早报〉与新加坡政府的和谐互动》中指出新加坡政府通过大量的新闻立法促使新闻传媒为政府建设和国家利益服务。《联合早报》在内容、报道角度和方法上都与政府保持一致，体现在两个方面：一是《联合早报》积极配合新加坡政府，并进行公开宣传；二是《联合早报》秉承新加坡的独立自主的精神，实施自己独特的办报理念，坚持东方立场，抵制西方模式的新闻观念。④

邓乐园在《新加坡〈联合早报〉李光耀逝世报道研究——以号外〈光耀百年〉为例》中指出新加坡建国总理李光耀病逝后的一周，《联合早报》特地做了以对这位巨人的哀思为主题的"光耀百年"的系列报道。作者分析了该系列报道的特征及原因，并阐述了其对中国的讣闻报道的借鉴意义。⑤

① 金晶. 新加坡《联合早报》对中国少数民族的族群认同研究[D]. 上海外国语大学，2014.

② 许迎春. 新加坡华语特色词语考察：以《联合早报》为例[D]. 暨南大学，2006.

③ 汪惠迪. 联合早报新闻用字与用词的计量研究[M]//第三届国际汉语教学讨论会. 第三届国际汉语教学讨论会会务工作委员会秘书处，1990：258-263.

④ 颜春龙. 《联合早报》与新加坡政府的和谐互动[J]. 新闻爱好者（理论版），2007，（8）：20-21.

⑤ 邓乐园. 新加坡《联合早报》李光耀逝世报道研究——以号外《光耀百年》为例[J]. 新闻研究导刊，2015，6（11）：266-267.

张盼、曹博林、崔权的《联合早报如何应对信息化与全球化危机》认为儒家尊重权威的观念在"负责任的自由"模式中得到了充分发挥，政府作为"共同确立的权威"排斥着媒体的对抗者角色。另外，《联合早报》的前身从创办者到历任采编人员都有着深厚的华侨背景，他们对华语文化甚至中国都表现出高度的认同感与归属感。《联合早报》在发展过程中如果遇到困境，应该以"负责任的自由"模式与民主政治趋势互动，推广当地华语教育和开展媒介素养教育，进一步构建华语身份认同。①

李文杰在《〈联合早报〉"一带一路"新闻报道研究——基于框架理论视角》中指出新闻框架的选择直接影响受众认知，而《联合早报》采用了多种框架，受到新加坡社会环境和国际关系的影响。这项研究为海外华文媒体提供了在报道中更好发挥优势的策略建议，包括主动掌握话语权、拓宽报道思路以及在文化整合方面努力。作者还强调了新媒体的重要性，提倡在社交媒体上开设账号，以促进"一带一路"信息传播的互联互通。总体而言，这篇文章对优化传播路径、提升传播效果具有重要启示。②

（二）《联合早报》的风格特点研究

程曼丽在《试析〈联合早报〉在世界华人读者中发挥的作用》中回溯《联合早报》的发展历史，探究其在报章、网络媒体等不同演变阶段对于世界华人读者的影响。③

彭伟步在《新加坡〈联合早报〉与〈联合晚报〉的办报特色》中指出，《联合早报》偏重政治新闻，内容涉及国家大政方针、政策法令、经济形势、文化教育及国际重大事件，此外还有世界要闻、东南亚（主要是马来西亚和印度尼西亚）及中国新闻、亚洲信息及本埠经济新闻。另外，《联合早报》还开设了文化、艺术、教育、学生及星期刊等专栏和副刊，图文并茂，色彩鲜明，生动活泼。副刊内容涵盖了新加坡的人文知识、中国古代历史以及当今中国的新变化。由于兼有知识性、趣味性、时效性，吸引了众多读者。④

杜晓华在《新加坡〈联合早报〉的版面风格》中指出，《联合早报》报纸版面清晰易读，新闻版严肃生动，副刊时尚动感，善于利用图片在报纸上形成视觉

① 张盼，曹博林，崔权. 联合早报如何应对信息化与全球化危机[J]. 青年记者，2011，（32）：68-69.
② 李文杰.《联合早报》"一带一路"新闻报道研究——基于框架理论视角[D]. 西北大学，2020.
③ 程曼丽. 试析《联合早报》在世界华人读者中发挥的作用[J]. 新闻春秋，2013，（3）：4-8.
④ 彭伟步. 新加坡《联合早报》与《联合晚报》的办报特色[J]. 东南亚研究，1998，（6）：57-58.

冲击中心。头版图片是《联合早报》版面上最引人注目的元素，色彩鲜明，能够产生强烈的视觉冲击力，从而达到有效引导读者阅读整个版面的目的。标题以口语化、通俗易懂的方式赢得更多华文水平不高的年轻读者的关注。《联合早报》设有全幅广告版，广告中的图像和文字比例恰当，给读者带来开阔的视觉感受。《联合早报》的版面风格既严肃厚重，又生动活泼，深受不同读者群的喜爱。[①]

（三）《联合早报》的经营管理研究

陈莹在《新加坡〈联合早报〉的生存策略》中指出，《联合早报》在媒体潮流的冲击下，不断改革创新，顺应潮流，成为新加坡发行量最大的华文报纸，声誉极高。文章指出，《联合早报》与新加坡政府在立场上保持一致的同时也不忘其作为华文媒体的责任，大力宣扬中华优秀传统文化，推行儒家思想，联合新加坡的其他华文报、华文机构、华文社团举办社会活动。《联合早报》侧重于政治新闻、社论、文化教育及国际重大事件等内容的报道，以创新副刊的形式，吸引年轻读者。[②]

陆建义在《以事业凝聚人心——新加坡〈联合早报〉的管理之道》中提到，《联合早报》实行总编辑负责制，但广告、印刷、发行等由集团统一负责，与政府保持立场一致，在涉及国防、外交、种族等敏感问题时，会非常小心，会把国家利益和公众利益放在第一位。[③]

三、《联合晚报》研究

《联合早报》和《联合晚报》是同根同源的姐妹报，二者有很多相似之处。如二者的办报方针都是以发挥媒介教育功能、推广华语为首要任务，随之衍生其他的办报特色。两份报纸均传承以往华人报纸关心中国时事的传统。二者的差异主要是发行时间和内容侧重点有所不同。

朱幸福在《新加坡的〈联合早报〉和〈联合晚报〉》一文中提到，《联合晚报》是站在国家立场上为读者提供知识和娱乐服务，其编辑部的上级是公司董事会，只负责重大决策，不干涉编辑部的日常业务和人事安排。除报道新闻外，

---

① 杜晓华. 新加坡《联合早报》的版面风格[J]. 青年记者，2006，（12）：26-27.
② 陈莹. 新加坡《联合早报》的生存策略[J]. 青年记者，2013，（17）：87-88.
③ 陆建义. 以事业凝聚人心——新加坡《联合早报》的管理之道[J]. 今传媒，2009，（5）：88-89.

《联合晚报》侧重在轻松、生动、活泼方面做文章，以吸引读者。同根生的《联合早报》和《联合晚报》相辅相成，相互促进，各具特色。当然二者之间也存在一定的竞争，这也为报纸增添了更多动力与活力。[①]

四、《星洲日报》研究

彭伟步的《少数族群传媒的文化记忆与族性书写：〈星洲日报〉文艺副刊不同时期对华人的身份建构》一书从少数族群传媒的角度出发对《星洲日报》展开研究，认为其在传播华人社区新闻、刊登华文文学作品、发展华文教育等方面发挥了举足轻重的作用。该研究指出，《星洲日报》文艺副刊在建构华人身份共同想象与认同中展现出主流媒体无法取代的优势，从而体现了该报在帮助华人了解主流社会以及其他方面发挥的重要作用。[②]

五、《星洲晨报》研究

19 世纪末 20 世纪初，以孙中山为代表的革命派和戊戌变法失败后流亡海外的保皇派相继在新加坡办报，通过舆论宣传争取华侨支持。《星洲晨报》于1909 年正式创刊，由周之贞等人筹资创办，每天出版三版六张，革命宣传内容十分丰富。

管路燕在《〈星洲晨报〉与同盟会的革命宣传》中，以《星洲晨报》为个案研究对象，再现革命党人在新加坡的舆论宣传情况。文章梳理了报纸的创办过程，指出其版面主要由社论、报道、娱乐、广告四个部分组成；通过社论分析其革命宣传内容，从历史角度举例说明推翻清政府的合理化依据，抨击清政府的专制内政与残暴统治，揭示清政府的无能外交与对华侨的居心叵测。此外，作者指出，在《星洲晨报》的报道与社论中，不乏对保皇派大内乱的揭露，怒斥和攻击保皇派，同时其革命宣传为辛亥革命做了舆论准备，扩大了革命派在华侨中的影响力，争取了华侨的支持，推动了辛亥革命的爆发。但同时该报也存在一定的历史局限性，比如没有深入分析革命理论、语言直白且粗鄙、格调不高、报刊内容的真实性有待考证等。[③]

① 朱幸福. 新加坡的《联合早报》和《联合晚报》[J]. 新闻记者，1987，（5）：45-46.

② 彭伟步. 少数族群传媒的文化记忆与族性书写：《星洲日报》文艺副刊不同时期对华人的身份建构[M]. 广州：暨南大学出版社，2012.

③ 管路燕. 《星洲晨报》与同盟会的革命宣传[D]. 东北师范大学，2011.

六、《天南新报》研究

戊戌变法失败后，保皇派流亡南洋，为争取华侨支持，掀起办报高潮。1898年，《天南新报》应运而生，由闽籍侨商邱菽园创办，该报是保皇派在南洋地区的第一份机关报，于 1905 年停刊，有明显的政治主张。该报由于立论公正、报道翔实、选稿精美而深受读者喜爱。

李海涛在《〈天南新报〉研究》中，以《天南新报》发展历史为研究对象，探析华侨经济、华侨文化的发展轨迹，并从创办、发行、编辑等方面入手，对《天南新报》办报特点和性质作研究。文章认为该报与新加坡华侨经济和文化等方面之间的关联，加强了新加坡华侨和中国的血脉联系，为传承中华优秀传统文化、推动新加坡华侨报业发展做出了巨大贡献。该文章还从主要社评撰稿人的生平、贡献与影响等方面入手，分析了《天南新报》对于晚清改良、革命思潮的呼应和作用，并对其国际视野、与其他报刊关系、社会思潮互动等方面做了深入的研究与论证，阐述了该报在推动社会思潮进步中所做的贡献。此外，文章还指出该报厘清了一些有关中国近代史学术上的疑点，有助于推动新加坡华侨华人史及海外华人报刊史研究走向深入。[①]

七、《日新报》研究

《日新报》于 1899 年 10 月 5 日正式创刊，是新加坡华人创办的第四份华文报纸。其新闻评论与新闻报道显示出强烈的自我色彩，秉持新闻客观性与价值中立原则，有鲜明的政治倾向。

陈辉在《〈日新报〉舆论研究——以新闻评论为例（1899 年 10 月至 1900年 8 月）》中，以新加坡华文报《日新报》所载的评论为研究文本，着力分析评论所涉内容，以期揭示该报在新加坡的舆论导向和在华人群体中产生的影响。同时结合新加坡发展历史与华人社会状况，探讨《日新报》舆论导向的形成原因，从而探析 19 世纪末新闻媒体与新加坡华人社群构建的内在关系，指出该报所作努力对当时华人社会发展产生重要推动作用，促使华文媒体在华人社群的文化构建方面发挥了重要的舆论导向作用。[②]

---

① 李海涛. 《天南新报》研究[D]. 东北师范大学，2017.
② 陈辉. 《日新报》舆论研究——以新闻评论为例（1899 年 10 月至 1900 年 8 月）[D]. 山东大学，2015.

八、《中兴日报》研究

1907 年 8 月 20 日，陈楚楠、张永福、林义顺等人募股筹办的《中兴日报》正式出版，其创办与孙中山的鼓励和指导密不可分。

贾明慧在《新加坡华侨革命报纸与辛亥革命研究——以〈中兴日报〉为中心》一文中，以海外华侨与辛亥革命的关系为研究方向，以《中兴日报》为切入点，以新加坡华侨办报为研究视角，在对新加坡华侨革命报纸梳理的基础上，采取文献分析、个案研究以及历史与新闻跨学科的研究方法，对《中兴日报》及其与辛亥革命的关系进行深层次的分析研究。文章重点分析《中兴日报》的办报宗旨和宣传内容，详细论述革命派与保皇派的论战，批判清政府专制和暴政以及屈辱外交，宣传"清政府没保华侨论"。报纸从思想理论上攻击保皇派的政治主张，反对改良；渲染和宣传爱国主义，号召华侨同胞支持革命；很好地证实了革命报纸是时代的需求、政治的需要，也是经济的产物。[①]

九、《新国民日报》研究

辛亥革命爆发后，南洋成为革命党人进行革命宣传的重要阵地，他们于1914 年创办《国民日报》，停刊后于 1919 年创办《新国民日报》，将其作为革命党在南洋进行革命宣传的机关喉舌。

钟声在《新加坡华文报〈新国民日报〉研究：（1919—1928 年）》中通过对新加坡华文报《新国民日报》1919—1928 年十年间的文本的梳理，分析透视了当时中国与南洋华社的互动及相互影响。作者通过这份华文报对当时中国与南洋之间的关系，以及相互间的影响进行了分析研究。文章对《新国民日报》进行了全面梳理，介绍了报纸的版面形式、创办思想、发行范围及经营状况，同时评价了该报的新闻报道和评论内容、办报特色，分析了该报与南洋华社资产阶级民主革命思想的发展演变，指出该报加强了南洋华社民族意识，并阐述了该报在南洋华社女性解放运动中的实际行动与成效。[②]

刁晏斌在《东南亚华语早期样貌考察与分析——以〈新国民日报〉为例》中对新加坡华文报纸《新国民日报》进行了调查，同时对东南亚华语与中国早期国语的一致性和差异性进行了讨论。研究发现，东南亚华语与中国早期国语之间存在"大同"与"小异"的关系。详细阐述了东南亚华语早期样貌研究的意义

① 贾明慧. 新加坡华侨革命报纸与辛亥革命研究——以《中兴日报》为中心[D]. 东北师范大学，2010.
② 钟声. 新加坡华文报《新国民日报》研究：（1919—1928 年）[D]. 东北师范大学，2014.

和价值。[①]

十、总结

通过对新加坡华文报刊史个案研究的相关文献的回溯、梳理与分析不难发现，新加坡华文报纸呈现出内容丰富、形式多样、善于革新、善于引进高新技术人才、追求经济效益等特点。新加坡华文报纸尤为注重对中国的报道，开辟中国新闻特色专栏，与中国有着天然的血脉联系，肩负着传承中华优秀传统文化的使命。

参 考 文 献

常萌萌. 《叻报》对甲午战争报道的研究[D]. 山东大学，2015.

陈辉. 《日新报》舆论研究——以新闻评论为例（1899 年 10 月至 1900 年 8 月）[D]. 山东大学，2015.

陈莹. 新加坡《联合早报》的生存策略[J]. 青年记者，2013，（17）：87-88.

刁晏斌. 东南亚华语早期样貌考察与分析——以《新国民日报》为例[J]. 语言文字应用，2022，（2）：47-57.

管路燕. 《星洲晨报》与同盟会的革命宣传[D]. 东北师范大学，2011.

贾明慧. 新加坡华侨革命报纸与辛亥革命研究——以《中兴日报》为中心[D]. 东北师范大学，2010.

李海涛. 《天南新报》研究[D]. 东北师范大学，2017.

李文杰. 《联合早报》"一带一路"新闻报道研究——基于框架理论视角[D]. 西北大学，2020.

彭伟步. 少数族群传媒的文化记忆与族性书写：《星洲日报》文艺副刊不同时期对华人的身份建构[M]. 广州：暨南大学出版社，2012.

彭伟步. 新加坡《联合早报》与《联合晚报》的办报特色[J]. 东南亚研究，1998，（6）：57-58.

颜春龙. 《联合早报》与新加坡政府的和谐互动[J]. 新闻爱好者（理论版），2007，（8）：20-21.

支婧茹. 东南亚华文报纸的出现——以新加坡《叻报》为例[J]. 今传媒，2012，20（10）：31-34.

钟声. 新加坡华文报《新国民日报》研究：（1919—1928 年）[D]. 东北师范大学，2014.

朱幸福. 新加坡的《联合早报》和《联合晚报》[J]. 新闻记者，1987，（5）：45-46.

（吴相超、肖青）

[①] 刁晏斌. 东南亚华语早期样貌考察与分析——以《新国民日报》为例[J]. 语言文字应用，2022，（2）：47-57.

作者简介：

吴相超：云南师范大学传媒学院新闻传播学专业硕士研究生。

肖青：云南师范大学传媒学院教授，博士，硕士生导师。

第四节　新加坡媒体网站研究综述

一、新加坡建立网站的历史溯源

1965 年 8 月，新加坡脱离马来西亚，成立新加坡共和国。作为一个刚成立的国家，新加坡不仅面临建国之初的经济、国防问题，还面临着如何从无到有地打造人们对于一个国家的归属感、培养国民的民族意识和文化认同、重新塑造国民对新国家的历史认知等问题。但是没有历史的集体记忆很难打造共同的文化归属感，作为一个多族群的国家，新加坡很难通过追溯任何单一民族的历史来打造共同价值，如果这样做很可能会产生种族和族群冲突，给新生国家带来风险，所以"政府必须要慎重地选择在一个多文化社会里倡导何种对过去的认识"。政府从殖民地的历史中抽取出新加坡创建者托马斯·斯坦福·莱佛士（Thomas Stamford Bingley Raffles）的形象，并对于来到新加坡的亚裔先驱们艰苦奋斗的精神表达了崇高的敬意，有了这种历史作为文化的根基，新加坡人开始了务实的奋斗。[①]

新加坡政府将实用主义移入国家治理中，为了缓解多元民族、宗教和多种语言之间的文化冲突和民族矛盾，新加坡强调一种"共享价值观"，即国家高于社群，社会高于个人，家庭是最基本的社会组成单位，呼吁社会各民族寻求共识，避免冲突，寻求各族群与宗教之间的和谐。在建国之初，新加坡面对的是一个国内自然资源匮乏、多种族之间矛盾不断，国际上附近的威胁力量虎视眈眈的内忧外患的局面，新加坡政府将实用主义原则嵌入了公共政策领域，统一语言，将英语定为官方语言，在一定程度上缓解了多民族多语言的矛盾，并逐步树立民族国家共同价值观，强化国民的共同价值，削弱各种族特有的种族价值，这种共同价值的强化主要通过媒体的宣传来实现。这种做法使新加坡的经济在一段时间内取得了巨大进步，促使新加坡快速步入现代化国家前列，但实用主义公共政策的弊端也日益凸显。[②]20 世纪末，让年轻人了解新加坡的故事成为官方政策，

---

① [英]藤布尔. 新加坡史[M]. 欧阳敏译. 上海：东方出版中心，2013：2-30.

② 胡若雨. 新加坡实用主义公共政策评析[J]. 中国行政管理，2012，（4）：95-98.

新加坡政府不仅通过网站进行宣传，也会举办各种线上线下活动，努力塑造有关新加坡的共同意识。

作为现代化最为典型的互联网技术，很快被实用主义的新加坡政府吸纳进其体制，作为促进新加坡走向现代化和全球化、拓展市场的手段。早在 2000 年，新加坡的通信基础设施就已经建设得较完善，新加坡信息通信发展局于 2003 年 4 月发布的一份家庭上网调查报告显示，2001 年新加坡家庭的计算机普及率为 63.9%，家庭上网普及率为 56.8%，其中 63.9% 的家庭至少拥有一台计算机，而 26.7% 的家庭拥有两台以上计算机。[①]为了更好地普及计算机和网络，新加坡政府制定了五年规划，重视培养信息技术人才，并从企业到社会全方位推广计算机，期望通过计算机和网络化促使新加坡加速发展，并希望通过网站优化国家治理，增强民族文化向心力。虽然官方语言一直以英文为主，但在华人为数众多的背景下，华语亦是主要沟通语言。英语逐渐成为社会主流语言后，新加坡国家领导人认为语言的改变和物质经济的飞速发展使国内的文化价值和精神价值出现衰退，为了增强国民的文化精神，新加坡政府对中文和儒家文化日益重视，尤其是从 20 世纪 80 年代开始，新加坡与中国的商业联系日益密切，在中国实行改革开放后，普通话越来越被认为是能带来商业机会的语言，网站就成了新加坡推广华语的重要平台。这一时期，针对中国读者的联合早报网飞速发展，其响应政府号召，推广华语，一年一度的"讲普通话"推广活动的关注焦点开始从以往的讲方言的人群转移到受英语教育的华人身上，以敦促他们提高自己的普通话水平，不要失去与自己的传统文化根源的联系。新加坡国家领导人对新加坡的担忧主要在于，虽然西方文化给新加坡带来了举世瞩目的成就，但也腐蚀了传统价值观。为了在现代化的进程中最大限度地保留住新加坡的传统文化，华语媒体的网站建设起来，而且被作为推广普通话的渠道之一，这一方面推动了民众对华语的学习，另一方面也有助于建构华人文化圈和华人社群，增强华人的文化向心力。

二、新加坡媒体网站研究的基本议题

我国对于新加坡媒体网站的研究成果屈指可数，且这些研究多聚焦于具体的某一网站对中国的报道方面，通过对网站的内容分析研究网站或媒体对中国的态度或对中国形象的建构。不过，我国对于海外华文媒体网站的研究成果十分丰

---

① 赵振祥. 东南亚华文传媒研究[M]. 北京：世界知识出版社，2007.

富。这些研究成果又分为以下几类议题。

（一）新加坡传统媒体网站的内容对于我国国家形象的建构与传播

国家形象往往根植于一国的综合国力和国际竞争力，反映在国与国的竞争与合作中。我国学者对于国家形象的界定如下：国家形象是国际社会中的公众对一国的整体形象相对稳定的总体评价[①]；国家形象是一个主权国家在世界的大舞台上所展示的整体形象以及国际环境中的舆论或舆情反应。[②]戴明结合"一带一路"倡议的背景和媒体网络化发展趋势，将新加坡的《联合早报》和《海峡时报》（*The Strait Times*）作为研究对象，将两份报纸进行了对比分析，研究两家媒体的网站如何报道"一带一路"倡议背景下的中国，探讨华文媒体在当地社会传播中国形象的能力。[③]也有学者研究新加坡传统媒体网站对中国某一具体地方的呈现，如《海峡时报》网站对于福建的呈现，以个案分析的方式研究网站的对外传播策略。[④]在研究方法上多采用量化的内容分析法，对一段时间内的网站内容进行编码，分析网站整体对中国的报道倾向和对中国大事件的报道内容，关注各种类型新闻的比重和信息来源占比，尤其关注中国与新加坡的经济和贸易伙伴关系、外交关系，以及网站传递出的中国形象。[⑤]但是这类研究往往比较表面化，不够深入，只是采用内容分析的方法呈现出传统媒体网站对于中国的报道偏向，如正负面或中性报道所占比例，说明某一媒介的倾向性[⑥]，而很少挖掘报道倾向背后的深层原因，国家形象涉及政治学、国际关系和国与国之间的经济利益，这些因素并没有得到很好的分析。

（二）华文新媒体社区化

网站为华人提供了一个虚拟社区平台，尤其是在新加坡这种多种族多社群的

---

① 刘小燕. 政府对外传播[M]. 北京：中国大百科全书出版社，2010.

② 何国平. 中国对外报道思想研究[M]. 北京：中国传媒大学出版社，2009.

③ 戴明. 海外华文和英文媒体的中国报道——基于新加坡《联合早报》网站和 The Strait Times（《海峡时报》）网站的比较分析[J]. 东南亚纵横，2018，（2）：83-89.

④ 佘绍敏，李心玫. 新加坡《海峡时报》网站对福建的呈现——兼论福建省对外传播策略[J]. 东南传播，2018，（12）：64-66.

⑤ 戴明. 海外华文和英文媒体的中国报道——基于新加坡《联合早报》网站和 The Strait Times（《海峡时报》）网站的比较分析[J]. 东南亚纵横，2018，（2）：83-89.

⑥ 陆彦舟，张月. 新加坡新闻网站版面总体结构及对华报道内容偏向分析——以《我报》新闻网为例[J]. 视听，2018，（9）：178-179.

国家，同类文化网站让华人在心理上得以找到情感归属①，华文新媒体更注重构建华人的精神家园，为华人特别是新移民提供了一站式、集群式的服务，解答华人的各种问题，甚至帮助新移民解决生活与工作问题，在网络上形成了一个不同于主流媒体和华文传统媒体的生活与工作虚拟新社区，成为华人常态化的社区交流空间。但是大部分对新加坡网站的研究往往把着眼点放在由传统媒体打造的新媒体平台上，即传统媒体的电子版，如《联合早报》《我报》《海峡时报》等的网络版，促进传统媒体与新媒体的内容融合，虽然相比于传统媒体，电子媒体更方便快捷、互动性更强，但随着用户群体向社交化、社区化的媒体转移，对新加坡社交类华人媒体的研究也许会成为未来的热点。

（三）海外传统华文媒体的转型升级以及网站对文化传播的影响

随着各种新媒体的快速发展，海外传统的华文媒体不得不面对受众群萎缩的危险。在新媒体的强劲挑战和网络传播强势介入的情况下，海外华文报纸的销量和华语电视的收视率均出现了下滑的趋势。海外传统华文媒体的生存本就不易，新媒体的冲击使它们面临更大的困难。大量广告转移到华文网站中，这既反映了海外传统华文媒体必须向新媒体方向转型的事实，又反映了新媒体已经是海外华文传统媒体必然的发展方向。②随着网络、智能手机等传播媒介的发展与成熟，海外传统华文媒体在移动新媒体领域，积极利用客户端、网站，以及微博、微信、脸书、推特等平台寻求转型升级之路，从纸媒到传统媒体网站再到与新媒体全面融合并存，媒介形态几经变化，有学者对《中国报》和《星洲日报》的转型做了对比，提出媒介转型的必要性以及转型策略。③网站不同于或优于传统媒介的地方在于网站脱离了时间和地域的限制，而文化使得网络具有跨越时间和地域凝聚人心的作用，甚至可以成为仪式展演的平台④，如"祭祖"或对传统节日的庆祝，传统文化本身就具有整合并维系社会关系的作用，网站发挥并放大了这种社会功能，新加坡就有很多以宗乡会作为主体的华文网站。网站的影响力巨大，国家之间在网站上对话语权的争夺和文化渗透也日趋激烈，在新冠疫情期间，美国对于中国的污名化言论主要通过社交网站这种渠道传播，不仅影响了美国民众

① 彭伟步. 少数族群传媒视野下华文新媒体社区化发展[R]. 第八届世界华文传媒论坛，2015.
② 年终报道：华文网络的成长[N]. 人民日报海外版，2013-12-27.
③ 朱景亮，钟大荣. 马来西亚华文媒体的转型升级——以《中国报》与《星洲日报》转型对比为例[J]. 视听，2019，（12）：222-224.
④ 刘雪梅. 新加坡华文网站传播现象解释[J]. 新闻界，2004，（5）：71-72.

对中国形象的认知，也影响着华人或他国民众对中国的想象，而海外华文媒体网站是澄清污名化、阐明中国立场、展示中国形象的重要渠道，因而增强海外华文媒体网站的传播能力、增强国际话语权在国际竞争中显得日益重要。

（四）其他问题研究

除以上几大专题外还有对一些个别问题的研究，如研究新加坡色情网站的相关法律法规和管理条例，学习和借鉴新加坡对色情网站的管理方法，对比研究新加坡和美国的网络安全体系，研究新加坡在网络安全方面的战略和举措。

虽然华人文化对于新加坡华人的社会结构和文化形态会产生一定的影响，但是，在新加坡这片土地上绵延数代的华人族群在东南亚本土的大环境下，创造出了属于新加坡的历史和文化形态。新加坡政府利用报刊、电视、互联网等具体媒介打造媒介景观，通过仪式化的方式重新为民众确立了国家的历史和主流价值观。克劳斯·布鲁恩·延森（Klaus Bruhn Jensen）在《媒介融合：网络传播、大众传播和人际传播的三重维度》（*Media Convergence: The Three Degrees of Network, Mass, and Interpersonal Communication*）一书中将吉布森提出的"可供性"概念与媒介相结合，指出互联网的可供性是复杂而丰富的，不同的制度和文化会根据其需求来对具体媒介的可供性进行选择性使用。[①]比如新加坡对于网站的管理及媒介制度和美国对新闻网站的管理与制度是不一样的，但是互联网所具有的开放性、多元性等特有属性又会在一定程度上被一些主体使用，当作追求自由、强调民众话语权的工具，进而影响宏观层面的结构问题，新加坡是一个多民族的统一体，不同社会群体如何利用网站就成了值得思考的问题。

综上所述，对于新加坡媒体网站的研究多集中于个别网站对于中国的报道，或研究新加坡传统媒体向网站转型的过程、政府对于网站的管理体制或管理理念；有些研究集中于海外华文媒体网站，分析海外华文媒体网站对于中国文化、政治的态度，以及与中国的联系。在全球化背景下，新加坡与中国在政治上和经济上的联系更加紧密，对于新加坡媒体的研究也越来越多、越来越深入，但是目前有关新加坡媒体网站的研究仍然不足。新加坡现在仍有很多宗乡会或工会，以及以宗教信仰、血缘、地缘等维系的社会团体[②]，互联网的介入也许会因为促进

---

① [丹]延森. 媒介融合：网络传播、大众传播和人际传播的三重维度[M]. 刘君译. 上海：复旦大学出版社，2012.

② 孟庆梓. 东南亚华人社群的建构与演化——以新加坡江兜王氏社群为中心的历史研究[D]. 厦门大学，2008.

了个体化而消解了各社群组织的文化价值和凝聚力，但也有可能使组织扩大化，提升影响力，强化社群凝聚力和社群文化，这些都还没有得到很好的讨论。除此之外，新媒体的诞生和发展、与国家的关系、国家政策对媒体网站发展的影响和对媒体立场的影响等，较少有研究论及。

参 考 文 献

戴明. 海外华文和英文媒体的中国报道——基于新加坡《联合早报》网站和 The Strait Times（《海峡时报》）网站的比较分析[J]. 东南亚纵横，2018，（2）：83-89.

胡若雨. 新加坡实用主义公共政策评析[J]. 中国行政管理，2012，（4）：95-98.

李大玖. 海外华文网络媒体：跨文化语境[M]. 北京：清华大学出版社，2009.

李小飞. 海外华文网络媒体建构的中国国家形象研究——以美国《美南新闻》网站为例[D]. 东北师范大学，2013.

刘雪梅. 新加坡华文网站传播现象解释[J]. 新闻界，2004，（5）：71-72.

孟庆梓. 东南亚华人社群的建构与演化——以新加坡江兜王氏社群为中心的历史研究[D]. 厦门大学，2008.

年终报道：华文网络的成长[N]. 人民日报海外版，2013-12-27.

彭伟步. 当前海外华文传媒发展动态浅析[J]. 东南亚研究，2014，（2）：89-95.

彭伟步. 华文新媒体推动中华文化在海外华人社区的传播[J]. 对外传播，2018，（6）：65-66.

[英]藤布尔. 新加坡史[M]. 欧阳敏译. 上海：东方出版中心，2013.

赵振祥. 东南亚华文传媒研究[M]. 北京：世界知识出版社，2007.

朱景亮，钟大荣. 马来西亚华文媒体的转型升级——以《中国报》与《星洲日报》转型对比为例[J]. 视听，2019，（12）：222-224.

（吴雪瑞、肖青）

作者简介：

吴雪瑞：云南师范大学传媒学院新闻传播学专业硕士研究生。

肖青：云南师范大学传媒学院教授，博士，硕士生导师。

第五节　新加坡传媒管理制度研究综述

　　新加坡是一个多元文化的移民国家，是发达的资本主义国家。新加坡的传媒发展历史并不算很长，但面对移民众多的特殊国情，它也发展出了适合本国国情的独特高效的传媒管理制度。不同于西方的自由主义新闻模式，新加坡的新闻是以服务国家为第一目的的，是负责任的新闻自由。在本节中，笔者将对新加坡传媒管理制度的相关研究进行分析，文献主要是国内外相关学者公开发表的学术论文，通过分析，系统地梳理新加坡传媒管理制度的发展历史，分析当前学者关于新加坡传媒管理制度的研究内容、研究角度、研究方法，以求找出当前研究的贡献与不足，形成研究的整体框架。通过相关的文献梳理，笔者发现，尽管关于新加坡媒体的研究有很多，但是从传媒管理制度角度着手的并不多，且存在明显的时间段划分。

20 世纪 90 年代，一些学者开始关注新加坡传媒管理制度，但研究成果只有十几篇，优质研究成果更是不多。2000 年以后，研究成果相比之前有所增加，成果产出基本保持在每年两三篇左右。在 21 世纪的第一个十年中，相关研究论文有 18 篇；在 21 世纪的第二个十年中，增幅较大，达到 30 篇，其中 2011 年和 2012 年学术成果较多。在研究内容上，大多数学者都是将传媒与网络相结合，研究网络时代的新加坡传媒管理制度，除此之外，亦有从法律角度、多国的政策比较角度进行分析的，以下将对相关论文成果进行具体分析。

一、新加坡传媒管理制度研究总论

（一）20 世纪 90 年代新加坡传媒管理制度研究

20 世纪 90 年代，新加坡的传媒管理制度的研究成果较少，主要集中于对大众传媒的管理体制的研究，侧重于传统新闻行业的采编模式管理方面。学者王建一在《新加坡报业集团的编采模式》中，以《联合早报》和《联合晚报》为对象，从媒体内部论述媒体行业的采编管理，向人们展示了媒体内部的运行管理机制以及在国家政策指导下对从业人员的管理。[1]学者丁圣光在《谈谈新加坡的新闻文化管理机制》中，从企业化管理、法律管控、外媒管控角度论述了新加坡对于新闻行业的管理机制，向人们展示了 20 世纪 90 年代新加坡的新闻法，也让我们看到了新加坡政府对于外媒的限制。[2]学者李斯颐在《新加坡新闻管理简况》中，简要论述了新加坡的新闻管理方式，包括媒介管理的背景及措施以及新闻法规调控的主要内容，还提及了其他调控方式如股份调控、政府的批评指导等。[3]新加坡南洋理工大学学者郝晓鸣在《从强制到疏导：新加坡政府对新闻业的管

---

① 王建一. 新加坡报业集团的编采模式[J]. 新闻与写作, 1998,（9）: 37-38.
② 丁圣光. 谈谈新加坡的新闻文化管理机制[J]. 中国记者, 1997,（3）: 46-47.
③ 李斯颐. 新加坡新闻管理简况[J]. 国际新闻界, 1996,（1）: 77-78.

理》中，详细地论述了新加坡新闻政策产生的背景、发展历程、法律监管以及与西方国家的对比，指出了新加坡政府对新闻业的管理的变化，是 20 世纪 90 年代优秀的研究成果。①学者李小冬在《郭振羽教授谈新加坡的新闻政策》中，记录了郭振羽教授关于新加坡新闻业的管理机构、新闻政策的社会背景、政府对新闻业的管理以及新闻业未来的发展趋势的论述。②学者刘祖禹在《有特色的新闻宣传和管理——访新加坡新闻业的若干印象》中，通过对新加坡的实地探访描述了政府与新闻机构的关系、新加坡的华文报纸对公司内部人员的管理以及对国家法律的宣传等问题，也论述了政府对于新加坡外文报刊的管理举措。③此时的研究多集中于传统报业，对于互联网的研究很少，其中学者刘振喜在《新加坡的因特网管理》中，论述了新加坡因特网管理的制度、重点和原则，但此时所谈的因特网管理还没有跟新闻业很好地结合起来，着眼的只是如何让因特网不危害社会治理。④

从上述文献的分析中，我们可以看到 20 世纪 90 年代很多对新加坡传媒管理制度的研究趋于表面化，深入全面的研究成果较少，且研究内容主要集中于传统媒体领域，由于当时处于互联网发展初期，互联网与新闻业尚未有效地结合，所以对互联网的研究也仅仅停留于如何防控有害信息等层面，研究成果较少。

（二）21 世纪新加坡传媒管理制度研究

21 世纪互联网与新闻行业日益融合，传统媒体纷纷转型，融合媒体和社交媒体不断发展，网络已经成为传媒的重要载体，成为人们生活的一部分。这一时期学者们对于新加坡传媒管理制度研究的侧重点主要是网络时代的传媒监管，研究内容包括监管模式、监管体制、监管方式、监管内容等。学者叶秀端和阎立峰在《媒体景观变革中的网络监管模式研究——以新加坡为例》中，讲述了新加坡在媒体景观变革的情况下如何对网络进行监管，监管模式有哪些变化。提出新加坡实施的是"轻触式"网络监管模式以及金字塔式的网络监管结构，新加坡对网络的管理是层级严密的，在管理机构未合并之前，最上层是资讯通信发展管理局（Infocomm Development Authority，IDA）和媒体发展管理局（Media Development Authority，MDA），中间层是服务商，底层是普通网络用户。

---

① 郝晓鸣. 从强制到疏导：新加坡政府对新闻业的管理[J]. 新闻与传播研究, 1995, （2）: 83-89.
② 李小冬. 郭振羽教授谈新加坡的新闻政策[J]. 新闻记者, 1994, （8）: 43-44.
③ 刘祖禹. 有特色的新闻宣传和管理——访新加坡新闻业的若干印象[J]. 新闻战线, 1992, （11）: 46-47.
④ 刘振喜. 新加坡的因特网管理[J]. 国外社会科学, 1999, （3）: 48-53.

除此之外，还有法律、内容审查等多种监管方式。[①]对于这些监管结构和监管方法的研究，有助于我们更加深入地了解新加坡的传媒管理制度，同时思考并完善我国的媒体管理制度。

学者李静和王晓燕在《新加坡网络内容管理的经验及启示》中，详细论述了新加坡对于网络上不良内容的管制举措，包括技术管制、法律管制、行业自律等。[②]

学者王国珍在《新加坡媒体素养教育的运行机制——兼论对我国媒体素养教育的借鉴意义》中，详细论述了新加坡提升学生和普通民众的媒介素养的举措，包括设置机构、设立公益基金、商业运营等方式，提升媒介素养也是媒介管理的一部分，是从道德上解决问题的关键。[③]

学者赵靳秋在《媒介融合背景下新加坡传媒监管的制度创新与实践》中，着眼于媒介融合背景下政府对传媒监管的变化，详细论述了立法、发照制度、内容分级制度、社会参与和行业自律等多种监管举措。该篇文章涉及新加坡传媒监管的方方面面，是优秀的阶段性学术成果。[④]

学者 Peng Hwa Ang 在《新加坡的社交媒体广告规制》一文中论述了新加坡社交媒体广告规制的一系列问题，包括对行业自我规范问题、新加坡社交媒体广告等的论述。[⑤]

学者龚文庠和张向英在《美国、新加坡网络色情管制比较》一文中，从管制宗旨、原则、主体、标准和措施等方面比较了新加坡与美国网络色情管制的异同，突出了新加坡对于网络色情管制的特点，即新加坡以社会道德为先、政府在色情管制中居于主导地位、自律是法律管制的补充等。通过比较，能够为政治、文化背景相似的国家提供借鉴。[⑥]从中我们可以看出网络信息内容的管理已经成为传媒管理的重要组成部分，也成为学者研究的重点。随着时代的变化，传媒管理不断融入新的内容。

---

① 叶秀端，阎立峰.媒体景观变革中的网络监管模式研究——以新加坡为例[J].编辑之友，2014，（12）：109-112.

② 李静，王晓燕.新加坡网络内容管理的经验及启示[J].东南亚研究，2014，（5）：27-34.

③ 王国珍.新加坡媒体素养教育的运行机制——兼论对我国媒体素养教育的借鉴意义[J].新闻记者，2011，（8）：79-82.

④ 赵靳秋.媒介融合背景下新加坡传媒监管的制度创新与实践[J].现代传播（中国传媒大学学报），2011，（6）：28-32.

⑤ Peng Hwa Ang.新加坡的社交媒体广告规制[J].陕少霞译，曹书乐审校.全球传媒学刊，2017，4（2）：47-57.

⑥ 龚文庠，张向英.美国、新加坡网络色情管制比较[J].新闻界，2008，（5）：131-134，145.

二、新加坡传媒管理制度研究内容取向

从纸媒时代到网络时代，新加坡的传媒管理处于不断变化之中。在纸媒时代，新加坡政府就通过建立各种机构、制定法律而对报纸进行管理。在网络时代，以前的一些方法仍然适用，同时也增加了很多管理网络传媒的新举措。当前，学者们对于新加坡的传媒管理制度的研究可以细分为以下内容。

（一）管理原则：共同价值观

新加坡是一个多元种族的移民国家，境内居住有华人、马来人、印度人等多个族群，多个族群间很容易爆发民族矛盾和冲突，这些可以从新加坡初期的报刊中反映出来。新加坡国内有华文、马来文等多种语言形式的报刊，它们都强调与各自祖先的联系，华文报提倡华文教育，马来文报宣扬马来种族主义。这种文化的分裂和共同体意识的缺乏对于国家来说是非常致命的，所以新加坡建国以后就非常注重国家意识的培养，提出了新加坡共同价值观。

新加坡共同价值观包括五个方面的内容：一是国家至上，社会为先；二是家庭为根，社会为本；三是社会关怀，尊重个人；四是协商共识，避免冲突；五是种族和谐，宗教宽容。[①]新加坡政府规定新闻传播必须以这五条共同价值观为基本的原则，所有传播内容都不能与之相抵触。

（二）管理内容：色情、谣言、抄袭

传媒行业是向社会传递信息的行业，对信息内容的把关尤为重要。在新加坡，道德上一切色情暴力的内容都是禁止的，政治上突出挑拨种族矛盾、危害国家安全的行为也是予以禁止的。互联网的发展给不良信息的传播提供了更多机会，各种色情暴力等不良信息传播得更加快速且难以管控。在管控色情暴力内容方面，新加坡制定了电影分级制，即"普通（G）、家长指导（PG）、16 岁以下不宜（NC16）、18 岁以下不宜（M18）、21 岁以下不宜（R21）以及限制级（RC）。其中，G 和 PG 和没有年龄限制，家长陪同只是建议，而不是强制实施"[②]。分级制让不同级别的电影面向不同的群体，是对青少年的有力保护。

在管控互联网谣言方面，新加坡采取了追本溯源，发现一条谣言便重罚的举

---

① 杨雪先，孙兰平. 新加坡的新闻传播媒体管理[J]. 新闻爱好者，2013，（1）：60-62.
② 徐天晓. 新加坡网络色情管制分析及对我国的启示[D]. 北京交通大学，2011：24.

措。在管控抄袭方面，新加坡对新闻网站转载报道有严格的规定，要求它们必须题写书面申请，如新加坡的门户网站雅虎和 MSN，它们的新闻网站内容来自新闻社以及和它们签有协议的传媒集团，无授权转载会被重罚。

（三）管理方式：法律、制度加自律

新加坡制定了多部传媒管理的法律，比如《报纸与印刷出版法令》《分类许可证制度》《互联网操作规则》《垃圾邮件控制法案》《防止骚扰法案》等。法律不是一成不变的，随着时代的发展新加坡也在不断修订法律增加新的内容，以适应当时当代的社会。"2013 年 5 月新加坡政府宣布对新闻网站的管理实施新的许可证制度，新规定要求，任何新闻网站如果连续两个月内，平均每星期发表一则本地新闻或时事报道，并在此期间每月吸引 5 万以上来自不同网络 IP 地址点击率的新闻网站，必须申请执照。这些新闻网站还需要缴付一笔 5 万新元的履约保证金。"[①]2014 年 3 月，新加坡出台全新的《防止骚扰法案》，根据该法案，网络骚扰明确被列为犯罪行为。法律的修改和完善，是新加坡传媒管理的重要方式之一。

传媒机构作为国家组织的一部分，承担着向社会传递信息的重要职责。所以，建立管理制度是必须的，包括建立管理机构、管理从业人员等。1999 年，新加坡成立了资讯通信发展管理局；2003 年 1 月 1 日，新加坡把已有的广播、电影及出版行业的三家机构合并，成立了媒体发展管理局；之后两者合并，成立新加坡新闻、通信及艺术部（Ministry of Information，Communications and the Arts，MICA）。新加坡不仅强调这些国家机构对于传媒的管理，还强调传媒机构的自我管理。2001 年，新加坡就建立了一套自愿性质的行业自律规范《行业内容操作守则》，要求行业依照规范自我管理。除此之外，新加坡还非常注重媒介素养教育，通过提升公众的媒介素养来从道德上进行传媒管理。教育部会面向学生提供媒介素养教育，相关课程由聘请的校外老师讲授，校外老师必须获得相关资质才可以讲学，聘请校外老师的费用则来自为媒体素养教育提供资助的相关基金，如新加坡赛马博彩基金等。新闻、通信及艺术部则面向普通大众提供媒介素养教育。教育是渗透心灵的手段，学校是社会未来的摇篮，媒介素养教育是传媒管理的根本。

三、研究的不足之处与未来发展趋势

通过对以上文献的分析，我们可以看出新加坡传媒管理制度的研究取得了非常丰硕的成果。通过这些成果，我们看到了新加坡的新闻行业是在什么样的规则下有效运转的。取得研究成果是一方面，但我们也要看到研究的不足之处，在前人研究的基础上取其精华、补其不足，以进一步推进研究的深化，这也是本节的意义所在。

在对文献的分析中，笔者发现了以下问题。

一是年份陈旧，很多都是以前的研究成果，2011 年是研究成果较多的年份，但之后每年的成果都比较少。尽管制度一旦确立就具有一定的有效期，但是对于传媒的管理一直都在随时代而变化。在快速发展变化的当今时代，我们对于国外传媒管理制度的研究也要与时俱进，这样才能及时汲取精华服务于我国发展。

二是优秀研究成果缺乏，在已发表的文献中，优质有价值的研究成果只是少数，多数是一些内容同质化、言谈浅薄化的成果。优质成果的缺乏会使得研究止步不前，只见数量上的增长而不见实质的进步，那些浅薄化、同质化的论述，没有实际的研究意义，不能为后人的研究提供太多参考价值。所以，深入了解调查，推出优质性的、创新性的研究成果才是研究的意义所在，也是当务之急。

三是缺乏专著型的研究成果和“为我所用”的实用性。多数文献都是论文，缺乏专著型研究成果，大多数研究新加坡媒体的专著仅在一个章节中对其传媒管理制度进行概括性的论述。目前，中外专门论述新加坡传媒管理制度的专著有《新加坡传媒法》（ *Media Law in Singapore* ）[1]和《新加坡大众传媒研究：媒介融合背景下传媒监管的制度创新》[2]。除了专著的缺乏之外，还有很多研究成果浮于表面，大多停留在概述新加坡的传媒管理制度上，且存在角度类似的问题，没有进一步联系新加坡国内现状进行落地化的分析，也没有产生为我所用的效果。

因此，笔者认为后人在研究中应该着重解决以上问题。在对新加坡媒体管理制度进行梳理时，既追踪历史源头，又着眼于当下的发展变化，推陈出新，在新媒体时代研究新媒体的管理制度。同时，要在前人研究的基础上加以创新，兼顾实用性与专业性，推出有价值的学术研究成果。

---

① Teo Yi-Ling. *Media Law in Singapore*[M]. London：Sweet & Maxwell, 2011.
② 赵靳秋，郝晓鸣. 新加坡大众传媒研究：媒介融合背景下传媒监管的制度创新[M]. 北京：中国传媒大学出版社，2012.

参 考 文 献

龚文庠，张向英. 美国、新加坡网络色情管制比较[J]. 新闻界，2008，（5）：131-134，145.

李静，王晓燕. 新加坡网络内容管理的经验及启示[J]. 东南亚研究，2014，（5）：27-34.

李小冬. 郭振羽教授谈新加坡的新闻政策[J]. 新闻记者，1994，（8）：43-44.

刘祖禹. 有特色的新闻宣传和管理——访新加坡新闻业的若干印象[J]. 新闻战线，1992，（11）：46-47.

孙发友，李艳华. 新加坡新闻传媒控制模式透视[J]. 编辑之友，2005，（2）：64-66.

王国珍. 新加坡媒体素养教育的运行机制——兼论对我国媒体素养教育的借鉴意义[J]. 新闻记者，2011，（8）：79-82.

徐天晓. 新加坡网络色情管制分析及对我国的启示[D]. 北京交通大学，2011.

叶秀端，阎立峰. 媒体景观变革中的网络监管模式研究——以新加坡为例[J]. 编辑之友，2014，（12）：109-112.

赵靳秋. 媒介融合背景下新加坡传媒监管的制度创新与实践[J]. 现代传播（中国传媒大学学报），2011，（6）：28-32.

（仝亚丽、肖青）

作者简介：

仝亚丽：云南师范大学传媒学院新闻传播学专业硕士研究生；

肖　青：云南师范大学传媒学院教授，博士，硕士生导师。

第九章　东帝汶媒介传播研究综述

东帝汶及其媒介研究综述

东帝汶民主共和国（Democratic Republic of Timor-Leste），成立于 2002 年 5 月 20 日，是东南亚地区最年轻的国家，也是亚洲最贫穷的国家之一，是唯一一个属于亚洲但完全位于南半球的国家。东帝汶的主要报纸有《帝汶邮报》（Timor Post）、《独立报》（Independente）、《东帝汶之声》（Suara Timor Lorosae）三家。电台为东帝汶国家广播电台（East Timor National Radio，RTTL），节目覆盖率 90%，用德顿语和葡语播出。电视台为东帝汶电视台（East Timor Television，TVTL），节目覆盖率 30%，用德顿语和葡语播出。2009 年创办了私营商业频道东帝汶之声电台（STLTV），2017 年，东帝汶政府批准成立东帝汶国家通讯社（Tatoli），以提供官方新闻。[①]虽然我国是最早与东帝汶建立外交关系的国家，但东帝汶对我们而言仍然是个遥远且陌生的国度，民众大多不了解东帝汶，对东帝汶的媒体更是知之甚少，但东帝汶的媒介传播研究对我国有着特殊的意义。

一、东帝汶研究的意义和价值所在

东帝汶位于太平洋与印度洋、大洋洲与亚洲的交汇处，是从印度洋穿过托雷斯海峡通往太平洋航线的必经之地，战略位置十分重要，地理位置得天独厚，是海上丝绸之路的沿线重要国家。我国南宋时期文献《诸蕃志》就对帝汶岛有所记载，称其为"底勿"，将其描绘为南方的大海中一个盛产檀香的地方[②]，元朝汪大渊《岛夷志略》一书中提到有中国泉州的商人到帝汶岛上做贸易，但因难以适应当地的气候环境，"死者十八九，间存一二，而多羸弱，乏力驾舟回

---

① 东帝汶国家概况 [EB/OL]. （2023-11）[2023-12-10]. http://www.mfa.gov.cn/web/gjhdq_676201/gj_676203/yz_676205/1206_676428/1206x0_676430/.

② （宋）赵汝适. 诸蕃志校释. 杨博文校释. 北京：中华书局，1996：179.

舶"①。郑和下西洋时，作为满者伯夷王国的一部分，东帝汶跟中国亦有经济来往，被载入费信所著《星槎胜览》下卷，称为"吉里地闷"。1512 年葡萄牙入侵帝汶岛，对东帝汶进行了长达 4 个半世纪的殖民统治，这一时期东帝汶和中国也不曾中断往来。东帝汶独立的当天，我国即与其建立外交关系，并给予其大量援助，东帝汶石油和天然气资源非常丰富，亟须开发油气资源来发展经济，而我国是世界第二大经济体，是一个能源需求大国，我国和东帝汶之间的经济互补性显著，合作开发潜力巨大，同时，东帝汶也积极支持并参与"21 世纪海上丝绸之路"的建设。

面对当今国际局势极大的不确定性，我国迎难而上，承担起大国责任，积极推进中国特色大国外交理论与实践创新，提出"构建人类命运共同体"的理念，试图建立一种不冲突不对抗、相互尊重、合作共赢为核心的新型大国关系，总体看来，我国的外交与西方试图建立全球霸权的外交有着本质上的不同，我国并不谋求世界霸权，因此，经营和塑造与周边国家的关系对我国就显得尤为重要。密切与东帝汶的关系是我国发展与南亚东南亚周边国家关系中的重要一环，既向国际社会展示了中国负责任的大国形象，又为处理大国和小国的关系提供了一种范例，展示中国"坚持大小国家一律平等"的外交理念。2022 年 11 月 11 日，第40 届和 41 届东盟峰会发表《东盟领导人关于东帝汶申请加入东盟的声明》，原则上同意接纳东帝汶为东盟第 11 个成员，给予其观察员地位。②密切与东帝汶的关系，也有利于巩固我国与东盟的关系。

东帝汶西部与印度尼西亚的西帝汶相接，与澳大利亚达尔文港隔海相望，历史上曾长期是葡萄牙的殖民地，也曾被印度尼西亚长期占领，东帝汶背后涉及错综复杂的大国关系，研究东帝汶，具有重要的意义和价值。

二、东帝汶媒介研究的意义和价值所在

媒介从来都不是孤立的，其有着突出的文化属性，现代化理论、全球化理论、风险社会理论等社会发展理论都与媒介紧密相连。媒介史与各国不同历史时期的政治、经济、社会因素密切相关，媒介史可以反映出很多问题，对其进行深入研究，不仅可以加深对周边国家的理解，同时也不失为缩小文化差异、减少文化折扣的有效途径之一，还能为全球传播新秩序的建立积累经验。

① （元）汪大渊. 岛夷志略校释. 苏继顾校释. 北京：中华书局，1981：209.
② 东帝汶国家概况 [EB/OL]. （2023-11）[2023-12-10]. http://www.mfa.gov.cn/web/gjhdq_676201/gj_676203/yz_676205/1206_676428/1206x0_676430/.

如郭镇之教授所言，中国的对外传播面临诸多不利的国际因素，应循序渐进，东南亚民族与中国文化有渊源关系，宜作为我们进行对外传播的第一落点。①南亚东南亚地区情况复杂，民族林立、政治制度多样、经济发展水平各异，又处在中国文化和印度文化影响范围的中间地带，再加上从西亚传来的伊斯兰文明和长期殖民统治下西方文明的影响，各种文化思想在南亚东南亚地区激烈碰撞，中国的对外传播要想在南亚东南亚取得良好效果必然是一个长期的过程。媒介史能综合反映一国的经济状况、意识形态、历史文化传统等方方面面，分国别对媒介史进行充分研究，可以使我国面向南亚东南亚的对外传播事半功倍。

杜赞奇（Prasenjit Duara）认为亚洲有着对话性超越的传统，亚洲的区域形成与欧洲有着明显的区别，亚洲的区域主义不要求内部的同质化，与欧洲提供的激进式超越不同，亚洲提供的是一种可持续的、对话性的超越，这种对话性超越的传统为解决全球现代性的危机提供了一种新思路。东帝汶是亚洲为数不多的以天主教信仰为主的国家之一，跳出了亚洲三大文化圈——伊斯兰文化圈、印度文化圈和汉文化圈的传统影响范围，研究东帝汶的媒介史有助于深刻把握和理解亚洲的这种"对话性超越"传统。②

发展经济学中有一种"后发优势"理论，其认为经济上的相对落后在特定条件下反而有助于实现经济的爆发性增长，媒介产业由于自身的特点具备后发优势的潜力，因为东帝汶是欠发达国家，其媒介对社会体制和人民生活的影响可能还未充分显现，由传统走向现代还需要一个过程，这正是媒介人类学观察和研究的富矿。

三、我国研究现状及评述

在国家图书馆文津搜索上以"东帝汶"为关键词进行搜索③，仅检索到 15 本著作。其中 2 本是地图册；7 本是与其他国家的合集（主要是印度尼西亚），对东帝汶基本情况进行了简单介绍；其余的 6 本是专门针对东帝汶的研究著作，《檀香与鳄鱼》和《东帝汶》专门介绍了东帝汶的概况，《东帝汶史纲》是"东南亚各国史纲"丛书中研究东帝汶历史的著作，《东帝汶维和亲历记》是徐志达记录其到东帝汶参加联合国维和行动全部过程的著作，《"一带一路"国别法律研究（第三辑） 东帝汶》是中国国际贸易促进委员会法律事务部所著的"一带

---

① 郭镇之. 中国电视走向东南亚[J]. 南方电视学刊，2012，（6）：45-49.
② [美]杜赞奇. 全球现代性的危机——亚洲传统和可持续的未来[M]. 黄彦杰译. 北京：商务印书馆，2017.
③ 搜索日期为 2023 年 1 月 10 日。

一路"国别法律研究著作，《东方王朝》（*Oriental Dynasty*）是英国作家诺曼·路易斯（Norman Lewis）所著、薛璞翻译的游记。

我国研究东帝汶的论文要比著作丰富得多。1999 年 1 月，印度尼西亚总统哈比比在内外压力下同意东帝汶通过全民公决选择自治或脱离印度尼西亚，同年 8 月 30 日东帝汶人民投票选择脱离印度尼西亚独立，随后亲印度尼西亚的民兵组织在印度尼西亚军方的默许和暗中支持下在东帝汶发动了大屠杀，这一事件直接导致联合国维和部队进驻东帝汶，我国亦参与了联合国维和行动，这些因素促使东帝汶研究开始受到国内学者的重视。2002 年 5 月 20 日东帝汶民主共和国正式成立，我国成为第一个与东帝汶建交的国家，受此影响，我国学者开始了又一轮介绍东帝汶国家概况、分析东帝汶民族独立进程的研究工作。2012 年以后关于东帝汶的研究成果产出维持在一个相对较高的水平上，这与我国相继提出的"一带一路"倡议和"构建人类命运共同体"理念有很大关系。

从研究层次来看，目前我国关于东帝汶的研究论文绝大多数是基础研究、政策研究及行业指导研究，研究层次相对较低，基本上停留在情况介绍层面，缺乏深层次的理论建构。

我国关于东帝汶的研究论文大多是从东帝汶"本体"出发，主要集中在以下几个议题。第一，介绍东帝汶问题的来龙去脉，分析东帝汶走向民族国家的具体进程。温北炎从东帝汶问题的由来、印度尼西亚对东帝汶的侵占、印度尼西亚与美澳的利益冲突、全民公决后东帝汶的发展趋势四个方面介绍了东帝汶问题的来龙去脉。[①]王文奇在考察了东帝汶 1974—2002 年走向民族国家的进程后发现，东帝汶的命运在很大程度上是被大国力量和国际环境所形塑的，甚至东帝汶人民的反抗也是印度尼西亚的高压政策所催生的。[②]鲁虎从宗教、历史等方面考察了东帝汶走向独立的原因和进程，认为东帝汶问题是战后非殖民化进程中的特殊遗留问题，东帝汶的独立是势所必然。[③]第二，东帝汶的华人社会研究。鲁虎通过人口、社会、政治和经济四个方面的分析，勾勒出了东帝汶华人社会发展的轮廓，认为印度尼西亚的入侵摧毁了当地的华人社会，东帝汶的华人在国家建设中面临着重新定位的局面，这一历史性过程的开始要比东南亚其他国家和地区的华人晚了整整半个世纪。[④]第三，东帝汶的语言问题。郑蔚康分析了东帝汶语言问题的

① 温北炎. 东帝汶问题的来龙去脉[J]. 东南亚研究，1999，（6）：18-21.
② 王文奇. 被塑造的小角色——东帝汶走向民族国家的进程（1974~2002）[D]. 吉林大学，2007.
③ 鲁虎. 东帝汶问题的由来与演变[J]. 世界历史，2000，（2）：96-101.
④ 鲁虎. 东帝汶问题的由来与演变[J]. 世界历史，2000，（2）：96-101.

历史和现状，认为东帝汶的语言教育应从两方面着手，一是要提倡英语和葡萄牙语教学，为东帝汶打开了解世界和被世界了解的窗口，二是从本国语言实际出发，加强东帝汶民众对于本民族语言的学习以保护民族性。① 蓝博等分析了在"一带一路"背景下，东帝汶的语言政策和语言教育情况，并在宏观、中观、微观层面上提出了中国与东帝汶合作的语言选择建议。② 涂瀚文等从国家认同的视角出发，分析了东帝汶语言教育政策实施的困境。③ 第四，将东帝汶视为东南亚区域安全治理的成功范例。张云认为后殖民主义的相关理论已不足以解释东南亚的安全治理，从区域治理理论入手，既能合理解释东南亚地区的治理问题，又能客观评估东盟的安全机制。④ 第五，东帝汶与中国的关系研究。李开盛等回顾了中国与东帝汶交往的历程，对两国的关系发展进行了展望，认为中国与东帝汶的关系尽管发展势头良好，但其内容还有待进一步充实，双方在政治、经济、外交等方面的合作都还需要加强。⑤ 刘新生对中国与东帝汶建立外交关系的 10 年进行了回顾和展望，认为建交以来两国始终坚持真诚友好、平等相待、相互支持、共同发展的原则，双边关系得到了稳步发展。⑥

从硕博论文来看，在中国知网以"东帝汶"为关键词进行检索，共检索到硕博论文 24 篇，其中博士学位论文 2 篇，分别为谢磊的《国际干预行动中的退出战略研究》和柯卫东（Azevedo L.D.C.Marcal）的《外债余额的决定因素和债务可持续性分析；对东帝汶的启示》。谢磊的研究以联合国在东帝汶的退出政策和在索马里的退出政策为例，在借鉴正义战争理论的基础上，对这一理论的框架进行了一定修正，具体提出了"正义干预"的主张。⑦ 柯卫东以东帝汶为例，分析了外债余额的决定因素和债务的可持续性问题。⑧

硕士学位论文有 22 篇。其中 5 篇聚焦于帝汶海的国际海洋争端和强制调节制度问题；9 篇把东帝汶置于大国关系的框架下，研究东帝汶与澳大利亚之间、

---

① 郑蔚康. 东帝汶的语言问题及其对教育的影响[J]. 东南亚研究，2009，（2）：87-92.
② 蓝博，陈美华. "一带一路"背景下中国与沿线国家合作的语言选择思考——以东帝汶为例[J]. 翻译论坛，2018，（2）：67-73.
③ 涂瀚文，吴坚，马早明. 国家认同视角下东帝汶语言教育政策实施困境分析[J]. 比较教育研究，2021，43（4）：97-104.
④ 张云. 东南亚区域安全治理研究：理论探讨与案例分析[J]. 当代亚太，2017，（4）：122-151，156.
⑤ 李开盛，周琦. 中国与东帝汶关系的历史、现状及前景[J]. 东南亚纵横，2004，（2）：61-65.
⑥ 刘新生. 平等相待真诚友好——中国与东帝汶建立外交关系 10 周年回顾与展望[J]. 东南亚纵横，2012，（5）：3-5.
⑦ 谢磊. 国际干预行动中的退出战略研究[D]. 中共中央党校，2015.
⑧ 柯卫东. 外债余额的决定因素和债务可持续性分析；对东帝汶的启示[D]. 首都经济贸易大学，2014.

东帝汶与中国之间的关系，以及美国与澳大利亚等西方国家的政策对东帝汶的影响等等；5 篇聚焦东帝汶自身的独立过程、接受国际援助情况等问题；其余 3 篇为自然科学的相关研究。

　　总体来讲，我国的研究多从东帝汶本身的国情出发，对其独立进程、教育、语言结构、宗教情况进行"本体"的研究。但是，研究的系统性差，缺少中层理论建构。

　　我国的研究对东帝汶媒体的关注度不高，还有很大的研究空间。与东帝汶媒介传播研究直接相关的仅有 3 篇论文，王以俊在文章中介绍了东帝汶第一家印刷厂——东帝汶独立印刷厂从建设到投入运营的过程，同时，对东帝汶的媒介发展进行了简要评价，认为东帝汶的媒体业即便以亚太地区其他欠发达国家的标准来衡量都是落后的。该行业的基本特征是借助捐赠者对媒体的援助来维持运营。东帝汶有 1/3 的人读报，报纸的利用率惊人，大部分专业新闻工作者供职于印刷媒体部门，而不是正处于无线电广播部门。[1]黄鸣奋教授在考察赛博虚拟世界时提到了"虚拟东帝汶"，系印度尼西亚侵占东帝汶后，由爱尔兰网络服务提供商 Connect Ireland 与在爱尔兰成立的东帝汶独立组织"东帝汶之战"配合，在因特网上建立的虚拟国家，这个虚拟国家的诞生，为东帝汶人宣传自己的政治主张提供了平台，但也遭到反对其主张的黑客的攻击，"虚拟东帝汶"仅仅维持了 12 个月就在网络上被攻陷。[2]以泛媒介的观点来看，文化遗产也算是一种媒介形式，徐婉君等在对东南亚文化遗产保护和利用现状的分析中提到了东帝汶的文化遗产保护现状，指出东帝汶对文化遗产进行保护时主要依赖国际组织提供资金与技术支持。[3]

四、相关研究可能会遇到的困难

　　东帝汶媒介传播研究可能会遇到的困难主要有以下两个方面。

　　第一，东帝汶经济发展水平落后，2022 年非油气国内生产总值 16.52 亿美元，非油气人均国内生产总值 1233 美元，被联合国列为全球最不发达国家之一。不仅如此，东帝汶国土面积小，人口仅 134 万[4]，且建国时间短，被葡萄牙殖民

---

①　王以俊. 东帝汶印刷媒体业简介[J]. 印刷世界，2011，（1）：60-61.
②　黄鸣奋. 电子边疆艺术：想象与现实的会聚[J]. 文史哲，2005，（4）：76-81.
③　徐婉君，杜晓帆. 东南亚文化遗产保护利用现状探析[J]. 中国文化遗产，2019，（2）：77-84.
④　东帝汶国家概况[EB/OL]. （2023-11）[2023-12-10]. http://www.mfa.gov.cn/web/gjhdq_676201/gj_676203/yz_676205/1206_676428/1206x0_676430/.

统治前东帝汶也是以部落为主，谈不上有什么统一的文化认同和民族认同，这些因素都导致东帝汶媒介发展的空间相对窄小，媒介发展不充分。

第二，东帝汶 2019 年小学入学率 91.5%，中学入学率 65.8%，2018 年 15 岁以上成人识字率 68.1%。[①]整体来看，东帝汶的教育水平不高，文盲率较高，这会给媒介使用情况调查的开展带来一定的困难。

但是，困难总是与机遇并存的，笔者通过对东帝汶研究文献的梳理发现，东帝汶的媒介研究有很大的空间。而且作为一个后发国家，东帝汶正在经历着媒介的发展，一些在成熟媒介社会被视为理所当然的社会事实在东帝汶还没有出现或正在逐步浮出水面。研究东帝汶的媒介传播，有利于我们回归媒介本身去考察媒介建构世界观和民族想象的方式。

参 考 文 献

桂久强. 东帝汶事件后印（尼）澳关系走向及其影响[J]. 东南亚研究，2000（2）：14-16.

柯卫东. 外债余额的决定因素和债务可持续性分析；对东帝汶的启示[D]. 首都经济贸易大学，2014.

李开盛，周琦. 中国与东帝汶关系的历史、现状及前景[J]. 东南亚纵横，2004，（2）：61-65.

刘鹏. 冷战后澳大利亚对东帝汶政策的评析[J]. 东南亚南亚研究，2009，（2）：17-21，91.

刘鹏. 冷战后澳大利亚对东帝汶政策的转变：原因及其影响[D]. 暨南大学，2008.

牛仲君. 中国参与东帝汶维和的原因及立场分析[J]. 外交评论（外交学院学报），2007，（2）：48-53.

师展. 冷战后澳大利亚参与国际和平行动分析[D]. 外交学院，2015.

涂潇文，吴坚，马早明. 国家认同视角下东帝汶语言教育政策实施困境分析[J]. 比较教育研究，2021，43（4）：97-104.

王琛. 1974—1976 年美国对印度尼西亚的外交政策：以东帝汶危机为中心[D]. 江西师范大学，2015.

王文奇. 被塑造的小角色——东帝汶走向民族国家的进程（1974～2002）[D]. 吉林大学，2007.

温北炎. 东帝汶问题的来龙去脉[J]. 东南亚研究，1999，（6）：18-21.

张宁容. 建交以来的中国与东帝汶关系[D]. 广东外语外贸大学，2016.

张鹏. 从东帝汶问题的历史演变看澳大利亚的"南太平洋主义"[D]. 外交学院，2001.

Andrew McWilliam, Lisa R. Palmer, Christopher Shepherd. Lulik encounters and cultural frictions in East Timor: Past and present[J]. *Australian Journal of Anthropology*, 2014, 25(3): 304-320.

---

① 东帝汶国家概况[EB/OL]. （2023-11）[2023-12-10]. http://www.mfa.gov.cn/web/gjhdq_676201/gj_676203/yz_676205/1206_676428/1206x0_676430/.

Céu Oliveira Baptista, Teresa S. Dias, Nuno Corte-Real, et al. Constructing agents of change through the model of Personal and Social Responsibility (TPSR): A study of physical education in East Timor[J]. *International Journal of Sports Science*, 2019, 9(1): 8-16.

Claire Q. Smith. Liberal and illiberal peace-building in East Timor and Papua: Establishing order in a democratising state[J]. *Conflict, Security & Development*, 2020, 20(1): 39-70.

Clinton Fernandes. Asia-Pacific: Espionage against East Timor and the need for parliamentary oversight[J]. *Alternative Law Journal*, 2017, 42(1): 71-73.

James Scambary. In search of White Elephants: The political economy of resource income expenditure in East Timor[J]. *Critical Asian Studies*, 2015, 47(2): 283-308.

Lisa Palmer. Divided loyalties: Displacement, belonging and citizenship among East Timorese in West Timor[J]. *Asia Pacific Journal of Anthropology*, 2020, 21(2): 182-184.

Rebecca Strating. *Social Democracy in East Timor*[M]. London: Routledge, 2015.

Sinfree Bullock Makoni, Cristine Severo. Lusitanization and Bakhtinian perspectives on the role of Portuguese in Angola and East Timor[J]. *Journal of Multilingual and Multicultural Development*, 2015, 36(2): 151-162.

Vandra Harris, Andrew Goldsmith. *Security, Development and Nation-Building in Timor-Leste: A Cross-Sectoral Assessment*[M]. London: Routledge, 2013.

（胡曙光、郭布涵、李玉碧）

作者简介：

胡曙光：云南师范大学传媒学院副教授，博士，硕士生导师；

郭布涵：云南师范大学传媒学院新闻与传播专业硕士研究生；

李玉碧：云南师范大学传媒学院新闻学专业硕士研究生。

第十章　尼泊尔媒介传播研究综述

第一节　尼泊尔电影研究综述

笔者通过中国知网、全国图书馆参考咨询联盟、谷歌学术等学术平台，以及中国新闻网、尼泊尔电影发展部的官方网站等渠道，共搜集到有效文献 78 篇，具体包括：中文文献 21 篇（期刊论文 4 篇、年鉴文章 2 篇、报纸文章 15 篇），英文文献 57 篇（期刊论文 48 篇、硕士学位论文 3 篇、博士学位论文 1 篇、会议论文 3 篇、报纸文章 1 篇、来源于网络资源的论文 1 篇）（时间截止到 2023 年 12 月）。综合来看，我国学者对尼泊尔电影的研究处于起步阶段，成果不多，主要关注的是尼泊尔早期影片和尼泊尔电影的发展历史。国外学者对尼泊尔电影的研究，主要从尼泊尔电影的历史和尼泊尔电影与社会文化的关系角度展开，其中女性主义理论和社会阶层理论的研究较为突出。

一、我国学者对尼泊尔电影的早期研究和媒体报道

我国学者对尼泊尔电影的研究处于起步阶段，主要研究尼泊尔早期影片和尼泊尔电影的发展历史，其中《〈朱砂〉轰动尼泊尔》《〈新杜尔〉——深受观众欢迎的尼泊尔第一部彩色故事片》《在新形势下探索尼泊尔电影的历史和现状》《尼泊尔经典电影〈朱砂情〉的音乐特征与异域风情》比较有代表性。此外，我国媒体对尼泊尔电影的报道较多，中尼电影交流活动是报道的主要内容，报道媒体主要是新华社和中国新闻网。

《〈朱砂〉轰动尼泊尔》是对《朱砂》这一影片情节的描述[①]。孙玉成的《〈新杜尔〉——深受观众欢迎的尼泊尔第一部彩色故事片》一文结合尼泊尔的文化习俗对《新杜尔》这部影片在尼泊尔引起广泛轰动的社会文化原因进行分析。[②]马冬和王珊在《在新形势下探索尼泊尔电影的历史和现状》一文中比较全

---

① 《朱砂》轰动尼泊尔[J]. 电影之友，1982，（3）：27-28.

② 孙玉成. 《新杜尔》——深受观众欢迎的尼泊尔第一部彩色故事片[J]. 电影评介，1983，（10）：34.

面地梳理了尼泊尔电影的发展历史。该文梳理阐述了 20 世纪 90 年代之前、20 世纪 90 年代到 2006 年、2006—2010 年三个时间段尼泊尔电影的发展情况，为我们了解尼泊尔电影建立了较好的文献基础。①

通过各种报纸信息和媒体报道，我们可以发现中尼两国电影交流非常密切，特别是中方在尼泊尔举办的各种电影节、电影周等活动极大地促进了尼泊尔人民对中国电影和中国文化的了解。此外中方还与尼泊尔在电影拍摄上进行合作。国内较早的一篇关于尼泊尔电影的新闻报道是《我在尼泊尔举办"中国电影周"受到热烈欢迎》②，主要介绍了我国驻尼泊尔大使馆在加德满都兰珈纳电影院举办了"中国电影周"活动。年鉴文章《尼泊尔举办中国电影周》《驻尼泊尔大使杨厚兰在 2012 尼泊尔中国电影节上的讲话》，报纸消息《我驻尼泊尔大使举行电影招待会放映〈红旗渠〉和〈南京长江大桥〉两部影片》《我驻尼泊尔大使代表中国对外友协向尼泊尔儿童电影协会赠送一套电影放映机》《尼泊尔举办国际高山电影节》《尼泊尔将举办第八届国际高山电影节》《2010 中国电影节在尼泊尔开幕》《尼泊尔经典电影〈朱砂情〉的音乐特征与异域风情》《陈松大使出席第六届尼泊尔国际电影节开幕式》，媒体报道《第五届加德满都国际高山电影节闭幕》《首届尼泊尔校园中国电影周在加德满都拉开帷幕》《第二届尼泊尔校园中国电影节拉开帷幕》《中国电影节活动在尼泊尔举行》《庆祝中华人民共和国成立 70 周年电影展在尼泊尔举办》等均是对中国在尼泊尔举办的电影交流会、电影节、电影周等各种交流活动，以及尼泊尔举办的电影活动的报道。自"2000 年以来，中国驻尼泊尔使馆每年在尼举办中国电影节，其目的就是为尼泊尔民众提供通过中国电影了解中国文化的渠道"③。除了我国驻尼泊尔大使馆在尼泊尔举办中国电影节，尼泊尔中国文化中心于 2016 年开始举办尼泊尔校园中国电影节。

二、国外学者对尼泊尔电影的研究

国外学者针对尼泊尔电影的研究较为深入，研究内容主要包括以下两个方面：尼泊尔电影历史（尼泊尔电影的发展、电影审查委员会的历史、尼泊尔电影与印度电影的关系）；尼泊尔电影文化（电影消费与阶层建构、性别变化、身份特征、女性主义视角下的尼泊尔电影）。此外还有关于尼泊尔电影的社会作用、

---

① 马冬，王珊. 在新形势下探索尼泊尔电影的历史和现状[J]. 北京电影学院学报，2018，（3）：59-63.

② 我在尼泊尔举办"中国电影周"受到热烈欢迎[N]. 参考消息，1961-09-14.

③ 张晨翼. 2017 年中国电影节活动在尼泊尔首都举行[EB/OL].（2017-04-17）[2020-04-05]. https://www.chinanews.com.cn/yl/2017/04-07/8193873.shtml.

尼泊尔电影歌曲和电影评论的语言学分析、尼泊尔的传播政策的研究。研究者中既有尼泊尔本土的研究者，特别是尼泊尔特里布文大学的研究者，也有其他国家的研究者。本节关于国外学者对尼泊尔电影的研究的综述主要从以下三个方面展开：一是尼泊尔电影发展史研究，二是女性主义视角下的尼泊尔电影，三是阶层分析视角下的尼泊尔电影。

（一）尼泊尔电影发展史研究

在关于尼泊尔电影研究的文献中，占比最高的就是关于尼泊尔电影发展史的研究，具体来说可以分为以下三个方面：一是尼泊尔民众的观影历史，二是尼泊尔电影的历史发展脉络，三是尼泊尔电影审查历史。这实际上是遵循电影的生产、审查和放映这一流程对尼泊尔电影进行全面研究的。美国伊利诺伊州立大学的历史与人类学教授马克·莱希特（Mark Liechty）是一名南亚专家，他的研究方向是尼泊尔的历史和现代文化，他对尼泊尔电影的历史发展和尼泊尔观影文化、录像消费进行了详细的研究。日本京都大学全球区域研究部门的哈莎·曼·马哈然（Harsha Man Maharjan）对尼泊尔电影审查历史有着细致的阐述。

因为在尼泊尔第一部本土电影诞生前，尼泊尔就已经引入电影了，大部分是来自印度的印地语电影，所以在关于尼泊尔电影发展史的研究中，研究者首先关注了到尼泊尔第一部本土电影诞生前的观影历史。《国家控制机器：尼泊尔电影审查委员会的历史》（"Machinery of State Control: History of Cinema Censor Board in Nepal"）是对尼泊尔电影审查制度的研究，但在其第一部分拉纳时期的电影审查研究中，作者首先阐述了电影是如何进入尼泊尔的。1901 年，昌德拉·沙姆舍尔·江格·巴哈杜尔·拉纳（Chandra Shamsher Jang Bahadur Rana）成为尼泊尔首相，其在加德满都的一个阅兵场举办了一场电影放映活动，进行为期一周的默片放映。从这时起，尼泊尔人开始接触电影。在这场电影放映活动中，普通民众也可观看电影，但在之后的很长一段时间里只有拉纳家族的精英们才可以观看电影。[①]直到 1949 年 11 月 26 日，第一个面向公众开放的电影院贾纳塞瓦才在加德满都商业区成立。但实际上在 1901—1949 年的这段时间里，普通民众也是有机会接触到电影的，他们在印度得到了观看电影的机会。《加德满都电影和录像观看的社会实践》（"The Social Practice of Cinema and

---

① Harsha Man Maharjan. Machinery of state control: History of Cinema Censor Board in Nepal[J]. *Bodhi An Interdisciplinary Journal*, 2012, 4(1): 168-190.

Video-Viewing in Kathmandu"）就阐述了这段历史，加德满都的居民从到印度出差或朝圣归来的人们那里听说了电影，他们渴望体验这被禁止的奇观。作者莱希特还援引了一位来自历史悠久的尼泊尔贸易家族的年长者的叙述，在他还是个孩子的时候（20 世纪 30 年代），曾热切地期待着从印度归来的家人，"他们谈论的第一件事就是他们在印度看到的电影，在那里人们可以看到马在奔跑、人在打斗、车辆在行驶——所有一切都是在一块布上呈现"。[1]

拉纳时期的电影是由拉纳精英们控制的，贾纳塞瓦影院也不例外。当看电影成为拉纳统治者亲戚的习惯时，这些人请求拉纳首相允许他们经营影院。[2]贾纳塞瓦影院大多数时候是用来放映宗教电影的，人们渴望看电影，但普通民众直到 1951 年才被允许进入大厅。拉纳统治期间采购人员常常从印度加尔各答购买电影。

在拉纳家族统治时期，统治者长期实行闭关锁国和愚民政策，并遏制言论与出版的自由，人民得不到受教育的机会，无法与外界交往，尼泊尔社会停滞不前，人民生活十分贫困，因此社会面临着变革。1950 年，尼泊尔人民掀起反对拉纳家族专政的运动，特里布文国王恢复王权，结束拉纳家族统治，实行君主立宪制。自此，拉纳家族长久的独裁统治告终。那么在尼泊尔恢复王权之后，尼泊尔的观影文化是怎样的？尼泊尔民众都看什么电影？《加德满都电影和录像观看的社会实践》除了对拉纳时期的观影文化进行介绍外，还阐述了 20 世纪 60 年代和 70 年代的尼泊尔观影文化，以及 20 世纪 80 年代的录像热潮。在许多加德满都城市居民的记忆中，20 世纪 70 年代是观看电影的黄金年代。在 20 世纪 60 年代和 70 年代，加德满都的电影院囊括了当地社会的从人力车夫到政府官员的所有阶层，当时尼泊尔最常见的电影是印地语电影，偶尔也有英文电影。[3]《国家控制机器：尼泊尔电影审查委员会的历史》描述了 1951 年后大量的私人影院涌现。

但随着 20 世纪 70 年代末录像技术的出现和 20 世纪 80 年代初录像的繁荣，这一切都发生了巨大变化。1978 年，政府改变了贸易规则，允许人们引进录像技术。莱希特通过对尼泊尔民众托德·刘易斯（Todd Lewis）的采访，为我们

① Mark Liechty. The social practice of cinema and video-viewing in Kathmandu[J]. *Studies in Nepali History and Society*, 1998, 3(1): 87-126.

② Harsha Man Maharjan. Machinery of state control: History of Cinema Censor Board in Nepal[J]. *Bodhi An Interdisciplinary Journal*, 2012, 4(1): 168-190.

③ Mark Liechty. The social practice of cinema and video-viewing in Kathmandu[J]. *Studies in Nepali History and Society*, 1998, 3(1): 87-126.

描述了当时的录像热潮。刘易斯目睹了加德满都录像热潮的到来，他说几乎一夜之间 150 台盒式磁带录像机（video cassette recorder，VCR）就在当地市场上销售一空。企业家们开设了录像沙龙，几乎有十个月不分昼夜挤满了人。[①]加德满都的录像消费的兴起使看电影成为一种真正流行的大众现象。在录像消费中，最流行的一类是黄色录像，学者马哈然指出了这类黄色录像背后的政治意义。[②]

20 世纪 90 年代尼泊尔进入大众传媒时代，电视、平面媒体、电影、国际音乐在尼泊尔疯狂蔓延。《"学习现代"：加德满都的大众媒体和身份认同》（"'Learning to Be Modern': Mass Media and Identity in Kathmandu"）就描述了 20 世纪 90 年代尼泊尔的这种盛况，普及的录音带播放器、当地繁荣的录音工业以及与新加坡和泰国的主要盗版录音工厂的直接联系，使得加德满都谷地沉浸在商业音乐的潮流中，印地语电影歌曲、尼泊尔流行歌曲和传统的民间音乐盛行。伴随着这股商业音乐的洪流，兜售最新的印地语和尼泊尔语的电影作品的广告牌布满了这座城市，数百家录像带租赁商店为加德满都的中产阶级源源不断地提供来自全世界的大众娱乐产品。[③]

在前述的观影历史中，尼泊尔民众看到的大部分是印地语电影，本土电影非常少。那么本土电影的历史是怎样的？本土电影与印地语电影、印度电影工业的关系是怎样的？《尼泊尔电影中的女性呈现》（"Portrayal of Women in Nepali Movies"）、《尼泊尔电影工业》（"Film Industry in Nepal"）、《南亚情节剧：探索该地区的本地电影》（"Melodramatic South Asia: In Quest of Local Cinemas in the Region"）[④]对这部分内容进行了详细分析。《尼泊尔电影中的女性呈现》对尼泊尔电影的历史发展脉络进行了总体的描述，具体分析了第一部尼泊尔本土电影《哈里什钱德拉王》、第一部在尼泊尔拍摄的尼泊尔语电影《母亲》、尼泊尔皇家电影公司（Royal Nepal Film Corporation，RNFC）的贡献、宝莱坞电影在尼泊尔的渗透、尼泊尔电影的角色设置等等。[⑤]

① Narendra R. Panday. Film Industry in Nepal[EB/OL]. (1988-01-26)[2020-04-05]. https://dr. ntu. edu. sg//handle/10356/86139.

② Harsha Man Maharjan. Machinery of state control: History of Cinema Censor Board in Nepal[J]. *Bodhi An Interdisciplinary Journal*, 2012, 4(1): 168-190.

③ Mark Liechty. "Learning to be modern": Mass media and identity in Kathmandu[J]. *Studies in Nepali History and Society*, 2006, 11(1): 3-29.

④ Dev N. Pathak. Melodramatic South Asia: In quest of local cinemas in the region[J]. *Journal of Human Values*, 2017, 23(3): 167-177.

⑤ Nirmala Adhikari. Portrayal of women in Nepali movies[D]. University of Oslo, 2018.

但这篇文章是对尼泊尔电影发展历史的总体概述，具体的细节并未呈现。尼泊尔电影发展部的官方网站对于尼泊尔电影发展历史的具体细节有着详细描述。恢复王权之后，尼泊尔人民在民主、法治和人权等方面获得了较多权利，电影业得到了解放，随后尼泊尔的第一部本土电影诞生。1951 年，居住在印度的尼泊尔人 D. B. 帕里雅尔（D. B. Pariyar）拍摄了第一部尼泊尔本土电影《哈里什钱德拉王》，哈里什钱德拉是印度历史上一位为真理而献身的国王，影片拍摄于印度加尔各答，1951 年 9 月 14 日上映。由尼泊尔政府信息部制作的《母亲》是第一部在尼泊尔制作的尼泊尔语电影，于 1964 年 10 月 7 日上映。在接下来的几年很少有电影被制作出来。1964—1970 年，私营公司只生产了一部电影《女孩之家》，这部电影是尼泊尔第一部由私营公司制作的影片，1966 年末上映。该片由苏蒙南加里有限公司制作，由 B. S. 塔帕（B. S. Thapa）导演，主演为印度女演员玛拉·辛哈（Mala Sinha）和尼泊尔男演员 C. P. 鲁哈尼（C. P. Lohani），后来两人在现实中结为夫妻。[①]

　　在尼泊尔电影发展初期，电影工业的发展很大程度上是依赖政府的努力，20 世纪 60 年代和 70 年代政府是如何推动电影制作的？《尼泊尔电影工业》对这部分内容有着详细的阐述。《母亲》是第一部在尼泊尔制作的尼泊尔语电影，由尼泊尔政府信息部制作，其目的是推动尼泊尔电影发展，吸引更多的人进入电影行业，可惜最终失败了，当时投资者不愿意把他们的钱投入一个未知的行业，这一点不难理解。一方面，当时投资者的资金不容易获得；另一方面，他们有更紧迫的需求和更好的投资机会，利润更有保障。此外，电影制作是一项繁重的工作。由于当时的尼泊尔缺乏设备、工作室和进口原材料的渠道，以及最繁琐的是必须将电影胶片带到国外印刷、剪辑和录制歌曲，因此电影并不具有商业吸引力，只有能负担起费用并能处理相关后勤问题的机构才能冒险进行电影制作。[②]

　　但是政府并没有放弃努力，1971 年尼泊尔政府启动了国家传播计划，极大地推动了大众传媒的发展，其中包括建立一个半政府性质的尼泊尔皇家电影公司，该公司推动了尼泊尔电影的制作，提高了尼泊尔电影的质量。《尼泊尔电影工业》阐释了尼泊尔皇家电影公司的各种举措以及国家的政策。尼泊尔皇家电影公司通过与私营部门建立合资企业，吸引了新企业家进入电影业。在 5 年左右的时间里，尼泊尔出现了一批电影制作公司，从几乎为零增加到近 80 家。这也与

① History of cinema in Nepal[EB/OL]. [2020-04-25]. http://www.film.gov.np/history-of-cinema-in-nepal/.

② Narendra R. Panday. Film industry in Nepal[EB/OL]. (1988-01-26)[2020-04-05]. https://dr. ntu. edu. sg//handle/10356/86139.

政府的一项政策有关，即电影制作者可以从电影放映期间的门票中获得 50% 的娱乐税，该政策极大地降低了电影制作的风险。[①]尽管尼泊尔电影有了一定的起色，但其制作很大程度上是依赖印度电影工业。《尼泊尔电影中的女性呈现》、《尼泊尔电影工业》、《南亚情节剧：探索该地区的本地电影》、《在印度的大伞下？尼泊尔的宝莱坞舞蹈》（"Under India's Big Umbrella? Bollywood Dance in Nepal"）均提到了这一点。在尼泊尔电影发展初期，电影胶片的印刷都是在印度、孟加拉国或泰国完成的。尼泊尔观众接触了大量的印度电影，他们将尼泊尔电影与印度电影进行比较。尼泊尔电影人制作电影时也是模仿印度电影，很难确立自己的地位、建立自己的角色和身份以及引领新的潮流。以《母亲》为例，这部电影中的音乐、舞蹈、服装和戏剧性叙事，很大程度上是对印度情节剧电影的复制。[②]《在印度的大伞下？尼泊尔的宝莱坞舞蹈》具体描述了印度电影在尼泊尔人民生活中的流行程度。随着媒介技术的创新，各种各样的卫星电视频道、私营广播、家用录像带加快了印度电影、电视剧在尼泊尔的传播，使得印地语电影和电视剧在尼泊尔城市中心无处不在。今天，印度的卫星电视和有线网络通过数个频道将宝莱坞电影、新闻、音乐录影等直接传输到尼泊尔的城市居民家中。[③]直到今天，印度电影仍然在尼泊尔电影院占据着主导地位。尼泊尔电影人在印度电影的笼罩下努力寻找自身的存在。

自 1990 年以来，尼泊尔电影工业迅速发展。《尼泊尔电影中的女性呈现》指出 1990 年以后，尼泊尔电影的生产、发行速度加快，电影和影院数量也快速增加，在三年的时间里共发行了 140 部电影，建造了 300 多座电影院。[④]

最后一个问题是尼泊尔电影的审查历史，对这个问题进行专门研究的只有一篇文章《国家控制机器：尼泊尔电影审查委员会的历史》，《加德满都电影和录像观看的社会实践》涉及了拉纳时期的电影审查。1932—1945 年，朱达·沙姆舍尔·江格·巴哈杜尔·拉纳（Juddha Shamsher Jang Bahadur Rana）担任尼泊尔首相，他对电影进行严格控制，尼泊尔的普通民众几乎接触不到电影。拉纳家族的精英们意识到自己的权威依赖于英国在印度的势力，他们牢牢控制着加德满都

---

① Narendra R. Panday. Film industry in Nepal[EB/OL]. (1988-01-26)[2020-04-05]. https://dr. ntu. edu. sg//handle/10356/86139.

② Dev N. Pathak. Melodramatic South Asia: In quest of local cinemas in the region[J]. *Journal of Human Values*, 2017, 23(3): 167-177.

③ Sangita Shresthova. Under India's big umbrella? Bollywood dance in Nepal[J]. *South Asian Popular Culture*, 2010, 8(3): 309-323.

④ Nirmala Adhikari. Portrayal of women in Nepali movies[D]. University of Oslo, 2018.

谷地之外的所有信息，禁止尼泊尔普通民众或外国人随意进出谷地，严格控制书籍、报纸、电影等的流通。朱达最担心的是在电影中出现一种外部世界意识，这种意识不再由尼泊尔精英们支配。[①]尼泊尔恢复王权后，新成立的政府在 1951 年 8 月将电影院收归国有，还成立了一个由 7 名成员组成的电影审查委员会。1951 年 10 月 1 日，《尼泊尔公报》（Nepal Gazette）公布了电影审查委员会会议制定的电影审查规则，我们大体上可以从以下五个方面阐述这些规则：性、犯罪、政治、电影管理和观众安全。但这些规则不够明确，直到 1969 年 9 月 4 日，政府公布了关于电影制作、放映、发行的法案，该法案规定了电影认证和不认证的四个标准。[②]电影审查委员会如果发现电影对国王或王室构成了威胁、危及了尼泊尔王国的安全与和平、破坏了和谐的外交关系、伤害了各种种姓部落，那么可以修改电影的场景。马哈然采访了当时的电影从业人员奇坦·卡克（Chetan Kark），卡克曾经在政府信息部工作，后来在尼泊尔皇家电影公司工作。他说在村务委员会时期，尼泊尔电影在印度制作，但需要印度审查委员会的证书。因此大多数尼泊尔电影获得了印度的证书，尼泊尔电影审查委员会也批准了这些证书。[③]

（二）女性主义视角下的尼泊尔电影

外国学者对尼泊尔电影研究的理论视角中比较突出的一个就是女性主义视角，研究者具体关注了电影中的女性角色呈现和女性成为影视消费对象等相关问题。挪威奥斯陆大学媒体与通信学院的硕士研究生尼马拉·阿迪卡里（Nirmala Adhikari）对尼泊尔电影的女性问题有着深入的研究，这也与阿迪卡里本身就是尼泊尔人有着密切关系。尼泊尔特里布文大学的哲学硕士尤巴·拉吉·苏贝迪（Yuba Raj Subedi）关注到了尼泊尔电影海报是如何商品化女性身体进而满足大众消费的。印度贾瓦哈拉尔·尼赫鲁大学的艺术与美学硕士迪斯基·卡基（Dishki Karki）的研究方向是尼泊尔艺术，她对尼泊尔电影中女性角色的呈现进行了详细分析。

阿迪卡里选取了尼泊尔过去 30 年来 3 部热门的爱情电影《藏红花手帕》《镜子》《比尔·比克兰》，使用劳拉·穆尔维（Laura Mulvey）的男性凝视理

---

① Mark Liechty. The social practice of cinema and video-viewing in Kathmandu[J]. *Studies in Nepali History and Society*, 1998, 3(1): 87-126.

② Harsha Man Maharjan. Machinery of state control: History of Cinema Censor Board in Nepal[J]. *Bodhi An Interdisciplinary Journal*, 2012, 4(1): 168-190.

③ Harsha Man Maharjan. Machinery of state control: History of Cinema Censor Board in Nepal[J]. *Bodhi An Interdisciplinary Journal*, 2012, 4(1): 168-190.

论、西蒙娜·德·波伏娃（Simone de Beauvoir）的第二性理论、达芙妮·斯佩恩（Daphne Spain）的性别空间理论阐释这 3 部电影中女性形象的呈现和变化，使用文本分析法去分析场面调度中各种文本和图像要素，为全球女性电影的研究提供了尼泊尔视角：尼泊尔电影中过去和现在对女性的描绘并没有改变，女性始终扮演传统的刻板角色，如家庭主妇、男人的照顾者、欲望的对象，而男性继续主导家庭、工作场所和公共空间。①

《女性身体的商品化：尼泊尔电影海报研究》（"Commodification of Female Body: A Study of Nepali Film Posters"）关注尼泊尔电影海报中女性的身体是如何被呈现和塑造的。作者借用女权主义学者的观点来对 2010 年尼泊尔电影海报进行分析，探讨了"男权社会和广告行业是如何建构女性的身体及其表象的？什么样的文化规范和社会期望构成了理想的身体常态？女性能够抵制视觉物化或与它们进行谈判吗？"等问题。作者认为电影海报不仅仅展现女性时尚配饰或家居产品的变化，也将女性身体转化成具有价值的某种商品或货币形式，女性可以成为实体被出售或被分割成部分的商品出售。作者研究发现电影广告商品化女性的身体以支持商品化文化意识形态，它们歪曲、色情化女性身体，进而创造一个诱人的图像，提高商品的吸引力，强化了资本主义的商品霸权。②

2010 年以来，尼泊尔电影再次受到观众的喜爱。这些新的电影展示了男性移民被困在快速城市化的城市景观中，或在村庄里游荡的情景，而女性移民则在传统的性别角色之间摇摆，并试图成为主体。《尼泊尔电影中愤怒、安静的女性形象：引导着"城郊"空间》（"Women as Angry, Muted Subjects in Nepali Films: Navigating 'Rurban' Space"）是对女性地位的调查，该文讨论了当代尼泊尔电影中呈现的女性在传统世界和现代世界之间摇摆的现象。作者以一种发展主义的视角，通过研究一系列尼泊尔流行的电影，来呈现尼泊尔社会中的性别话语。③

（三）阶层分析视角下的尼泊尔电影

"阶级/阶层分析是研究社会现象最具解释力的路径之一，而在传播研究领域对于大众传媒与社会阶层相互关系的探讨也由来已久。"④从爱德华·P. 汤普森

---

① Nirmala Adhikari. Portrayal of women in Nepali movies[D]. University of Oslo, 2018.

② Yuba Raj Subedi. Commodification of female body: A study of Nepali film posters[D]. Tribhuvan University, 2011.

③ Dikshya Karki. Women as angry, muted subjects in Nepali films: Navigating "Rurban" space[J]. Paragrana, 2019, 28(1): 130-146.

④ 何晶. 媒介与阶层———个传播学研究的经典进路[J]. 新闻与传播研究，2014，21（1）：78-93，127.

（Edward P. Thompson）对英国工人、具海根（Hagen Koo）对韩国工人的研究，到理查德·奥曼（Richard Orman）对美国中产阶级、莱希特对尼泊尔中产阶级的研究，都体现了这一传统。莱希特对尼泊尔中产阶级的研究关注到了大众媒体与尼泊尔中产阶级建构之间的关系。莱希特的《加德满都电影和录像观看的社会实践》和《学习现代：加德满都的大众媒体和身份认同》均采用民族志研究方法，探讨了电影消费与阶级建构的关系。此外，南加利福尼亚大学的学者桑吉塔·史列索娃（Sangita Shresthova）关注到了舞蹈与加德满都中产阶级身份建构之间的关系。

《加德满都电影和录像观看的社会实践》以商业电影和录像为关注点，探讨城市电子媒体消费的阶级变化和性别动态。文章详述了当代加德满都的下层电影院观众和中产阶级家庭录像带的消费者之间的差异。作者讨论了电影观众如何从愉悦和群体影响的角度描述他们的体验，中产阶级家庭录像带的消费者如何通过强调效用和道德/教育价值的合理修辞来定义他们作为一个媒体消费者的体验。作者认为现实主义的修辞不仅使中产阶级和下层阶级拉开距离，而且还使得男性拒绝让女性接触更多现实主义的非南亚的电影，由此中产阶级内部再一次产生了男性的性别特权。①

在电影和广告中，商品和商品的表现形式相互参照、相互强化，产生了一个想象的空间以吸引消费者进入。在身份协商和阶级形成的局部过程中，新的商品形象提供了主张和维护社会差别的新模式。消费者形象和商品的新领域为中产阶级提供了一种既生产又管理其阶级实践的独特手段。《学习现代：加德满都的大众媒体和身份认同》以具体例子分析了电影是如何推动加德满都武术消费文化形成的。作者认为在身份形成和阶级实践过程中，电影能够作为一种工具，使得各个阶级以新的方式构建自我。②此外史列索娃关注到了舞蹈与加德满都中产阶级身份建构之间的关系。印度电影在尼泊尔的流行使宝莱坞的舞蹈成为现代化的代名词，越来越多的年轻人开始学习舞蹈，加德满都谷地出现了越来越多的私立舞蹈学校。作者认为这一现象是由加德满都的新中产阶级推动的，因为加德满都的新中产阶级渴望在尼泊尔的社会中占有一席之地。③

综上所述，国内学者对尼泊尔电影的研究处于起步阶段，研究内容是对尼泊

---

① Mark Liechty. The social practice of cinema and video-viewing in Kathmandu[J]. *Studies in Nepali History and Society*, 1998, 3(1): 87-126.

② Mark Liechty. "Learning to be modern": Mass media and identity in Kathmandu[J]. *Studies in Nepali History and Society*, 2006, 11(1): 3-29.

③ Sangita Shresthova. Under India's big umbrella? Bollywood dance in Nepal[J]. *South Asian Popular Culture*, 2010, 8(3): 309-323.

尔影片的分析和对尼泊尔电影发展历史的概述。国外学者针对尼泊尔电影的研究较为深入，主要是从以下三个方面展开：尼泊尔电影发展史研究、女性主义视角下的尼泊尔电影、阶层分析视角下的尼泊尔电影。国外研究者中既有尼泊尔本土的研究者，也有美国、印度等国的研究者。尼泊尔本土的研究者多是特里布文大学的硕士研究生，美国、印度、日本等国的研究者多是人类学、艺术学、社会学等学科的学者。无论是国内学者还是国外学者，他们大部分都是从跨学科的角度去研究尼泊尔电影的。对于当代尼泊尔电影产业的研究还处于起步阶段，这是需要我们进一步努力的地方。

参 考 文 献

马冬，王珊. 在新形势下探索尼泊尔电影的历史和现状[J]. 北京电影学院学报，2018，（3）：59-63.

孙玉成. 《新杜尔》——深受观众欢迎的尼泊尔第一部彩色故事片[J]. 电影评介，1983，（10）：34.

王宏纬. 列国志（新版）·尼泊尔[M]. 北京：社会科学文献出版社，2015.

周箐. 尼泊尔经典电影《朱砂情》的音乐特征与异域风情[N]. 中国电影报，2021-01-20.

L. Deosa Rai. Nepal's communication policy then and now[J]. *Media Asia*, 1987, 14(3): 149, 152-153.

Mark Liechty. "Learning to be modern": Mass media and identity in Kathmandu[J]. *Studies in Nepali History and Society*, 2006, 11(1): 3-29.

Mark Liechty. The social practice of cinema and video-viewing in Kathmandu[J]. *Studies in Nepali History and Society*, 1998, 3(1): 87-126.

Matthew Maycock. Looking Tājā fresh skin whitening and emerging masculinities in Nepal[J]. *Contemporary South Asia*, 2017, 25(2): 1-14.

Narendra R. Panday. Film industry in Nepal[EB/OL]. （1988-01-26）[2020-04-05]. https://dr. ntu. edu. sg//handle/10356/86139.

Nirmal Prasad Rijal. Media development in Nepal since 1990: Challenges and central role of regulation and reform[D]. Royal Melbourne Institute of Technology University, 2014.

（姜建伊、李智韬）

作者简介：

姜建伊：云南大学文学院视觉文化研究方向博士候选人；

李智韬：云南师范大学传媒学院戏剧与影视学专业硕士研究生。

第二节　尼泊尔新闻媒体发展研究综述

国内外学者关于尼泊尔新闻媒体发展的研究文献较为有限。我国学者将尼泊尔媒体发展研究置于对尼泊尔的文化介绍中，按照时间线索来梳理尼泊尔媒体的发展情况；尼泊尔国内的研究主要是尼泊尔媒体协会对本国新闻媒体发展的描述和评价；其他国家的研究主要集中在尼泊尔媒体的发展历史及其与尼泊尔政治生态的关系等相关问题上。

一、尼泊尔媒体发展的研究

从报纸到互联网媒体，尼泊尔新闻事业经历了 150 年的发展历史。根据所搜集到的文献，尼泊尔的媒体发展主要表现出以下特点：一是尼泊尔媒体形态多样，二是尼泊尔媒体集中在加德满都谷地，三是尼泊尔媒体具有政治性特征。

（一）尼泊尔媒体形态多样

1. 印刷媒体

印刷媒体主要迎合城市受过教育的人。每天有超过 14 种大版报纸发行，还有大约 20 种周报。除尼泊尔语外，还有以英语、纽瓦里语、北印度语、迈锡利语和塔鲁语等语言出版的报纸和杂志。[1]

尼泊尔日报数量增长明显，其技术也有很大进步。该国大部分报纸都采用了现代胶印机印刷，传统的"信报"使用率迅速下降。多年来，尼泊尔的印刷媒体在地理范围上实现了跨越式的发展，覆盖了更多的人口。

尼泊尔重要的报纸有《廓尔喀报》（*Gorkhapatra*）、《坎蒂普尔日报》（*Kantipur Daily*）、《消息报》（*Samacharpafrn*）、《加德满都邮报》（*The Kathmandu Post*）、《新兴尼泊尔报》（*The Rising Nepal*）、《喜马拉雅时报》（*The Himalayan Times*）、《共和报》（*Republica*）、《都市晚报》（*Mahanagar*）等。

王宏纬在其著作《列国志（新版）·尼泊尔》中认为，尼泊尔的主要期刊中，周刊数量最多，但定期发行的只有较少一部分，除此之外，还有双周刊和

---

[1] Media Foundation-Nepal. Meida & The Nepali Public. [EB/OL]. （2012）[2020-04-15]. https://www.mfnepal. org/wp-content/uploads/2015/02/Research_report_Media_N_Public_ENG. pdf.

月刊。①

在全球拥抱互联网的时代，报纸等纸质媒体仍在尼泊尔兴盛。当地知名的英文报纸《加德满都邮报》、尼泊尔文报纸《安纳普尔那邮报》等，颇受民众欢迎。②

2. 无线电广播

广播是尼泊尔最受欢迎的媒体形式之一。尼泊尔第一家广播电台于 1946 年在加德满都成立，尽管当时这座广播电台的覆盖范围仅限于加德满都，但它标志着尼泊尔开始进入电子传媒时代。③1951 年 4 月 2 日，尼泊尔广播电台在英、澳、美、日等国援助下建立，它是尼泊尔唯一的官方广播电台。④

尼泊尔广播电台在 1951—1997 年一直垄断着广播市场。在此期间，它在五个发展区都建立了广播中心，并通过其中短波覆盖了几乎所有人口。1997 年 5 月，第一家独立广播电台萨加玛塔广播电台开始运营，打破了这一垄断局面，尼泊尔媒体格局发生变化，为其他社区和私人调频广播电台的发展铺平了道路。在第一个独立广播电台成立后的 20 年里，信息与通信部已经为 736 个调频广播电台颁发了许可证，其中 48 个以加德满都谷地为中心，其他分布在全国各地。⑤

尼泊尔广播电台数量众多，影响力巨大。正如媒体研究员巴德里·鲍迪亚尔（Badri Paudyal）指出的那样，尼泊尔的广播是一种强大、流行和可信的信息媒介，拥有大量听众。媒体评论员普拉尤什·昂塔（Pratyoush Onta）指出，广播的广泛覆盖、公民的收听以及广播语言的多样性是广播作为大众媒体流行的主要原因。⑥

3. 电视

电视机于 1970 年进入尼泊尔，但普及率低，1973 年，尼泊尔大多数大中型城市都能收看到电视节目。1980 年彩色电视节目在尼泊尔播出。1984 年，尼泊尔电视台建立，同年 12 月开播。1990 年后，电视台数量增加，电视在城市和半

① 王宏纬. 列国志（新版）·尼泊尔[M]. 北京：社会科学文献出版社，2015：335-360.
② 张晨翼. 尼泊尔华文媒体发展分析[J]. 新闻研究导刊，2024，15（1）：46-49.
③ 张蕙兰. 尼泊尔电子媒体的发展[J]. 南亚研究，2002（2）：81-83，88.
④ 王宏纬. 列国志（新版）·尼泊尔[M]. 北京：社会科学文献出版社，2015：368.
⑤ Nepal [EB/OL]. [2024-02-22]. https://medialandscapes.org/country/nepal.
⑥ Nepal [EB/OL]. [2024-02-22]. https://medialandscapes.org/country/nepal.

城市地区变得越来越流行。第一个私人频道坎蒂普尔电视台于 2003 年成立①，到 2013 年底，尼泊尔有 30 家电视台获准开办，其中有两个是地面频道，其他是卫星频道。大多数电视台基地都设在首都加德满都，区域城镇则开设了本地频道。截至 2017 年，政府已向 117 个电视频道颁发了许可证，在所有领取到执照的频道中，有 42 个设在加德满都谷地。②

包颖在《浅谈尼泊尔电视业的发展》一文中指出尼泊尔一些有实力的新闻媒体纷纷投资电视业，但由于行业间不良竞争，本来影响力就有限的电视业发展更加艰难。③

4. 数字媒体

尼泊尔的数字媒体包括四种类型：第一种是印刷报纸或收音机或电视的数字版本，它们在互联网上存档和分发内容；第二种是报纸或广播电台或电视台的在线新闻门户网站，它们利用媒体资源来运营在线新闻媒体；第三种是只有数字渠道的独立新闻门户网站；第四种是居住在国外的尼泊尔人经营的新闻网站，这在其他国家很少见。④

据尼泊尔电信管理局数据，在 2017 年，尼泊尔新增了 225 万个互联网用户，尼泊尔媒体很早就开始采用互联网技术，但是数字媒体一直发展缓慢，过去几年才开始加速。2017 年，尼泊尔互联网普及率为 65%。脸书用户数量约为 1000 万人，脸书是尼泊尔最受欢迎的社交媒体，而且也是公众非常重要的信息来源。推特的用户数约为 200 万，虽然不及脸书，但它也具有很大的影响力，因为社会和政治精英以及名人越来越多地使用推特作为自我表达的媒介。⑤

（二）尼泊尔媒体集中在加德满都谷地

加德满都谷地是尼泊尔全国新闻工作者最集中的地区。尼泊尔大部分具有全国影响力的印刷和电子媒体都在加德满都谷地。

首先，主流报纸大多集中在加德满都谷地，在政治层面具有更大的影响力。

---

① OCHA Services. Federal Democratic Republic of Nepal Media and Telecoms Landscape Guide May 2011 [EB/OL]. (2011-05-31)[2020-04-15]. https://reliefweb. int/report/nepal/federal-democratic-republic-nepal-media-and-telecoms-landscape-guide-may-2011.

② Nepal [EB/OL]. [2024-02-22]. https://medialandscapes.org/country/nepal.

③ 包颖. 浅谈尼泊尔电视业的发展[J]. 新闻传播，2015，（15）：14-17.

④ Nepal [EB/OL]. [2024-02-22]. https://medialandscapes.org/country/nepal.

⑤ Nepal [EB/OL]. [2024-02-22]. https://medialandscapes.org/country/nepal.

由于尼泊尔地形复杂，而且成人识字率仅占人口的 60% 左右，因此报纸整体印刷发行受到影响。主流报纸主要在加德满都谷地发行，对于议程制定的影响更大。[①]

其次，尽管媒体主要集中在加德满都谷地，但区域媒体的兴起扩大了受众范围。现今，由于广播电台的激增，在尼泊尔最偏远的地区也有记者，但区域分布仍然不均衡。对于许多获得新媒体技术的个人记者而言，区域障碍已不复存在，对于在线记者更是如此。

（三）尼泊尔媒体的政治性特征

1990 年《尼泊尔宪法》带来了媒体自由，这使得新的投资进入媒体领域成为可能。此后的言论自由与市场扩张（随之而来的是更大的广告需求）以及借助高速公路和空中航线发展的分销网络的扩张相吻合。[②]

在尼泊尔，由于媒体已成为民主运动的一部分，因此媒体具有很高的政治影响力。尼泊尔报纸的头版新闻主要是政治性的，有 2/3 的报纸主要报道政治新闻。2015 年尼泊尔颁布新宪法，保障知情权和新闻自由。印度在尼泊尔媒体中具有很高的政治渗透率。

二、尼泊尔新闻管理机构与组织的研究

（一）新闻管理机构

尼泊尔信息与通信部主要负责新闻管理和宣传等工作。信息与通信部下设新闻局、尼泊尔广播电台、尼泊尔国家通讯社、尼泊尔电视台、廓尔喀报业集团等。

新闻局隶属信息与通信部，局长和副局长由政府任命，负责管理各报刊的发行，向地方报刊提供政府的基本信息，并协调官方宣传媒介，检查私营报刊的出版和版面情况，组织政府记者招待会，给予尼泊尔和外国驻尼记者资格认可等。

新闻委员会于 1970 年成立，是协调政府同新闻界的半官方机构。委员会成员主要有记者、出版商、编辑等代表，主席一般由最高法院的法官担任。委员会主要负责向政府提供有关新闻方面的建议，对尼泊尔和外国记者进行资格审查，对报纸进行评估和分类。

---

① Nepal [EB/OL]. [2024-02-22]. https://medialandscapes.org/country/nepal.

② Pratyoush Onta. The print media in Nepal since 1990: Impressive growth and institutional challenges[J]. *Studies in Nepali History and Society*, 2001, 6(2): 331-346.

（二）新闻组织

尼泊尔记者联合会于 1958 年成立，开始名为尼泊尔记者协会，1996 年更名为尼泊尔记者联合会。该组织是尼泊尔影响力最大的全国性记者组织，同许多外国记者组织有联系。

尼泊尔编辑家协会于 1996 年 4 月成立，由部分著名尼泊尔报纸的总编辑组成。该协会的宗旨是"促进各报纸编辑的了解与合作，增强各报纸编辑同国内外同行的交流，使尼泊尔新闻事业朝着自由、健康的方向发展"。

（三）尼泊尔国家通讯社

王宏纬提到尼泊尔国家通讯社是尼泊尔唯一的官方通讯社，1962 年 4 月成立，由信息与通信部直接管理。主要负责发布国内和国际新闻，并以英语和尼泊尔语两种语言发稿。国际新闻主要来源于法新社，也会采用美联社、共同社、路透社和新华社等通讯社的消息，国内新闻稿由政府有关部门提供或由记者采写。[①]

三、尼泊尔媒体发展问题的研究

尼泊尔媒体在不断探索中发展，由于政治、文化、经济等因素的影响，其发展面临着各种各样的挑战。主要存在以下几个方面的问题。

第一，缺乏专业精神。媒体人士缺乏专业精神是导致公共安全受到影响和夸大报道的主要原因之一。尼泊尔媒体人士缺乏专业精神不仅影响了新闻的准确性、平衡性和信誉，也影响了媒体人士本身。

第二，新闻法有待于进一步完善。尼泊尔的媒体受到一系列法律法规的约束，如 1992 年的《新闻和出版法》、1993 年的《国家广播法》和 1995 年的《工作记者法》。《新闻和出版法》对印刷媒体进行了管理，《国家广播法》适用于广播和电视，《在职记者法》是保障受雇于媒体机构的记者的福利和权利的法律。尼泊尔没有管理数字媒体的法律，信息与通信部于 2017 年推出了在线媒体运营指令，但它一直存在争议，媒体权利组织因其限制性条款而拒绝遵循，但政府仍在继续努力推行。[②]

第三，缺乏有效的监控和监管。在缺乏有效的媒体监控和监管的情况下，新闻工作者的行为守则和媒体法律法规的执行情况不是很好。

① 王宏纬. 列国志（新版）·尼泊尔[M]. 北京：社会科学文献出版社，2015.
② Nepal [EB/OL]. [2024-02-22]. https://medialandscapes.org/country/nepal.

第四，对媒体从业者存在性别歧视。《维护媒体权利，终结尼泊尔的有罪不罚现象》（"Safeguarding Media Rights and Ending Impunity in Nepal"）中提到，社会中存在的性别歧视影响了媒体报道的公正性，女记者在媒体工作人员中占比很低，媒体缺乏包容性的招聘政策，且女记者必须面对各种社会问题和文化障碍，这也使想要报道影响女性的问题的男性记者遇到了很大阻碍。[①]

四、尼泊尔媒体教育的研究

外国学者和尼泊尔媒体协会对尼泊尔媒体教育和记者培训进行了相关研究和梳理，他们认为，尼泊尔新闻工作者在曾经的一段时间内是在资源匮乏、职业自由受到限制的情况下工作的。直到 20 世纪 50 年代后期，该行业的一些先驱才有首次出国接受培训的机会。20 世纪 80 年代，尼泊尔新闻工作者前往印度、中国、苏联、英国、巴基斯坦、联邦德国等国接受培训。

1976 年，特里布文大学引入新闻学教育，标志着尼泊尔媒体发展进入新纪元。1984 年尼泊尔新闻学院成立，标志着尼泊尔专业新闻教育有了进展。

（一）高等教育

《尼泊尔的媒体培训趋势和实践》（"Media Training Trends and Practices in Nepal"）一文提到，尼泊尔的媒体培训机构有一半以上位于加德满都谷地。加德满都大学语言与大众传播学系从 2006 年开始提供媒体研究学士学位课程。谢博德技术传媒大学新闻与大众传播学院从 2001 年开始提供媒体技术课程，学生可以获得传播硕士学位。除了这些全日制课程，一些基础新闻学也被选为各个级别的选修课程。例如，在大学三年级，学生可以选修一门称为媒体新闻和大众传播的课程。硕士英语课程还包括一门称为媒体研究的课程。[②]

多数教育机构不能为学生提供足够的现代新闻学所需的视听设备和计算机设备。几乎所有的主要课程都有实习的规定，但是教育机构与媒体行业没有合作关系，因此无法提供以行业为中心的综合课程。教育机构没有以地方语言讲授的课程，因此，会讲尼泊尔语或英语的学生经常成为学习中的佼佼者，这些学生很容易被首都的媒体产业所吸引，而其余的学生则在地区和社区的媒体机构中寻找工

① Safeguarding media rights and ending impunity in Nepal[EB/OL]. (2012-05)[2020-04-15]. https://ipi. media/wp-content/uploads/2016/12/Mission_Nepal_2012. pdf.

② Devraj Humagain, Harsha Man Maharjan. Media training trends and practices in Nepal[EB/OL]. [2020-04-15]. http://www. academia. edu/5486660/Media_Training_Trends_and_Practices_in_Nepal.

作，或者从事其他职业。

还有一些作为外国机构延伸的私立教育机构和咨询公司，提供传播研究方面的学术课程。但是，这些机构中的大多数并不提供符合尼泊尔媒体业需求的课程。这些机构或公司对尼泊尔语言的关注不足，广播新闻学课程比印刷媒体课程少，课程、教学语言、培训师和教师的素质以及基础设施在各机构有所不同。此外，由于这些课程的设计目的不是满足行业需求，所以许多毕业生没有加入媒体行业。

（二）短期培训

笔者通过调查了解到，尼泊尔媒体的短期培训，几乎没有强化教授和指导的内容，这使得毕业生很难为工作做好充分准备。大部分培训是由非政府组织或私营机构提供的（尤其是在广播电视业务增长导致广播电视工作增加之后）。

尼泊尔媒体内部的培训很少。一些媒体公司有相关计划，每年至少对员工进行一次定向培训。但是，这些培训更多关乎组织实践，而不是新闻主题和专业。这些培训主要在加德满都谷地进行，其中大多数是不定期的，或者只有在有捐助者资助的情况下才开办。

培训师资和设备匮乏。优秀培训师数量有限，且很少有后续支持，且培训缺乏足够的材料和设备，包括计算机、照相机、录像机、录音室硬件和软件，学员能在培训中获得一些知识，但不会获得重要的动手经验。

培训倾向于以演讲为基础，并且主要侧重于报道和写作，而对内容编辑、互联网写作和新闻摄影等技能的关注不够。

尼泊尔没有机构或理事会来监督媒体和新闻业的培训质量。培训是针对特定组织进行的活动，很少有通过同行批评和质量评估来提高培训质量的做法。

由于大多数培训几乎是免费的，培训主题主要由捐助者优先选择，而非由当地需求决定，因此面临可持续性问题。

（三）非政府组织的专业培训

20 世纪 90 年代中期以来，随着广播的发展，许多非政府组织一直在提供有关广播的报告、编辑定位和节目制作的短期和长期培训。教育新闻工作者团体和交流角等其他组织也提供新闻工作者培训。一些面向行业的媒体发展的倡导组织或协会，会为记者提供怎样报道妇女、儿童、达利特人和土著人的培训。

尼泊尔媒体协会提供的资料显示，部分非政府组织还为记者和新闻专业学生提供奖学金。尼泊尔新闻理事会每年会颁发一定数量的研究金。还有多家媒体为年轻有抱负的新闻工作者或新闻专业学生提供实习机会。尽管一直强调由专业人员进行培训,但培训仍然被一些学者和研究人员所忽略。[①]

综合文献资料来看,尼泊尔新闻事业的发展与尼泊尔的政治、经济、文化环境紧密相关,体现出突出的政治性特征。因为尼泊尔国内缺乏系统的新闻教育资源,大部分新闻记者有在国外接受培训的经历,这在很大程度上推动着尼泊尔新闻事业发展的国际化。

参 考 文 献

包颖. 浅谈尼泊尔电视业的发展[J]. 新闻传播, 2015, (15): 14-17.

胡仕胜. 尼泊尔民族宗教概况[J]. 国际资料信息, 2003, (3): 16-22.

森吉特. 向新媒体转变[J]. 王晓波译. 中国投资, 2017, (19): 78-79.

王宏纬. 列国志(新版)·尼泊尔[M]. 北京: 社会科学文献出版社, 2015.

王宏纬. 谈尼泊尔的民族[J]. 南亚研究, 1983, (1): 90-94.

张晨翼. 尼泊尔华文媒体发展分析[J]. 新闻研究导刊, 2024, 15(1): 46-49.

Pratyoush Onta. The print media in Nepal since 1990: Impressive growth and institutional challenges[J]. *Studies in Nepali History and Society*, 2001, 6(2): 331-346.

Safeguarding media rights and ending impunity in Nepal[EB/OL]. (2012-05) [2020-04-15]. https://ipi. media/wp-content/uploads/2016/12/Mission_Nepal_2012. pdf.

Ujjwal Acharya. Online media in Nepal: Need for policy intervention. [EB/OL]. (2012-12) [2020-04-15]. https://www.researchgate.net/publication/311669738_Online_Media_in_Nepal_Need_for_Policy_ Interventions.

(陆双梅、但国润、朱寒梅、张雨佳、赵梓炎)

作者简介:

陆双梅:云南师范大学传媒学院教授,博士,硕士生导师;

但国润:云南大学民族学与社会学学院民族学与社会学专业博士;

朱寒梅:云南师范大学传媒学院新闻与传播专业硕士;

张雨佳:云南师范大学传媒学院新闻系本科生;

赵梓炎:云南师范大学传媒学院新闻系本科生。

[①] Kharle, Parsurm and Unesco Kathmandu Office. *Assessment of Media Development in Nepal*[M]. Kathmandu: Quality Printers, 2013: 68.

第十一章　菲律宾媒介传播研究综述

菲律宾新闻传播的历史研究综述

目前学界对菲律宾新闻传播史的研究主要从历史学、新闻传播学、政治学、媒介社会学等学科角度进行。菲律宾新闻业在东南亚国家中相对发达，菲律宾非严格意义上的新闻活动可以追溯至古代，但是真正意义上的新闻传播肇始于西班牙殖民时期。菲律宾新闻传播史是菲律宾历史的一部分，菲律宾独特的历史演进使菲律宾新闻传播史也独具特色。

一、菲律宾新闻传播的历史研究

菲律宾新闻传播史研究遇到的问题有"菲律宾的新闻传播肇始于何时？如何进行菲律宾新闻传播的历史分期？菲律宾的第一张报纸如何诞生？菲律宾新闻传播发展过程中曾出现过哪些重大历史事件？"等，学界针对这些问题展开研究与探讨。

（一）菲律宾古代是否有新闻传播

新闻传播被认为是新近发生事物通过信息化媒介进行传播的过程。按照这一定义，新闻传播的条件之一是信息化媒介的出现，但是在没有信息化媒介之前是否存在新闻传播呢？遥远的菲律宾古代社会是否有新闻传播？学界对此存在不同的理解。《古代"新闻"辨义——古代新闻、传播概念的训诂研究之一》一文认为"新闻"一词古已有之，但是新闻界、新闻报道、新闻从业者等相关概念中的"新闻"一词，却指现代媒介的大众传播，而古代新闻是没有现代媒介的大众传播的。按照这样的理解，菲律宾古代虽然没有严格意义上的现代新闻概念，但存在事实上的新闻传播。[①]《古代报纸产生前的新闻传播活动》一文中提出了新闻

---

① 牛角. 古代"新闻"辨义——古代新闻、传播概念的训诂研究之一[J]. 杭州大学学报（哲学社会科学版），1998，（4）：69-72，113.

传播活动的具体条件，古代的新闻传播活动需要在人类的社交活动中进行，并且需要有明确的目的及语言信息表达等条件。[①]根据已有文献，菲律宾古代新闻传播的资料十分稀少，在零星的史料记载中有一件历史事件在当时引起了很大的轰动。1417 年（明永乐十五年），苏禄王亲自率使臣到中国拜见明成祖，回程路上病死于山东德州。这一历史事件能够被记载下来的原因在于：这一事件在当时被广泛流传，并且这一信息的传播具有明确的政治目的。这一事件成为菲律宾古代新闻传播活动最重要的佐证。学界对菲律宾新闻传播史的研究更多是从西班牙殖民时期开始的，也有学者从菲律宾独立之后开始，或者以断代史进行研究，很少涉及古代史。菲律宾新闻传播古代史研究具有难度，也具有挑战性。

（二）菲律宾新闻传播的历史分期

不同的历史分期背后隐藏着研究者独特的研究视角与理解思路，《坎坷之路上的菲律宾新闻传播业》中按照殖民历史、独立后的历史进行菲律宾新闻传播业的历史分期，分为西班牙殖民统治时期、美国殖民统治时期、日本军事占领时期、第二次世界大战后的菲律宾新闻业四个历史时期，从不同的媒介形态的发展角度观察菲律宾新闻传播业在各个时期的坎坷之路。[②]《政治视角下菲律宾新闻业的历史变迁研究》从媒介与政治的关系视角对菲律宾新闻业的历史变迁进行研究，将菲律宾新闻传播史分为殖民时期、战后独立时期、军事戒严时期、现代至今四个阶段。[③]

对菲律宾新闻传播历史进行系统梳理与分析的文献较少，可资借鉴的成果有限，但从现有的文献及相关成果中可以推论：菲律宾新闻传播活动开始于古代，菲律宾新闻传播的历史分期理应加入古代史。但是研究难度较大，也极具挑战性，如果打通古代史，将极大地拓展菲律宾新闻传播史的研究范围。此外，菲律宾经历了 400 多年的殖民地时期，虽然经历了不同帝国的殖民，但是这一阶段呈现出共同的特征。因此菲律宾新闻传播的第二个阶段是殖民历史时期。经过艰苦卓绝的民族独立运动，终于取得独立的菲律宾的新闻传播进入了新的阶段。本节认为菲律宾新闻传播根据历史发展阶段可以分为菲律宾新闻传播古代史、殖民时期新闻传播史、独立后的新闻传播史、21 世纪新闻传播史等几个阶段。

---

① 姚福申. 古代报纸产生前的新闻传播活动[J]. 新闻研究资料, 1988, （1）: 143-151.
② 陈力丹, 李林燕. 坎坷之路上的菲律宾新闻传播业[J]. 新闻界, 2015, （9）: 66-72.
③ 余虹姗. 政治视角下菲律宾新闻业的历史变迁研究[D]. 暨南大学, 2014.

（三）菲律宾的第一张报纸

"新闻传播"是一个复杂的概念，菲律宾新闻传播究竟缘起何时？以何为标志？学界从不同的角度对此进行了探讨。西班牙早在殖民初期就将印刷机送到菲律宾，但是 200 多年间都没有真正的报纸产生。在这段漫长的岁月里，有了印刷机，却没有报纸应运而生，那么报纸的诞生需要什么样的条件？报纸应该如何进行定义？《菲律宾第一张报纸——在欧洲列强的争夺中诞生的报纸》一文指出，1811 年 8 月 8 日出版的《高级政府公报》是菲律宾第一张正式的报纸，因为它连续出版了 15 期。从文中可以看出作者对第一张报纸的定义以它是否连续出版为标准，当然这并不是唯一的标准。连续出版的报纸代表报业发展到了成熟阶段，但是任何事物的发展都是从不成熟到成熟的，《高级政府公报》因为连续出版代表了其相对"成熟"。《幸运事件》（1637 年出版）和《大众报》（1799年出版）由于登载的信息多为鸡鸣狗盗之事，仅被认为是菲律宾报业的胚芽，不是真正意义上的报纸。由此可见，第一张报纸不仅要连续出版，对其出版的内容与形式也有相应的要求。菲律宾第一张报纸是在西班牙殖民统治时期出版的，主要是为了宣传殖民者的意志。[①]《坎坷之路上的菲律宾新闻传播业》一文指出："1846 年 12 月 1 日，菲律宾第一份日报《希望日报》（La Esperanza）由菲利普（Felipe Lacorte）和埃瓦里斯托卡尔（Evaristo Calderon）编辑出版，该报为安全起见，只报道没有争议的事件，即便如此，也只存在了三年。……《观点》（La Opinion），一度被查禁，该报是菲律宾第一家评论性报纸。"[②]实际上，报刊从宣传政策法令到报道新闻信息，再到传播各种文化，其所登载的信息是逐渐多元丰富的。

长期受到殖民统治的菲律宾，反抗与民主意识逐渐增强，《坎坷之路上的菲律宾新闻传播业》一文认为《马尼拉自由菲律宾》（Manila Free Philippines）成为马尼拉光复后的第一份报纸，该报纸由美国战时新闻署出版，至此菲律宾有了宣扬自己民主意识的阵地。[③]《论东盟国家媒介与政治发展的互动关系》一文指出皮拉尔（Marcelo H. del Pilar）在马尼拉创办了第一份菲律宾语的报纸《他加禄文日报》（Diariong Tagalog），该报因宣传政治改良仅出版三个月即被查封。[④]在

① 李昇平. 菲律宾第一张报纸——在欧洲列强的争夺中诞生的报纸[J]. 国际新闻界, 1999, (6): 72-74.
② 陈力丹, 李林燕. 坎坷之路上的菲律宾新闻传播业[J]. 新闻界, 2015, (9): 66-72.
③ 陈力丹, 李林燕. 坎坷之路上的菲律宾新闻传播业[J]. 新闻界, 2015, (9): 66-72.
④ 李昇平. 论东盟国家媒介与政治发展的互动关系[J]. 暨南学报（哲学社会科学）, 2000, (4): 53-59.

殖民统治高压下，菲律宾的民主意识不断增强，为其民主独立运动奠定了基础。

（四）菲律宾新闻传播媒介及技术的发展

菲律宾新闻传播史的发展离不开新闻传播技术的革新。菲律宾的新闻传播技术源于西班牙殖民者带来的第一台印刷机。在《菲律宾印刷业的发展趋势、问题和挑战》中，作者认为《财富事件》的第一份报纸的印刷出版，标志着印刷业在菲律宾的诞生。①印刷业的出现与繁荣为菲律宾新闻传播的发展奠定了技术基础。报纸数量与质量逐步提高，新闻报业的发展推动了新闻报业集团的形成，某些强大的新闻报业集团打造了传媒帝国，菲律宾由此进入了传媒帝国时代。"罗塞斯创立的 TVT 公司是菲律宾第一个报业集团。他于 1916 年买下西班牙语的《先锋报》和他加禄语的《哨兵报》，1925 年创办《马尼拉论坛》（*Manila Tribune*），由罗慕洛（Carlos P. Romulo）主编。加上 1927 年收购的《马尼拉时报》，构成了他的 TVT 传媒帝国。"②《政治视角下菲律宾新闻业的历史变迁研究》指出"美国殖民统治时期，新闻集团的出现标志着菲律宾新闻业发生了质的飞跃。第一家新闻报业集团——亚历汉卓·罗塞斯新闻集团（Alejandro Roces Sr.），也被称作 TVT 集团……该新闻集团的出现在菲律宾国内引起了巨大震动"③。马科斯下台后，欧亨尼奥二世通过法律程序重新取得了阿尔托广播系统－纪事广播网（Alto Broadcasting System-Chronicle Broadcasting Network，ABS-CBN）的所有权。当时它是全菲排名最末的电视公司，但几年后（1992 年）该公司成为菲律宾第一家上市媒体集团，也是当时菲律宾国内最大的传媒机构。菲律宾新闻传播媒介及技术的发展经历了许多变革，印刷机使报刊书籍的印刷成为可能，报纸促进报业集团的出现，报业集团成为最终主导菲律宾新闻传播媒介的主要力量，报业集团由于掌握了资金与技术，从某种程度而言也促进了菲律宾新闻传播业的发展。

二、菲律宾新闻传播史中的殖民策略研究

菲律宾新闻传播活动可以追溯至古代，但是真正意义上的新闻传播肇始于西班牙殖民时期。菲律宾经历了长达 300 多年的西班牙殖民时期、40 多年的美国殖民时期，以及日本统治时期。菲律宾的历史是被殖民主义裹挟的历史，带着浓

---

① 王以俊. 菲律宾印刷业的发展趋势、问题和挑战[J]. 印刷世界，2010，（2）：61-62.
② 陈力丹，李林燕. 坎坷之路上的菲律宾新闻传播业[J]. 新闻界，2015，（9）：66-72.
③ 余虹姗. 政治视角下菲律宾新闻业的历史变迁研究[D]. 暨南大学，2014：16-17.

厚的殖民主义色彩。菲律宾最早的新闻传播活动是以殖民主义为背景的，带有殖民国浓烈的政治意识形态色彩。《论东盟国家媒介与政治发展的互动关系》指出东盟现代报纸的帷幕是由殖民主义者揭开的，随后便在政治的漩涡中被政治势力、经济势力和文化势力所掌握。东南亚报纸诞生在殖民主义者的怀抱中，它为殖民者而生，为殖民者效劳，所以早期东南亚的报纸都有一副"殖民主义的面孔"。①《政治视角下菲律宾新闻业的历史变迁研究》论述了菲律宾政治体制与新闻业的互动关系，既有助于深入了解菲律宾新闻业的发展状况，也为我国研究东南亚媒体提供了更为翔实的新闻史料。②

（一）西班牙殖民时期的政治宣扬

西班牙殖民时期的菲律宾新闻传播的话语权掌握在西班牙总督手中，在菲律宾土地上诞生的早期报纸是为西班牙殖民统治集团服务的。

1. 想象共同体

西班牙在此时创办报纸，进行新闻传播的目的，首先是通过对西班牙本国新闻的传播，在菲律宾建立"想象共同体"。法国拿破仑与西班牙殖民者抢夺殖民地，双方展开了激烈的斗争，当时由于法国的封锁，西班牙驻菲律宾的官员曾一度失去了与本国的联系。在这一情况下，西班牙通过报纸宣传本国消息，其实质也是西班牙驻菲律宾的政府为了在菲律宾驻地建构起"想象共同体"而进行的政治行为。"佛古拉斯在第一期中很明确地说明了出版此报（笔者注：此处指《高级政府公报》）的目的：'菲律宾人民长期以来就表现出真诚、爱国的精神，最高政府希望他们能够一起分享这些令人愉快的消息。本人将及时地翻译这些外国报纸的新闻，把西班牙人在母国进行的无与伦比的、充满豪情的反法战争和英国盟军的肝胆相照的友情以及他们战胜法国的胜利消息，还有国会开会的消息尽快地送到菲律宾的各个角落。'就因为如此，菲律宾本土上的第一份正式的报纸便充当了殖民主义者们传达'母国'消息的一个重要渠道。"③1809 年 6 月 2 日《大众公报》出版了西班牙总督截获的法国总督给菲律宾官员的信和法国杂志。在殖民主义背景下，菲律宾的新闻业被染上了浓重的殖民主义色彩，西班牙牢牢掌握着新闻话语权。西班牙人除了通过翻译和宣传与本国相关的新闻，实现"想

① 李昇平. 论东盟国家媒介与政治发展的互动关系[J]. 暨南学报（哲学社会科学版），2000，（4）：53-59.
② 余虹姗. 政治视角下菲律宾新闻业的历史变迁研究[D]. 暨南大学，2014.
③ 李昇平. 菲律宾第一张报纸——在欧洲列强的争夺中诞生的报纸[J]. 国际新闻界，1999，（6）：72-74.

象共同体"的构建,通过制造新闻,鼓吹民众应对殖民主义者忠诚外,还在"想象共同体"的营造中加强对菲律宾民众思想及意识的控制。

2. 舆论引导

西班牙殖民统治的目标是通过政治法令的手段实现的。"创办《总督报》的时候,正值西班牙、英国联盟军与法国拿破仑的战争,西班牙政府担心报纸舆论导向不利于殖民统治,遂颁布禁令:'除非得到当局政府的允许,报刊禁止转载外国报纸上的新闻内容'。"①殖民帝国担心舆论导向不利于其殖民统治,通过政治法令,建立新闻检查制度等来控制新闻舆论。新闻检查制度规定了哪些新闻能登载发布、哪些新闻不可以传播,通过议程设置等种种途径与方法达到控制舆论、引导舆论的目的。这无疑也是为了将新闻收归其殖民统治的麾下,更好地为其政治殖民统治服务。只是,西班牙殖民统治的手段较为简单粗暴。

（二）美国殖民时期的文化霸权

美国对菲律宾实行了 40 多年的殖民统治。美国殖民统治的手段与西班牙并不完全相同。"1901 年 3 月美军完全控制菲律宾,为稳定统治而颁布《煽动叛乱法》,规定任何人不得进行口头或以写作,印刷等方式追求菲律宾群岛的独立,无论是以和平方式还是以武力形式"②,这体现了美国对菲律宾的政治控制,但是很快便由政治控制转为文化殖民。安东尼奥·葛兰西（Antonio Gramsci）认为,文化霸权是"统治阶级将对自己有利的价值观和信仰普遍推行给社会各阶级的过程。"③这种推行的过程,不仅仅是政治上的压制,更是文化上的渗透。文章《菲律宾政治体制中的民主进程》认为早在占领菲律宾的初期,美国就首先建立起自己的报业系统,如创办了《马尼拉时报》（*The Manila Times*）。通过这些报纸,美国殖民者大量地输出本国的政治和文化价值观念,向殖民地人民灌输所谓的西方文化优越的思想。④《美国对菲律宾传媒的影响与控制》一文指出美国对菲律宾从政治到文化均实行有效的控制,在这种情况下,菲律宾的媒介受美国的影响,形成了鲜明的特点,集中地体现了整个国家的"美国情调"。⑤《美国在菲律宾殖民统治时期的文化扩张政策研究》一文指出报刊不只是传播新闻的媒

① 陈力丹,李林燕. 坎坷之路上的菲律宾新闻传播业[J]. 新闻界,2015,（9）：66-72.
② 陈力丹,李林燕. 坎坷之路上的菲律宾新闻传播业[J]. 新闻界,2015,（9）：66-72.
③ 黄慧玲. 美国文化价值观与文化霸权之研究[D]. 暨南大学,2008：17-18.
④ 李永芬. 菲律宾政治体制中的民主进程[J]. 云南民族大学学报（哲学社会科学版）,2009,26（4）：75-78.
⑤ 李昇平. 美国对菲律宾传媒的影响与控制[J]. 新闻大学,2000,（2）：85-88.

介，而且是文化传播的重要工具。美国对菲律宾的殖民，从政治控制为主转向文化殖民为主，远比西班牙的殖民影响深远得多，"微风细雨"式的浸入式影响彻底改变了菲律宾民众的思想与意识。①

（三）日本的封锁与打压

日本对菲律宾的军事管控是重要的历史事件，同时也深刻地影响了菲律宾新闻业的发展，但学界很少对这段历史进行研究。《坎坷之路上的菲律宾新闻传播业》一文提到日军占领马尼拉后使用的三家广播电台分别是 KZRH 电台、KZRM 电台、KZRF 电台，是日本军事管理当局的主要喉舌。②日本在菲律宾推行"大东亚共荣圈"，声称日本远征是为了将菲律宾从美国统治中解放出来。实际上日本恐怖的军事专政制度，残杀抗日的军队与百姓、残忍地对待俘虏等令人发指的行为让菲律宾人民处于水深火热之中，苦不堪言。日本对菲律宾出版的报刊，以及文艺戏剧等，均严加管制。③在日本的封锁下，菲律宾报业遭到了严重的打击，完全沦为日本推行"大东亚共荣圈"的政治工具。

三、菲律宾独特的新闻民主

菲律宾的历史充满了坎坷曲折，被打上了深刻的殖民主义烙印，长期的殖民统治，从另一个侧面催生了菲律宾民众的民族意识，表现为他们要争取平等、自由与民主。美国新闻"民主"制度的引进，以及菲律宾传统的"巴朗圭"制度等多方面因素的共同作用，使菲律宾新闻民主制形成了鲜明的特点。

（一）殖民地时期夹缝中生存的民族意识

菲律宾经历了殖民者更迭的坎坷历史，殖民者在菲律宾所推行的政治、经济、文化等方方面面的殖民政策以及种族歧视曾激发起当地政治精英们的反抗意识，菲律宾民族报刊经历了顺从到反抗的历程。菲律宾民族报刊经常因为莫须有的罪名被迫停刊，可见殖民者对菲律宾民族新闻业的抑制和打压之甚，然而民族意识越挫越勇，呈现出顽强的生命力。在东南亚国家中，菲律宾的反殖民运动是最坚决与顽强的，这种反殖民精神造就了菲律宾新闻业的强烈反抗意识。1889年，菲律宾出版了具有革命性质的报纸《团结报》（ *La Solidaridad* ），尽管这份

① 阎亮军. 美国在菲律宾殖民统治时期的文化扩张政策研究[D]. 西北大学，2011.
② 陈力丹，李林燕. 坎坷之路上的菲律宾新闻传播业[J]. 新闻界，2015，（9）：66-72.
③ 金应熙. 菲律宾史[M]. 开封：河南大学出版社，1990：581.

报纸仅出版一期，但还是极大地点燃了菲律宾人民革命的热情。①在殖民者更迭的时代背景下，菲律宾的民族意识不断被抑制、压迫，在殖民者的意志下夹缝生存，然而却如春风吹生的野草，坚韧顽强。马克思主义新闻观肯定了大众传媒与政治意识形态的关系，在殖民主义背景下菲律宾新闻业的话语权由殖民者所掌控，菲律宾新闻业主要服务于殖民国家，然而，殖民主义本身包含着殖民与被殖民两个部分，有殖民者对菲律宾新闻业的控制与操纵，就有被殖民的菲律宾民主意识的觉醒及反抗。在殖民者更迭的历史背景下，菲律宾新闻业形成了鲜明的特点。

（二）菲律宾新闻民主的鲜明特色

从美国引入的新闻"民主"制带有强烈的殖民主义色彩，并非美国真的为了帮助菲律宾建立民主制。美国对菲律宾的政策主要是实行"美化"和"菲律宾化"。所谓"美化"，就是以美式的政治制度取代西班牙传统的殖民体系，并力图将美国的所谓的民主自由文化意识和道德价值观灌输到菲律宾。②《独立后的菲律宾经济民族化运动研究（1946—1976）》一文指出，美国决定对菲律宾进行资金援助，帮助菲律宾进行战后经济重建，不过菲律宾要在美国的监督和控制下合理运用资金。③因此，这种状况下的菲律宾新闻民主制往往流于形式或口号，难以形成真正意义上的民主。

朱幸福在《菲律宾新闻业的现状》中认为菲律宾曾一度探索与思考能否享受西方式的新闻民主与自由，阿基诺总统认为如果不对新闻加以控制，会断送了其实行和保护的民主。④

造成菲律宾新闻民主鲜明特点的原因十分复杂，政治的依附性、经济发展的不稳定性等都是重要因素，另外还有来自菲律宾巴朗圭传统社会组织根深蒂固的影响。公元前 200 年到公元 1500 年，菲律宾的主要社会组成单位是"巴朗圭"。巴朗圭"指的是一种容量较大的船只，是早期群岛地区的人们用来从一个地方到另一个地方的运载工具……当他们登陆上岸居留于某一个地方时，这些驾乘同一巴朗圭（船只）而来的人们就构成了新的移民社会组织，而这个巴朗圭的主人（也许就是该船只的名字），必将保留其作为首领的统治地位"⑤。由此可

---

① Edwin Emery. Philippine communication: An introduction[J]. *Journalism Quarterly*, 1998, 65(3): 773.
② 丁文蕾. 民主巩固阵痛中的菲律宾媒体研究[D]. 中央民族大学，2009.
③ 苏芝桂. 独立后的菲律宾经济民族化运动研究（1946—1976）[D]. 广西师范大学，2017.
④ 朱幸福. 菲律宾新闻业的现状[J]. 新闻记者，1987，（2）：43-44.
⑤ 聂德宁. 试论古代菲律宾巴朗圭的社会性质[J]. 南洋问题研究，1992，（4）：9-16.

见，巴朗圭有着天然的阶级分层结构。菲律宾的巴朗圭制度以血缘、婚姻或宗教关系相互缔结而成，导致菲律宾以血亲、家族为集团的社会组织结构始终横亘于菲律宾历史之中，菲律宾历经殖民更迭，在第二次世界大战后取得独立，但是这种原始结构并没有被颠覆。因此，菲律宾虽然被称为"美国民主制在东南亚的橱窗"，但是这种民主是带有菲律宾特色的民主。菲律宾的报业、媒体集团一度被家族制的经济财团所控制，就是具体的体现与明证。"二战后，菲律宾人民满怀喜悦期盼自由和民主的到来。1952 年，全国新闻俱乐部成立，其目的是'推动新闻工作者之间的合作，维护新闻自由和记者的尊严'。"①朱幸福所谈政治性的"咖啡座"、电视座谈会都是其典型的代表。由此可见，菲律宾的新闻民主具有鲜明的特色，受政治、经济、历史等诸多因素影响，同时揭示了一个国家的制度需要与其具体的国情相符合，不能强行嫁接别国的制度，否则只会导致混乱。

参 考 文 献

陈力丹，李林燕. 坎坷之路上的菲律宾新闻传播业[J]. 新闻界，2015，（9）：66-72.

李异平. 菲律宾第一张报纸——在欧洲列强的争夺中诞生的报纸[J]. 国际新闻界，1999，（6）：72-74.

阎亮军. 美国在菲律宾殖民统治时期的文化扩张政策研究[D]. 西北大学，2011.

余虹姗. 政治视角下菲律宾新闻业的历史变迁研究[D]. 暨南大学，2014.

朱幸福. 菲律宾新闻业的现状[J]. 新闻记者，1987，（2）：43-44.

Atty Pablito A. Perez. Philippine media in the new ASEAN environment[J]. *Media Asia*, 2001, 28(2): 78-83.

Sheila S. Coronel. The media, The market and democracy: The case of the Philippines[J]. *Javnost-The Public*, 2001, 8(2): 109-126.

（叶林杰、马梦清、王可儿）

作者简介：

叶林杰：云南师范大学传媒学院讲师，博士；

马梦清：云南师范大学传媒学院新闻传播学专业硕士研究生；

王可儿：云南师范大学传媒学院新闻传播学专业硕士研究生。

---

① 陈力丹，李林燕. 坎坷之路上的菲律宾新闻传播业[J]. 新闻界，2015，（9）：66-72.

第十二章 不丹媒介传播研究综述

不丹电影研究综述

笔者通过中国知网、全国图书馆参考咨询联盟、谷歌学术等学术平台，以及不丹信息和通信部（Ministry of Information and Communication，MOIC）等渠道，共搜集到有效文献 22 本/篇。[①]综合来看，我国学者对不丹电影的研究处于起步阶段，成果不多，主要关注的是不丹电影的发展历史；新闻媒体对不丹电影的报道多是关于不丹影片的介绍。国外学者对不丹电影的研究主要从不丹电影的历史发展、不丹电影产业、不丹影片的叙事三个维度展开，其中对于不丹电影产业的研究较为丰富全面。我国学者对不丹电影的研究角度基本上与国外学者的研究角度类似，因此本节从不丹电影史的研究、不丹电影产业的研究、不丹电影叙事的研究三个角度出发对不丹电影的研究文献进行综述。

一、不丹电影史的研究

在国别电影研究中，电影史是首要研究的方面，国内外学者均关注到了不丹电影历史的发展状况，包括不丹电影院的建设历史、不丹电影的跨国合作史、不丹电影的类型变化。朱在明等编著的《不丹》[②]、《廷布和农村地区居民大众传媒的消费及其影响》（"Mass Media: Its Consumption and Impact on Residents of Thimphu and Rural Areas"）[③]、《超越边缘的世界电影：在不丹、蒙古和缅甸发展电影文化》（"World Cinema Beyond the Periphery:

---

① 22 本/篇文献具体是：中文文献 4 本/篇（著作 1 本、报纸文章 3 篇），英文文献 18 本/篇（著作 1 本、期刊文章 3 篇、硕士学位论文 1 篇、博士学位论文 1 篇、会议论文 1 篇、不丹政府官方报告和政策文章 9 篇、来源于网络资源的论文 2 篇）。

② 朱在明，唐明超，宋旭如. 不丹[M]. 北京：社会科学文献出版社，2004.

③ Phuntsho Rapten. Mass media: Its consumption and impact on residents of Thimphu and rural areas[J]. *Journal of Bhutan Studies*, 2001, 3(1): 171-198.

Developing Film Cultures in Bhutan, Mongolia, and Myanmar"）①对不丹电影发展历史、影院建设历史进行了详细阐述。《在国民幸福总值和丹麦官方指导之间发展不丹电影业》（"Developing a Bhutanese Film Sector in the Intersection between Gross National Happiness and Danish Guidance"）对于不丹与丹麦电影合作的历史进行了阐述。②《不丹的电影制作：来自香格里拉的观点》（"Film-Making in Bhutan: The View from Shangri-La"）介绍了不丹20世纪90年代和2000—2006年的电影制作历史。③

许多国家电影院的建设往往早于本土电影的诞生，不丹也不例外，因此对于不丹电影史的研究首先要从其影院发展的历史入手。《不丹》以及《廷布和农村地区居民大众传媒的消费及其影响》对于不丹第一部电影《加莎喇嘛辛格》诞生前后的影院建设历史有着详细阐述：1960年，不丹第一座电影院在萨姆德鲁琼卡尔（Samdrup Jongkhar）建立，不丹的电影事业自此起步。④1964年，不丹在彭错林（Phuntsholing）建立了第二家电影院 MIG，1972年，不丹又在吉列普（Gelephu）建立了电影院 Losel、在廷布（Thimphu）建立了电影院 Luger。⑤1999年，在廷布的 Luger 电影院放映的103部电影中，印地语电影放映比例高达80.5%，在吉列普的 Losel 电影院放映的74部电影中，印地语电影占64.8%，而在彭错林的 MIG 电影院放映的108部电影，全部都是印地语电影，只有彭错林的 MIG 电影院放映的英语电影超过了该院所放映电影总数的一半，达到55%。⑥可见印地语电影在不丹十分流行。彭错林、廷布、吉列普的影院以合同的方式从东印度电影制片人协会（East India Movie Producer Association，EIMPA）那里采购影片，这些电影在不丹不受审查，因为印度的电影审查委员会已经审核通过了这些电影。2001年廷布的 Luger 电影院有二等座位354个、一等座位268个、阳台座位275个。在 Luger 电影院放映电影，

① Nis Grøn. World cinema beyond the periphery: Developing film cultures in Bhutan, Mongolia, and Myanmar[D]. Lingnan University, 2016.

② Mette Hjort, Ursula Lindqvist. *A Companion to Nordic Cinema*[M]. Chichester: John Wiley & Sons, 2016: 41-58.

③ Sue Clayton. Film-Making in Bhutan: The view from Shangri-La[J]. *New Cinemas: Journal of Contemporary Film*, 2007, 5(1): 75-89.

④ 朱在明，唐明超，宋旭如. 不丹[M]. 北京：社会科学文献出版社，2004：260.

⑤ Phuntsho Rapten. Mass media: Its consumption and impact on residents of Thimphu and rural areas[J]. *Journal of Bhutan Studies*, 2001, 3(1): 171-198.

⑥ 朱在明，唐明超，宋旭如. 不丹[M]. 北京：社会科学文献出版社，2004：260.

第一周的晚间场，每场放映收费为 5000 努①，第二周会降到 4000 努，日场的收费是 2000 努。②对于不丹本土电影，阳台座位的票价是 80—100 努，一等座位票价是 50—60 努，二等座位票价是 40—50 努。③

　　1989 年 11 月不丹的首部电影《加莎喇嘛辛格》完成拍摄，同年 12 月 9 日在不丹首都廷布举行首映式。影片由乌金·旺迪（Ugyen Wangdi）导演。这部电影是基于不丹本土的一个悲惨爱情故事而拍摄的，让人联想起罗密欧与朱丽叶，2016 年索南·伦杜普·谢林（Sonam Lhendup Tshering）进行了翻拍。这部电影的诞生标志着不丹本土电影制作的开始。那么接下来不丹本土电影制作是如何发展的？《不丹的电影制作：来自香格里拉的观点》就对不丹第一部电影诞生后的电影制作进行了详细阐述。从 20 世纪 90 年代开始，大约 12 名当地电影制作人通过在不丹广播服务公司（Bhutan Broadcasting Service，BBS）、当地蓬勃发展的音乐产业中工作来提升自己的能力。家用录像带和 DV 摄影机的成本很低，这使得不丹电影人负担得起制作剧情片的费用。他们开始模仿宝莱坞的情节剧电影和歌舞片来制作电影，请当地讲宗喀语的演员来表演。影片的资金来自个人贷款或是当地电影业的赞助。卡玛·谢林（Karma Tshering）执导了《不惧死亡》，卡玛·谢林是不丹最多产的导演之一，《不惧死亡》是一部浪漫的宗喀语情节剧，以宝莱坞风格拍摄，借鉴了好莱坞电影《心荡神驰》（*Untamed Heart*）的情节。④对当地的电影人和观众来说，这部电影代表了当地电影业的开端。

　　除了对 20 世纪 90 年代不丹电影制作历史的整体描述，《不丹的电影制作：来自香格里拉的观点》⑤还描述了 2000—2006 年不丹电影的制作历史，涉及传统的不丹—宝莱坞的喜剧形式的电影制作、基于本土社会问题的电影制作和新的类型电影——史诗电影的拍摄。在这段时间里，不丹电影和电影主题都有了显著的发展。有些人专注于润色和完善不丹—宝莱坞的喜剧形式电影，如金利·多

　　① 不丹的货币是努尔特鲁姆，简写为努。

　　② Phuntsho Rapten. Mass media: Its consumption and impact on residents of Thimphu and rural areas[J]. *Journal of Bhutan Studies*, 2001, 3(1): 171-198.

　　③ Admin. Media and public culture[EB/OL]. （2013-10-04）[2020-04-05]. https://www.bhutanstudies. org. bt/media-and-public-culture/.

　　④ Sue Clayton. Film-Making in Bhutan: The view from Shangri-La[J]. *New Cinemas: Journal of Contemporary Film*, 2007, 5(1): 75-89.

　　⑤ Sue Clayton. Film-Making in Bhutan: The view from Shangri-La[J]. *New Cinemas: Journal of Contemporary Film*, 2007, 5(1): 75-89.

吉（Kinley Dorji）在 2006 年执导的电影《不丹的客人》，讲述了一个村民和一个意外失踪的美国人之间的误解的故事。丹增·多吉（Tenzin Dorji）在 2005 年执导的《幸福之轮》中采用了宝莱坞的歌舞形式。不过，其他电影找到了让不丹电影更具本土特色的方法。如佩尔登·多吉（Pelden Dorji）和谢林·盖尔申（Tshering Gyeltshen）在 2005 年导演的《完美女孩》讲述了一个年轻女孩因贫困成为妓女，后来她想开创新生活，但担心无法摆脱社会偏见的故事。这部电影以当地语言讲述了不丹人日常生活中的问题，获得了廷布观众的欢迎。其他的社会问题电影有佩尔登·多吉在 2004 年导演的《父亲》，这部电影处理了传统与现代、农村与新都市生活之间的冲突。

随着信心和预算的增加，不丹电影人也开始探索史诗类型的电影。其中一部史诗电影是吉姆·多吉（Gyem Dorji）在 2005 年导演的《科拉佛塔》，花费了560 万努，对探索和重建不丹历史的挑战做出了回应。《科拉佛塔》是不丹最成功的电影之一。这部电影的主题是不丹最著名的科拉佛塔（一个包含宝藏和文物的密封的宗教纪念碑）谜团。根据民间传说，在建造科拉佛塔的过程中，人们为了降伏妖魔而活埋了一个公主。在电影中，这位不为人知的公主是一位女神的化身，她梦见一位天使告诉她，她的命运将会是被埋葬在科拉佛塔中，为众生献身。这是不丹第一部描述神的电影。许多不丹史诗电影依赖于口头叙事传统和民间传说进行创作，如创世说和女神的诞生，然而，他们对史诗的理解却各不相同。卡玛·诺布（Karma Norbu）在 2005 年导演的《曾经的时代》侧重于进行准确的历史呈现，描绘了过去的经济困境。吉格梅·辛格·旺楚克（Jigme Singye Wangchuk）在 2005 年导演的《逃离》将历史与虚构融合，动作多于对话，呈现出别样的风格。

在不丹电影的发展过程，丹麦在不丹电影制作、电影教育、电影政策制定方面给予了大力支持。《在国民幸福总值和丹麦官方指导之间发展不丹电影业》和《超越边缘的世界电影：在不丹、蒙古和缅甸发展电影文化》对于丹麦、不丹在电影合作方面的历史进行了详细阐述。《在国民幸福总值和丹麦官方指导之间发展不丹电影业》阐述了不丹与丹麦从 20 世纪 80 年代到 21 世纪的伙伴合作关系。不丹与丹麦的伙伴关系在 20 世纪 80 年代建立，主要是丹麦对不丹进行了经济援助。丹麦的援助是建立在对不丹价值观和习俗尊重的基础上，因此两国的伙伴关系是长久的。这种方式在不丹电影业的发展中也受到了认可。2011 年不丹和丹麦的伙伴关系进入了经济支持逐渐减少的阶段。[①]在过渡的支持计划中，两国伙伴关系更加平等，这种平等的关系建立在个人、机构和组织之间。在这一框架下，双方制定了电影合作计划。电影合作计划的主要参与方包括不丹电影协会（Motion Picture Association，MPAB）、不丹信息和通信部，以及丹麦国家电影学院、丹麦电影工会和位于廷布的丹麦国际开发署。在不丹信息和通信部的指导下，一位丹麦顾问和一位来自不丹电影协会的同行共同起草了国家电影政策；丹麦电影人教授不丹电影人专业知识，教授的内容包括编剧、导演、表演、摄影、照明、声音设计、剪辑、纪录片制作和动画制作等。丹麦皇家艺术学院的讲师/摄影师芭芭拉·阿德勒（Barbara Adler）和丹麦国家电影学院的蒂娜·索伦森（Tina Sørensen）是负责协调教授课程的丹麦电影人。阿德勒对不丹文化和艺术非常了解，她在不丹旅行和工作的时间超过 30 年。

《超越边缘的世界电影：在不丹、蒙古和缅甸发展电影文化》补充了丹麦与不丹合作的影片项目。20 世纪 80 年代以来，丹麦电影人已经开始参与不丹的一些小规模的电影项目。具体包括 1985 年罗姆·哈默里奇（Rumle Hammerich）和蒂姆·塞尼乌斯（Tim Cenius）合作的短片《只要他能数牛》、汉斯·韦辛（Hans Wessing）的电影包括剧情片《卡玛的椅子》和纪录片《不丹的卫生保健方式》。[②]《卡玛的椅子》《只要他能数牛》的故事均发生在不丹，从孩子视角展开叙述，非职业演员是其一大特色。纪录片《不丹的卫生保健方式》直接讲述不丹与丹麦的医疗合作。

二、不丹电影产业的研究

在不丹电影的研究中，对不丹电影产业的研究占到了最高比例。在不丹电影产业研究的项目中，最重要的主持者是不丹皇家政府。这是因为 20 世纪 90 年代末，由于电视和互联网的引入，不丹人越来越关注到包括电影在内的媒体的重要性，政府也逐渐认识到电影产业的价值。不丹政府举办了关于媒体和公共文化的国际研讨会，2007 年出版了《媒体和公共文化》（*Media and Public Culture*）[③]的论文集，其中谈到了不丹电影产业的盗版问题。不丹皇家政府下属的不丹信息

---

① Mette Hjort, Ursula Lindqvist. *A Companion to Nordic Cinema*[M]. Chichester: John Wiley & Sons, 2016: 41-58.

② Nis Grøn. World cinema beyond the periphery: Developing film cultures in Bhutan, Mongolia, and Myanmar[D]. Lingnan University, 2016.

③ Admin. *Media and Public Culture*[EB/OL]. (2013-10-04)[2020-04-05]. https://www.bhutanstudies. org. bt/media-and-public-culture/.

和通信部开展了媒体影响研究，相继发表了报告《2003 年媒体影响研究》
（"Media Impact Study 2003"）①、《2008 年不丹媒体影响研究》（"Bhutan
Media Impact Study 2008"）②和《2013 年媒体影响最终报告》（"Impact
Study Final Report 2013"）③。这三份报告以定量研究的方法调查了不丹观众
对于电影的态度、电影消费的水平，以及不丹电影的制作水平、制作数量、制作
公司等信息。同时不丹信息和通信部在 2015—2019 年每年发布的《年度通信信
息 和 交 通 数 据 公 报》（"Annual Info-Comm and Transport Statistical
Bulletin"）也显示了不丹本土电影的制作数量。④《不丹的国家电影政策》
（"National Film Policy of Bhutan"）阐述了不丹电影产业对不丹的文化、经
济和社会的意义，以及不丹电影产业面临的困难和挑战。⑤由不丹皇家秘书处委
托荷兰研究者撰写的电影产业评估报告《不丹电影产业报告：2011 年 11 月》
（"Film Industry Bhutan: Report December 2011"）概述了 21 世纪第一个十年
不丹电影产业的状况，评估了电影产业面临的问题。⑥《在国民幸福总值和丹麦
官方指导之间发展不丹电影业》除了阐述不丹与丹麦的电影合作关系，还对不丹
电影产业如何被提上政治议程进行了分析。⑦文章《作为艺术的工作：创造性工
作与人类发展之间的联系》（"Work as Art: Links between Creative Work and
Human Development"）简要阐述了不丹是如何通过新的电影政策以及丹麦和
不丹的电影合作来推动电影产业这项充满创造性的产业发展的。⑧《影响不丹电
影产业发展的因素研究》（"A Study on the Factors Affecting the Growth of

①　Siok Sian Pek. Media impact study 2003[EB/OL]. (2003)[2020-04-05]. http://www. unapcict. org/
sites/default/files/2019-01/Bhutans%20Media%20Impact%20Study. pdf.

②　Department of Information and Media. Bhutan media impact study 2008[EB/OL]. (2008) [2020-04-05].
http://www. bmf. bt/wp-content/uploads/2018/11/Media-Impact-Study-2008. pdf.

③　Impact study final report 2013[EB/OL]. [2020-04-05]. https://www. moic. gov. bt/wp-content/uploads/
2016/05/media-impact-study-2013. pdf.

④　Annual info-comm and transport statistical bulletin[EB/OL]. [2020-04-05]. https://www.moic.gov.
bt/en/statistics/.

⑤　Department of Information and Media. National film policy of Bhutan[EB/OL]. [2020-04-05].
https://www. doim. gov. bt/wp-content/uploads/ 2016/06/Bhutan-Film-Policy-Final-edited. pdf.

⑥　Bhutan+Partners. Film industry Bhutan: Report December 2011[EB/OL]. (2011)[2020-04-05]. https://
docplayer. net/29608456- Film-industry-bhutan-report-december-2011-bhutan-partners. html.

⑦　Mette Hjort, Ursula Lindqvist. *A Companion to Nordic Cinema*[M]. Chichester: John Wiley & Sons, 2016:
41-58.

⑧　Patrick Kabanda. Work as art: Links between creative work and human development[EB/OL]. (2016-
06)[2020-04-05]. https://www.researchgate.net/publication/304403691_Work_as_Art_Links_between_Creative_
Work_and_Human_Development.

the Bhutanese Film Industry"）以定量研究的方法分析了对不丹电影产业产生影响的因素。①

《不丹的电影制作：来自香格里拉的观点》谈到在电影产业发展初期政府与电影产业之间的关系。最初政府对电影的态度一直是矛盾的，国家没有提供任何支持，电影制作、发行也没有得到贸易部的认可。然而宗喀语发展局（Dzongkha Development Authority，DDA）认识到本土电影的语言文化价值，以及媒体在探索不丹历史和传统文化方面的价值，在 2002 年承诺赞助每年6 月在廷布举行的全国性的不丹电影节，并为优秀作品提供奖金。2005 年以来，不丹本地电影业平均每年产出 30 部电影。2005 年，Luger 电影院放映了 80%的国内电影，外国电影占到很低的比例，这与政府的政策有极大关系，因为外语片在不丹国内放映要收取 30%的票税，但国产电影不需要。②

《在国民幸福总值和丹麦官方指导之间发展不丹电影业》阐述了不丹电影产业被纳入国家政治议程的过程。2010 年不丹政府才开始考虑制定电影政策。③最初推动不丹电影进入国家议程的是不丹电影协会，一个代表当地电影制作者和制片人的非政府组织。2001 年 4 月，13 位电影制作人成立了不丹电影协会，他们的目的是提高电影产量，保护电影人的权利。④不丹当地音像产业的成员对于建立一个繁荣的电影产业有着共同兴趣，而不丹电影协会作为一个公共组织则致力于为当地音像产业的成员提供一个论坛。从那时起不丹电影协会的主要目标之一就是解决不丹电影人对电影政策需要的问题，为 21 世纪不丹电影的制作打好必要的基础。虽然不丹电影协会不断吸收新成员，扩大影响力，但直到不丹第一次公开选举后，政府才将制定电影政策提上了议事日程。"国王吉格梅·凯萨尔·纳姆耶尔·旺楚克（Jigme Khesar Namgyal Wangchuck）担心电影工业停滞不前，在 2010 年接见了电影协会的成员，命令政府制定合适的发展计划。"⑤不丹皇家秘书处委托印度和荷兰的专家撰写了两份关于不丹电影产业的考察报

---

① Leki Choda. A study on the factors affecting the growth of the Bhutanese film industry[D]. Royal Institute of Management, 2015.

② Sue Clayton. Film-Making in Bhutan: The view from Shangri-La[J]. *New Cinemas: Journal of Contemporary Film*, 2007, 5(1): 75-89.

③ Mette Hjort, Ursula Lindqvist. *A Companion to Nordic Cinema*[M]. Chichester: John Wiley & Sons, 2016: 41-58.

④ Siok Sian Pek. Media impact study 2003[EB/OL]. (2003)[2020-04-05]. http://www. unapcict. org/ sites/default/files/2019-01/Bhutans%20Media%20Impact%20Study. pdf.

⑤ Department of Information and Media. National film policy of Bhutan[EB/OL]. [2020-04-05]. https://www. doim. gov. bt/wp-content/uploads/ 2016/06/Bhutan-Film-Policy-Final-edited. pdf.

告。对于不丹电影政策和愿景的讨论开始了，不丹信息和通信部与信息和媒体局（Department of Information and Media，DOIM）是主要的负责机构，不丹电影协会则是作为代表电影产业利益的关键对话伙伴参与其中。国家电影政策的起草工作开始于 2013 年，由不丹电影协会的图克滕·叶希安德（Thukten Yeshiand）和丹麦国家电影学院的雅各布·K. 霍格尔（Jakob K. Høgel）负责。叶希安德是一位专业电影人，曾在当地电视台和电影行业工作多年，担任作家、研究员和顾问。

此外，《在国民幸福总值和丹麦官方指导之间发展不丹电影业》指出，在不丹与丹麦的电影合作交流中，丹麦皇家艺术学院的讲师/摄影师阿德勒多年来一直关注不丹电影产业的发展，并从从业人员的角度指出了当前电影产业面临的一些问题：在不丹电影业中，录音师/音效师是没有地位的，很少有年轻人愿意从事这方面的工作，导演和演员的地位很高，这种对于导演艺术权威的突出和强调不利于电影的创新发展。[1]

荷兰研究者撰写的《不丹电影产业报告：2011 年 11 月》概述了 21 世纪第一个十年不丹电影产业的状况，指出了电影产业面临的问题。2011 年 7 月 5 日—11 日，欧洲电影人安德·韦斯特拉特（Ad Weststrate）和亨克·德容（Henk de Jong）会见了不丹电影业的一些代表——政策制定者、电影制片人、发行商、电影院业主和投资者等，对关于不丹电影业的文件、声明和报告进行研究，完成了对电影业的评估。报告认为不丹有一个新兴的电影业，不丹拥有的主要电影资源是充满激情和才华的电影制作者、独特的风景和传统故事。不丹电影产业是一个低端市场，电影院不放映国际影片，未来政府可以在基础设施、行业组织和人才发展方面进行投资，进而开放国内市场。在 21 世纪的第一个十年，不丹共生产了 152 部电影。商业电影通常以爱情为主题，有时会结合社会问题，如艾滋病、城市化等；遵循传统的剧本，有对话、歌曲、舞蹈、复杂的关系和打斗；预算从 15000 美元到 50000 美元不等；演员和歌手的片酬从 2006 年的 1000 美元一部上升到 2011 年的 10000 美元一部，电影制作的主要支出是后勤、设备和片酬，一部受欢迎的电影票房收入可能高达 140000 美元[2]，而不受欢迎的电影可能会面临亏损的风险。不丹商业电影的资金主要来源于私人投资者，在某些情况下

① Mette Hjort, Ursula Lindqvist. *A Companion to Nordic Cinema*[M]. Chichester: John Wiley & Sons, 2016: 41-58.

② Bhutan+Partners. Film industry Bhutan: Report December 2011[EB/OL]. (2011)[2020-04-05]. https://docplayer. net/29608456- Film-industry-bhutan-report-december-2011-bhutan-partners. html.

不丹电影获得银行贷款是为了确保必要的预算。投资者优先选择有成功纪录的电影制作人，以及一批受欢迎的演员、歌手和编剧。不丹的非商业电影往往预算很低，投资来自私人赞助和众筹机构。一小部分独立电影人组成了不丹后台（Bhutan Backstage）这样的非商业组织，这些电影人会为当地的企业家和民间社会组织工作，制作主题电影或纪录片。虽然在商业电影上的投资还没有带来具有国际标准的高质量电影，但在独立电影节上，人们对不丹艺术电影的兴趣正在增长。2010 年，独立电影人组织了 Beskop 电影节，澳大利亚、美国、泰国、印度、韩国、丹麦等国的电影人和文化企业家纷纷来到不丹，有些人表示有兴趣与不丹的一些制作人和机构（如不丹电影协会、信息和媒体局）建立合作关系。

《不丹电影产业报告：2011 年 11 月》同时指出了不丹电影产业面临的诸多问题，如缺乏对电影制作人进行专业培训的教育机构；缺乏合格的电影专业人员，影响了电影制作的质量和电影风格的呈现；大部分不丹电影都借鉴宝莱坞和好莱坞成熟的类型电影公式，缺乏创新性；缺乏相关的电影制片厂和相关的设备，阻碍了不丹电影的创造性探索；不丹缺少发行公司，这使得电影制作人不得不在为数不多的影院和整个农村地区协商发行事宜，许多电影人把大量的时间和金钱花在与创作不相干的活动上。因为盗版猖獗，不丹电视台并未涉足购买故事片或投资本地电影的项目，所以不丹影院是其本土电影重要的展示平台。但不丹银幕数量很少，电影的投资总是得不到保障。不丹电影的审查制度非常严格，从剧本到最终完成电影，当局都会进行全面审查，审查人员并不一定真正具备电影制作方面的专业知识。对一部电影的最终批准要等到最后剪辑完成才生效，这就使得原本极具风险的电影制作行业变得更加不确定。这种审查机制也强化了电影制作人自我审查的倾向，他们为了避免敏感问题专注于复制成功的类型和模板。但无论如何，审查制度抑制了不丹电影业的发展。①

《不丹的国家电影政策》阐述了不丹电影产业对不丹的文化、经济和社会的意义，也分析了不丹电影产业面临的困难和挑战。不丹电影在内容方面有着巨大潜力，不丹的异国风情、丰富的文化传统为不丹人和外国电影制作人提供了独特而丰富的故事来源。一个强大的电影产业可以持续地推动不丹电影出口和外景拍摄地收入的增加。不丹政府认识到电影是一种充满活力的创造性艺术，必须推动电影发展。同时电影行业也可以对一国的社会经济发展做出贡献。在全球范围

---

① Bhutan+Partners. Film industry Bhutan: Report December 2011[EB/OL]. (2011)[2020-04-05]. https://docplayer.net/29608456- Film-industry-bhutan-report-december-2011-bhutan-partners. html.

内，人们对电影和电影政策的态度发生了变化。早期的电影业被认为是一个需要监管和控制的行业，但现在电影越来越被视为一种文化和经济资产。这就需要各种政府机构来推动，以促进电影开发、制作、发行和监管等。此种举措产生了切实的协同效应，即电影制作和发行的协同、接受国外电影制作与本国利益的协同、新类型电影的发展和提高电影素养的努力的协同。《不丹的国家电影政策》还认为不丹电影产业的发展时间并不长，不丹电影的数量在增长，但电影制作和叙事并没有实质性的提升。因此提出了不丹电影产业所具有的问题：不丹缺少电影学校，缺乏电影培训；电影行业资金短缺，私人投资者对故事片的投资正在枯竭，导致制片数量下降；纪录片、短片和连续剧由各政府部门委托制作，但预算非常低；电影盗版和电影制片厂的缺乏也给电影业的发展带来了很大压力。不丹政府认为国际合作是提高不丹电影制作能力、吸引国际投资和为不丹电影打开外国市场的有效途径，但合拍片面临着很多障碍，主要障碍是外国电影人的关税问题、外国投资的负面清单，以及获得授权和许可的复杂过程。①

莱基·乔达（Leki Choda）在 2015 年发表的文章《影响不丹电影产业发展的因素研究》中以定量研究的方法研究了影响不丹电影产业发展的因素。作者从资金、观众、盗版和政府支持等几个方面设计调查问卷。研究发现政府对不丹电影产业的支持微不足道，政府制定的版权法也无助于解决不丹电影盗版的问题，观众和银幕数量都很少。这些问题极大地限制了不丹电影业的发展。②

综合以上分析可以看出，不丹电影市场待开发的空间很大（不丹电影院数量少、电影观众数量少、电影制作处于初级阶段），不丹电影业的发展需要政府的大力支持。

三、不丹电影叙事的研究

在对不丹电影的研究中，最受关注的是不丹电影叙事。这是因为不丹电影的制作极大地受到宝莱坞和好莱坞电影的影响，所以无论是不丹政府还是不丹电影人都希望发展出一种基于本土口述历史的传统和民间文化的电影叙事，而不是对宝莱坞和好莱坞电影情节的模仿。《雷龙之吼：不丹视听产业与当代文化的塑造与表现》（ "Roar of the Thunder Dragon: The Bhutanese Audio-Visual

① Department of Information and Media. National film policy of Bhutan[EB/OL]. [2020-04-05]. https://www.doim.gov.bt/wp-content/uploads/2016/06/Bhutan-Film-Policy-Final-edited. pdf.

② Leki Choda. A study on the factors affecting the growth of the Bhutanese film industry[D]. Royal Institute of Management, 2015.

Industry and the Shaping and Representation of Contemporary Culture"）描述了不丹电影中出现的更具本土特色的电影，尽管有许多电影是对宝莱坞和好莱坞的模仿。①《不丹电影的叙事：关于发展中的电影的研究背景和案例研究》（"Storytelling in Bhutanese Cinema: Research Context and Case Study of a Film in Development"）既阐述了模仿宝莱坞和好莱坞电影情节的不丹电影，也指出不丹电影应与不丹的佛教哲学、口述故事的传统和万物有灵论的世界观联系起来，进而开辟一种新的叙事的电影。②《不丹的电影制作：来自香格里拉的观点》阐述了不丹电影人为什么选择宝莱坞和好莱坞电影作为模仿的对象、不丹纪录片的叙事和手法。③我国的新闻报道《〈瓦拉：祈福〉揭幕釜山电影节执导：不丹导演、藏传佛教传人宗萨钦哲仁波切主题：关于虔诚、幻想和信仰的力量》④等对宗萨钦哲仁波切的电影进行了介绍。

　　《雷龙之吼：不丹视听产业与当代文化的塑造与表现》阐述了不丹电影人对不丹电影制作的看法，同时讨论了不丹本土资源如何成为不丹电影叙事的资源。旺迪认为电影制作人必须迎合大众口味，才能在这个行业中生存下来，才能有发展的空间，电影制作人可以从不丹丰富的文化和传统资源中汲取灵感，为电影注入原创性和创造力。几个世纪以来，佛教一直采用雕塑和绘画等艺术表现的方法来传达同情、爱和智慧，例如唐卡，宗萨钦哲仁波切就认为电影可以被看作现代的唐卡。以往有许多不丹电影是对宝莱坞和好莱坞电影的模仿，但近年来不丹电影的内容和风格发生了明显的变化，更多地呈现出不丹本土特色。很多不丹电影是以当地的民俗、传说和历史为基础的。例如《当普》的故事就是取材于不丹历史，该片原计划的拍摄时间是 36 天左右，但由于制作人托布加（Tobgay）坚持要保持场景的真实性，拍摄时间比原计划多了 30 多天。这部电影以其背景、服装、音乐和真实的对话给观众留下了深刻的印象。纺织品作为不丹文化中最具视觉冲击力和活力的元素之一，经常出现在电影中。从《科拉佛塔》到《穆蒂·特里欣》，当代不丹电影画面的色彩因演员们丰富的服装而变得绚丽多彩，更加强化了不丹文

---

① Tshewang Dendup. Roar of the thunder dragon: The Bhutanese audio-visual industry and the shaping and representation of contemporary culture[J]. *Journal of Bhutan Studies*, 2006, 14(14): 36-52.

② Shohini Chaudhuri, Sue Clayton. Storytelling in bhutanese cinema: Research context and case study of a film in development[J]. *Journal of Screenwriting*, 2011, 3(2): 197-214.

③ Sue Clayton. Film-Making in Bhutan: The view from Shangri-La[J]. *New Cinemas: Journal of Contemporary Film*, 2007, 5(1): 75-89.

④《瓦拉：祈福》揭幕釜山电影节执导：不丹导演、藏传佛教传人宗萨钦哲仁波切主题：关于虔诚、幻想和信仰的力量[N]. 珠海特区报，2013-10-04.

化的特性。①

　　《不丹电影的叙事：关于发展中的电影的研究背景和案例研究》由学者肖希尼·乔杜里（Shohini Chaudhuri）和编剧兼导演苏·克莱顿（Sue Clayton）合作完成。这篇文章研究了不丹新生电影的叙事结构，指出不丹新生电影将叙事结构与不丹的佛教哲学、口述故事的传统和万物有灵论的世界观联系起来，进而开辟了一种电影叙事的新风格、电影创作的新方法。该文选取的研究对象是早期的合拍片《旅行者和魔术师》、两部 DV 电影，以及乔杜里和克莱顿当时正在开发的电影项目。许多不丹电影展示出了宝莱坞和好莱坞对其的影响。例如《不惧死亡》就是以宝莱坞风格的舞蹈和歌曲为特色，情节上借用了好莱坞爱情电影《心荡神驰》；《金杯：遗产》这部电影中的歌曲是向宝莱坞电影《勇夺芳心》（*The Brave Hearted Will Take Away the Bride*）致敬。歌舞被认为是电影票房成功不可缺少的因素，因此宝莱坞电影仍然是不丹新生电影讲述故事的主要模式。然而，佛教和口述传统形成了丰富的故事库，越来越多的制作人开始挖掘这些故事。沃尔特·翁（Walter On）指出了这些故事中公式化的元素：英雄的功勋、可怕的恶棍和有助于记忆的语言模式。在这些故事中，时间是不确定的、流动的，隐含在这些故事结构中的时间是重复和循环的，与昼夜的循环、季节的变化以及佛教中生死轮回的因果关系联系起来；叙事情节是循环的、空间化的，而不是线性的。这种叙事方式也被应用到不丹电影中。②

　　此外，《不丹电影的叙事：关于发展中的电影的研究背景和案例研究》具体分析了宗萨钦哲仁波切的电影叙事。宗萨钦哲仁波切是为数不多的在国际上被人们了解的不丹导演。他 19 岁接触电影，曾到纽约电影学院学习，还曾担任意大利名导贝纳尔多·贝托鲁奇（Bernardo Bertolucci）的电影《小活佛》（*Little Buddha*）的顾问和客串一角。目前共导演和编剧了五部电影，分别是《高山上的世界杯》《旅行者与魔术师》《瓦拉：祈福》《嘿玛 嘿玛》《寻找长着獠牙和髭须的她》。他所拍摄的第一部电影《高山上的世界杯》，曾经是票房黑马，因此获得拍摄《旅行者与魔术师》的资金，在金马影展掀起一阵旋风。《旅行者与魔术师》采用的是故事中的故事——抛物线式的叙述模式，遵循佛教的叙事传统，故事的意义不在于表面而在于内在。故事中的故事是由主人公敦杜遇到的另

① Tshewang Dendup. Roar of the thunder dragon: The Bhutanese audio-visual industry and the shaping and representation of contemporary culture[J]. *Journal of Bhutan Studies*, 2006, 14(14): 36-52.

② Shohini Chaudhuri, Sue Clayton. Storytelling in bhutanese cinema: Research context and case study of a film in development[J]. *Journal of Screenwriting*, 2011, 3(2): 197-214.

一个和尚讲述的，它的潜在主题是佛教寓言中常见的主题——欲望是痛苦的根源。故事的讲述在叙事中创造了一种多重时间和空间的感觉，不同的虚构世界交织在一起，其中既有现实的成分也有虚幻的成分。受到不丹人欢迎的《六个男孩》和《金杯：遗产》也设置了一种循环的叙事，讲述的故事也是与佛教文化有很大关系。①

《不丹的电影制作：来自香格里拉的观点》阐述了不丹电影人为什么选择宝莱坞和好莱坞电影作为模仿的对象，以及不丹纪录片的叙事和手法。不丹第四任国王吉格梅·辛格·旺楚克（Jigme Singye Wangchuck）于 1972—2006 年在位，他担心不丹的政治和文化受到威胁，于是将民族服装和传统建筑等文化形式写入法律。因此，从表面上看，现代的不丹和它的中世纪前身很像，这对不丹的电影制作人来说既是一种财富，也是一个特殊的问题。不丹国内的大部分进口商品来自印度，包括 20 世纪 70 年代以来提供给不丹少数城市居民的宝莱坞电影录像带。很多不丹人是在宝莱坞电影的陪伴下长大的。如今，不丹人通过互联网、卫星电视和进口的 DVD 迅速了解到各种世界观、政治和宗教，不丹社会已进入强大的全球媒体舞台。这些情况给不丹的电影制作人带来了巨大的挑战。

在纪录片的生产中，旺迪以及多吉·旺楚克（Dorji Wangchuck）是不丹多产的纪录片导演。他们的事业开始于为不丹广播服务公司制作新闻和反映公民心声的项目。他们的纪录片以约翰·格里尔逊（John Grierson）的方式表达了不丹人民日常生活中仪式的美丽，他们极少使用画外音，因为他们的作品是面向国内市场，无须过多地解释文化背景。他们的作品已经在国际电影节上获得一席之地。旺迪的《一封信的价值》在 2005 年阿姆斯特丹的喜马拉雅电影节上映。旺楚克的《冰川中的学校》在于首尔举行的韩国国际纪录片节上获得观众奖。作者具体阐释了这两部影片的剧情，分析了这两部影片的拍摄手法与主题表达的关系。②

综上所述，国内外的学者主要是从不丹电影史、不丹电影产业、不丹电影叙事三个角度来展开对不丹电影的研究。电影史的研究主要从不丹电影院的建设历史、不丹电影的跨国合作史、不丹电影的类型变化三方面展开。在电影产业的研究中，不丹政府发挥了重要作用，因为政府逐渐意识到电影产业的艺术价值与经济价值。在对不丹电影的叙事研究中，大部分研究者都关注到了不丹著名的电影

---

① Shohini Chaudhuri, Sue Clayton. Storytelling in bhutanese cinema: Research context and case study of a film in development[J]. *Journal of Screenwriting*, 2011, 3(2): 197-214.

② Sue Clayton. Film-Making in Bhutan: The view from Shangri-La[J]. *New Cinemas: Journal of Contemporary Film*, 2007, 5(1): 75-89.

人宗萨钦哲仁波切的电影创作。除了不丹政府，不丹的学者、电影制作人也对不丹电影进行了深入研究。不丹的演员和电影制作人采旺·登杜普（Tshewang Dendup）对不丹的媒体消费进行了研究，关注了不丹电影的盗版问题。[①]英国编剧兼导演克莱顿对不丹电影产业给予了极大关注，同时也参与了不丹与丹麦的电影合作项目。克莱顿还与英国埃塞克斯大学文学、电影和戏剧系的研究者和教师乔杜里（研究方向和教学领域是世界电影）合作开展了对不丹电影和电影叙事的研究。[②]香港岭南大学视觉研究系的博士研究生尼斯·格林（Nis Grøn）对不丹与丹麦的跨国合作、不丹的电影产业进行了深入研究。[③]不丹电影产业还很年轻，处于产业发展的初级阶段，但不可否认，不丹电影人正在创作出越来越具有本土特色的电影，这在全球化的浪潮中具有非常重要的意义。

参 考 文 献

朱在明，唐明超，宋旭如. 不丹[M]. 北京：社会科学文献出版社，2004.

Nis Grøn. World cinema beyond the periphery: Developing film cultures in Bhutan, Mongolia, and Myanmar[D]. Lingnan University, 2016.

Phuntsho Rapten. Mass media: Its consumption and impact on residents of Thimphu and rural areas[J]. *Journal of Bhutan Studies*, 2001, 3(1): 171-198.

Shohini Chaudhuri, Sue Clayton. Storytelling in bhutanese cinema: Research context and case study of a film in development[J]. *Journal of Screenwriting*, 2011, 3(2): 197-214.

Sue Clayton. Film-Making in Bhutan: The view from Shangri-La[J]. *New Cinemas: Journal of Contemporary Film*, 2007, 5(1): 75-89.

（姜建伊、李智韬）

作者简介：

姜建伊：云南大学文学院视觉文化研究方向博士候选人；

李智韬：云南师范大学传媒学院戏剧与影视学专业硕士研究生。

[①] Tshewang Dendup. Roar of the thunder dragon：The Bhutanese audio-visual industry and the shaping and representation of contemporary culture[J]. *Journal of Bhutan Studies*, 2006, 14(14): 36-52.

[②] Shohini Chaudhuri, Sue Clayton. Storytelling in bhutanese cinema: Research context and case study of a film in development[J]. *Journal of Screenwriting*, 2011, 3(2): 197-214.

[③] Nis Grøn. World cinema beyond the periphery: Developing film cultures in Bhutan, Mongolia, and Myanmar[D]. Lingnan University, 2016.

后　记

在"南亚东南亚媒介传播研究综述"课题立项后，我们组建了团队，团队的小伙伴们纷纷跨出校门、国门，到南亚东南亚国家进行调研。丰富多样的媒介信息是令人惊喜的，但是陌生的国度、各种情况的区隔，也使研究遇到了无数的阻碍。

南亚东南亚各国政治、经济、社会、文化发展状况差异之大，超出了我们的预料。这个区域中多民族、多宗教聚集，各国媒介生态环境及其报纸、广播、电视、电影等大众媒体的发展和现状都存在较大差异。在研究资料的搜集、语言的沟通等各个方面，我们遇到了前所未有的障碍。从华人社区、高等学校、研究机构到主流媒体，从社区中心、图书馆、电影资料馆到谷歌、推特，都留下我们孜孜不倦的身影。研究过程中遇到的种种既是一种新的异国生活和学术的体验，也是专业研究能力和领域的拓展。

在南亚东南亚，我们不仅遇到了古道热肠的华人旧友，也结交了心怀世界的媒体和学界新朋。在林立的影像和文字资料中徘徊，在媒体和研究机构中行走，一个新的南亚东南亚媒介世界在旧的阅历和经验中脱颖而出，而一个新的共同体也逐渐形成。

在课题进行过程中，一群原本只是在一个教育机构中共事的人，通过查找资料、实地调研、文献分析，彼此交流沟通、分享资源、分工协作，逐渐成为有着"共同信念、共同价值、共同规范"的研究伙伴，这正是一个获取知识和调查研究的"学术共同体"。我们一方面着力于自我素养和研究能力的提高，另一方面也期冀与国内外更大范围内的同行进行文献的交流与共享，进行学术研究的对话与构建。

以此为记。

编　者

2023 年 10 月 20 日